北大社 "十四五"普通高等教育本科规划教材

高等院校经济管理类专业"互联网+"创新规划教材

财务管理理论与实务

（第 4 版）

主　编　卞继红　陈素琴　陈爱成

北京大学出版社

PEKING UNIVERSITY PRESS

内容简介

本书遵循应用型人才培养模式的教育目标，坚持理论与中国实践相结合的原则，以资金运动及其体现的财务关系为研究对象，覆盖基础理论、筹资管理、投资管理、营运资金管理和利润分配管理等内容，具有内容完整、理论实用、案例新颖以及练习方式多样等特点，重在培养学生发现问题、分析问题和解决问题的能力。

本书可以满足以应用型人才培养为目标的经济管理学科各专业财务管理课程的教学需要，也可以为从事财务管理实际工作的营利与非营利组织管理人员和专业技术人员提供参考。

图书在版编目 (CIP) 数据

财务管理理论与实务 / 卞继红，陈素琴，陈爱成主编 . —4 版 . —北京：北京大学出版社，2024.5
高等院校经济管理类专业"互联网＋"创新规划教材
ISBN 978-7-301-35014-0

Ⅰ.①财⋯ Ⅱ.①卞⋯ ②陈⋯ ③陈⋯ Ⅲ.①财务管理–高等学校–教材 Ⅳ.① F275

中国国家版本馆 CIP 数据核字（2024）第 082754 号

书　　　名	财务管理理论与实务（第 4 版） CAIWU GUANLI LILUN YU SHIWU (DI-SI BAN)
著作责任者	卞继红　陈素琴　陈爱成　主编
策 划 编 辑	李娉婷
责 任 编 辑	耿　哲　李娉婷
数 字 编 辑	金常伟
标 准 书 号	ISBN 978-7-301-35014-0
出 版 发 行	北京大学出版社
地　　　址	北京市海淀区成府路 205 号　100871
网　　　址	http://www.pup.cn　新浪微博：@ 北京大学出版社
电 子 邮 箱	编辑部 pup6@pup.cn　总编室 zpup@pup.cn
电　　　话	邮购部 010-62752015　发行部 010-62750672　编辑部 010-62750667
印 刷 者	河北涿县鑫华书刊印刷厂
经 销 者	新华书店
	787 毫米 ×1092 毫米　16 开本　20.25 印张　486 千字
	2008 年 8 月第 1 版　2012 年 4 月第 2 版
	2018 年 1 月第 3 版
	2024 年 5 月第 4 版　2025 年 6 月第 2 次印刷
定　　　价	59.00 元

未经许可，不得以任何方式复制或抄袭本书之部分或全部内容。

版权所有，侵权必究

举报电话：010-62752024　电子邮箱：fd@pup.cn

图书如有印装质量问题，请与出版部联系，电话：010-62756370

第4版　前　言

自 2018 年本书第 3 版修订以来，时间已过去 5 年，我国经济发生了巨大的变化，政府为稳经济采取了多种经济政策，加之《中华人民共和国民法典》的出台实施，《中华人民共和国公司法》《中华人民共和国证券法》等相关法律法规的修订完善，北京证券交易所的成立，以及全面注册制的正式实施等，为企业投融资决策提供了创新基础。本次修订正是基于这些创新基础进行的。

本次修订主要有以下几个特点。

1. 遵循党的二十大报告中的相关金融精神，及时融入最新法律法规，增强学生的合规意识和责任理念，宣传党的方针政策，注重社会主义核心价值观培育。

2. 内容进一步完善。一方面，根据我国相关财经法规的变化和财务管理实践的发展，修订了部分过时的教学内容和案例，力求使本书内容与时俱进。另一方面，根据我们的教学实践，对一些不易理解的表述和例题进行了修正，并本着实用、够用的原则对内容进行了增减。

3. 增加了数字化资源。为适应数字时代"线上线下混合式"教学的需要，本书各章均增加了视频教学内容，并依托"爱课程网"建立了丰富的教学资源库，包括按知识点录制的教学视频和经典例题讲解视频，以及选择题、标准化计算题等习题，方便读者自我学习、自我练习、自我测试。

本书的执笔人有：张思强（第 1、2 章），陈素琴（第 3、6 章），卞继红（第 4、5 章），吕林根（第 7 章），陈爱成（第 8、9 章），谷佩云（第 10 章）。全书最后由卞继红负责审核统稿。

本书可以满足以应用型人才培养为目标的经济管理学科各专业财务管理课程的教学需要，也可以为从事财务管理实际工作的管理人员和专业技术人员提供参考。

本次修订出版得益于北京大学出版社的精心组织和大力帮助，在此我们表示诚挚的感谢！本书在编写和修订过程中参考和借鉴了同行的有关著述，在此一并表示感谢！

由于编者水平有限，疏漏和不妥之处在所难免，敬请同行专家和读者不吝指正！电子邮箱：435431783@qq.com。

编　者

2023 年 10 月

资源索引

目 录

第1章 总论 ·· 1
  1.1 财务管理的对象和内容 ······················· 2
    1.1.1 财务管理的对象——资金运动
           及其体现的财务关系 ················· 2
    1.1.2 财务管理的内容 ······················· 6
  1.2 财务管理目标及其社会责任 ··················· 7
    1.2.1 财务管理目标 ···························· 7
    1.2.2 财务管理目标与社会责任 ········ 11
  1.3 财务管理体制 ······································ 11
    1.3.1 企业组织形式 ························· 12
    1.3.2 财务管理体制 ························· 15
  1.4 财务管理的环节 ································· 16
  1.5 财务管理的环境 ································· 17
    1.5.1 政治环境 ································ 17
    1.5.2 法律环境 ································ 17
    1.5.3 经济环境 ································ 18
    1.5.4 金融市场环境 ························· 19
    1.5.5 其他外部环境 ························· 20
  习题 ··· 20

第2章 财务管理基础 ································· 24
  2.1 利率 ··· 25
    2.1.1 利率的概念与分类 ·················· 25
    2.1.2 决定利率高低的基本因素 ········ 27
    2.1.3 未来利率水平的测算 ··············· 28
  2.2 资金时间价值 ····································· 29
    2.2.1 资金时间价值的概念 ··············· 29
    2.2.2 复利终值和现值的计算 ··········· 30
  2.3 风险与风险报酬 ································· 38
    2.3.1 风险的定义 ···························· 38
    2.3.2 风险的类型 ···························· 39
    2.3.3 风险报酬的定义 ······················ 39
    2.3.4 单项投资风险与报酬的衡量 ····· 40

    2.3.5 证券投资组合的风险与报酬 ····· 44
  习题 ··· 51

第3章 财务分析 ·· 56
  3.1 财务分析概述 ····································· 57
    3.1.1 财务分析的目的 ······················ 57
    3.1.2 财务分析的信息基础 ··············· 58
    3.1.3 财务分析的方法 ······················ 62
  3.2 企业偿债能力分析 ····························· 65
    3.2.1 短期偿债能力分析 ·················· 65
    3.2.2 长期偿债能力分析 ·················· 68
    3.2.3 影响企业偿债能力的
           其他因素 ································ 70
  3.3 企业营运能力分析 ····························· 71
    3.3.1 流动资产营运能力分析 ··········· 71
    3.3.2 固定资产营运能力分析 ··········· 74
    3.3.3 总资产营运能力分析 ··············· 74
  3.4 企业盈利能力分析 ····························· 75
    3.4.1 各类企业盈利能力分析
           通用指标 ································ 75
    3.4.2 股份制企业盈利能力分析
           专用指标 ································ 78
  3.5 企业发展能力分析 ····························· 81
    3.5.1 营业收入增长率 ······················ 81
    3.5.2 利润增长率 ···························· 81
    3.5.3 总资产增长率 ························· 81
    3.5.4 股东权益增长率 ······················ 82
    3.5.5 经营现金净流量增长率 ··········· 82
  3.6 企业财务趋势分析 ····························· 83
    3.6.1 比较财务报表 ························· 83
    3.6.2 比较结构百分比财务报表 ········ 87
    3.6.3 比较财务比率 ························· 90
  3.7 企业财务综合分析与评价 ··················· 91

第4章 筹资方式

- 3.7.1 杜邦分析体系 ……… 91
- 3.7.2 帕利普财务分析体系 ……… 95
- 习题 ……… 96

第4章 筹资方式 ……… 101

- 4.1 筹资概论 ……… 102
  - 4.1.1 企业筹资的目标 ……… 102
  - 4.1.2 筹资的种类 ……… 102
  - 4.1.3 企业筹资的渠道与方式 ……… 104
  - 4.1.4 资金需要量的预测 ……… 106
  - 4.1.5 企业筹资组合 ……… 112
- 4.2 股权性筹资 ……… 115
  - 4.2.1 投入资本筹资 ……… 115
  - 4.2.2 发行普通股筹资 ……… 116
- 4.3 债权性筹资 ……… 123
  - 4.3.1 发行债券筹资 ……… 123
  - 4.3.2 长期借款筹资 ……… 128
  - 4.3.3 租赁筹资 ……… 130
- 4.4 混合性筹资 ……… 134
  - 4.4.1 优先股筹资 ……… 134
  - 4.4.2 发行可转换债券筹资 ……… 136
  - 4.4.3 认股权证筹资 ……… 138
- 习题 ……… 139

第5章 筹资决策 ……… 143

- 5.1 资本成本 ……… 144
  - 5.1.1 资本成本概述 ……… 144
  - 5.1.2 资本成本的测算 ……… 146
- 5.2 杠杆原理 ……… 153
  - 5.2.1 成本习性、边际贡献和息税前利润 ……… 153
  - 5.2.2 经营杠杆 ……… 155
  - 5.2.3 财务杠杆 ……… 158
  - 5.2.4 复合杠杆 ……… 162
- 5.3 资本结构 ……… 163
  - 5.3.1 资本结构的含义 ……… 163
  - 5.3.2 资本结构理论 ……… 163
  - 5.3.3 资本结构的影响因素 ……… 165
  - 5.3.4 资本结构决策方法 ……… 166
- 习题 ……… 169

第6章 投资管理 ……… 173

- 6.1 企业投资概述 ……… 173
  - 6.1.1 企业投资的意义 ……… 173
  - 6.1.2 企业投资的分类 ……… 174
  - 6.1.3 投资活动的业务流程 ……… 175
- 6.2 项目投资 ……… 176
  - 6.2.1 项目投资的特点 ……… 177
  - 6.2.2 现金流量估算 ……… 177
  - 6.2.3 项目投资决策指标 ……… 182
  - 6.2.4 项目投资决策指标的应用 ……… 190
- 6.3 证券投资管理 ……… 196
  - 6.3.1 证券投资概述 ……… 196
  - 6.3.2 债券投资 ……… 197
  - 6.3.3 股票投资 ……… 202
- 习题 ……… 204

第7章 营运资金管理 ……… 209

- 7.1 营运资金概述 ……… 210
  - 7.1.1 营运资金的概念和特点 ……… 210
  - 7.1.2 企业资产组合 ……… 211
- 7.2 现金管理 ……… 212
  - 7.2.1 现金的持有动机与成本 ……… 212
  - 7.2.2 最佳现金持有量的确定 ……… 213
  - 7.2.3 现金日常管理 ……… 217
- 7.3 应收款项管理 ……… 218
  - 7.3.1 应收款项的功能与成本 ……… 218
  - 7.3.2 信用政策 ……… 219
  - 7.3.3 应收款项的日常管理 ……… 221
- 7.4 存货管理 ……… 222
  - 7.4.1 存货管理目标 ……… 222
  - 7.4.2 存货成本 ……… 223
  - 7.4.3 存货经济批量模型 ……… 224
  - 7.4.4 存货日常控制 ……… 226
- 7.5 流动负债管理 ……… 229
  - 7.5.1 短期借款管理 ……… 229
  - 7.5.2 短期融资券管理 ……… 231
  - 7.5.3 商业信用筹资管理 ……… 232
- 习题 ……… 235

第 8 章 　 财务预算 ·········· 239

- 8.1 　 全面预算 ·········· 240
  - 8.1.1 　 预算的本质 ·········· 240
  - 8.1.2 　 全面预算的内容 ·········· 240
  - 8.1.3 　 全面预算的分类 ·········· 240
  - 8.1.4 　 全面预算的作用 ·········· 241
- 8.2 　 财务预算的内容和地位 ·········· 242
  - 8.2.1 　 财务预算的内容 ·········· 242
  - 8.2.2 　 财务预算在全面预算体系中的地位 ·········· 242
- 8.3 　 财务预算的编制方法 ·········· 242
  - 8.3.1 　 固定预算与弹性预算 ·········· 242
  - 8.3.2 　 增量预算与零基预算 ·········· 245
  - 8.3.3 　 定期预算与滚动预算 ·········· 247
- 8.4 　 财务预算的编制程序 ·········· 248
  - 8.4.1 　 业务预算的编制 ·········· 249
  - 8.4.2 　 专门决策预算的编制 ·········· 254
  - 8.4.3 　 财务预算的编制 ·········· 255
- 习题 ·········· 259

第 9 章 　 财务控制 ·········· 267

- 9.1 　 财务控制概述 ·········· 268
  - 9.1.1 　 财务控制的含义和特征 ·········· 268
  - 9.1.2 　 财务控制的基本内容 ·········· 268
  - 9.1.3 　 财务控制的方式 ·········· 269
- 9.2 　 责任中心财务控制 ·········· 270
  - 9.2.1 　 成本中心 ·········· 271
  - 9.2.2 　 利润中心 ·········· 272
  - 9.2.3 　 投资中心 ·········· 273
- 9.3 　 责任预算、责任报告与业绩考核 ·········· 273
  - 9.3.1 　 责任预算 ·········· 273
  - 9.3.2 　 责任报告 ·········· 276
  - 9.3.3 　 业绩考核 ·········· 278
- 9.4 　 责任结算 ·········· 280
  - 9.4.1 　 内部转移价格的作用 ·········· 280
  - 9.4.2 　 内部转移价格的类型 ·········· 281
- 习题 ·········· 282

第 10 章 　 利润分配管理 ·········· 288

- 10.1 　 利润分配概述 ·········· 288
  - 10.1.1 　 利润的构成 ·········· 288
  - 10.1.2 　 利润分配的顺序 ·········· 289
  - 10.1.3 　 利润分配的原则 ·········· 290
  - 10.1.4 　 利润分配的影响因素 ·········· 291
- 10.2 　 股利政策 ·········· 293
  - 10.2.1 　 股利政策的基本理论 ·········· 293
  - 10.2.2 　 股利政策的类型 ·········· 294
  - 10.2.3 　 股利的支付方式 ·········· 295
  - 10.2.4 　 股利的发放程序 ·········· 296
- 10.3 　 股票分割与股票回购 ·········· 297
  - 10.3.1 　 股票分割 ·········· 297
  - 10.3.2 　 股票回购 ·········· 298
- 习题 ·········· 300

参考文献 ·········· 306

附录 A 　 资金时间价值系数表 ·········· 307

附录 B 　 AI 伴学内容及提示词 ·········· 315

第 1 章 总 论

学习目标

知识要点	能力要求	关键术语
财务管理的对象和内容	(1) 理解财务管理的对象 (2) 了解各种财务关系 (3) 掌握财务管理的内容	(1) 资金；资金运动 (2) 财务关系 (3) 筹资管理；投资管理；营运资金管理；收益分配管理
财务管理目标	(1) 了解利益相关者理论 (2) 掌握财务管理的基本目标 (3) 理解财务关系的协调	(1) 利益相关者 (2) 利润最大化；每股收益最大化；股东财富最大化；企业价值最大化
财务管理体制	(1) 了解企业组织形式 (2) 理解财务管理体制	分权制财务管理模式；集权制财务管理模式；统分结合制财务管理模式
财务管理的环节	理解财务管理的主要环节	财务预测；财务决策；财务预算；财务控制；财务分析
财务管理的环境	(1) 了解财务管理的政治环境 (2) 理解财务管理的经济环境 (3) 掌握金融市场环境	(1) 政治环境；法律环境；经济环境；金融市场环境；金融机构 (2) 经济管理体制；经济结构；经济发展状况

财务管理职能的拓宽，使得财务总监（chief financial officer，CFO）更容易挑起公司管理的大梁。上海国家会计学院 CFO 领导力研究中心曾做过统计，《财富》世界 500 强企业中，大约有 1/3 的首席执行官（chief executive officer，CEO）都担任过 CFO 以及类似的角色。财务不仅是一个岗位、

行业和专业，也是真正理解一家企业的法门，正如稻盛和夫曾指出的，不懂财务，就不能成为真正的经营者。CFO 成为 CEO，虽然看起来只是在前者的字母上加上一"横"，但意义却截然不同。究竟是什么原因让如此多的公司如此信任地将"帅印"交给公司的 CFO？通过本章学习，你将会找到 CFO 成为企业掌舵人的答案。

1.1 财务管理的对象和内容

财务管理已成为现代企业管理的核心，正如美国财务学博士希金斯教授在其经典著作《财务管理分析》一书中所说："不完全懂得会计和财务管理工作的经营者，就好比是一个投篮而不得分的球手。"这一形象比喻充分说明了财务管理在现代企业资源配置和价值创造中的核心作用。

1.1.1 财务管理的对象——资金运动及其体现的财务关系

1. 资金的本质

企业的生产经营活动，都是运用资源（人力资源、物力资源与货币资源）与信息等各项生产经营要素来进行的，包含了生产经营的业务活动和价值管理的财务活动两个重要方面。企业财务活动管理，即财务管理，涉及企业资产、资金等基本概念。

资产和资金是一组既相互联系又相互区别的概念。

资产是指企业过去的交易、事项形成的、由企业拥有或者控制的资源，该资源预期会给企业带来经济利益。资产包括：金融资产，如库存现金、银行存款、应收款项、应收票据、其他应收款、股权投资、债权投资等；实物资产，如存货、固定资产、在建工程、工程物资、投资性房地产、油气资产、生产性生物资产等；无形资产，如专利权、商标权、非专利技术等；其他资产，如开发支出、长期待摊费用、递延所得税资产等。

资金是企业资产价值的货币表现，其实质是再生产过程中运动着的价值。

资产与资金的关系：**资产表现为企业资金的占用形态，而资金则是企业资产的价值表现，资金的使用价值通过资产运营来体现，二者是同一事物的两个方面，统一于企业的再生产过程。**

2. 资金的运动过程及其形式

企业的生产经营活动，经过供应、生产和销售这 3 个基本阶段，一方面表现为资产形态的变化过程，另一方面表现为资产价值的运动过程，即资金的运动过程（见图 1.1）。因此，企业再生产过程是企业资产使用价值的生产和交换与价值的转移、形成和实现过程的统一。

图 1.1 表明，资金运动不但以资金循环形式存在，而且伴随着不断进行的再生产过程，表现为一个周而复始的周转过程。在这个过程中，企业必然与政府、投资者、债权人、供应商、消费者、员工等利益相关者发生各种财务关系。

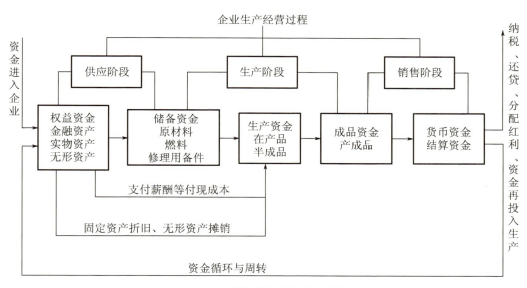

图 1.1 资金的运动过程示意图

财务管理的对象

3. 财务关系

1) 利益相关者理论

企业经营的目的并非仅仅是增加股东财富，除股东外还存在许多关乎企业生存发展的利益群体，如果没有他们的理解和支持，企业就无法生存和发展，这些利益群体就是利益相关者(stakeholder)。弗里曼对利益相关者理论做了较详细的研究，他认为，**利益相关者是能够影响一个组织目标的实现或者能够被组织实现目标过程影响的人**。这个定义不仅将影响企业目标的个人和群体看作是利益相关者，还将受企业目标实现过程中所采取的行动影响的个人和群体看作是利益相关者。因此，如政府、所有者、债权人、员工、消费者、供应商，甚至是社区居民等都是企业的利益相关者。

正因为如此，企业被西方经济学家看成是利益相关者们追求利益而形成的契约集合体。阿尔奇安和德姆塞茨从企业内部结构的角度指出，企业的本质不是雇主和雇员之间的合作关系，而是一种团队生产关系；詹森和梅克林认为，企业是劳动、原材料、资本投入者和产品消费者之间的一组多边合约关系。利益相关者理论与传统的股东至上理论的主要区别在于：利益相关者理论认为，任何一家企业的发展都离不开各种利益相关者的投入或参与。企业不仅要为股东利益服务，还要保护其他利益相关者的利益。这是因为股东只是负有限责任，一部分剩余风险已经转移给了债权人和其他利益相关者，而且股东所承担的风险可以通过投资组合来降低。这样，利益相关者参与企业治理、分享企业利益也就"名正言顺"了。这些观点也得到我国主流经济学家的认同。

企业及其主要利益相关者如图 1.2 所示。

图 1.2　企业及其主要利益相关者

2) 企业的财务关系

企业的财务活动是以企业为主体来进行的。从现象上看，财务活动是资金的增减变动；从实质上看，财务活动反映出企业与内外部各利益相关者之间发生的经济利益关系，即企业的财务关系。企业的财务关系可概括为：①企业与政府之间的财务关系；②企业与所有者之间的财务关系；③企业与债权人之间的财务关系；④企业与受资方之间的财务关系；⑤企业与债务人之间的财务关系；⑥企业内部各部门单位之间的财务关系；⑦企业与经营者、员工之间的财务关系。

3) 财务关系的协调

财务关系的协调

企业与利益相关者发生的经济利益关系中，最为重要也最难以协调的是所有者与经营者、债权人之间的关系。

(1) 所有者与经营者的矛盾与协调

现代公司制企业所有权与经营权分离，经营者不持有公司股票或仅持有部分股票，经营所得中只有少部分以薪酬等形式归经营者所有，因此，必然存在委托代理问题。股东（所有者）是委托人，经营者则是代理人，他们的行为目标不完全相同。股东要求经营者尽可能多地增加股东财富和企业价值，经营者则可能将谋取自己的利益放在优先地位，如增加个人报酬、扩大在职消费和规避个人收益风险等。为了协调股东与经营者的矛盾，防止经营者背离股东目标，一般可采用以下两种方法。

① 监督。经营者背离股东目标的有利条件是信息不对称。信息不对称是指某些参与人拥有或掌握比较充分的信息，而另一些非参与人则不拥有或掌握较少的信息。信息不对称可从两个角度进行划分：一是获取信息的时间不对称；二是获取信息的内容不对称。经营者掌握企业实际的经营控制权，对企业内部信息的掌握不但在时间上早于一般股东，而且内容上多于一般股东。为了协调这种矛盾，股东除要求经营者定期公布财务报告及其他相关资料外，还要尽量获取更多信息，对经营者进行必要的监督，如设立监事会、聘请注册会计师审计等。但监督只能减少而不能完全消除经营者违背股东意愿的行为，因为股东是分散的，而且受监督成本制约，不可能得到充分的信息。可见，监督只能一定程度上防范经营者做出违背股东意愿的行为，而不能从根本上杜绝此类问题的发生。

② 激励。激励就是将经营者的经营绩效与经营者所得的报酬联系起来，使经营者能够分享企业增加的财富，鼓励他们自觉采取符合股东目标的行为。比如，上市公司的经营者股票期权激励制度授予经营者在规定时间内以行权价格（约定的购买价格）购买本公司

股票的选择权，股票价格上升后，经营者自然获取股票涨价收益。非上市公司常常以每股收益、总资产报酬率、净资产收益率以及资产流动性指标等对经营者的绩效进行考核，给经营者现金、股票奖励。激励作用与激励成本相关，报酬太低，激励作用有限；报酬太高，又会加大股东的激励成本，减少股东自身利益。可见，激励同样只能减少经营者违背股东意愿的行为，也不能从根本上解决二者之间的矛盾。

平安马明哲年薪6 600万元的构成

【案情简介】

中国平安2007年年报显示，该公司有3名董事及高管2007年的税前薪酬超过4 000万元，董事长马明哲税前报酬为4 616.1万元，另有2 000万元奖金直接捐赠给中国宋庆龄基金会，总薪酬折合每天收入为18.12万元 (6 616.1万元/365天)，刷新A股上市公司高管的薪酬最高纪录。对此，中国平安方面的解释是，造成上述管理层收入激增的原因有两点：一是2004年设置的与H股股价挂钩的长期奖励计划的兑现；二是2007年业绩高速增长产生的绩效奖金。

【案例点评】

平安公司3名董事及高管2007年的税前薪酬超过4 000万元，与公司激励制度密切相关。只要激励制度科学、合理，经营者成为"打工皇帝"也无可非议，因为这有利于激励经营者自觉采取符合股东目标的行为。

通常情况下，企业采用监督和激励相结合的办法使经营者的目标与股东目标协调起来，并力求使监督成本、激励成本和经营者背离股东目标的损失之和最小。

除了监督和激励，**外部市场竞争**也能够促使经营者将股东目标作为经营的首要目标，其主要有以下表现。

① **人才市场评价**。作为一种人力资源，经营者的价值是由市场决定的。公司绩效好、价值高说明经营者经营有方，股东财富增加的同时，经营者在人才市场上的价值也上升，聘用他的公司会向他付出高报酬，其他公司也可能以高薪为条件向经营者伸出"橄榄枝"。

② **经营者被解聘的威胁**。现代公司股权的分散使得个别股东很难通过投票表决来撤换不称职的经营者。同时由于经营者被赋予很大的权力，他们实际上控制了公司，形成内部人控制状态，股东即使发现经营者经营不力、业绩欠佳，也常常无能为力。20世纪80年代以来，许多大公司由机构投资者控股，机构投资者(养老基金、共同基金和保险公司)在大公司中占有的股份，足以使他们有能力解聘经营者。经营者被解聘的威胁会动摇经营者的稳固地位，促使他们不断创新，为股东目标最优化服务。

③ **公司被兼并的威胁**。当公司因经营不力或决策错误而导致绩效下降、股票价格下跌时，被其他公司兼并的危险就会增加。被兼并公司的经营者在新公司的地位一般会下降，甚至可能会被解雇，这对经营者利益的损害是很大的。因此，经营者为保住自己的地位和已有的权力，会竭尽全力使公司价值最大化，而这与股东目标是一致的。

(2) 所有者与债权人的矛盾与协调

企业的资本来源于股东和债权人。债权人作为企业债务资本的供给者，有其自身的终极目标：降低债权风险，按期收回本息。但所有者可能要求经营者将债务资本投资于比债权人预期风险更高的项目。如果高风险项目成功，债权人只能按约定获取本息，额外利润被所有者独享；如果高风险项目失败，债权人却可能要与所有者共同承担由此造成的损失。当企业陷入财务困境时，债权人同样承担了资本无法收回的风险，这对债权人来说，风险与收益是不对称的。当相机治理的前提条件出现时，债权人的目标常常是保证债务资本能够安全退出企业，但这与所有者化解财务危机后实现企业可持续发展并获取最大收益的目标相悖。因此，所有者和债权人之间的利益冲突难以避免。

所有者与债权人的上述矛盾，一般可通过以下方式解决。

① 限制借款。它通过限制借款的用途、设置借款的担保条款和借款的信用条件来防止和迫使股东不能损害债权人利益。

② 收回借款或不再借款。它是指当债权人发现公司有侵蚀其债权价值的意图时，采取收回债权和不给予公司重新放款的措施来保护自身权益的行为。除债权人外，与企业经营有关的各方都与企业存在契约关系，都存在利益冲突和限制条款。企业经营者如果侵犯员工、客户、供应商和所在社区的利益，就会影响企业可持续增长目标的实现。所以说，企业是在一系列矛盾与协调过程中实现股东财富与企业价值最大化的。

综上所述，财务管理的对象包括两个方面：一是资金运动，即如何合理配置和有效使用企业资金；二是资金运动过程中发生的财务关系，即科学构建财务管理体制、合理设计财务管理制度，妥善处理和协调各利益相关者的经济关系。财务管理的对象可简述为：企业生产经营过程中的资金运动及其体现的财务关系。

1.1.2　财务管理的内容

与企业的价值运动过程相统一，筹资管理、投资管理、营运资金管理和收益分配管理便成为企业财务管理的基本内容。

1. 筹资管理

资金是企业的血液，无论是在创立时，还是在成长过程中，企业都需要资金。筹资是指企业筹措和集中所需资金的过程，是企业日常经营和投资活动的基础。在市场经济条件下，企业可以通过内部筹资（留存收益、折旧）和外部筹资（吸收直接投资、发行股票、发行债券、银行借贷）等方式筹集资金，形成资金流入，而偿还借款、支付股利和利息以及各种筹资费用等则形成资金流出。在筹资过程中，企业一方面要预测筹资的总规模，它是制定筹资战略和进行资金规划的主要内容，也是确定筹资方式、进行筹资决策的基本依据；另一方面要选择筹资的渠道和方式（或融资工具），关注融资风险，降低筹资成本，提高融资效益。

2. 投资管理

投资是指企业所筹资金的投放活动，其目的是获取收益，不断增加企业价值。按范围不同可将投资分为对内投资和对外投资。对内投资是对企业内部生产经营活动的投资，如企业把资金投资于存货、应收款项、固定资产、无形资产、投资性房地产等；对外投资是企业以合法资产对其他单位进行的投资，如企业与其他企业联营投资或购买债券、股票、权证、保险产品、贵金属、金融衍生产品和其他投资产品（如外汇、钱币、邮票）等。企业必须确定合适的投资规模，选择良好的投资方向和投资方式，调整优化投资结构，以提高投资效益，降低投资风险。

3. 营运资金管理

营运资金是在企业生产经营活动中占用在现金、短期投资、应收及预付款项和存货等流动资产上的资金，反映了企业短期的财务实力和偿债能力。 企业营运资金的周转，表现为企业营运资金的收付。首先，企业要采购材料或商品，以便从事生产和销售活动，同时，还要支付薪酬和其他经营费用；其次，当企业把产品售出后，便可取得收入，收回资金；最后，如果企业营运资金不能满足企业经营的需要，还要采取短期筹资方式来筹集所需资金。在一定时期内，营运资金周转越快，则利用相同数量的营运资金可以生产或销售的产品就越多，取得的收入就越多。因此，加速营运资金周转、提高营运资金利用效率，便成为企业财务管理的主要内容之一。

4. 收益分配管理

收益分配是指对收入和利润进行分割与分派的过程。 其中，利润分配是要解决企业获得的税后利润中有多少分配给投资者，有多少作为留存收益用于企业再生产的问题。如果利润分配过多，会影响企业再生产能力，使未来收益减少，不利于企业可持续发展；如果利润分配过少，可能引起现有投资者不满，也不利于潜在投资者增加对企业的投入。收益分配决策的核心是确定税后利润的分配比率。影响企业利润分配决策的因素有很多，必须根据不同情况制定出企业最佳的分配政策。

1.2 财务管理目标及其社会责任

1.2.1 财务管理目标

管理都是有目的的行为，财务管理也不例外。**财务管理目标是指在特定的经济体制和财务管理环境下，企业对财务资源进行合理配置所要达到的标准。** 研究财务管理目标的学派主要有两个：一个是新古典产权学派，主张企业的剩余索取权和剩余控制权应当由出资者单方面享有；另一个是利益相关者学派，主张企业所有权应当由出资者、债权人、员工、消费者、供应商、政府等众多的利益相关者分享。与前者相对应的代表性财务管理目标有利润最大化、股东财富最大化、每股收益最大化；与后者相对应的财务管理目标主要是企业价值最大化。

目前，人们对财务管理目标的认识尚未统一，在市场经济条件下，针对财务管理目标，主要有4种观点：利润最大化、每股收益最大化、股东财富最大化和企业价值最大化。

1. 利润最大化

"天下熙熙，皆为利来；天下攘攘，皆为利往。"这里所说的"利"，用财务语言解释就是"利润"。西方经济学家早期都是以利润最大化这一概念来分析和评价企业行为和业绩的。他们认为，利润代表了企业新创造的财富，利润越多，说明企业的财富增加得越多，越接近企业的目标。经济学家弗里德曼生前最富争议的观点之一，也许就是"企业的唯一目标是赚钱并向股东提供回报"。

会计学家对利润有着严格的定义,即利润等于收入减去现实的成本和费用。**用利润最大化来定位企业财务管理目标,简明实用、便于理解**。但是,这里的"利润"如果被定义为会计上的利润,则利润最大化目标就存在以下致命的缺陷。

① **没有考虑企业投入与产出之间的关系**。利润是一个绝对指标,难以在不同资本规模的企业之间进行比较。例如,同样获得200万元的利润,一个企业投入1 000万元,另一个企业投入2 000万元,哪一个更符合企业的目标呢?如果不与投入的资本额联系起来,就难以作出正确判断。

会计利润的增加不一定等于股东财富的等额增加,因为会计利润的确定对资本成本的考虑不全面,它只扣除债务资本成本,而没有扣除权益资本成本。在财务管理目标选择中,会计利润的这一局限性必须予以充分考虑。而经济增加值(economic value added, EVA)是克服会计利润这一缺陷的一种有效方法。与会计利润只扣除债务资本成本不同,EVA还考虑了权益资本成本。

② **没有考虑利润的获取时间**。投资项目收益现值的大小,不仅取决于其收益总额的大小,还取决于收益获得的时点。因为如果早取得收益,就能早进行再投资,早获得新的收益,利润最大化目标则忽视了这一点。例如,今年获利100万元和明年获利100万元,哪一个更符合企业的目标呢?如果不考虑货币的时间价值,就难以作出正确判断。

③ **没有考虑企业风险的大小**。例如,两个企业各投入1 000万元,每年获利相等,均为200万元,其中,一个企业获利已全部转化为现金流,另一个企业获利则全部表现为应收款。哪一个更符合企业的目标呢?如果不考虑风险大小,就难以作出正确判断。

应用案例1-2

合资企业的收益分配

【案情简介】

甲乙双方为一合资项目谈判,双方出资各占50%,假定每年的净收益相等,甲方提出了分配方案:前5年甲方获取收益的70%,乙方得30%;后5年乙方获取收益的70%,甲方得30%,项目到期后资产的变现价值平均分配。

【案例点评】

如果考虑资金时间价值和风险报酬,甲方提出的收益分配方案显失公平。

④ **没有考虑企业的可持续成长目标**。利润最大化目标可能会使企业财务决策带有短期行为,即片面追求短期利润的增长,忽视核心竞争力的培育。所谓**核心竞争力**,一般是指企业借以在市场竞争中取得并扩大竞争优势的决定性力量。企业的核心竞争力可能指完成某项活动所需要的优秀技能,可能指企业技术诀窍的范围和深度,也可能指那些能够产生具有很大竞争价值的生产能力的一系列具体技能的组合。如果企业一味追求当前利润最大化,必然损害企业核心竞争力的培育。

2. 每股收益最大化

每股收益最大化观点认为,应该把企业利润与投入的资本额相联系,用净资产收益率(或每股税后收益)概括企业财务管理目标。因为所有者(股东)是企业的出资者,他们投资的目的是取得投资收益。**每股收益最大化目标概念明确，可以在不同资本规模的企业或企业的不同期间进行对比，揭示盈利水平的差异**。但这种观点仍然存在3个问题：一是**没有考虑资金的时间价值**；二是**没有考虑风险的大小**；三是**企业财务决策容易产生短期行为**。

3. 股东财富最大化

股东财富最大化是指通过财务上的合理经营，为股东带来更多的财富。对股份公司而言，股东财富由其所拥有的**股票数量**和**股票价格**两方面来决定，在股票数量一定的前提下，股票价格达到最高时，股东财富也达到最大。所以，股东财富最大化又可以表现为股票价格最大化。

股东财富最大化有以下积极方面。

① **评价标准客观**。股东财富可以用股票价格来计量，比较容易量化，便于考核和奖惩。

② **科学地考虑了资金的时间价值和风险因素**。因为资金时间价值的高低和企业面临风险的大小会对股票价格产生重要影响。

③ **一定程度上能够克服企业在追求利润最大化时的短期行为，有利于促进企业培育核心竞争力**。不仅目前的利润影响股票价格，预期的未来的利润对企业股票价格产生的影响可能更大，对投资者而言，买股票即买未来，而未来的利润是由企业核心竞争力决定的。

股东财富最大化存在以下缺点。

① **它只适用于上市企业**。即使是在西方发达国家，非上市企业在企业总数量上也总是占多数。因此，股东财富最大化没有广泛性，兼容能力也小。

② 对于上市企业，虽可通过股票价格的变动揭示企业价值，但**股票价格是多种因素影响的结果**，特别是在即期市场上，如由庄家操纵形成的股票价格不一定能够直接揭示企业的获利能力，只有股票价格的长期趋势才能做到这一点。

③ 为了控股或稳定购销关系，许多现代企业采用**环形持股**的方式，相互持股。但**法人股东**对股票价格的敏感程度远不及个人股东，对股票价值的大小也没有足够的兴趣。

4. 企业价值最大化

企业价值最大化是指通过一系列合同或契约关系将企业各利益主体联系在一起，采用最优的财务政策，充分考虑资金的时间价值和风险与报酬之间的关系，在保证企业长期稳定发展的基础上，使企业总价值达到最大。其基本思想是将企业长期稳定发展摆在首位，强调企业在价值增长中满足各相关利益主体的利益，承担起应有的社会责任，只有这样才能更好地实现企业价值（经济价值和社会价值）最大化这一财务管理目标。现代财务管理理论认为，以企业价值最大化作为企业的财务管理目标是现代企业发展的必然要求，也是企业财务管理目标的最优选择。

如何衡量企业价值？目前有许多计量模式，其中贴现现金流量法最为流行。依据贴现现金流量法的计算原理，任何资产的内在价值都等于预期未来现金流量以适当的贴现率折现的价值，计量的基本公式为：

$$V = \sum_{t=1}^{n} \text{NCF}_t \frac{1}{(1+i)^t}$$

式中：V为企业价值，可以是总价值，也可以是某一时期的价值；t为企业取得现金流量的具体时间点；n为企业取得现金流量的持续时间，当计算企业总价值时，n取∞（假设企业持续经营）；NCF_t为企业第t年获得的净现金流量；i为每年所获现金流量进行贴现时所用的贴现率。

由上述公式可知，企业价值与企业预期的净现金流量成正比，而与企业所承担的风险成反比（企业所承担风险越大、投资者要求的报酬率越高，贴现率i取值越大），并且企业价值随着企业持续经营时间的增加而增加。该公式既考虑了风险与收益的均衡问题，又考虑了企业取得现金流量的持续时间问题。因此，贴现现金流量法计量模式反映了企业价值是由企业每年获得的净现金流量NCF_t、每年所获现金流量进行贴现时所用的贴现率i、企业取得现金流量的持续时间n这3个因素决定的。相应地，我们可得出实现企业价值最大化的3条常规途径，即资金成本最小化、净现金流量最大化、生命周期永久化。

企业价值最大化目标具有以下优点。

① 该目标考虑了资金的时间价值和投资的风险，有利于企业统筹安排长短期规划、合理选择投资方案、有效筹措资金、合理确定股利政策等。

② 该目标反映了企业对资产保值、增值的要求。企业价值越大，即企业的市场价值越大，利益相关者的认可度越高，企业资产保值、增值的能力和潜力就越大。

③ 该目标有利于克服管理上的片面性和短期行为。企业价值最大化是一个动态指标，它促使企业在生命周期内追求价值的持续增长，具有长期性、可持续发展性。

④ 该目标有利于社会资源的合理配置。社会资金通常流向价值较大的企业或行业，这有利于实现社会整体效益最大化。

⑤ 该目标兼顾了股东、债权人、员工、政府等各方利益相关者的利益。党的二十大报告提出，共同富裕是中国特色社会主义的本质要求。企业追求价值最大化，就是通过把利益相关者的共同"蛋糕"做大，从而实现共赢。企业只有坚持合作共赢的理念，才能促进企业可持续发展。

但不可否认，企业价值最大化目标也存在缺点，主要是企业价值量化的难度较大。虽然通过专门评估（如资产评估）可以确定其价值，但评估过程受净现金流量、贴现率、企业取得现金流量的持续时间这3个主观因素影响，估价不够客观，从而会影响企业价值评估的准确性与客观性。因此，企业价值最大化目标一直是理论界与实务界争论的焦点问题之一，但这并不妨碍其对财务管理活动所起的导向作用。

应用案例1-3

股东当前利益与企业长远价值的权衡

【案情简介】

20×5年，××科技有限公司的股权结构发生了重大变更，由原本的三位创始人股东，变更为只保留一位创始人股东。总经理（公司三位创始人股东之一）坚持认为应将企业取得的收益用于扩大再生产，以提高企业的持续发展能力，实现长远利益的最大化。而另两位股东却认为应按持股比例分红，使股东实现当前利益最大化。由此产生的激烈的争执，导致总经理被迫离职，并不得不出让其持有的 1/3 股份。然而三天后，事情却发生了戏剧性变化。分布在各地与公司有业务关系的两百多位供应商、分销商自发聚集在××科技有限公司总部，强烈要求原总经理复职，并声称如果原总经理不能复职就与该公司断绝业务联系。股权收购、总经理变更的风波最终以原总经理重新执掌公司管理权力，另两位创始人股东则出让其持有的合计 2/3 的股份并退出公司而告终。究竟是什么导致了三位创始人股东之间的意见分歧？两百多位供应商、分销商又是出于什么动机才自发聚集在一起，并一致要求原总经理重新回来任职呢？

【案例点评】

从表面上看，创始人股东之间产生冲突的直接原因是收益分配政策上的分歧；但从本质上看，这个分歧其实反映了三位创始人股东对公司财务管理目标的不同追求。究竟应当以股东当期现实利益最大化为目标，还是以企业长远价值最大化为目标？从供应商和分销商对总经理留任的关注程度上看，他们实质上关注的是公司能否持续稳定发展，并与它们保持与以往一样稳定的业务关系。可以说，企业长远价值对包括供应商与分销商在内的利益相关者的长远价值最大化至关重要。

财务管理目标

尽管财务管理目标多样化，但无论是利润最大化，还是企业价值最大化等财务管理目标，都是以股东财富最大化为基础的。

1.2.2 财务管理目标与社会责任

社会责任是指企业在经营发展过程中应当履行的社会职责和义务，主要包括安全生产、产品或服务质量、环境保护、资源节约、促进就业、员工权益保护等。**企业价值最大化目标与社会责任目标总体上是一致的**，社会责任甚至被许多企业视为发展的机遇。这是因为，为了实现企业价值最大化目标，企业要做到以下几点。①企业生产的产品质量必须符合社会需要，这不但可以满足消费者的需求，而且实现了企业产品的价值，增加企业现金流量。只有这样，企业才能向国家缴纳更多的税款，向股东分配更多的红利，向管理者和员工发放更高的薪酬；②企业必须不断引进与开发新技术，拓展企业经营规模，增强企业可持续增长能力，这样可以扩大就业机会，促进员工素质的提高；③企业必须承担环境保护、员工个人发展、消费者权益保护和社区义务方面的责任，以提升企业的社会认同度(包括国内认同度和国际认同度)。如果企业财务管理目标定位不当，片面追求利润最大化或股东财富最大化，可能导致企业社会责任意识缺失，造成环境污染、违背商业道德、不关注社会公益事业、不重视企业持续发展等。党的二十大报告指出，中国式现代化是人与自然和谐共生的现代化。人与自然是生命共同体，无止境地向自然索取甚至破坏自然必然会遭到大自然的报复。因此，企业应当重视履行社会责任，提升企业发展质量，切实做到经济效益与社会效益、短期利益与长远利益、自身发展与社会发展相互协调，实现企业与员工、企业与社会、企业与环境的健康和谐发展。

1.3 财务管理体制

建立什么样的财务管理体制，主要取决于企业规模和企业组织形式。因此，了解企业的组织形式，有助于企业确立科学的财务管理体制，促进企业财务管理活动的顺利开展。

1.3.1　企业组织形式

1. 独资企业

独资企业又称个人业主制，是指由一个人独自出资创办的企业，其全部资产由投资人个人所有，债务由投资人个人偿还。

我国的个人独资企业是指按照《中华人民共和国个人独资企业法》在中国境内设立，由一个自然人投资，财产为投资者个人所有，投资人以其个人财产对企业债务承担无限责任的经济实体。

1) 独资企业的特征

① 独资企业由一个自然人投资设立。独资企业在投资主体上具有唯一性，这是独资企业区别于合伙企业和公司制企业等多元投资主体企业的基本属性。

② 独资企业的财产为投资人个人所有。独资企业的投资人是企业财产（包括企业成立时投资人投入的初始出资财产与企业存续期间积累的财产）的唯一所有者。

③ 投资人以其个人全部财产对企业债务承担无限责任。独资企业债务等于投资人个人债务，投资人以其个人全部财产而不是仅以其投入该企业的财产对债务负责，即承担无限责任。

④ 独资企业不具有法人资格，只是自然人进行商业活动的一种特殊形态。

2) 独资企业的优点

(1) 建立比较容易、成本低，不必准备正式的营运章程，受政府管制较少，是创办费用最低的企业组织形式。

(2) 不是缴纳企业所得税的主体，不必考虑企业盈余怎样分配，投资者只需按盈余额缴纳个人所得税。

(3) 有利于全民创业目标的实现。全民创业这一名词并不是中国首先倡导的，早在 20 世纪的欧美国家就已经非常盛行，只是那时欧美国家更多使用 self-employment、entrepreneurship 等词来描述这一创业行为，意思是自我雇佣或自主创业。全民创业是我国近年来应创新型经济发展和促进就业增加的需要而提出的一项关乎国计民生的政策措施，旨在缓解我国现阶段及未来较长一段时期出现的就业形势严峻问题，并为我国经济增长注入创新元素和新鲜血液。

3) 独资企业的缺点

(1) 投资人对债务负有无限清偿的责任，个人资产和企业资产没有界限。

(2) 企业存续期受限于投资人本人的生命期。

(3) 筹资较困难，对债权人缺少吸引力，股权没有流通市场。

2. 合伙企业

合伙企业是指自然人、法人和其他组织依照法律设立的普通合伙企业和有限合伙企业。普通合伙企业由普通合伙人组成，合伙人对合伙企业债务承担无限连带责任；有限合伙企业由普通合伙人和有限合伙人组成，普通合伙人对合伙企业债务承担无限连带责任，有限合伙人以其认缴的出资额为限对合伙企业债务承担有限责任。《中华人民共和国合伙企业法》规定，国有独资公司、国有企业、上市公司以及公益性的事业单位、社会团体不得成为普通合伙人。

1) 合伙企业的特征

① **不具备法人资格**。合伙企业的非法人性，使得它与具有法人资格的市场主体相区别；合伙企业的营利性，使得它与其他具有合伙形式但不以营利为目的的社会组织相区别；合伙企业的组织性，使得它与一般民事合伙相区别，从而成为市场经济活动的主体和多种法律关系的主体。

② 全体合伙人**订立书面合伙协议**。合伙企业是由全体合伙人根据其共同意志而自愿组成的经济组织。该组织的设立、经营、变更、解散等一系列行为都必须符合一定的行为规则，而合伙协议就是合伙企业的行为规则。合伙协议必须是书面的。如果没有合伙协议，合伙企业就不能成立，其运作也就无从谈起。

③ 合伙人**共同出资**、**合伙经营**、**共享收益**、**共担风险**。合伙企业的资本是由全体合伙人共同出资构成的。共同出资的特点决定了合伙人原则上享有平等地参与执行合伙事务的权利。按照合伙协议的约定或者经全体合伙人决定，可以委托一个或者数个合伙人对外代表合伙企业，执行合伙事务。

共同出资的特点也决定了合伙经营的收益和风险由合伙人共享、共担。《中华人民共和国合伙企业法》规定，合伙企业的利润分配、亏损分担，按照合伙协议的约定办理；合伙协议未约定或者约定不明确的，由合伙人协商决定；协商不成的，由合伙人按照实缴出资比例分配、分担；无法确定出资比例的，由合伙人平均分配、分担。合伙协议不得约定将全部利润分配给部分合伙人或者由部分合伙人承担全部亏损。

④ 全体合伙人对合伙企业的债务承担**无限连带清偿责任**。即当合伙企业财产不足以清偿合伙企业债务时，普通合伙人对不足部分承担连带清偿责任。这样的规定可以使合伙人能够谨慎、勤勉地执行合伙企业的事务，可以使合伙企业的债权人的合法权益得到保障和实现。这一特征是合伙企业与其他企业组织形式最主要的区别。

2) 合伙企业的优点

① 合伙企业的资金来源比独资企业广泛，它可以充分发挥企业和合伙人个人的力量。这种组织形式可以增强企业资金实力，使企业规模相对扩大。

② 合伙人共同承担合伙企业的经营风险和责任，因而其风险和责任相对于独资企业要分散一些。

③ 法律不将合伙企业作为一个统一的纳税主体征收所得税，因此，合伙人只需将从合伙企业分得的利润与其他个人收入汇总缴纳个人所得税即可。

④ 法律对合伙关系的干预和限制较少，合伙企业在经营管理上具有较大的自主性和灵活性，每个合伙人都有权参与企业的经营管理工作，这与股东对公司的管理权利不同。

3) 合伙企业的缺点

① 相对于公司制企业而言，合伙企业的资金来源和企业信用能力有限，不能发行股票和债券，这使得合伙企业的规模不可能太大。

② 合伙人的责任比公司股东的责任大得多，合伙人之间的连带责任使得合伙人需要对其他合伙人的经营行为负责，加大了合伙人的风险。

③ 由于合伙企业具有浓重的人合性，任何一个合伙人破产、死亡或退伙都有可能导致合伙企业解散，因此其存续期不可能很长。

应用案例 1-4

韦恩与乔布斯的分手

【案情简介】

苹果电脑公司在创立之初,由韦恩、乔布斯和尼克三人合伙经营,他们的出资额分别占10%、45%和45%。该公司成立不久,乔布斯就接到一个50台电脑的订单。他和尼克风风火火地干起来。然而,韦恩发现,乔布斯以公司的名义借了5 000美元现金并赊购了价值15 000美元的零部件。韦恩担心万一公司倒闭,债务也会压到他的身上。经过慎重考虑,他向乔布斯提出退伙要求。乔布斯想也没想就答应了,并以800美元买下韦恩的出资份额。

苹果电脑公司很快步入正轨,并于1980年成功上市。按当时的股价计算,韦恩转让给乔布斯的出资份额折算成股份的价值应该在15亿美元左右,乔布斯创造的这个纪录,恐怕很难再有人打破。

【案例点评】

合伙人之间的连带责任使韦恩需要对乔布斯和尼克的经营行为负责,加大了韦恩的风险,这是合伙企业的缺点。但风险不仅意味着威胁,还可能代表机会,关键是如何控制合伙风险。

3. 公司制企业

公司制企业是指依照公司法设立的<u>有限责任公司</u>和<u>股份有限公司</u>。

有限责任公司是指根据公司法规定登记注册,由五十个以下股东共同出资,每个股东以其所认缴的出资额对公司承担有限责任,公司以其全部财产对公司债务承担责任的经济组织。

股份有限公司是指全部注册资本由等额股份构成并通过发行股票(或股权证)筹集资本,公司以其全部财产对公司债务承担责任的企业法人。股份有限公司的股东人数没有上限。

1) 公司制企业的特征和优点

① <u>独立的法人实体</u>。公司制企业(以下简称公司)一经宣告成立,法律即赋予其独立的法人地位,具有法人资格。即赋予公司法律上的人格(与自然人相对),使公司像一个自然人一样,以自己的名义从事经营活动,享有权利,并承担义务,从而使公司在市场上成为竞争主体。

② <u>持续经营</u>。股东投入的资本为公司长期支配和使用。股东无权直接从公司财产中抽回属于自己的那份投资,更不能直接处置公司的资产。股东只能通过转让其所拥有的股份收回投资。资本的长期稳定性决定了公司能够独立于股东而持续、无限期地存在下去。也就是说,公司投资者的股权可以转让,投资者可以流动,但公司仍然可以作为一个独立的实体而存在,正常地从事经营活动。

③ <u>对债务承担有限责任</u>。这是指公司一旦出现了债务,这种债务仅是公司的债务,由公司这个拟人化的实体对债权人负责,而公司股东不直接对债权人负责;公司的股东对公司债务仅以其出资额为限,承担间接、有限的责任,这就为股东分散了投资风险,对潜在投资者也具有一定的吸引力。

④ <u>所有权和经营权分离</u>。公司的所有权属于全体股东,并由股东大会行使权利,经营权归董事会和管理部门。公司的最高权力机构是股东大会,股东大会行使财产所有权,

董事会行使经营决策权,管理部门行使经营管理权,监事会行使监督控制权。

⑤ 规范化程度较高。公司的发起设立、对内对外关系、内部治理结构、合并分立等,都是依照法律规范来进行的。

2) 公司制企业的缺点

① 组建程序复杂,费用较高。
② 政府对公司的限制较多。
③ 上市公司保密性较差。
④ 双重课税。
⑤ 存在代理问题。

在上述 3 种企业组织形式中,公司制企业最具优势,从而成为现代企业组织的一种典型形态。因此,现代财务管理学主要以公司制企业这种组织形式为研究对象。

1.3.2 财务管理体制

如前所述,财务关系的具体内容和表现形式是多种多样的。财务管理体制正是处理企业内部各种财务关系的制度化规则。

对现代企业来说,企业内部财务关系的处理必须通过建立适当的财务管理体制方能有效进行,其原因主要有 2 个。一是企业经营规模的不断扩大。随着社会经济的发展,企业的经营规模具有不断扩大的趋势,企业内部的财务关系纵横交错,越来越复杂。二是管理幅度限制。受管理者精力及素质的限制,管理的有效幅度是有限的。因此,如何有效协调各部门、各层级之间的财务关系,对企业财务管理目标的实现具有重要意义。

财务管理体制的核心在于对集权与分权的有效选择,财务管理体制主要有以下 3 种模式。

1) 集权制财务管理模式

集权制财务管理模式是指企业的各种财务决策权均集中于企业总部。企业总部集中控制和管理企业内部的经营与财务,并作出相应的财务决策,各所属单位必须严格执行。

集权制财务管理模式的主要优点是:①财务管理效率较高,企业总部通过安排统一的财务政策,能够较好地控制所属单位的财务行为,使决策的统一化和制度化得到有力保障;②有利于实现资源共享,企业总部较易调动内部财务资源,促进财务资源的合理配置,降低资金成本;③有利于发挥企业总部财务专家的作用,采取避税措施及防范汇率风险,降低公司财务风险和经营风险。

集权制财务管理模式的主要缺点是:①所属单位只负责短期财务规划和日常经营管理,财务管理权限高度集中于企业总部,容易挫伤所属单位经营者的主动性、积极性,抑制所属单位财务活动的灵活性和创造性;②企业总部远离基层经营现场,可能因信息掌握不完整造成决策效率低下甚至失误。

但现阶段我国大多数企业已经实现了会计核算的电算化,而且集中式的财务管理软件正在得到大力推广,这些手段无疑加快了所属单位间信息传递的速度,使得企业总部的管理人员能够通过网络及时了解所属单位的财务状况,为其进行科学的财务决策提供了技术保障。管理层素质较高、实施纵向一体化战略的企业,一般会要求所属单位保持密切的联系,因而有必要采用集权制财务管理模式。

2) 分权制财务管理模式

分权制财务管理模式是指大部分的重大决策权集中在所属单位，企业总部对所属单位以间接管理为主的财务管理模式。分权制财务管理模式适用于经营规模和资产规模较大的企业和企业集团。

分权制财务管理模式的主要优点是：①各所属单位在人、财、物方面有决定权，可以调动所属单位各层级管理者的积极性；②各所属单位管理人员身在基层，对市场信息反应灵敏，这有利于他们针对本单位实际作出财务决策，增加创利机会；③可以使最高层管理人员将有限的时间和精力集中于企业最重要的战略决策问题上。

分权制财务管理模式的主要缺点是：①难以统一指挥和协调，所属单位可能因追求自身利益而忽视甚至损害企业整体利益，可能导致企业资金成本增加、费用失控；②弱化企业总部财务调控功能，企业总部不能及时发现所属单位面临的问题，从而加大企业经营风险和财务风险；③如果所属单位经营者缺乏全局观念和整体意识，可能造成所属单位"内部控制人"问题。

3) 统分结合制财务管理模式

统分结合制财务管理模式的实质是集权下的分权。企业以发展战略和经营目标为核心，对各所属单位在所有重大财务问题的决策与执行上实行高度集权，各所属单位财务经理及财务管理职能部门作为财务决策的执行者及日常管理者，执行企业统一的会计制度及会计政策，对日常财务管理活动有较大的自主权。

财务管理体制

统分结合制财务管理模式的核心是企业总部应做到制度统一、资金集中、信息集成和人员委派。集权内容主要有集中制度制定权，筹资、融资权，投资权，用资、担保权，固定资产购置权，财务机构设置权，收益分配权；分权内容主要有分散经营自主权，人员管理权，业务定价权，费用开支的审批权等。

统分结合制财务管理模式既吸收了集权制和分权制财务管理模式的优点，又避免了它们各自的缺点，因而具有较大的优越性。

1.4　财务管理的环节

财务管理的环节是指财务管理的工作步骤和一般程序。企业财务管理一般包括以下 5 个环节。

1. 财务预测

财务预测是指企业根据财务活动的历史资料（如财务分析资料），结合现实条件与要求，运用特定方法对企业未来的财务活动和财务成果做出科学的预计或测算。财务预测是编制财务预算的前提，是进行财务决策的基础。

2. 财务决策

财务决策是指企业财务人员按照企业财务管理目标，采用专门方法对各种备选方案进行比较分析，并从中选出最优方案的过程。财务决策是企业财务管理的核心，其成功与否直接关系到企业的兴衰成败。

3. 财务预算

财务预算是指企业运用科学的技术手段和数量方法，对未来财务活动的内容及指标进行综合平衡与协调的具体规划。财务预算是以财务决策确立的方案和财务预测提供的信息为基础编制的，是财务预测和财务决策的具体化，是财务控制和财务分析的依据，贯穿企业财务活动的全过程。

4. 财务控制

财务控制是指在财务管理过程中，利用有关信息和特定手段，对企业财务活动所施加的影响和进行的调节。实行财务控制是落实财务预算、保证财务预算实现的有效措施，也是责任绩效考评与奖惩的重要依据。其中，成本控制是企业财务控制的重要内容。

5. 财务分析

财务分析是指根据企业核算资料，运用特定方法，对企业财务活动过程及其结果进行分析和评价。财务分析既是本期财务活动的总结，也是下期财务预测的前提，具有承上启下的作用。通过财务分析，企业可以掌握财务预算的完成情况，评价财务状况，研究和掌握企业财务活动的规律，改善财务预测、财务决策、财务预算和财务控制，提高企业财务管理水平。

1.5　财务管理的环境

财务管理的环境是指会对企业财务活动产生影响的各种内外部客观情况和条件，是企业赖以生存和发展的"土壤"。研究财务管理的环境，在于弄清企业财务管理所处环境的现状和未来的发展趋势，把握开展财务活动的有利条件，提高财务决策对现实环境的适应性、应变性和对环境变化的预见性，充分发挥财务管理的职能，实现财务管理目标。

1.5.1　政治环境

一个国家的**政治环境**会对企业的财务管理决策产生至关重要的影响，和平稳定的政治环境有利于企业的中长期财务规划和资金安排。政治环境主要包括社会安定程度、政府制定的各种经济政策的稳定性，以及政府机构的管理水平、办事效率、清正廉洁状况等。

1.5.2　法律环境

财务管理的**法律环境**是指国家制定的企业进行财务管理时所应遵守的各种法律、规定和制度。党的二十大报告提出，必须更好发挥法治固根本、稳预期、利长远的保障作用，在法治轨道上全面建设社会主义现代化国家。市场经济是法治经济，企业的一切经济活动都是在法律规定的范围内进行的。一方面，法律提出了企业从事一切经济业务所必须遵守的规范，从而可以对企业的经济行为进行约束；另一方面，法律也为企业合法从事各项经济活动提供了保护。不同组织形式的企业所适用的法律不完全相同。因此，不同组织形式的企业在进行财务管理时，必须熟悉法律环境对财务管理的影响，从而作出相应的财务决策。

1.5.3 经济环境

财务管理作为一种微观管理活动，与经济管理体制、经济结构、经济发展状况、宏观经济调控政策等经济环境密切相关。

1. 经济管理体制

经济管理体制是在一定的社会制度下，生产关系的具体形式以及组织、管理和调节国民经济的体系、制度、方式和方法的总称，分为宏观经济管理体制和微观经济管理体制两类。宏观经济管理体制是指整个国家宏观经济的基本经济制度，而微观经济管理体制包含一国的企业体制及企业与政府、企业与所有者的关系。宏观经济体制对企业财务行为的影响主要体现在：企业必须服从和服务于宏观经济管理体制，在财务管理的目标、财务主体、财务管理的手段与方法等方面与宏观经济管理体制的要求相一致。微观经济管理体制对企业财务行为的影响与宏观经济管理体制相联系，主要体现在如何处理企业与政府、企业与所有者之间的财务关系上。

2. 经济结构

经济结构是一个内涵非常广泛的概念，是一个由许多系统构成的多层次、多因素的复合体。影响经济结构的因素很多，其中最主要的是社会对最终产品的需求，科学技术进步对经济结构的变化也有重要影响。就经济结构的组成而言，它会涉及产业结构、分配结构、就业结构、供给结构、需求结构等。经济结构对企业财务行为的影响主要体现在产业结构上。一方面，产业结构会在一定程度上影响甚至决定财务管理的性质，不同产业所要求的资金规模或投资规模不同，所要求的资本结构也不一样；另一方面，产业结构的调整和变动要求财务管理做出相应的调整和变动，否则企业的日常财务运作将比较艰难，财务管理目标也将难以实现。

3. 经济发展状况

任何国家的经济发展都不可能呈长期的快速增长之势，而是常表现为"波浪式前进，螺旋式上升"的态势。当经济发展处于繁荣时期，经济发展速度较快，市场需求旺盛，销售额大幅度上升时，企业财务对策为增加投资、扩充厂房设备、增加存货、提高新产品价格、加大营销力度、增加劳动力等；当经济发展处于衰退时期，经济发展速度缓慢，甚至出现负增长，企业的产量和销售量下降，投资锐减，资金时而紧缺、时而闲置，财务运作出现较大困难时，企业财务对策为停止扩张、出售多余设备、停止不利产品生产、停止长期采购、削减存货、停止扩招雇员等；当经济发展处于萧条时期，企业财务对策为保持市场份额（宁让利润，不让市场）、提升投资标准、压缩管理费用、削减存货、裁减雇员、放弃次要利益等。

另外，经济发展中的通货膨胀也会给企业财务管理带来较大的不利影响，主要表现在：新增资产价格上涨，资金占用额迅速增加；利率上升，企业筹资成本加大；证券价格下跌，筹资难度增加；利润虚增、资金流失。在通货膨胀初期，企业可以通过实物投资，实现资本保值；与客户签订长期购货合同，减少物价上涨带来的损失；增加长期负债，保持资本成本稳定。在通货膨胀持续期间，企业可以采用严格的信用政策，减少债权。

4. 宏观经济调控政策

政府具有对宏观经济发展进行调控的职能。在某些时期，政府为了协调经济发展，往往会通过财税、金融等手段对国民经济总运行机制及子系统提出一些具体的政策措施。这些宏观经济调控政策对企业财务管理的影响是直接的，企业必须按国家政策办事，否则将寸步难行。例如，当国家采取收缩的调控政策时，企业会出现现金流入减少、现金流出增加、资金紧张、投资压缩等情形；而当国家采取扩张的调控政策时，企业则会出现与前述情形相反的情形。

1.5.4 金融市场环境

金融市场是指在经济运行过程中，资金供求双方运用各种金融工具调节资金盈余活动的场所。金融市场在一国的经济发展中被称为融通资金的"媒介器"、资金供求的"调节器"和经济发展的"润滑剂"。

1. 金融市场与企业财务活动

企业从事投资活动所需要的资金，除了所有者直接投入的，主要是从金融市场取得的。金融政策的变化必然影响企业的筹资与投资。所以，金融市场环境是企业的主要财务管理环境，它对企业财务活动主要有以下影响。

① 为企业筹资和投资提供重要场所。当企业需要资金时，可以在金融市场上选择合适的方式筹资；而当企业有闲置资金时，又可以在金融市场上选择合适的投资方式，为其资金增值寻找投资场所。

② 为企业的长短期资金相互转化提供方便。企业可通过金融市场将长期资金（如股票、债券）变现转为短期资金，也可以通过金融市场购进股票、债券等将短期资金转化为长期资金。

③ 为企业财务管理提供重要信息。金融市场的利率变动反映资金的供求状况，企业在有价证券市场上的行情反映投资人对企业经营状况和盈利水平的评价。

另外，金融市场的发育程度、金融机构的组织形式及运作方式、金融工具的丰富程度、市场参与者对报酬率的要求、金融政策导向等，都会对企业财务管理产生重大影响。

因此，企业财务管理人员必须熟悉各种类型的金融市场及其管理规则，有效地利用金融市场来组织资金的筹措和进行资本投资等活动；同时还要遵守国家对金融市场的宏观调控和指导，充分利用金融市场的积极作用，规避其消极作用。

2. 我国主要的金融机构

(1) 中央银行

中央银行是国家最高的货币金融管理组织机构，在各国金融体系中居于主导地位。国家赋予中央银行制定和执行货币政策，对国民经济进行宏观调控，对其他金融机构乃至金融业进行监督管理的权限，其地位非常特殊。中国人民银行是我国的中央银行，其在国务院领导下，制定和执行货币政策，防范和化解金融风险，维护金融稳定。中央银行是"发行货币的银行"，对调节货币供应量、稳定币值有重要作用。中央银行是"银行的银行"，它集中保管银行的准备金，并对银行发放贷款，充当"最后贷款者"。中央银行是"国家的银行",它是国家货币政策的制定者和执行者,也是政府干预经济的工具;为国家提供金融服务,代理国库,代理发行政府债券,为政府筹集资金;代表政府参加国际金融组织和各种国际金融活动。

(2) 政策性银行

政策性银行是指那些一般由政府创立、参股或保证的,不以营利为目的,专门为贯彻、配合政府社会经济政策或意图,在特定的业务领域,直接或间接地从事政策性融资活动,充当政府发展经济、促进社会进步、进行宏观经济管理的工具的金融机构。我国目前有3家政策性银行:国家开发银行、中国农业发展银行和中国进出口银行。

(3) 商业银行

商业银行是以经营存款、放款和办理转账结算为主要业务,以营利为主要经营目标的金融企业。

(4) 非银行金融机构

我国现有的非银行金融机构主要有证券公司、保险公司、信托公司、期货公司、资产管理公司、金融资产管理公司、金融租赁公司、消费金融公司、第三方支付机构、小额贷款公司、典当行等。

1.5.5 其他外部环境

我国现有的非银行金融机构主要有证券公司、保险公司、信托公司、期货公司、资产管理公司、金融资产管理公司、金融租赁公司、消费金融公司、第三方支付机构、小额贷款公司、典当行等。

习 题

1. 单项选择题

(1) 假定甲公司向乙公司赊销产品,并持有丙公司债券和丁公司股票,且向戊公司支付公司债利息。假定不考虑其他条件,从甲公司的角度看,下列各项中属于本公司与债权人之间财务关系的是(   )。

A. 甲公司与乙公司之间的关系 B. 甲公司与丙公司之间的关系
C. 甲公司与丁公司之间的关系 D. 甲公司与戊公司之间的关系

(2) 某上市公司针对经常出现的中小股东质询管理层的情况采取措施,以协调所有者与经营者的矛盾。下列各项中,不能实现上述目的的是(   )。

A. 解聘总经理 B. 强化内部人控制
C. 加强对经营者的监督 D. 将经营者的报酬与其绩效挂钩

(3) 企业允许经营者以约定的价格购买一定数量的本企业股票,股票的市场价格高于约定价格的部分就是经营者所得的报酬,这种措施属于协调所有者与经营者利益冲突的(   )。

A. 解聘   B. 接收   C. 股票期权   D. 绩效股

(4) 甲、乙两企业均投入500万元的资本,本年获利均为40万元,但甲企业的获利已经全部转化为现金,而乙企业则全部是应收账款。如果在分析时得出两家企业收益水平相同的结论,那么得出此结论的原因是(   )。

A. 没有考虑利润的取得时间
B. 没有考虑利润获得所承担风险的大小

C. 没有考虑所获利润和投入资本的关系

D. 没有考虑剩余产品的创造能力

(5) 在某上市公司财务目标研讨会上，张经理主张"贯彻合作共赢的价值理念，做大企业的财富蛋糕"；李经理认为"既然企业的绩效按年度考核，财务目标就应当集中体现当年利润指标"；王经理提出"应将企业的长期稳定发展放在首位，以便创造更多的价值"；赵经理强调"力争使公司股票价格提高，让社会对公司评价更高"。上述观点中基于企业价值最大化目标提出的是（　　）的观点。

  A. 张经理   B. 李经理   C. 王经理   D. 赵经理

(6) 企业财务管理体制是明确企业各财务层级财务权限、责任和利益的制度，其核心问题是（　　）。

  A. 如何进行财务决策   B. 如何进行财务分析

  C. 如何配置财务管理权限   D. 如何实施财务控制

(7) 企业财务管理体制明确的是（　　）。

  A. 企业治理结构的权限、责任和利益

  B. 企业各财务层级财务权限、责任和利益

  C. 企业股东会、董事会权限、责任和利益

  D. 企业监事会权限、责任和利益

(8) 某企业集团经过多年的发展，已初步形成从原料供应、生产制造到物流服务上下游密切关联的产业集群，当前集团总部管理层的素质较高，集团内部信息化管理的基础较好。据此判断，该集团最适宜的财务管理体制是（　　）财务管理体制。

  A. 集权制   B. 分权制   C. 自主型   D. 统分结合制

(9) 企业所采用的财务对策在不同的经济周期中各有不同。在经济繁荣期，不应该选择的财务对策是（　　）。

  A. 扩充厂房设备   B. 增加存货   C. 裁减雇员   D. 提高产品价格

(10) 下列各项中，不属于财务管理经济环境构成要素的是（　　）。

  A. 经济周期   B. 通货膨胀水平   C. 宏观经济政策   D. 公司治理结构

2. 多项选择题

(1) 企业资金的特点有（　　）。

  A. 处于再生产过程中   B. 必须以货币形态存在

  C. 以货币或实物形态存在   D. 体现为资产的价值

(2) 利润最大化目标的主要缺点有（　　）。

  A. 没有考虑资金的时间价值

  B. 没有考虑资金的风险价值

  C. 是一个绝对值指标，未能考虑投入和产出之间的关系

  D. 容易引起企业的短期行为

(3) 以每股收益最大化作为企业财务管理的目标，它所存在的问题有（　　）。

  A. 没有把企业的利润与投资者投入的资本联系起来

  B. 没有把企业获取的利润与所承担的风险联系起来

  C. 没有考虑资金时间价值因素

  D. 容易诱发企业经营中的短期行为

(4) 公司制企业可能存在经营者和股东之间的利益冲突，解决这一冲突的方式有（　　）。

  A. 解聘   B. 接收   C. 收回借款   D. 授予股票期权

(5) 与独资企业和合伙企业相比，公司制企业的特点有（　　）。

A. 以出资额为限，承担有限责任 B. 股东权益资金的转让比较困难
C. 公司收益重复纳税 D. 更容易筹集资金
(6) 下列企业组织形式中，会导致双重课税的有（   ）。
A. 独资企业 B. 合伙企业 C. 有限责任公司 D. 股份有限公司
(7) 某企业集团选择统分结合制财务管理模式，下列各项中，通常应当集权的有（   ）。
A. 收益分配权 B. 财务机构设置权
C. 对外担保权 D. 子公司业务定价权
(8) 下列应对通货膨胀风险的各项策略中，正确的有（   ）。
A. 进行长期投资 B. 签订长期购货合同
C. 取得长期借款 D. 签订长期销货合同
(9) 通货膨胀对企业财务活动的影响是多方面的，主要表现在（   ）。
A. 增加企业的资金需求 B. 引起企业利润虚增
C. 加大企业的权益资金成本 D. 增加企业的筹资难度
(10) 法律环境是指企业与外部发生经济关系时应遵守的有关法律、法规和规章制度，主要包括（   ）。
A. 经济合同法 B. 税法 C. 企业财务通则 D. 内部控制基本规范

3. 判断题

(1) 企业财务管理中对财务关系的协调包括处理好相关的人际关系。（   ）
(2) 公司制企业可能存在股东和债权人之间的利益冲突，解决这一冲突的方式有收回借款。
（   ）
(3) 解聘是通过市场约束经营者的措施。（   ）
(4) 企业财务管理的目标就是利润最大化。（   ）
(5) 企业价值最大化是指与企业利益相关的所有者、债权人和经营者的利益最大化。（   ）
(6) 利润最大化、每股收益最大化、企业价值最大化等财务管理目标，都是以股东财富最大化为基础的。（   ）
(7) 就上市公司而言，将股东财富最大化作为财务管理目标的缺点之一是不容易被量化。
（   ）
(8) 企业的社会责任是企业在谋求所有者权益最大化之外所承担的维护和增进社会利益的义务，一般划分为企业对社会公益的责任和对债权人的责任两大类。（   ）
(9) 不论是公司制企业还是合伙企业，股东或合伙人都面临双重课税问题，即在缴纳企业所得税后，还要缴纳个人所得税。（   ）
(10) 按照现代企业制度的要求，企业财务管理体制必须以财务制度为核心。（   ）

4. 思考题

(1) 如何协调所有者与经营者、债权人的矛盾？
(2) 财务管理目标的主流观点，包括利润最大化、股东财富最大化和企业价值最大化等，它们各有什么优点和缺点？
(3) 为什么说金融市场环境是企业主要的财务管理环境？

5. 案例分析

瓦伦汀商店企业组织形式的选择

瓦伦汀拥有一家经营得十分成功的汽车经销商店——瓦伦汀商店。25年来，瓦伦汀一直坚持独资经营，身兼所有者和管理者两职。现在他已经70岁了，打算从管理岗位上退下来，但是他希望汽车经销商店仍能掌握在家族手中，他的长远目标是将这份产业留给自己的子孙。

瓦伦汀在考虑是否应该将他的商店转为公司制经营。如果他将商店改组为股份公司，那么他就可以给自己的每一位子孙留数目合适的股份。他也可以将商店整个留给子孙们，让他们进行合伙经营。为了能够选择正确的企业组织形式，瓦伦汀制定了以下目标。

(1) 所有权。瓦伦汀希望他的 2 个儿子各拥有 25% 的股份，5 个孙子各拥有 10% 的股份。

(2) 存续能力。瓦伦汀希望即使发生子孙死亡或放弃所有权的情况也不会影响经营的存续性。

(3) 管理。当瓦伦汀退休后，他希望将产业交给一位长期服务于商店的雇员——汉兹来管理。虽然瓦伦汀希望家族保持商店的所有权，但他并不相信他的家族成员有足够的时间和经验来完成日常的管理工作。事实上，瓦伦汀认为他的子孙根本不具备经济头脑，所以他并不希望他们参与管理工作。

(4) 所得税。瓦伦汀希望所采取的组织形式可以尽可能减少他的子孙们应缴纳的所得税。他希望每年的经营所得都可以尽可能多地分配给商店的所有者。

(5) 所有者的债务。瓦伦汀知道经营汽车会出现诸如对顾客汽车修理不当而发生车祸之类的意外事故的情况，这要求商店有大量的资金。虽然商店已投了保，但瓦伦汀还是希望能确保在商店发生损失时，子孙们的个人财产不受任何影响。

【问题探讨】

(1) 根据你掌握的知识，你认为瓦伦汀商店应选择公司制还是合伙制？

(2) 公司制和合伙制对企业财务管理各有什么影响？

6. 课程实践

选择一家上市公司，根据资料设计该公司的资金管理模式。

第 2 章　财务管理基础

学习目标

知识要点	能力要求	关键术语
利率	(1) 了解利率的概念与分类 (2) 理解决定利率高低的基本因素 (3) 掌握未来利率水平的测算	(1) 基准利率和套算利率；实际利率和名义利率；固定利率和浮动利率；市场利率和官定利率 (2) 纯利率；通货膨胀预期补偿；违约风险报酬；流动性风险报酬；期限风险报酬
资金时间价值	(1) 理解资金时间价值的概念 (2) 掌握资金时间价值的计算方法	(1) 资金时间价值 (2) 复利终值；复利现值；年金 (3) 贴现率
风险与风险报酬	(1) 理解风险报酬的概念 (2) 掌握风险及风险报酬的计量方法	(1) 风险报酬 (2) 期望值；方差；标准差；变异系数 (3) 经营风险；财务风险 (4) 投资报酬率；无风险报酬率；风险报酬率
证券投资组合的风险与报酬	(1) 理解证券投资组合理论 (2) 掌握证券投资组合风险报酬的计量	(1) 证券投资组合 (2) 系统性风险；非系统性风险

假如有一位20岁的年轻人，从现在开始投资一项事业，年投资报酬率为20%，每年投资14 000元，如此持续40年后，他能积累多少财富？通过本章学习，你将会得到现在看来"难以置信"的答案。

2.1 利 率

利率是国家对金融市场进行宏观调控的一种主要手段,也是企业进行财务决策的基本依据之一。

2.1.1 利率的概念与分类

信用是一种借贷行为,借款者除按规定的时间偿还本金外,还要为使用的资金支付一定的代价,即利息。利息率是指借贷期内所形成的利息额与本金的比率,简称利率。从资金流通的借贷关系来看,利率也是特定时期运用资金这一资源的交易价格。也就是说,资金作为一种特殊商品,在资金市场上的"买卖",是以利率为价格标准的,资金的融通实质上是资金通过利率这个价格体系在市场机制作用下的再分配。

利息率

根据不同的标准可以将利率划分为不同的类别。

1. 根据利率之间的变动关系分类

根据利率之间的变动关系,可把利率分为基准利率和套算利率。

(1) 基准利率

基准利率是指金融市场上具有普遍参照作用的利率,其他利率水平或金融资产价格均可根据基准利率水平来确定。基准利率是利率市场化机制形成的核心,在西方通常是中央银行的再贴现率,在我国是中国人民银行对商业银行贷款的利率。

> **特别提示**
>
> 2007年1月4日,中国基准利率雏形亮相,这个由全国银行间同业拆借中心发布的"上海银行间同业拆放利率"(简称Shibor)正式运行。Shibor,以位于上海的全国银行间同业拆借中心为技术平台计算、发布并命名,是由信用等级较高的银行组成报价团自主报出的人民币同业拆出利率计算确定的算术平均利率,是单利、无担保、批发性利率。目前,对社会公布的Shibor包括隔夜、1周、2周、1个月、3个月、6个月、9个月及1年共8个期限品种。Shibor的形成机制与曾在国际市场上普遍作为基准利率的Libor(伦敦同业拆放利率,已停用)的形成机制非常接近。目前Shibor已被应用于货币市场及债券、衍生品等市场各个层次的金融产品定价。

(2) 套算利率

套算利率是指在基准利率确定后,各金融机构根据基准利率和借贷款项的特点而换算出的利率。在我国,中国人民银行对商业银行的贷款利率是基准利率,商业银行贷给企业或个人的利率是套算利率。例如,某金融机构规定,贷款给AAA级、AA级、A级企业的利率,分别在基准利率基础上加0.25%、0.5%和1%,若基准利率是7%,则AAA级、AA级和A级企业的贷款对应的利率分别是7.25%、7.5%和8%,这便是套算利率。

2. 根据债权人取得的报酬分类

根据债权人取得的报酬,可把利率分为实际利率和名义利率。

(1) 实际利率

实际利率是指在物价不变从而货币购买力不变情况下的利率，或是在物价有变化时，扣除币值变动影响以后的利率。

(2) 名义利率

名义利率是指包括币值变动影响的利率。因为物价不断上涨是一种普遍的趋势（如据统计，1992—2002年中国的年均通货膨胀率为5.3%，美国的年均通货膨胀率为2.6%），所以，名义利率一般都高于实际利率，二者之间的关系可以用概略的计算公式表示为：

$$名义利率 = 实际利率 + 通货膨胀率$$

但通货膨胀不仅会使本金贬值，还会使利息贬值，所以，名义利率还应调整，名义利率的公式可写成：

$$名义利率 = (1+实际利率)(1+通货膨胀率) - 1$$

$$实际利率 = \frac{1+名义利率}{1+通货膨胀率} - 1$$

市场上的各种利率都是名义利率。实际利率不易直接观察到，通常是利用上述公式，根据名义利率和通货膨胀率来推算。

3. 根据在借贷期内是否调整分类

根据在借贷期内是否调整，可把利率分为固定利率与浮动利率。

(1) 固定利率

固定利率是指在借贷期内，不论市场利率如何变动，借款人都按照固定的利率支付利息，不需要"随行就市"。过去，利率都是指固定利率，因为这种利率对借贷双方确定成本和收益十分方便，但近几十年来，世界各国都存在不同程度的通货膨胀，实行固定利率会使债权人利益受到损害。

(2) 浮动利率

浮动利率是指在借贷期内可以调整的利率。根据借贷双方的协定，由一方在规定的时间依据某种基准利率进行调整。采用浮动利率可减少债权人损失，但这种利率的计算手续繁杂，工作量比较大。

4. 根据利率变动与市场的关系分类

根据利率变动与市场的关系，可把利率分为市场利率和官定利率。

(1) 市场利率

市场利率是指根据资金市场上的供求关系，随市场规律而自由变动的利率。在市场机制发挥作用的情况下，由于自由竞争，信贷资金的供求会逐渐趋于均衡，经济学家将这种状态的市场利率称为"均衡利率"。

(2) 官定利率

官定利率是指由货币当局规定的利率。货币当局可以是中央银行，也可以是具有实际金融管理职能的政府部门。官定利率是国家进行宏观调控的一种手段。

发达的市场经济国家，以市场利率为主，同时也有官定利率，官定利率与市场利率一般无显著脱节现象。

2.1.2 决定利率高低的基本因素

在现代经济中,影响利率水平高低的主要因素有以下 6 个。

1. 社会平均资金利润率

社会平均资金利润率是社会生产过程中各部门之间竞争的结果,是社会各部门整体利润相对于整个社会生产的一种平均化和均衡化。计算公式为:

$$社会平均资金利润率 = \frac{全社会利润总额}{社会总资本}$$

2. 资金供求关系

货币市场与一般意义上的商品市场一样,**资金供求关系**也遵循一般经济规律,即供求决定价格。一般情况下,当资金供不应求时,利率上升;当资金供过于求时,利率下降。同时,利率也反作用于资金供求,利率上升对资金的需求起抑制作用,而利率下降会使资金需求增加。

3. 通货膨胀预期

在预期通货膨胀率上升期间,利率水平会有很强的上升趋势;反之,利率水平会趋于下降。由于物价上涨引起的通货膨胀,对于资金的供给方来说,不仅会造成实际利率下降,还可能造成借贷资金本金的贬值。因此,在存在**通货膨胀预期**的情况下,资金需求方要获得足够的资金来源,就必须提高合同利率(名义利率)。

4. 货币政策

货币政策是中央银行为实现既定的经济目标(稳定物价、促进经济增长、实现充分就业和平衡国际收支),运用各种工具调节货币供应和利率,进而影响宏观经济的方针和措施的总和。政府为了干预经济,可通过变动利率的办法来间接调节通货。比如,在萧条时期,降低利率,以增加货币供应,刺激经济增长;在通货膨胀时期,提高利率,以减少货币供应,抑制经济的过快增长。

5. 财政政策

财政政策是指根据稳定经济的需要,通过财政支出与税收来调节货币总供求。增加政府财政支出可以刺激总需求,从而增加国民收入、扩大投资规模、提高利率水平;反之,则抑制总需求,从而减少国民收入、缩小投资规模、降低利率水平。而税收对国民收入来说则是一种收缩性力量,在既定收入水平下,政府增加税收将直接使人们的实际收入下降,导致储蓄和投资减少、货币需求减少,而当货币供应量不变时利率就会下降。因此,税收增减往往与国民收入和利率水平呈反方向变化。

6. 国际利率水平

融入全球化体系以后,我国的利率变动也不可避免地受国际经济因素的影响。国内利率水平的高低会直接影响本国资金在国际货币市场上的流动,进而对本国的国际收支状况产生影响。当国际利率水平较低而国内利率水平较高时,外国货币资本会流入国内,从而有利于本国国际收支状况的改善;反之,当国际利率水平较高而国内利率水平较低时,本国的货币资本会外流，从而不利于本国的国际收支平衡。同时，国际利率水平与国内利率水平之间的差距过大，不仅会对国际收支产生影响，还会影响本国通货的对外价值，影响本国的对外贸易。为了平衡国际收支，货币当局往往会参照国际利率水平来调整国内利率水平，以减少国际收支逆差或顺差。

2.1.3 未来利率水平的测算

决定利率高低的基本因素，只是从理论上解释利率为什么会发生变动。那么，企业究竟应该怎样测算特定条件下的未来利率水平呢？这就必须分析利率的构成。一般情况下，利率由3个部分构成：纯利率、通货膨胀预期补偿和风险报酬。其中，风险报酬又分为违约风险报酬、流动性风险报酬和期限风险报酬。这样，利率的一般计算公式就变为：

$$利率（名义利率）= 纯利率 + 通货膨胀预期补偿 + 违约风险报酬 +$$
$$流动性风险报酬 + 期限风险报酬$$

1. 纯利率

纯利率是指在不考虑通货膨胀和风险的前提下由供求关系所决定的均衡利率。纯利率的前提条件有2个：一是没有通货膨胀；二是没有风险。纯利率不是一成不变的，它随资金供求的变化而不断变化。精确地测定纯利率是非常困难的，在实际工作中，通常以无通货膨胀情况下的无风险证券的利率来代表纯利率。

2. 通货膨胀预期补偿

通货膨胀会降低货币的实际购买力，资金的供给方在通货膨胀预期下，为弥补其购买力损失，必然要求在纯利率的基础上加上**通货膨胀预期补偿**。例如，政府发行的短期无风险证券（如国库券）的利率就是由这两部分内容组成的，其计算公式为：

$$短期无风险证券利率 = 纯利率 + 通货膨胀预期补偿$$

3. 违约风险报酬

违约风险是指证券发行人在证券到期时无法还本付息而使投资者遭受损失的风险，它通常是针对债券而言的。违约风险反映了借款人按期支付本金、利息的信用程度，因此又称信用风险。**违约风险报酬**是指为了弥补违约风险而必须提高的利率水平。如果不提高利率，借款人就无法借到资金，投资人也不会进行投资。国库券等证券由政府发行，可以看作没有违约风险，其利率一般较低。企业债券的违约风险则要根据企业的信用程度来定，企业的信用程度可分为若干等级，等级越高，信用越好，违约风险越低，利率水平也越低；等级越低，信用越差，违约风险越高，利率水平自然越高。

4. 流动性风险报酬

流动性是指某项资产迅速转化为现金的可能性。**流动性风险报酬**是指为了弥补因债务人资产流动性不足而带来的风险，由债权人要求附加的利率。如果一项资产能迅速转化为现金，说明其变现能力强，流动性好，流动性风险小；反之，则说明其变现能力弱，流动性不好，流动性风险大。政府债券、大企业的证券，由于信用好，能够上市交易，变现能力强，因此流动性风险小；一些不知名的中小企业发行的证券，由于上市交易比较困难，流动性风险就比较大。

5. 期限风险报酬

期限风险报酬是为了弥补偿债期限长而带来的利率变动风险。一项负债，期限越长，不确定因素就越多，债权人承担的利率变动风险也就越大。为弥补这种风险，债权人必然要求提高利率水平。例如，银行提供的住房贷款，5年期贷款利率就比1年期贷款利率高。当然，在利率剧烈波动的情况下，也可能出现短期贷款利率高于长期贷款利率的情况，但这种偶然情况并不影响上述基本结论。

2.2 资金时间价值

资金时间价值是企业财务管理中的基础概念，也是经济活动中客观存在的经济现象。企业财务管理活动的诸多领域（筹资决策、投资决策、股票和债券的估价、融资租赁等）都是以资金时间价值理论和方法为基础的。

2.2.1 资金时间价值的概念

人们常说的"今天的一元钱大于明天的一元钱""时间就是金钱"等，就是指资金在生产经营及循环、周转过程中，随着时间的推移而产生的增值，即资金时间价值。

【例2-1】某人有10 000元存入银行，年纯利率6%，存款月息50元，日息1.67元，换言之，今天的10 000元等于明天的10 001.67元，增加的1.67元就是资金时间价值。

资金时间价值应从以下4个方面进行理解。

① **资金本身不会自行增值**，只有将资金作为资本投入营运过程，才会实现资金增值，即体现出资金时间价值。比如，一笔货币资金，如果把它锁在保险柜里，在不考虑通货膨胀或银根紧缩的前提下，无论经过多长时间再取出，都是同等数量的一笔货币资金，其数额没有丝毫改变，只有把这笔货币资金作为资本投入生产经营过程，才会实现资金增值。

② **从实质上看，资金时间价值是劳动者创造的剩余价值的一部分**。根据马克思主义政治经济学观点，资金运动全过程可简括为：

$$G—W\cdots P\cdots—W'—G'$$

即在一个资金运动周期内，投入资本 G 经过生产经营（$W\cdots P\cdots—W'$），实现了资本增值：

$$G'=G+\Delta G$$

增值部分 ΔG 为劳动者创造的剩余价值。因此，资金时间价值是资金所有者让渡资金使用权而参与剩余价值分配的一种形式。

③ **资金时间价值表现为没有风险、没有通货膨胀情况下的纯利率**。根据马克思主义原理，部门之间的竞争使得利润平均化，这样，投资于不同行业的资金会获得大体相当的投资报酬率或社会平均资金利润率。在确定货币时间价值时，应以社会平均资金利润率或平均投资报酬率为基础。当然，在

资金时间价值的本质

市场经济条件下,投资总会或多或少地带有风险,通货膨胀又是客观存在的经济现象,因此,社会平均资金利润率除包含资金时间价值以外,还包括风险报酬和通货膨胀贴水。但在计算资金时间价值时,后两部分不应包括在内。也就是说,资金时间价值是指在没有风险和通货膨胀情况下的社会平均资金利润率。

④ **资金时间价值表现在数量方面,与时间长短成正比例关系**。因此,资金时间价值可以表述为:资金通过投资与再投资,一定时间后所实现的增值部分。且这些增值,作为剩余价值的一部分,是随着时间的延长而增加的。

为便于理解和计算,常以贴现率、收益率、资本化率等代表资金时间价值来进行运算,以简化其数量描述。

2.2.2 复利终值和现值的计算

在投资决策中,我们把投资项目视为一个完整的现金流出流入系统,投入的资金、花费的成本、获得的收益,都可以看成是以现金形式体现的该系统的现金流出或流入。这种在项目整个寿命期内各时间点上的现金流出或流入称为现金流量。流出系统的现金称现金流出,流入系统的现金称现金流入,现金流入与现金流出之差称净现金流量。

现金流量包括 3 个要素:**流量**、**流向**、**时点**。其中,流量表示现金数额,流向表示项目现金的流入或流出,时点表示现金流入或流出所发生的时间,如图 2.1 所示。

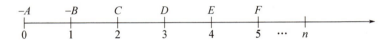

图 2.1 现金流量要素示意图

图 2.1 数轴下方阿拉伯数字为现金流量发生的时点,0 代表第 1 期期初,1 代表第 1 期期末或第 2 期期初,2、3、4……依次类推,数轴上方的英文大写字母代表现金流量的数额,正、负代表现金流量的方向,正为现金流入,负为现金流出。

马克思认为,在利润不断资本化的条件下,资本的积累要按复利方法计算。因此,资金时间价值计算也应采用复利方法。

1) 一次性收付款项的终值与现值

(1) 复利终值

利息和利率是衡量资金时间价值的尺度,故计算资金时间价值的方法即选择恰当的利率计算利息的方法。复利的基本思路是:将上一期的本金与利息之和(本利和)作为下一期的本金来计算下一期的利息,即通常所说的"利上加利""利生利""利滚利"的方法。本金为 100 元,利率为 20% 时的单利与复利的比较,如图 2.2 所示。

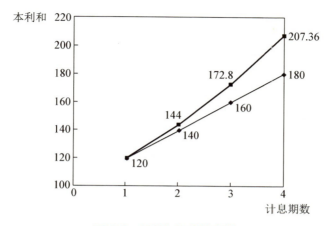

图 2.2 单利与复利的比较

注：◆ 表示单利；■ 表示复利。

复利终值计算公式为：

$$F = P(1+i)^n$$

式中，$(1+i)^n$ 为"一次性收付款项终值系数"，简称"复利终值系数"，用符号记作 $(F/P, i, n)$。复利终值系数可以查阅书末附表一"1 元复利终值表"直接获得。

本利和计算公式推导过程见表 2-1。

表 2-1 本利和计算公式推导过程

计息期数	期初本金	期末利息	期末本利和
1	P	Pi	$F_1 = P + Pi = P(1+i)$
2	$P(1+i)$	$P(1+i)i$	$F_2 = P(1+i) + P(1+i)i = P(1+i)^2$
3	$P(1+i)^2$	$P(1+i)^2 i$	$F_3 = P(1+i)^2 + P(1+i)^2 i = P(1+i)^3$
…	…	…	…
$n-1$	$P(1+i)^{n-2}$	$P(1+i)^{n-2} i$	$F_{n-1} = P(1+i)^{n-2} + P(1+i)^{n-2} i = P(1+i)^{n-1}$
n	$P(1+i)^{n-1}$	$P(1+i)^{n-1} i$	$F_n = P(1+i)^{n-1} + P(1+i)^{n-1} i = P(1+i)^n$

【例 2-2】有一笔 50 000 元借款，期限为 5 年，按每年 8% 的复利率计息，试求到期时应归还的本利和。

【解】 $F = P(1+i)^n = 50\,000 \times (1+8\%)^5 \approx 50\,000 \times 1.469\,3 = 73\,465$（元）

应用案例 2-1

曼哈顿岛

【案情简介】

1626 年，荷属美洲新尼德兰省总督彼得·米纽特花了大约 24 美元从印第安人手中买下了曼哈顿岛。以今天纽约的地产价格来看，彼得·米纽特无疑占了一个大便宜。

但是，如果转换一下思路，彼得·米纽特也许并没有占到人们所想象的那么大的便宜。假设当时彼得·米纽特拿着这 24 美元去投资，按照 6.7%（接近美国 1802—2006 年股市投资实际年收益率均值）的投资收益率计算，到 2022 年（共 396 年），这 24 美元将变成 3.414 万亿美元。那么，是什么神奇的力量让资产实现了如此巨大的指数级增长呢？

【案例点评】

爱因斯坦说过，"宇宙间最大的能量是复利，世界的第八大奇迹是复利"。一个不大的基数，即使以一个很微小的量增长，假以时日，都将膨胀为一个庞大的天文数字。

(2) 复利现值

复利现值是复利终值的逆运算，是指未来某一时点的资金流量按复利计算的现在价值，或者说是为取得未来某一时点一定数额的本利和，现在所需要的本金。复利现值的计算可由复利终值的计算公式导出：

$$P = F(1+i)^{-n} = F\frac{1}{(1+i)^n}$$

式中，$\frac{1}{(1+i)^n}$ 为"一次性收付款项现值系数"，简称"复利现值系数"或"贴现系数"，用符号记作 $(P/F, i, n)$。复利现值系数可以查阅书末附表二"1 元复利现值表"直接获得。

复利的终值和现值的计算

【例 2-3】若计划在 3 年以后得到 400 元，年利率为 8%，现在应存入银行多少元？

【解】 $P = F(1+i)^{-n} = F\frac{1}{(1+i)^n} = 400 \times \frac{1}{(1+8\%)^3} \approx 317.5(元)$

2) 年金的终值与现值

年金是指一定时期内，每隔相同的时间，收入或支出相同金额的系列款项。例如，按时间平均计提的折旧、等额分期付款、零存整取等都属于年金问题。按照收付的时间和收付的次数，年金主要可分为普通年金、即付年金、递延年金和永续年金 4 类。

(1) 普通年金的终值与现值

① 普通年金终值的计算。普通年金是指各期期末收付的年金，又称后付年金。普通年金的收付形式如图 2.3 所示。横轴代表时期的延续，以阿拉伯数字及字母标出各时点的顺序号；横轴上方与各时点对应的 A 表示各时点收付的金额。故对普通年金终值的计算可用图 2.3 进行说明。

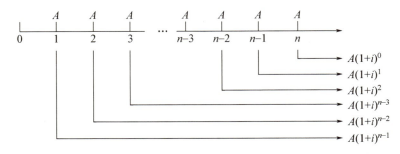

图 2.3 普通年金终值的计算

由图 2.3 可知，普通年金终值 F_A 的计算公式推导过程如下。

$$F_A=A(1+i)^0+A(1+i)^1+A(1+i)^2+\cdots+A(1+i)^{n-2}+A(1+i)^{n-1} \quad (2-1)$$

将式 (2-1) 两边同乘 $(1+i)$，

$$F_A(1+i)=A(1+i)^1+A(1+i)^2+\cdots+A(1+i)^{n-1}+A(1+i)^n \quad (2-2)$$

式 (2-2) 减式 (2-1)，

$$F_A(1+i)-F_A=A(1+i)^n-A(1+i)^0=A[(1+i)^n-1] \quad (2-3)$$

即：

$$F_A[(1+i)-1]=A[(1+i)^n-1]$$

普通年金终值的计算公式为：

$$F_A = A\frac{(1+i)^n-1}{i}$$

式中，$\frac{(1+i)^n-1}{i}$ 为"年金终值系数"，记作 $(F/A, i, n)$，可以查阅书末附表三"1元年金终值表"获得。

【例 2-4】承本章引例。

【解】$F_A = 14\,000 \times \frac{(1+20\%)^{40}-1}{20\%} \approx 14\,000 \times 7\,343.9 = 10\,281.46(万元)$

1 亿元！多么惊人的答案！但计算过程和计算结果告诉你，这个答案没有错。

【例 2-5】某企业有一笔 5 年后到期的借款，到期值为 1 000 万元，若存款年复利率为 10%，则为偿还该项借款每年等额形成的存款准备金为多少？

【解】根据题意已知 $F_A=1\,000$ 万元，$i=10\%$，$n=5$，求 A。

根据普通年金终值计算公式可得：

$$A = F_A\frac{i}{(1+i)^n-1} = 1\,000 \times \frac{10\%}{(1+10\%)^5-1} \approx 1\,000 \times 0.163\,8 = 163.8(万元)$$

式中，$\frac{i}{(1+i)^n-1}$ 为"偿债基金系数"，可通过年金终值系数的倒数推算出来。偿债基金系数为 $1/\frac{(1+i)^n-1}{i} = \frac{i}{(1+i)^n-1}$。

② 普通年金现值的计算。普通年金现值是指一定时期内每期期末等额收付款项的复利现值之和。普通年金现值 P_A 的计算可用图 2.4 来说明，其计算公式为

$$P_A = A\frac{1}{(1+i)^1} + A\frac{1}{(1+i)^2} + \cdots + A\frac{1}{(1+i)^{n-2}} + A\frac{1}{(1+i)^{n-1}} + A\frac{1}{(1+i)^n} \quad (2-4)$$

式 (2-4) 两边同乘 $(1+i)$，得：

$$P_A(1+i) = A + A\frac{1}{(1+i)^1} + A\frac{1}{(1+i)^2} + \cdots + A\frac{1}{(1+i)^{n-2}} + A\frac{1}{(1+i)^{n-1}} \quad (2-5)$$

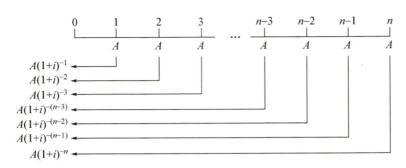

图 2.4　普通年金现值的计算

式 (2-5) 减式 (2-4) 得：

$$P_A(1+i) - P_A = A - A\frac{1}{(1+i)^n}$$

整理上式可得：

$$P_A = A\frac{1-(1+i)^{-n}}{i} = A\frac{(1+i)^n - 1}{i(1+i)^n}$$

式中，$\frac{1-(1+i)^{-n}}{i}$ 或 $\frac{(1+i)^n - 1}{i(1+i)^n}$ 为"年金现值系数"，记作 $(P/A，i，n)$，可以查阅书末附表四"1 元年金现值表"获得。

【例 2-6】某人出国 3 年，请你代付房租，每年租金 10 000 元，设银行存款利率为 10%，他现在应当给你在银行存入多少钱？

【解】根据题意已知 $i=10\%$，$n=3$，$A=10\,000$，则

$$P_A = A\frac{(1+i)^n - 1}{i(1+i)^n} = 10\,000 \times \frac{(1+10\%)^3 - 1}{10\%(1+10\%)^3} \approx 10\,000 \times 2.486\,9 = 24\,869(元)$$

验算

第 1 年年末：24 868 × (1+10%)¹－10 000 ≈ 27 355－10 000 = 17 355（元）
第 2 年年末：17 355 × (1+10%)¹－10 000 ≈ 19 091－10 000 = 9 091（元）
第 3 年年末：9 091 × (1+10%)¹－10 000 ≈ 10 000－10 000 = 0（元）

【例 2-7】某企业现在获得 1 000 万元贷款，以年利率 10% 分 10 年等额偿还，则每年年末应付的金额为多少？

普通年金的终值与现值

【解】已知普通年金现值 $P_A = 1\,000$ 万元，$i = 10\%$，$n = 10$，求 A。

根据普通年金现值的计算公式可得：

$$A = P\frac{i}{1-(1+i)^{-n}} = 1\,000 \times \frac{10\%}{1-(1+10\%)^{-10}} \approx 1\,000 \times 0.162\,7 = 162.7(万元)$$

式中，$\frac{i}{1-(1+i)^{-n}}$ 为"投资回收系数"，它是年金现值系数的倒数，所

以，也可表示为 $1/\dfrac{(1+i)^n-1}{i(1+i)^n}$。

(2) 即付年金的终值与现值

即付年金是指从第 1 期起，在一定时期内每期期初等额收付的系列款项，又称先付年金。它与普通年金的区别仅在于收付款时间点不同。

n 期即付年金和 n 期普通年金的关系如图 2.5 所示。

图 2.5　n 期即付年金和 n 期普通年金的关系

① 即付年金终值的计算。从图 2.5 可以看出，n 期即付年金和 n 期普通年金终值的时间点相同，都为 n，且 n 期即付年金与 n 期普通年金的收付款次数相同，但即付年金的付款时间比普通年金早一期，即 n 期即付年金终值比 n 期普通年金的终值多计算一期利息。因此，在 n 期普通年金终值的基础上乘以 $(1+i)$ 就是 n 期即付年金的终值。其计算公式为：

$$F = A\frac{(1+i)^n-1}{i}(1+i) = A\left[\frac{(1+i)^{n+1}-1}{i}-1\right]$$

式中，$\dfrac{(1+i)^{n+1}-1}{i}-1$ 为"即付年金终值系数"，它是在普通年金终值系数的基础上，期数加 1，系数减 1 所得的结果，通常记为 $[(F/A, i, n+1)-1]$。这样，查阅"1 元年金终值表"得到 $(n+1)$ 期的系数值，然后减去 1 即可得对应的即付年金终值系数。

【例 2-8】某公司决定连续 5 年于每年年初存入 200 万元作为住房基金，银行存款利率为 10%。则该公司在第 5 年年末能一次取出款项的本利和为：

$$F = A[(F/A, i, n+1)-1] = 200 \times [(F/A, 10\%, 5+1)-1] \approx 1\,343.12\,(\text{万元})$$

② 即付年金现值的计算。如前所述，n 期即付年金与 n 期普通年金收付款次数相同，但由于其收付款时间点不同，n 期即付年金现值比 n 期普通年金现值少折现一期，因此，在 n 期普通年金现值的基础上乘以 $(1+i)$，便可求出 n 期即付年金的现值。其计算公式为：

$$P = A\left[\frac{1-(1+i)^{-n}}{i}\right](1+i) = A\left[\frac{1-(1+i)^{-(n-1)}}{i}+1\right]$$

$$= A\left[\frac{(1+i)^{n-1}-1}{i(1+i)^{n-1}}+1\right]$$

式中，$\dfrac{(1+i)^{n-1}-1}{i(1+i)^{n-1}}+1$ 为"即付年金现值系数"，它是在普通年金现值系数的基础上，期数减 1，系数加 1 所得的结果，通常记为 $[(P/A, i, n-1)+1]$。这样，查阅"1 元年金现值表"得 $(n-1)$ 期的现值系数，然后加 1，便可得出对应的即付年金现值系数。

即付年金的终值与现值

【例2-9】某公司决定连续5年租用某设备,于每年年初支付租金10 000元,年利率为10%。问这些租金的现值为多少?

【解】 $P = A\left[\dfrac{1-(1+i)^{-(n-1)}}{i}+1\right] = 10\,000 \times [(P/A, 10\%, 5-1)+1]$

$\approx 10\,000 \times 4.17 = 41\,700(元)$

(3) 递延年金和永续年金的现值

① 递延年金现值的计算。递延年金是指第一次收付款发生时间不是在第1期,而是若干期后(假设为 m 期, $m \geq 2$ 且 m 为整数)才开始发生的每期期末系列等额收付款项。它是普通年金的特殊形式,凡是从第2期期末及以后开始收付的年金都是递延年金。递延年金与普通年金的关系如图2.6所示。

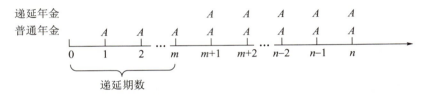

图2.6 递延年金与普通年金的关系

递延年金终值计算与普通年金终值计算的原理和方法无异,这里不再介绍。递延年金现值的计算公式为:

$$P = A\left[\dfrac{(1+i)^n-1}{i(1+i)^n} - \dfrac{(1+i)^m-1}{i(1+i)^m}\right] \quad (2\text{-}6)$$
$$= A[(P/A, i, n) - (P/A, i, m)]$$

或

$$P = A\dfrac{(1+i)^{n-m}-1}{i(1+i)^{n-m}} \times \dfrac{1}{(1+i)^m} \quad (2\text{-}7)$$
$$= A(P/A, i, n-m)(P/F, i, m)$$

式(2-6)是先计算出 n 期的普通年金现值,然后减去前 m 期的普通年金现值,即得递延年金的现值;式(2-7)是先将此递延年金视为 $(n-m)$ 期普通年金,求出在第 m 期的现值,然后折算为第0期的现值。

【例2-10】某人在年初存入一笔资金,若想存满5年后每年年末取出10万元,至第10年年末取完,银行存款利率为10%。则此人应在最初一次性存入银行多少万元?

【解】 $P = A[(P/A, i, n) - (P/A, i, m)]$
$= 10[(P/A, 10\%, 10) - (P/A, 10\%, 5)]$
$\approx 10 \times (6.144\,6 - 3.790\,8) = 23.538(万元)$

② 永续年金现值的计算。永续年金是指无限期等额收付的特殊年金,可视为普通年金的特殊形式,即期限趋于无穷的普通年金。

由于永续年金持续期是无限的,没有终止的时间,因此没有终值,只有现值。通过普通年金现值计算公式可推导出永续年金现值的计算公式为:

$$P = A\frac{1}{(1+i)^1} + A\frac{1}{(1+i)^2} + \cdots + A\frac{1}{(1+i)^{n-2}} + A\frac{1}{(1+i)^{n-1}} + A\frac{1}{(1+i)^n}$$

这是一个等比数列，依等比数列求和公式得：

$$P = A\frac{1 - \frac{1}{(1+i)^n}}{i}$$

当 $n \to \infty$ 时，上式变为：

$$P = \frac{A}{i}$$

递延年金和永续年金现值

【例2-11】某人持有某公司优先股，每年每股股利为5元，若此人想长期持有，请在利率为5%的情况下，对该项股票投资进行估价。

【解】这是一个求永续年金现值的问题，即假设该优先股每年股利固定且持续较长时期，计算出这些股利的现值之和，即为该股票的估价。

$$P = A/i = 5/5\% = 100(元)$$

永续年金现值的计算公式告诉我们，城市地价高于农村地价的主要原因是相同面积地块的年收益，城市高于农村。

3) 资金时间价值计算中的几个特殊问题

① 不等额现金流量现值的计算。年金是指每次收入或付出的款项相等的现金流量。但在财务管理中，经常会遇到不等额现金流量现值的计算问题，这时就需要分别对每笔现金流量进行贴现，然后汇总它们的现值之和。

② 年金和不等额现金流量混合情况下的现值。在年金和不等额现金流量混合的情况下，能用年金公式计算现值的部分使用年金公式计算，不能用年金公式计算的部分使用复利公式计算，然后把它们加总，便得出年金和不等额现金流量混合情况下的现值。

③ 计息期短于一年的资金时间价值的计算。终值和现值通常是按年来计算的，但在有些时候，也会遇到计息期短于一年的情况。例如，债券利息一般每半年支付一次，这就出现了以半年、1个季度、1个月甚至以1天为期间的计息期。当计息期短于一年而使用的利率又是年利率时，计息期和计息率均应进行换算，换算公式如下：

$$r = i/m, \quad t = m \times n$$

式中，r 为期利率，i 为年利率，m 为每年计息次数，n 为年数，t 为换算后的计息期数。

特别提示

72法则是一种基于复利方法计算资金翻倍的快捷方法，即用72除以年复利率与100的积，可得到使资金价值增加一倍的年数。例如，年复利率为12%，则资金价值增加一倍的年数为 $72 \div (12\% \times 100) = 6$（年）。但根据72法则计算的结果只是估计值，与准确值之间会有一定的偏差。

2.3 风险与风险报酬

2.3.1 风险的定义

资金时间价值是指在没有风险和通货膨胀情况下的纯利率，而事实上风险是客观存在的。

经济学中的风险有以下几种含义。

① 如果企业的一项行动有多种可能的结果，其将来的财务后果是**不确定**的，就称有风险；如果这项行动只有一种后果，就称没有风险。例如，现在用一笔款项购买一年期国债，可以预知一年后将得到的本利和，几乎没有风险。这种情况在企业投资中是很罕见的。国债投资的风险固然小，但是报酬也很低，很难称之为真正意义上的投资。

② 风险是指决策者面临这样一种确定性状态，即能够事先知道事件最终出现的可能状态，并且可以根据经验知识或历史数据比较准确地预知每种可能状态出现的可能性大小，即知道整个事件发生的**概率分布**。而在不确定性状态下，决策者是不能预知事件发生最终结果的可能状态以及相应的可能性大小（概率分布）的。

③ 风险是"**一定条件下**"的风险。在什么时间、买哪一种或哪几种股票，多买少买，风险是不一样的。这些问题一旦确定下来，风险大小就无法改变了。这就是说，特定投资的风险大小是客观的，投资者是否去冒风险及冒多大风险，是可以选择的，是由主观决定的。

④ 风险的大小随时间延续而变化，是"**一定时期内**"的风险。人们对投资项目成本的事先预计可能不准确，但越接近完工预计就越准确。随着时间的延续，事件的不确定性在减小，事件完成，其结果也就完全确定了。因此，风险大小与时间长短呈同方向变化。

⑤ 风险可能给投资人带来**超出预期的收益**，也可能带来**超出预期的损失**。美国财务会计准则委员会（Financial Accounting Standards Board，FASB）在 1981 年曾把风险定义为"对企业未来成果的不可预测性的一种表达方式"。未来成果既包括利得，又包括损失。而且，与意外收益相比，投资人更关心意外损失。因此人们主要从不利的方面来考察风险，经常把风险看成是不利事件发生的可能性。从财务的角度来说，风险主要是指无法达到预期报酬的可能性。

⑥ 无论怎样对风险进行定义，**风险与损失总是密切联系的**，但两者存在显著差异，风险带来的预期损失只是"可能性"，即"可能或潜在的损失"，并不等于损失本身。损失是一个事后概念，而风险是一个事前概念。在事件发生以前，风险就已经产生或存在了，但损失并不是必然发生的，只是有发生的可能性。一旦损失实际发生，风险就不复存在了，因为不确定性已经转化为确定性了。

⑦ **风险与危险是两个既相互联系又有区别的概念**。危险一般是指损失事件更易于发生的环境。区别风险和危险的重要意义在于两点：第一，确定风险管理的对策，风险不等于危险，由于风险可能给投资人带来超出预期的收益，也可能带来超出预期的损失，因此，对风险不能消极地防御，而应积极地加以利用；第二，既然危险是影响风险的环境性

因素，是导致风险增加的原因，通过控制和消除这些危险因素就可以降低风险水平。

2.3.2 风险的类型

企业面临的风险可以按风险是否可以分散或风险形成的原因来分类。

1. 按风险是否可以分散分类

按风险是否可以分散，企业面临的风险可分为市场风险和企业特有风险。

① 市场风险是指影响所有企业的风险。它由企业的外部因素引起，涉及所有的投资对象，企业无法控制、分散。因此，市场风险又称系统性风险或不可分散风险，如战争、自然灾害、利率的变化、经济周期的变化等。党的二十大报告中提出，我国发展进入战略机遇和风险挑战并存、不确定难预料因素增多的时期，各种"黑天鹅"、"灰犀牛"事件随时可能发生。企业必须提高此类风险的预防和应对能力。

② 企业特有风险是指个别企业的特有事件造成的风险。它是随机发生的，只与个别企业和个别投资项目有关，不涉及所有企业和所有项目，是可以分散的。因此，这种风险又称非系统性风险或可分散风险，如新产品开发失败、市场占有率下降、工人罢工等。

2. 按风险形成的原因分类

按风险形成的原因，企业面临的风险可分为经营风险和财务风险。

① 经营风险是指企业生产经营条件发生变化给企业收益带来的不确定性，又称商业风险。这些生产经营条件的变化可能来自企业内部，也可能来自企业外部，如顾客购买力发生变化、竞争对手增加、宏观政策变化、产品生产方向不对路、生产组织不合理等。这些内外部因素，使企业的生产经营活动产生不确定性，最终引起收益变化。

② 财务风险又称筹资风险，是指企业由于举债而给企业财务成果带来的不确定性。负债虽可以解决企业资金短缺的困难，并改变企业的资本结构，但还本付息具有刚性，且借入资金所获得的息税前利润是否大于应支付的利息具有不确定性。在全部资金来源中，借入资金所占的比重越高，企业还本付息的负担就越重，财务风险也就越大；反之，财务风险就越小。因此，确定合理的资金结构，提高企业资金盈利能力，是降低财务风险的基本策略。

2.3.3 风险报酬的定义

一般而言，投资者都厌恶风险，并力求回避风险。但为什么还有人进行风险投资呢？这是因为风险投资可得到额外报酬——风险报酬。

风险报酬或风险溢价是指投资者因承担风险而获得的超过无风险报酬（纯利率＋通货膨胀补偿）的那部分额外报酬。风险报酬率即风险报酬与原投资额的比率。在财务管理中，风险报酬通常采用相对数，即风险报酬率来加以计量。

如果不考虑通货膨胀因素，投资报酬率就是资金时间价值与风险报酬率之和。通过风险报酬率这一概念也可以发现，单纯的风险分析并没有多大意义，只有将风险与报酬联系起来，风险分析才具有实际意义。

诺贝尔基金会的启示

【案情简介】

世界闻名的诺贝尔基金会每年要支付 500 万美元以上的奖金。人们不禁要问：诺贝尔基金会的基金到底有多少？事实上，诺贝尔基金会成功的重要原因是理财有方。诺贝尔基金会成立于 1900 年，负责管理由诺贝尔捐献的 980 万美元资产。由于该基金会成立的目的是支付奖金，管理上不允许出现任何的差错，因此，在该基金会成立之初，其章程明确规定了基金的投资范围应限制在安全且收益固定的项目上，如银行存款与公债。这种保本重于收益、安全至上的投资原则，的确是稳重的做法。但随着每年奖金的发放及基金运作的支出，该基金会的资产越来越少，到 1953 年该基金会的资产只剩下 300 多万美元。眼看基金会资产将消耗殆尽，理事们及时觉醒，意识到投资收益对财富积累的重要性，于是在 1953 年更改基金管理章程，将原来只存入银行与购买公债的无风险投资观转变为以投资股票、房地产为主的风险投资观。资产管理观念的改变，扭转了基金会的命运。1993 年，基金会的资产为 2 亿多美元；2018 年，基金会的资产更是膨胀至 3.5 亿美元。

【案例点评】

投资股票、房地产的风险显然高于存入银行与购买公债的风险，但高风险投资可以得到额外的报酬——风险报酬。

2.3.4 单项投资风险与报酬的衡量

衡量风险，需要使用概率与数理统计方法。

1. 随机事件及其概率分布

随机事件是指在一定条件下，可能发生也可能不发生，既可能出现这种结果也可能出现那种结果的事件。所以，一项风险投资决策活动可以看成随机事件。

概率是衡量随机事件发生的可能性大小的数值。例如，抛硬币时正面向上、向下的概率各为 1/2，从一副扑克牌中抽一张 10，概率为 4/54，抽一张黑桃 10 的概率为 1/54。

将随机事件各种结果及其可能发生的概率进行连续描述，称为**概率分布**。概率分布必须符合以下 2 个条件。

① 所有的概率 P_i 都在 0 和 1 之间，即 $0 \leq P_i \leq 1$。通常，把必然发生的事件的概率定为 1，把不可能发生的事件的概率定为 0，而一般随机事件的概率是介于 0 与 1 之间的一个数。概率越大则表示该事件发生的可能性越大。

② 同一事件所有结果的概率之和应等于 1，即 $\sum P_i = 1$。

【例 2-12】 甲公司有两个投资机会，A 项目是一个高科技项目，如果经济繁荣并且该项目获得成功，能够取得较高的市场占有率，预期报酬率就较高，否则收益就会很低甚至亏本。B 项目的产品是一种旧产品且是生活必需品，销售前景可以比较准确地预测。假设未来的经济情况只有 3 种可能：繁荣、正常、衰退，有关的概率分布和预期报酬率如表 2-2 所示。

表 2-2 A、B 项目概率分布和预期报酬率

经济情况	发生概率	A 项目预期报酬率 / (%)	B 项目预期报酬率 / (%)
繁荣	0.3	90	20
正常	0.4	15	15
衰退	0.3	−60	10
合计	1.0		

2. 期望值

期望值是随机事件各种结果（数值）的加权平均值，其中权重是各种结果发生的概率。它是反映集中趋势的一种量度。它不是人们通常所说的"希望得到的收益率"，也不是在实际上最有希望或最有可能实现的收益率。它代表着随机事件最合理的（平均）期望结果。

根据全概率公式，期望值为：

$$\overline{E} = \sum_{i=1}^{n} x_i p_i$$

式中，$\overline{E}$ 表示期望值，x_i 表示第 i 种结果的数值，p_i 表示第 i 种结果发生的概率。

例 2-12 中 A、B 两个项目的期望报酬率分别为：

A 的期望报酬率 $\overline{E}_A = 0.3 \times 90\% + 0.4 \times 15\% + 0.3 \times (-60\%) = 15\%$

B 的期望报酬率 $\overline{E}_B = 0.3 \times 20\% + 0.4 \times 15\% + 0.3 \times 10\% = 15\%$

二者的期望报酬率相同，但概率分布的离散程度不同。A 项目的报酬率的离散程度大，变动范围为 −60%～90%；B 项目的报酬率比较集中，变动范围为 10%～20%。这说明两个项目的期望报酬率虽然相同，但风险不同，A 项目风险大，B 项目风险小。为了定量地衡量风险大小，还要使用数理统计学中衡量概率分布离散程度的指标。

3. 标准差

标准差是用来衡量概率分布离散程度或各种结果与期望值的偏离程度的数值。标准差等于方差的算术平方根。计算公式为

$$\delta = \sqrt{\sum_{i=1}^{n} \left(R_i - \overline{R} \right)^2 P_i}$$

式中，δ 为期望报酬率的标准差，R_i 为第 i 种可能结果的报酬率，$\overline{R}$ 为期望报酬率，P_i 为第 i 种可能结果的概率，n 为可能结果的个数。

计算例 2-12 中 A、B 项目的标准差：

$$\begin{aligned}\delta_A &= \sqrt{\sum_{i=1}^{n} \left(R_i - \overline{R} \right)^2 P_i} \\ &= \sqrt{0.3 \times (90\% - 15\%)^2 + 0.4 \times (15\% - 15\%)^2 + 0.3 \times (-60\% - 15\%)^2} \\ &\approx 58.09\%\end{aligned}$$

$$\delta_B = \sqrt{\sum_{i=1}^{n}(R_i - \bar{R})^2 P_i}$$
$$= \sqrt{0.3 \times (20\% - 15\%)^2 + 0.4 \times (15\% - 15\%)^2 + 0.3 \times (10\% - 15\%)^2}$$
$$\approx 3.87\%$$

由上述计算可知，A 项目的标准差 (58.09%) 大于 B 项目的标准差 (3.87%)，它定量地说明了 A 项目的报酬率离散程度大于 B 项目。

4. 变异系数

变异系数是标准差与期望值的比值，反映每获得一单位期望收益要冒多大风险。 当两个事件期望值相同时，仅比较它们的标准差即可知道哪个事件的风险大，当期望值不相等时，则需用变异系数来比较不同事件的风险大小。变异系数通常用 V 来表示，即：

$$V = \frac{\delta}{R} \times 100\%$$

现在计算例 2-12 中 A、B 项目的变异系数：

$$V_A = \frac{58.09\%}{15\%} \times 100\% \approx 387.27\%$$

$$V_B = \frac{3.87\%}{15\%} \times 100\% \approx 25.8\%$$

这说明在上述条件下，A 项目的风险大于 B 项目。

显然，**变异系数衡量的投资风险既包括系统性风险，又包括非系统性风险。**

5. 风险报酬率

1) 风险和报酬的基本关系

各投资项目的风险是不同的，在投资报酬率期望值相同的情况下，人们都会选择风险小的投资项目。也就是说，高风险的投资项目必须有高报酬，否则就没有人投资；低报酬的投资项目必须风险低，否则也没有人投资。因此，风险和报酬的基本关系是风险越大，投资者要求的报酬率或必要报酬率越高，这是市场竞争的必然结果。风险报酬率和必要报酬率的关系为：

必要报酬率 = 无风险报酬率 + 风险报酬率

风险和报酬的基本关系如图 2.7 所示。

图 2.7 中，无风险报酬率是投资者要求的投资报酬率或必要报酬率底线；风险报酬率与风险大小有关，是风险的函数。若 b 为风险报酬系数（等于 $\tan \alpha$，表示单位风险所获得的收益），R_r 为风险报酬率，V_δ 为风险程度（可用变异系数或标准差衡量），根据图 2.7，可得：

$$b = \frac{R_r}{V_\delta}$$

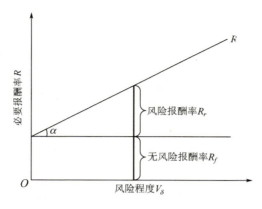

图 2.7 风险和报酬的基本关系

所以，

$$R_r = bV_\delta$$

由于投资者要求的必要报酬率 R 等于无风险报酬率 R_f 和风险报酬率 R_r 之和，所以，

$$R = R_f + R_r = R_f + bV_\delta$$

假设存在例 2-12 中的 A、B 两个项目，我们选定 B 项目进行投资，已知风险报酬系数 b 为 0.10，国债收益率 R_f 为 6%，前面已计算出其风险程度 V_δ（变异系数）为 25.8%，则 B 项目的必要报酬率为：

$$R = 6\% + 0.10 \times 25.8\% = 8.58\%$$

2）风险报酬系数的确定

敢于冒险的投资者，往往会把风险报酬系数定得低一些；而稳健的投资者，常常会把风险报酬系数定得高一些。

单项资产风险与报酬

6. 对风险的态度

不同的人对风险的态度是不一样的，假定一个投资者面临两种选择：政府债券和公司股票。按照对风险的态度不同，可将投资者划分为以下 3 类。

第一类是**风险回避者**。这类投资者希望风险最小化。例如，若公司股票回报率的期望值与政府债券的回报率相等，那么这类投资者会投资于政府债券，而不会投资于公司股票。

第二类是**风险追求者**。他们愿意承担风险，若公司股票回报率的期望值与政府债券的回报率相等，但公司股票回报率的标准差大，这类投资者会投资于公司股票，而不是政府债券。

第三类是**风险中立者**。他们只看回报率的期望值，而不管风险大小。若公司股票回报率的期望值与政府债券的回报率相等，这类投资者对投资哪个无所谓。

应该指出，**人们对风险的态度不是一成不变的**，有时力图避险，有时冒险，有时对风险无所谓。货币投入量是决定人们对风险的态度的一个重要因素。通常，人们在面临小额货币投入时是冒险者，在面临巨额货币投入时是避险者，即**冒小险，避大险**。

2.3.5 证券投资组合的风险与报酬

本节所称的"证券"是"资产"的代名词,它可以是任何产生现金流的东西,如一项实物资产、一个投资项目或者一个企业。大多数可用于投资的证券具有收益不确定性,也就是说有风险。因此,投资者在进行证券投资时,"不把鸡蛋放在一个篮子里",而是同时持有多种证券,这种同时投资多种证券的方法称证券投资组合,简称证券组合或投资组合。然而,这种组合并非若干个证券商品简单随意的拼凑,它应体现出投资者的意愿和所受的约束,是经过精心选择和科学搭配的,并可随时调整,使其不偏离投资者的预定目标,也就是在投资收益与风险的权衡中做出的最佳组合。所以,能够进行证券投资的银行、共同基金、保险公司和其他金融机构一般都持有多种有价证券,即使是个人投资者,一般也持有证券组合,而不是仅投资于一家公司的股票或债券。

1. 证券投资组合的风险

证券投资组合同样面临两种性质完全不同的风险,即可分散风险和不可分散风险。

1) 可分散风险

可分散风险又称非系统性风险或企业特有风险,它是指某些因素给个别证券带来的收益的不确定性。它可通过持有证券的多样化来分散。即多买几家公司的股票,其中某些公司的股票报酬上升,另一些公司的股票报酬下降,从而将风险降低。因而,这种风险称可分散风险。

现代资产组合理论证明,证券投资组合的风险随着其所包含的证券数量的增加而降低。根据单个证券的风险计算公式可知,证券投资组合风险为:

$$\delta_P^2 = \sum_{i=1}^n (R_{Pi} - \bar{R}_P)^2 P_{Pi} = E(R_{Pi} - \bar{R}_P)^2$$

式中,δ_P^2 为证券投资组合 P 的收益率方差,R_{Pi} 为证券投资组合 P 在状态 i 下的收益率,$\bar{R}_P$ 为证券投资组合 P 的期望收益率,P_{Pi} 为证券投资组合 P 发生状态 i 的概率。

我们考虑由两种证券构成的证券投资组合。假设 δ_P^2 表示证券投资组合的方差,R_{ai}、R_{bi} 分别为证券 a 和证券 b 在状态 i 下的投资收益率;$\bar{R}_a$、$\bar{R}_b$ 分别为两者的期望收益率;W_a 和 W_b 表示两种证券在组合中所占的比重;δ_a、δ_b 分别表示组合中两种证券收益的标准差;r_{ab} 反映两种证券收益率的相关程度,称相关系数。那么由这两种证券构成的证券投资组合的风险为:

$$\begin{aligned}
\delta_P^2 &= E(R_{Pi} - \bar{R}_P)^2 \\
&= E[(W_a R_{ai} + W_b R_{bi}) - (W_a \bar{R}_a + W_b \bar{R}_b)]^2 \\
&= E[W_a(R_{ai} - \bar{R}_a) + W_b(R_{bi} - \bar{R}_b)]^2 \\
&= W_a^2 \delta_a^2 + W_b^2 \delta_b^2 + 2W_a W_b E[(R_{ai} - \bar{R}_a)(R_{bi} - \bar{R}_b)]
\end{aligned}$$

根据协方差计算公式,得

$$E[(R_{ai} - \bar{R}_a)(R_{bi} - \bar{R}_b)] = \mathrm{Cov}(R_a, R_b) = r_{ab} \delta_a \delta_b$$

所以，

$$\delta_P^2 = W_a^2\delta_a^2 + W_b^2\delta_b^2 + 2W_aW_br_{ab}\delta_a\delta_b$$

它衡量的是证券投资组合的风险；W_a 和 W_b 表示组合中两项资产分别所占的价值比例；理论上，相关系数位于区间 [-1, 1]。相关系数为 1，表示两种证券收益率完全正相关，一种证券收益率变动方向和变动幅度与另一种证券收益率的变动方向和变动幅度完全相同；相关系数为 -1，表示两种证券收益率完全负相关，一种证券收益率的变动幅度与另一种证券收益率变动幅度完全相同，但变动方向相反；相关系数为 0，表示没有相关性，一种证券收益率的变动与另一种证券收益率的变动无关。就股票收益率而言，大部分股票收益率都是正相关，但不是完全正相关，收益率相关系数为 0.5～0.7。

当 r_{ab} 等于 1 时，$\delta_P^2 = (W_a\delta_a + W_b\delta_b)^2$，即 δ_P^2 达到最大，证券投资组合的风险等于组合中各种证券风险的加权平均值。换句话说，当两种证券的收益率完全正相关时，两种证券的风险不能相互抵消，所以这样的组合不能降低任何风险。当 r_{ab} 等于 -1 时，$\delta_P^2 = (W_a\delta_a - W_b\delta_b)^2$，即 δ_P^2 达到最小，甚至可能是零。因此，当两种证券的收益率完全负相关时，两种证券的风险可以充分地抵销，甚至完全消除。也就是说，这样的组合能够最大限度地降低风险。现举例说明如下。

【例 2-13】假设 x 股票和 y 股票构成一个证券投资组合，每种股票在证券投资组合中各占 50%，当两种股票相关系数为 1、-1 时，它们的收益率和风险情况分别计算如下。

① 完全负相关（$r_{xy}=-1$）时，两种股票以及由其构成的证券投资组合的收益与风险见表 2-3。

表 2-3 完全负相关（$r_{xy}=-1$）的两种股票以及由其构成的证券投资组合的收益与风险

经济环境	概率	x 股票	y 股票	x、y 组合收益
A	0.1	50%	-10%	20%
B	0.25	-10%	50%	20%
C	0.35	60%	-20%	20%
D	0.1	-20%	60%	20%
E	0.2	20%	20%	20%
期望收益率		25.5%	14.5%	20%
标准差 δ		31.7%	31.7%	0

根据单项资产风险与报酬计算方法：

x 股票期望收益率 =50%×0.1+(-10%)×0.25+60%×0.35+(-20%)×0.1+20%×0.2=25.5%

y 股票期望收益率 =(-10%)×0.1+50%×0.25+(-20%)×0.35+60%×0.1+20%×0.2=14.5%

x 股票收益标准差 =

$\sqrt{0.1\times(50\%-25.5\%)^2 + 0.25\times(-10\%-25.5\%)^2 + 0.35\times(60\%-25.5\%)^2 + 0.1\times(-20\%-25.5\%)^2 + 0.2\times(20\%-25.5\%)^2} = 31.7\%$

y 股票收益标准差 =

$\sqrt{0.1\times(-10\%-14.5\%)^2 + 0.25\times(50\%-14.5\%)^2 + 0.35\times(-20\%-14.5\%)^2 + 0.1\times(60\%-14.5\%)^2 + 0.2\times(20\%-14.5\%)^2} = 31.7\%$

根据证券投资组合风险计算方法，

组合收益标准差 $\delta_P=$

$$\sqrt{0.1\times(20\%-20\%)^2+0.25\times(20\%-20\%)^2+0.35\times(20\%-20\%)^2+0.1\times(20\%-20\%)^2+0.2\times(20\%-20\%)^2}=0$$

由表 2-3 可知，如果分别持有两种股票，那么都有很大风险，但如果把它们组合成一个证券投资组合，则没有风险。这是因为两种股票的收益正好按照相同幅度、相反方向变动——当 x 股票的收益下降时，y 股票的收益正好同幅度上升，反之亦然。

② 完全正相关 ($r_{xy}=1$) 时，两种股票以及由其构成的证券投资组合的收益与风险见表 2-4。

表 2-4　完全正相关 ($r_{xy}=1$) 的两种股票以及由其构成的证券投资组合的收益与风险

经济环境	概率	x 股票	y 股票	x、y 组合收益
A	0.1	50%	50%	50%
B	0.25	−10%	−10%	−10%
C	0.35	60%	60%	60%
D	0.1	−20%	−20%	−20%
E	0.2	20%	20%	20%
期望收益率		25.5%	25.5%	25.5%
标准差 δ		31.7%	31.7%	31.7%

证券组合的可分散风险与报酬

根据表 2-4 可知，如果 x 股票与 y 股票完全正相关，即它们的收益的变动幅度、变动方向完全相同，那么把它们组合成一个证券投资组合，这个组合的风险不减少也不增加。

2) 不可分散风险

不可分散风险是指某些因素给市场上所有的证券带来经济损失的可能性，即"谁也跑不了"，为"宏观风险"。这种风险无法通过组合消除，故称不可分散风险。这种风险对不同企业、不同产品有不同影响。例如，例 2-12 中甲公司 A 项目和 B 项目在经济情况或市场发生变化时受到的影响程度是不同的。A 项目受到的影响程度大于 B 项目。

不可分散风险的大小，通常用 β 系数来计量。β 系数能够衡量出某种证券或证券投资组合相对于整个证券市场的风险的变动程度。

β 系数的定义式为：

$$\beta_i=\frac{\mathrm{cov}(R_i,R_m)}{\delta_m^2}=\frac{r_{i,m}\delta_i\delta_m}{\delta_m^2}=r_{i,m}\times\frac{\delta_i}{\delta_m}$$

式中，$r_{i,m}$ 表示第 i 种证券的收益率与市场组合收益率的相关系数；δ_i 是该证券收益率的标准差，反映该证券的风险大小；δ_m 是市场组合收益率的标准差，反映市场组合的风险大小。上述 3 个指标的乘积表示该证券收益率与市场组合收益率的协方差。根据上式，β 系数的大小取决于该证券与整个证券市场的相关性，它自身的风险，以及整个证券市场的风险。

如果某种证券的风险情况与整个证券市场的风险情况一致，则这种证券的 β 系数等于 1；如果某种证券的 β 系数大于 1，说明其风险大于整个证券市场的风险；如果某种证券的 β 系数小于 1，说明其风险小于整个证券市场的风险；如果某种证券的 β 系数等于 0，说明其风险与整个证券市场无关或没有系统性风险（这是一种理论假设，客观上不存在这样的证券）。在实际操作中，β 系数的重要性在于它代表了一种证券对未来市场变化的敏感度，某种证券的 β 系数较大，说明该证券在证券市场发生变化时，其价格波动越剧烈，也就是通常所说的风险较大。

为了方便分析，现代投资学将整个证券市场的风险定为 1，并以此为标准衡量某种证券对市场变化的敏感度。例如，A 股票的 β 系数为 1.43，表明市场组合收益率变动 1% 时，A 股票的收益率变动为 1.43%。β 系数越大，系统风险性越大；β 系数越小，系统性风险越小。如果投资者对收益有较高的期望，同时也有能力并愿意为之承担较大的风险，就可以在证券市场上选择那些有较大 β 系数的证券并将其加入自己的证券投资组合；反之，则可以选择市场上具有较小 β 系数的证券。β 系数一般不需投资者自己计算，一些投资服务机构会定期公布公开交易的股票的 β 系数值。表 2-5 列示了 2022 年我国 6 家上市公司的 β 系数值。

表 2-5　2022 年我国 6 家上市公司的 β 系数值

股票代码	股票名称	β 系数值
000007	全新好	0.393 4
000008	神州高铁	0.919 7
000009	中国宝安	1.561 5
600805	悦达投资	0.706 3
002496	辉丰股份	0.513 8
301311	昆船智能	3.782 9

证券投资组合的 β 系数是单个证券 β 系数的加权平均，权重为各种证券在证券投资组合中所占的比重。计算公式为：

$$\beta_p = \sum_{i=1}^{n} W_i \beta_i$$

式中，β_p 为证券投资组合的 β 系数，W_i 为证券投资组合中第 i 种证券所占的比重，β_i 为第 i 种证券的 β 系数，n 为证券投资组合中证券的数量。

至此，可把上面的分析总结如下。

① 一种证券的风险由两部分组成，分别是可分散风险和不可分散风险。这可以用图 2.8 来说明。

② 可分散风险可通过证券投资组合来削减，而大部分投资者正是这样做的。从图 2.8 中可以看到，可分散风险随证券投资组合中证券数量的增加而逐渐减小。

③ 证券的不可分散风险因市场变化而产生，它对所有证券都有影响，不能通过证券投资组合来消除。

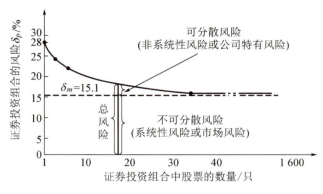

图 2.8 证券风险构成图

2. 证券投资组合的风险报酬

证券投资组合的风险报酬是投资者因承担不可分散风险而要求的、超过无风险报酬的那部分额外报酬。与单项投资不同，证券投资组合要求补偿的风险只是不可分散风险，而不要求对可分散风险进行补偿。如果存在可分散风险的补偿，那么善于进行投资组合的投资者将购买这部分股票，并抬高其价格，可分散风险对应的补偿将不复存在，最后的必要报酬率只反映不可分散风险。证券投资组合的风险报酬率的计算公式为：

$$R_p = \beta_p(R_m - R_f)$$

式中，R_p 为证券投资组合的风险报酬率；β_p 为证券投资组合的 β 系数；R_m 为所有证券的平均报酬率，也就是由市场上所有证券组成的证券投资组合的报酬率，简称市场报酬率；R_f 为无风险报酬率，一般用国库券的利率来衡量。

【例 2-14】强盛公司持有由 A、B、C 三种股票构成的证券投资组合，它们的 β 系数分别是 2.0、1.0 和 0.5，它们在证券投资组合中所占的比重分别为 50%、40% 和 10%，股票市场报酬率为 12%，无风险报酬率为 8%，试确定这种证券投资组合的风险报酬率。

① 确定证券投资组合的 β 系数为：

$$\beta_p = \sum_{i=1}^{n} W_i \beta_i = 50\% \times 2.0 + 40\% \times 1.0 + 10\% \times 0.5 = 1.45$$

② 计算该证券投资组合的风险报酬率为：

$$R_p = \beta_p(R_m - R_f) = 1.45 \times (12\% - 8\%) = 5.8\%$$

从以上计算可以看出，调整各种证券在证券投资组合中的比重 W_i 可改变证券投资组合的风险，进而改变风险报酬率。

3. 证券投资组合风险和报酬的关系

在证券投资学和财务管理学中，有许多模型论述风险和报酬的关系，其中一个最重要的模型为**资本资产定价模型**（capital asset pricing model，CAPM）。资本资产定价模型主要研究证券市场中资产的必要报酬率与系统性风险之间的关系，以及均衡价格是如何形成的。这一模型为：

$$R_p = R_f + \beta_p(R_m - R_f)$$

式中，R_p 为证券投资组合的必要报酬率，R_f 为无风险报酬率，β_p 为证券投资组合的 β 系数，R_m 为所有证券的平均报酬率。因此，(R_m-R_f) 为市场所有证券的平均风险报酬率。

资本资产定价模型之所以<u>不考虑非系统性风险</u>，是因为如果存在非系统性风险，精明的投资者会通过多元化投资分散风险，使风险最小化。

【例 2-15】华林公司有由 n 种股票构成的证券投资组合 A。β 系数为 2，无风险报酬率为 12%，市场上所有股票的平均报酬率为 20%，那么，证券投资组合 A 的必要报酬率应为：

$$R_p = R_f + \beta_p(R_m - R_f) = 12\% + 2 \times (20\% - 12\%) = 28\%$$

也就是说，只有当华林公司的证券投资组合 A 的报酬率达到或超过 28% 时，投资者才愿意进行投资。

资本资产定价模型的图示形式称为<u>证券市场线</u>（securities market line，SML），它主要用来说明证券投资组合报酬率与系统性风险程度（β 系数）之间的关系，反映了投资者回避风险的程度。证券市场线体现了风险与收益对等的原则，如图 2.9（根据例 2-15 绘制）所示。

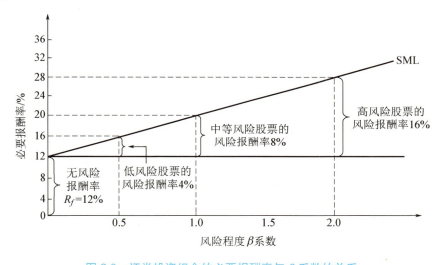

图 2.9 证券投资组合的必要报酬率与 β 系数的关系

从图 2.9 可以看到，无风险报酬率为 12%，β 系数不同的股票有不同的风险报酬率，当 $\beta=0.5$ 时，风险报酬率为 4%；当 $\beta=1.0$ 时，风险报酬率为 8%；当 $\beta=2.0$ 时，风险报酬率为 16%。也就是说，β 值越大，要求的风险报酬率也就越高，在无风险报酬率不变的情况下，必要报酬率也越高。

当然，证券市场线和必要报酬率在图中的位置会随着一些因素的变化而变化，现结合例 2-15 分析如下。

(1) 通货膨胀的影响

市场上的无风险报酬率由两方面构成：①纯利率 (R_0)，这是真正的资金的时间价值部分；②通货膨胀贴水 (IP)，它等于预期通货膨胀率。这样，无风险报酬率 $R_f = R_0 + IP$。在图 2.10 中，原来的 $R_f = 12\%$，假设其包括 6% 的纯利率和 6% 的通货膨胀贴水，则：

$$R_f = R_0 + \text{IP} = 6\% + 6\% = 12\%$$

如果预期通货膨胀率由 6% 上升到 8%，这将使 R_f 从 12% 上升到 14%。如图 2.10 所示，R_f 的增加会引起股票必要报酬率的增加，比如，市场上低风险股票（$\beta=0.5$）的必要报酬率从 16% 上升到 18%。

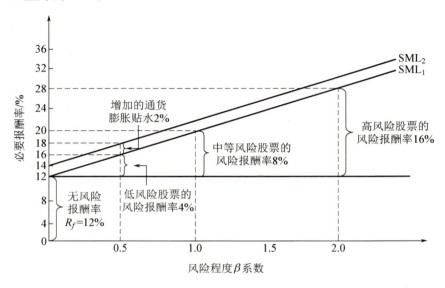

图 2.10　通货膨胀与股票必要报酬率的变化

(2) 风险回避程度的影响

证券市场线 SML 斜率越大，投资者越回避风险，要求的必要风险报酬率越高。图 2.11 中的 SML_1 和 SML_3 分别表示不同风险爱好者（假设分别为投资者 1 和投资者 3）所对应的 SML 线。在面临同样风险情况下，如 $\beta=2.0$ 时，投资者 1 所要求的必要风险补偿率是 16%，必要报酬率为 28%；而投资者 3 所要求的必要风险补偿率是 20%，必要报酬率为 32%。投资者 3 的必要报酬率较投资者 1 增加了 4 个百分点，可见投资者 3 更回避风险。

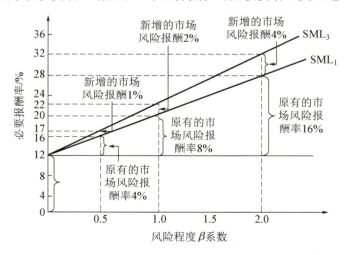

图 2.11　风险回避程度增加情况下的股票必要报酬率的变化

(3) 股票 β 系数的影响

随着时间的推移，不仅证券市场线在变化，β 系数也在不断变化。β 系数的变化会使股票的必要报酬率发生变化。假设华林公司证券投资组合 A 的 β 系数由 2.0 降至 1.0，那么，其必要报酬率为：

$$R_p = R_f + \beta_p(R_m - R_f) = 12\% + 1.0 \times (20\% - 12\%) = 20\%$$

反之，如果证券投资组合 A 的 β 系数从 2.0 升至 3.0，那么，其必要报酬率为：

$$R_p = R_f + \beta_p(R_m - R_f) = 12\% + 3.0 \times (20\% - 12\%) = 36\%$$

证券组合的不可分散风险与报酬

习 题

1. 单项选择题

(1) 甲方案在 3 年中每年年初付款 500 元，乙方案在 3 年中每年年末付款 500 元，若利率为 10%，则两个方案第三年年末时的终值相差（　　）元。
　　A. 105　　　　B. 165.50　　　　C. 665.50　　　　D. 505

(2) 有一项年金，前 2 年无流入，后 5 年每年年初流入 300 万元，假设年利率为 10%，其现值为（　　）万元。
　　A. 987.29　　　B. 854.11　　　　C. 1 033.85　　　D. 523.21

(3) 若通货膨胀率为 3%，商业银行的大额存单利率为 5%，该项投资的实际年报酬率应为（　　）。
　　A. 2%　　　　B. 1.94%　　　　C. 2.13%　　　　D. 8.15%

(4) 某工程项目需投入 3 亿元，如果延迟一年建设，投资资金增加 10%，假设利率为 5%，则项目延迟造成的投入现值的增加额为（　　）亿元。
　　A. 0.14　　　　B. 0.17　　　　C. 0.3　　　　D. 0.4

(5) 已知 (P/A，8%，5) =3.992 7，(P/A，8%，6) =4.622 9，(P/A，8%，7) =5.206 4，则 6 年期、贴现率为 8% 的预付年金现值系数是（　　）。
　　A. 2.992 7　　　B. 4.206 4　　　C. 4.992 7　　　D. 6.206 4

(6) 某公司拟于 5 年后一次还清所欠债务 100 000 元，假定银行利息率为 10%，5 年 10% 的年金终值系数为 6.105 1，5 年 10% 的年金现值系数为 3.790 8，则应从现在起每年年末等额存入银行的偿债基金为（　　）元。
　　A. 16 379.75　　B. 26 379.66　　C. 379 080　　　D. 610 510

(7) 已知 (F/P，9%，4) =1.411 6，(F/P，9%，5) =1.538 6，(F/A，9%，4) =4.573 1，则 (F/A，9%，5) 为（　　）
　　A. 4.984 7　　　B. 5.984 7　　　C. 5.573 1　　　D. 6.111 7

(8) 某企业于每半年末存入银行 10 000 元，假定年利息率为 6%，每年复利两次。已知 (F/A，3%，5) =5.309 1，(F/A，3%，10) =11.464，(F/A，6%，5) =5.637 1，(F/A，6%，10) =13.181，则第 5 年末的本利和为（　　）元。
　　A. 53 091　　　B. 56 371　　　C. 114 640　　　D. 131 810

(9) 已知甲、乙两项目的期望收益率分别是 20% 和 15%，下列最适合比较风险程度的指标是（　　）
　　A. 收益率的方差　　　　　　　　B. 收益率的标准差

C. 期望收益率　　　　　　　　D. 收益率的标准离差率
(10) 当股票投资必要收益率等于无风险投资收益率时，β 系数应（　　）。
A. 大于 1　　　B. 等于 1　　　C. 小于 1　　　D. 等于 0

2. 多项选择题

(1) 对于资金的时间价值来说，下列表述正确的是（　　）。
A. 资金的时间价值不可能由时间创造，而只能由劳动创造
B. 只有把货币作为资本投入生产经营过程才能产生时间价值，即时间价值是在生产经营过程中产生的
C. 时间价值的相对数是扣除风险报酬和通货膨胀贴水后的社会平均资金利润率
D. 时间价值的绝对数是资金在生产经营过程中带来的真实增值额

(2) 某项目从现在开始投资，前两年没有回报，从第三年开始每年获得的等额利润为 A，获利年限为 5 年，则该项目利润的现值为（　　）。
A. $A(P/A, i, 5)(P/F, i, 3)$　　　　B. $A(P/A, i, 5)(P/F, i, 2)$
C. $A(P/A, i, 7) - A(P/A, i, 2)$　　D. $A(P/A, i, 7) - A(P/A, i, 3)$

(3) 计息期数为大于等于 1 的整数，下列表述正确的是（　　）。
A. 当利率大于零，计息期一定的情况下，年金现值系数一定都大于 1
B. 当利率大于零，计息期一定的情况下，年金终值系数一定都大于 1
C. 当利率大于零，计息期一定的情况下，复利终值系数一定都大于 1
D. 当利率大于零，计息期一定的情况下，复利现值系数一定都小于 1

(4) 在选择资产时，下列说法正确的是（　　）。
A. 当预期收益率相同时，风险回避者会选择风险小的
B. 如果风险相同，对于风险回避者而言，将无法选择
C. 如果风险不同，对于风险中立者而言，将选择预期收益高的
D. 当预期收益率相同时，风险追求者会选择风险大的

(5) 下列关于项目评价的"投资人要求的报酬率"的表述中，正确的有（　　）。
A. 它因项目的系统性风险大小不同而异
B. 它因不同时期无风险报酬率高低不同而异
C. 它受企业负债比率和债务成本高低的影响
D. 当项目的期望报酬率超过投资人要求的报酬率时，股东财富将会增加

(6) 在下列各项中，能够影响特定证券投资组合 β 系数的有（　　）。
A. 该组合中所有单项资产在组合中所占比重
B. 该组合中所有单项资产各自的 β 系数
C. 市场投资组合的无风险报酬率
D. 该组合的无风险报酬率

(7) 下列关于 β 值和标准差的表述中，正确的有（　　）。
A. β 值测度系统性风险，而标准差测度非系统性风险
B. β 值测度系统性风险，而标准差测度整体风险
C. β 值测度财务风险，而标准差测度经营风险
D. β 值只反映市场风险，而标准差还反映企业特有风险

(8) 以下关于投资风险的表述，正确的有（　　）。
A. 一种股票的风险由两部分组成，它们是系统性风险和非系统性风险

B. 非系统性风险可以通过证券投资组合来分散
C. 股票的系统性风险不能通过证券投资组合来分散
D. 不可分散风险可通过 β 系数来测量

(9) 下列有关证券投资风险的表述中，正确的有（　　）。
A. 证券投资组合的风险有企业特有风险和市场风险两种
B. 企业特有风险是不可分散风险
C. 股票的市场风险不能通过证券投资组合来分散
D. 当投资组合中股票的种类特别多时，非系统性风险几乎可全部分散掉

(10) 关于风险报酬，下列表述中正确的有（　　）。
A. 风险报酬有风险报酬额和风险报酬率两种表示方法
B. 风险越大，获得的风险报酬应该越高
C. 风险报酬额是指投资者因冒风险进行投资所获得的超过时间价值的那部分额外报酬
D. 风险报酬率是风险报酬与原投资额的比率

3. 判断题

(1) 利率是转让资金所有权的价格。（　　）

(2) 两个投资方案相比较，变异系数越大，说明风险越大。（　　）

(3) β 系数反映的是某种股票的全部风险。若某种股票的 β 系数为 1，则当市场收益率上涨 1% 时，该种股票的收益率的上升值为市场收益率的 1 倍，即 2%。（　　）

(4) 企业投资时应尽量选择风险小的投资项目，因为风险小的投资对企业有利。（　　）

(5) 当代证券组合理论认为不同股票的投资组合可以降低风险，股票的种类越多，风险越小，包括全部股票的投资组合风险为零。（　　）

(6) 世界能源状况发生变化时，投资者可以通过证券投资组合降低非系统性风险。（　　）

(7) 根据财务管理的理论，必要投资收益等于期望投资收益、无风险收益和风险收益之和。（　　）

(8) 必要收益率与投资者认识到的风险有关，如果某项资产的风险较低，那么投资者对该项资产要求的必要收益率就较高。（　　）

(9) 即使投资比例不变，各项资产的期望收益率不变，但如果组合中各项资产之间的相关系数发生改变，组合的期望收益率就有可能改变。（　　）

(10) 证券市场线反映股票的必要收益率与 β 系数线性相关，而且证券市场线无论对于单个证券还是投资组合都是成立的。（　　）

4. 计算题

(1) ①甲企业欲在 5 年后购买某设备，设备款为 50 000 元。从现在起每年年末存入银行 8 600 元，银行复利率为 4%。问甲企业 5 年后能否用银行存款购买该设备？

②同上题，甲企业每年年末至少应存入多少钱，才能在 5 年后购买该设备？

(2) 某公司购置一套设备，供应商提出两种付款方案：①从现在起每年年初支付 10 万元，连续支付 10 次，共 100 万元；②从第 5 年开始，每年年初支付 12 万元，连续支付 10 次，共 120 万元。假设该公司资金成本率为 10%，你认为该公司应选择哪个方案？

(3) 某公司持有由甲、乙、丙三种股票构成的证券投资组合，三种股票的 β 系数分别是 2.0、1.3 和 0.7，它们的投资额分别是 60 万元、30 万元和 10 万元。股票市场平均收益率为 10%，无风险利率为 5%。假定资本资产定价模型成立。

要求：
①计算证券投资组合的预期收益率；
②若公司为了降低风险，出售部分甲股票并购入丙股票，使甲、乙、丙三种股票在证券组合中

的投资额分别变为10万元、30万元和60万元，其余条件不变。试计算此时的风险收益率和预期收益率。

(4) 甲、乙两个投资项目投资额均为5 000万元，其收益及概率分布见表2-6。

表2-6　两个投资项目的收益及概率分布

市场情况	概率	甲项目收益/万元	乙项目收益/万元
好	0.3	6 000	8 000
一般	0.5	2 000	2 000
差	0.2	500	-500

要求：
① 计算两个项目的变异系数；
② 评价两个项目的优劣。

5. 思考题
(1) 资金时间价值与风险价值有什么本质区别？
(2) 复利终值系数与复利现值系数之间，普通年金终值系数、即付年金终值系数、偿债基金系数、递延年金终值系数之间，普通年金现值系数、即付年金现值系数、投资回收系数、递延年金现值系数之间各是什么关系？
(3) 单项资产的风险和报酬与证券投资组合的风险和报酬有什么不同？
(4) 资本资产定价模型是如何表达风险与报酬之间关系的？

6. 案例分析

任正非首度"破墙"谈转型：多元化必摧毁华为

一向以神秘、狼性著称的华为公司渐渐走向开放。

2014年6月16日，华为创始人任正非创立华为公司以来第一次接受国内媒体专访，也被业界视为华为走向开放的一部分。

对于外界关注的资本问题，任正非坚持华为不会上市。"如果大量资本进入华为，就会多元化，就会摧毁华为二十多年来还没有全理顺的管理。"

这次专访，任正非向国内媒体敞开了心扉，回答了记者们提出的诸多问题。最后，他再次强调，华为不片面追求企业规模，华为的发展不缺资金，因此不会进入资本市场，绝对不上市。"一旦进入资本市场，华为必然面临股东的压力，被迫要多元化。"任正非指出，多元化必然会摧毁华为，所以华为要防止多元化。

思考题：
(1) 根据案例，分析华为公司财务管理的目标。
(2) 任正非指出，"多元化必然会摧毁华为，所以华为要防止多元化"，这与证券投资组合理论有矛盾吗？

根据《每日经济新闻》改写（陶力．上海报道，2014.6.18.）

7. 课程实践

假设在你就读高校所在城市贷款购置一套价值180万元的自有住房，首付30%，根据现有年龄你的贷款期限最长为30年，目前你及家人月收入25 000元左右，住房公积金月缴存额为6 000元，请设计按揭贷款归还计划。

8. 附录

Excel 在时间价值计算中的应用

1. 复利终值、复利现值的计算
2. 年金终值、年金现值的计算
3. 年金、利率和期间的计算

Excel 计算复利终值和现值

Excel 计算年金终值和现值

Excel 计算年金、利率和期间

第3章 财务分析

学习目标

知识要点	能力要求	关键术语
财务分析	(1) 准确理解财务报告的内容 (2) 掌握财务分析的基本原理和方法	(1) 资产负债表；利润表；现金流量表 (2) 比较分析法；比率分析法（效率比率、相关比率）；因素分析法；差额分析法
财务比率分析	(1) 理解和掌握偿债能力分析财务比率指标 (2) 理解和掌握营运能力分析财务比率指标 (3) 理解和掌握盈利能力分析财务比率指标 (4) 理解和掌握发展能力分析财务比率指标	(1) 现金比率；流动比率；速动比率；现金流量比率；资产负债率；产权比率；权益乘数；债务偿还期；利息保障倍数；现金利息保障倍数 (2) 总资产周转率；固定资产周转率；流动资产周转率；存货周转率；应收账款周转率 (3) 销售利润率；销售净利率；总资产利润率；总资产报酬率；净资产收益率；每股收益；市盈率；每股现金流量 (4) 营业收入增长率；利润增长率；总资产增长率；股东权益增长率；经营现金净流量增长率
财务综合分析	(1) 掌握杜邦分析体系的基本原理 (2) 理解帕利普财务分析体系的基本原理	(1) 杜邦分析体系 (2) 帕利普财务分析体系

引例

KM公司是一家以中药材及中药饮品制造和销售为主的公司，近几年市场销量不断上升，公司经济实力不断增强。公司高级管理层有人建议董事长适时投资物业租售行业，这样既可以提高公司的投资收益率，又可以分散投资风险。孙芳是公司的财务副经理，董事长要求孙芳在一周内对公司的财务状况做出全面分析，并写一份分析报告给董事长，以便其根据本公司各方面的财务状况做出正确的决策。

请问：

① 为完成该分析报告，孙芳应搜集哪些主要资料？

② 孙芳应从哪些方面，通过哪些指标对本公司的财务状况进行分析？

③ 孙芳可以采用什么方法分析本公司的财务状况？

学完本章，相信你也能完成孙芳的财务分析工作。

3.1 财务分析概述

3.1.1 财务分析的目的

财务分析是指以企业的财务报告及其他相关资料为基础，采用专门的技术和方法，系统分析和评价企业的财务状况、经营成果和未来发展趋势。财务分析是财务管理的重要方法之一，是对财务报告提供的会计信息所做的进一步加工和处理，帮助信息使用者了解企业过去、评价企业现在、预测企业未来，并做出正确决策。

财务分析的主体是多元的，企业经营者、债权人、所有者、政府部门、审计人员等都是企业财务分析的主体，都会从各自的目的出发对企业进行财务分析。

1) 企业经营者

企业经营者受托于企业所有者，对企业进行有效的经营管理。经营者对企业现时的财务状况、盈利能力和未来持续发展能力都非常关注，其进行财务分析的主要目的在于通过财务分析所提供的信息，监控企业的经营活动和财务状况的变化，以便尽早发现问题，从而采取改进措施。

2) 债权人

债权人为了保证其债权的安全，非常关注企业的现有资源以及未来现金流量的可靠性、及时性和稳定性。债权人的分析集中于企业控制现金流量的能力和在不确定性环境下保持稳定的财务基础的能力。短期债权人主要关心企业当前的财务状况、短期资产的流动性以及资金周转状况；而长期债权人侧重于企业未来现金流量和未来的盈利能力。

3) 所有者

所有者将资金投入企业后，拥有对企业的剩余索取权，在享有更多的剩余收益的同时，也可能会承担更大的风险。他们更关注企业的盈利能力和风险状况，以便据此评估企业价值和股票价值，进行有效的投资决策。所以，所有者的财务分析内容更加全面，包括对企业盈利能力、资产管理水平、财务风险、竞争能力和发展前景等方面的分析与评价。

4) 政府部门

政府部门如财政、税务、统计部门，也经常需要对企业进行财务分析。政府部门对企业进行财务分析的主要目的是了解宏观经济的运行情况和企业对相关法律法规的执行情况，以便为相关政策的制定提供决策依据。

5) 审计人员

财务分析是审计人员获取审计证据时运用的一种具体审计程序。审计人员通过分析不同财务数据之间以及财务数据与非财务数据之间的内在关系,可以对财务信息质量做出评价,从而把握审计重点和方向,以便正确地发表审计意见,降低审计风险。

3.1.2 财务分析的信息基础

财务分析的信息基础是财务报告,主要包括资产负债表、利润表、现金流量表、所有者权益变动表、其他附表及财务状况说明书等。这些报表及财务状况说明书集中、概括地反映了企业的财务状况、经营成果和现金流量等财务信息,对其进行财务分析,可以更加系统地揭示企业的偿债能力、运营能力、盈利能力、发展能力及综合财务状况等。下面主要介绍3种基本会计报表:资产负债表、利润表和现金流量表。

1. 资产负债表

资产负债表是反映企业一定日期财务状况的会计报表。它以"资产=负债+所有者权益"这一会计等式为依据,按照一定的分类标准和次序反映企业在某一个时点上资产、负债及所有者权益(或股东权益)的基本状况。资产负债表的结构如表3-1所示。

表 3-1 资产负债表

编制单位:KM公司　　　　　　　20×5年12月31日　　　　　　　　　单位:万元

资产	年末余额	年初余额	负债和股东权益	年末余额	年初余额
流动资产:			流动负债:		
货币资金	1 581 834	998 527	短期借款	462 000	342 000
应收票据及应收账款	289 899	245 031	应付票据及应付账款	164 562	179 090
预付款项	55 965	59 723	预收账款	94 758	102 082
其他应收款	10 840	5 813	应付职工薪酬	4 380	3 032
存货	979 470	736 866	应交税费	38 782	31 350
其他流动资产	26 763	19 400	其他应付款	72 986	47 247
流动资产合计	2 944 771	2 065 360	一年内到期的非流动负债	450	20 000
非流动资产:			其他流动负债	550 000	100 000
可供出售金融资产	0	0	流动负债合计	1 387 918	824 801
持有至到期投资	0	0	非流动负债:		
长期应收款	0	0	长期借款	27	450
长期股权投资	40 700	33 333	应付债券	488 544	249 625
投资性房地产	67 900	52 500	递延收益	49 659	40 922

（单位：万元） 续表

资产	年末余额	年初余额	负债和股东权益	年末余额	年初余额
固定资产	479 035	431 054	递延所得税负债	531	261
在建工程	17 316	45 408	非流动负债合计	538 761	291 258
无形资产	105 238	107 197	负债合计	1 926 679	1 116 059
商誉	30 473	22 359	股东权益：		
长期待摊费用	6 750	6 214	股本	439 743	219 871
递延所得税资产	12 593	6 962	其他权益工具（优先股）	296 770	296 770
其他非流动资产	105 747	17 545	资本公积	365 728	475 663
			其他综合收益	1 307	-43
			盈余公积	114 517	87 640
			未分配利润	658 448	591 696
			归属于母公司股东权益合计	1 876 513	1 671 597
			少数股东权益	7 331	276
非流动资产合计	865 752	722 572	股东权益合计	1 883 844	1 671 873
资产总计	3 810 523	2 787 932	负债和股东权益总计	3 810 523	2 787 932

　　从资产负债表的结构来看，它主要包括资产、负债和股东权益三大类项目。资产负债表的左方反映企业的资产状况，资产按其流动性程度分项列示。资产负债表的右方反映企业的负债和股东权益状况，它表明了企业资金的来源情况，即有多少资金来源于债权人，有多少资金来源于企业所有者的投资及企业生产经营过程的积累。

　　资产负债表是进行财务分析的重要财务报表之一，它提供了企业的资产结构、资产流动性、资金来源状况、负债水平及负债结构等财务信息。对资产负债表进行分析有助于了解企业的偿债能力、资金营运能力等财务状况，有助于债权人、投资者及企业管理者做出决策。

2. 利润表

　　利润表又称损益表，是反映企业在一定期间生产经营成果的财务报表。利润表是以"利润＝收入－费用"为依据编制而成的。通过利润表可以考核企业利润目标的完成情况，分析企业的获利能力及利润增减变化的原因，预测企业利润的发展趋势。利润表通常按照利润的构成项目来列示，其结构如表3-2所示。

表 3-2 利润表（简表）

编制单位：KM 公司　　　　　　　20×5 年度　　　　　　　　　　单位：万元

项目	本期发生额	上期发生额
一、营业收入	1 806 683	1 594 919
减：营业成本	1 294 727	1 176 822
税金及附加	19 669	10 289
销售费用	49 931	42 642
管理费用	60 671	49 701
研发费用	10 388	9 588
财务费用	44 899	43 495
其中：利息费用	58 892	68 289
利息收入	13 993	24 794
加：投资收益（损失以"-"号填列）	7 215	5 304
资产减值损失（损失以"-"号填列）	-11 820	-1 044
二、营业利润（亏损以"-"号填列）	321 793	266 642
加：营业外收入	3 850	5 484
减：营业外支出	1 379	1 404
三、利润总额（亏损总额以"-"号填列）	324 264	270 722
减：所得税费用	48 618	42 133
四、净利润（净亏损以"-"号填列）	275 646	228 589
五、每股收益		
（一）基本每股收益	0.62	1.05
（二）稀释每股收益	0.62	1.05

企业的利润按收入与费用的不同配比，可以分为 3 个层次：营业利润、利润总额（税前利润）和净利润。营业利润主要反映企业的经营和投资所得；营业利润加上营业外收入再减去营业外支出就是利润总额，利润总额是计算所得税的基础；利润总额扣除应纳的所得税后就是企业的净利润，这是企业所有者可以分享的实际收益。

3. 现金流量表

现金流量表是以现金及现金等价物为基础编制的财务状况变动表。它为会计报表使用者提供企业一定会计期间内现金和现金等价物流入和流出的信息，以便他们了解和评价企业获取现金和现金等价物的能力，并据以预测企业未来的现金流量。现金流量表的结构如表 3-3 所示。

表 3-3　现金流量表

编制单位：KM 公司　　　　　　20×5 年度　　　　　　　　　　单位：万元

项目	本期发生额	上期发生额
一、经营活动产生的现金流量		
销售商品、提供劳务收到的现金	1 937 246	1 783 079
收到的其他与经营活动有关的现金	30 732	46 899
经营活动现金流入小计	1 967 978	1 829 978
购买商品、接受劳务支付的现金	1 661 551	1 518 034
支付给职工以及为职工支付的现金	51 553	38 260
支付的各项税费	140 399	110 190
支付的其他与经营活动有关的现金	63 589	50 274
经营活动现金流出小计	1 917 092	1 716 758
经营活动产生的现金流量净额	50 886	113 220
二、投资活动产生的现金流量		
收回投资所收到的现金	—	—
取得投资收益所收到的现金	1 200	1 200
处置固定资产、无形资产和其他长期资产所收回的现金净额	24	10
投资活动现金流入小计	1 224	1 210
购建固定资产、无形资产和其他长期资产所支付的现金	137 474	68 206
投资所支付的现金	—	—
取得子公司及其他营业单位支付的现金净额	7 851	9 893
支付的其他与投资活动有关的现金	250	—
投资活动现金流出小计	145 575	78 099
投资活动产生的现金流量净额	-144 351	-76 889
三、筹资活动产生的现金流量		
吸收投资收到的现金	6 660	300 000
其中：子公司吸收少数股东投资收到的现金	6 660	—
取得借款收到的现金	610 950	372 000
发行债券收到的现金	790 000	100 000
筹资活动现金流入小计	1 407 610	772 000
偿还债务支付的现金	615 525	549 408
分配股利、利润或偿付利息所支付的现金	111 997	104 640
支付其他与筹资活动有关的现金	4 149	3 820
筹资活动现金流出小计	731 671	657 868

（单位：万元）   续表

项目	本期发生额	上期发生额
筹资活动产生的现金流量净额	675 939	114 132
四、汇率变动对现金及现金等价物的影响	—	—
五、现金及现金等价物净增加额	582 474	150 463
加：期初现金及现金等价物余额	996 989	846 526
六、期末现金及现金等价物余额	1 579 463	996 989

财务分析概述

现金流量表中的现金是指企业的库存现金以及可以随时用于支付的存款，包括库存现金、银行存款和其他货币资金。但应注意的是，银行存款和其他货币资金中不能随时用于支付的存款，如不能随时支取的定期存款等，不应作为现金，而应作为投资。现金等价物是指企业持有的期限短、流动性强、易于转换为已知金额现金、价值变动风险很小的短期投资。现金等价物虽然不是现金，但其支付能力与现金差别不大，可以视为现金。一项投资若被确认为现金等价物必须同时具备4个条件：期限短、流动性强、易于转换为已知金额现金、价值变动风险很小。其中，期限短一般是指从购买日起，3个月内到期。现金流量是某一段时期内企业现金流入和流出的数量，主要包括经营活动产生的现金流量、投资活动产生的现金流量和筹资活动产生的现金流量。

财务报表是财务分析的信息基础，财务报表信息质量直接影响账务分析的质量。但现行的财务报表信息在时效性、客观性、全面性及计量等方面仍存在诸多局限性，在财务分析过程中要注意因这些基础信息资料的"先天不足"而对财务分析结果产生的影响。

3.1.3 财务分析的方法

1. 比较分析法

比较分析法是对两个或几个相关的可比数据进行对比，揭示差异和矛盾的一种分析方法。比较分析法按比较对象不同可分为以下几种。

① 纵向比较或趋势分析，与本企业历史比，即不同时期指标对比。
② 横向比较，与同类公司比，即与行业平均数或竞争对手比较。
③ 预算差异分析，与计划预算比，即实际执行结果与计划指标对比。

运用比较分析法应注意比较标准的科学性。通常而言，科学合理的比较标准有：预定目标（如预算指标、设计指标、定额指标等）；历史标准（如上期实际、上年同期实际、历史先进水平及有典型意义时期的实际水平等）；行业标准（如主管部门或行业协会公布的技术标准、国内外同类企业的先进水平、国内外同类企业的平均水平等）；公认标准。

2. 比率分析法

比率分析法是通过计算各种比率指标来确定经济活动变动程度的分析方法。比率是相对数，能够把某些条件下的不可以比较的指标变为可以比较的指标，以利于分析。比率指标主要有**构成比率**、**效率比率**和**相关比率**3类。

1) 构成比率

构成比率又称**结构比率**，是指某项财务指标的各组成部分数值占总体数值的百分比，反映部分与总体的关系。其计算公式为：

$$构成比率 = 某项目数值 / 总体数值 \times 100\%$$

比如，企业资产中流动资产、固定资产和无形资产等占资产总额的百分比（资产构成比率）；企业负债中流动负债和长期负债占负债总额的百分比（负债构成比率）。利用构成比率，可以考察总体中某个部分的形成和安排是否合理，以便协调各项财务活动。

2) 效率比率

效率比率是某项财务活动中所费与所得的比率，反映投入与产出的关系。利用效率比率指标，可以进行得失比较，考察经营成果，评价经济效益。比如，将利润项目与销售成本、销售收入、资本金等项目加以对比，可计算出成本利润率、销售利润率及资本金利润率等指标，可以从不同视角观察比较企业获利能力的高低及其增减变化情况。

3) 相关比率

相关比率是以某个项目和与其有关但类别不同的项目进行对比所得的比率，反映经济活动的相互关系。比如，将流动资产与流动负债加以对比，计算出流动比率，据以判断企业的短期偿债能力。

采用比率分析法时应注意以下两点。

(1) 对比项目的相关性

计算比率的分子和分母必须具有相关性。在构成比率指标中部分指标必须是总体指标这个大系统的一个小系统；在效率比率指标中，投入与产出必须有因果关系；在相关比率指标中，两个对比指标也要有内在联系。只有当对比项目具有相关性时，才能评价有关经济活动之间是否协调，安排是否合理。

(2) 对比口径的一致性

计算比率的分子和分母必须在计算时间、范围等方面保持一致。

3. 因素分析法

因素分析法是依据分析指标与其影响因素的关系，从数量上确定各因素对分析指标影响方向和影响程度的一种方法。因素分析法既可以全面分析各因素对某一经济指标的影响，又可以单独分析某个因素对经济指标的影响，在财务分析中应用颇为广泛。

因素分析法主要有两种：**连环替代法**和**差额分析法**。

1) 连环替代法

连环替代法是将分析指标分解为多个可以计量的因素，并根据各因素之间的依存关系，顺次用各因素的比较值（通常为实际值）替代基准值（通常为标准值或计划值），再用替换后得到的指标值减去替换前得到的指标值，其差额即为该因素对指标值的影响。连环替代法的程序如下所示。

设某项经济指标 E 是由 A、B、C 3 个因素组成的。在分析时，若采用实际指标与计划指标进行对比，则计划指标与实际指标的计算公式如下：

计划指标　　　　　　　　　$E_0 = A_0 \times B_0 \times C_0$

实际指标　　　　　　　　　$E_1 = A_1 \times B_1 \times C_1$

分析对象 $E_1 – E_0$

采用连环替代法测定各因素变动对指标 E 的影响程度时，各项计划指标、实际指标及替代指标的计算公式如下：

计划指标	$E_0 = A_0 \times B_0 \times C_0$	(3-1)
第一次替代 A	$E_2 = A_1 \times B_0 \times C_0$	(3-2)
第二次替代 B	$E_3 = A_1 \times B_1 \times C_0$	(3-3)
第三次替代 C	$E_1 = A_1 \times B_1 \times C_1$	(3-4)

各因素变动对指标 E 的影响数额的计算公式为

A 因素变动的影响 = 式 (3-2) – 式 (3-1) = $E_2 – E_0$

B 因素变动的影响 = 式 (3-3) – 式 (3-2) = $E_3 – E_2$

C 因素变动的影响 = 式 (3-4) – 式 (3-3) = $E_1 – E_3$

将上述 3 个因素的影响结果相加，即 3 个因素变动对指标 E 的影响程度，它与分析对象应相等。

【例 3-1】KM 公司 20×4 和 20×5 年某材料消耗的有关资料见表 3-4，设该公司只有一种产品耗用该材料。

表 3-4　KM 公司某材料消耗资料

项目	产品产量 / 件	材料单耗 /（千克 / 件）	材料单价 /（元 / 千克）	材料成本 / 元
20×4 年	2 000	20	8	320 000
20×5 年	2 500	18	10	450 000
差异	+500	−2	+2	+130 000

要求：用连环替代法定量分析 KM 公司该项材料成本总额变动 (+130 000) 的原因。

【解】(1) 20×4 年材料成本 = 2 000 × 20 × 8 = 320 000（元）

(2) 第一次替代 = 2 500 × 20 × 8 = 400 000（元）

(3) 第二次替代 = 2 500 × 18 × 8 = 360 000（元）

(4) 20×5 年材料成本 = 2 500 × 18 × 10 = 450 000（元）

产品产量变动对材料成本的影响 = (2) – (1) = 80 000（元）

材料单耗变动对材料成本的影响 = (3) – (2) = –40 000（元）

材料单价变动对材料成本的影响 = (4) – (3) = 90 000（元）

合计：80 000 – 40 000 + 90 000 = 130 000（元）

由上述计算结果可知，KM 公司 20×5 年该项材料成本总额增加 130 000 元，是由耗用该材料的产品产量提高、材料单耗下降和材料单价提高共同引起的。

2）差额分析法

差额分析法是连环替代法的简化形式，它是直接利用各因素比较值（或实际值）与基准值之间的差额，计算各因素对指标值的影响。即某因素差异对指标值的影响，是用该因素比较值（或实际值）与基准值的差，乘以该因素之前各因素的比较值（或实际值），再乘以该因素之后各因素的基准值。

【例3-2】仍然用例3-1的资料。要求：用差额分析法定量分析KM公司该项材料成本总额变动的原因。

【解】20×4年材料成本 =20 00×20×8 =320 000（元）
20×5年材料成本 =2 500×18×10 =450 000（元）
材料成本差异 =450 000–320 000 =130 000（元）
产品产量变动对材料成本的影响 =（2 500–2 000）×20×8 =80 000（元）
材料单耗变动对材料成本的影响 =2 500×（18–20）×8 =–40 000（元）
材料单价变动对材料成本的影响 =2 500×18×（10–8）=90 000（元）
合计：80 000–40 000+90 000=130 000（元）

注意：差额分析法只适用于各因素之间是纯粹乘积关系的情况。

采用因素分析法时，必须注意以下问题。

(1) 因素分解的关联性

构成经济指标的因素，必须客观上存在因果关系，并能够反映形成该指标差异的内在构成原因，否则就没有应用价值。

(2) 因素替代的顺序性

确定替代因素时，必须根据各因素的依存关系，遵循一定的顺序依次替代，不可随意颠倒，否则就会得出错误的分析结果。

(3) 顺序替代的连环性

因素分析法在计算每个因素变动的影响时，都要在前一次替换计算的基础上进行，并采用连环比较的方法，确定因素变化的影响结果。

(4) 计算结果的假定性

使用因素分析法计算的各因素的影响，会因替代顺序不同而产生差异，其计算结果难免带有假定性，即不可能使每个因素的分析结果都绝对准确。所以，分析时应力求使这种假定符合逻辑，具有实际经济意义。计算分析某一因素变化对指标值的影响时，通常假定该因素之前的各因素保持实际值不变，该因素之后的各因素保持基准值不变。

财务分析方法

3.2 企业偿债能力分析

偿债能力是指企业偿还各种到期债务本息的能力。偿债能力分析是企业财务分析的一个重要方面，通过这种分析可以揭示企业的财务风险。企业财务管理人员、企业债权人及投资者都十分重视企业的偿债能力分析。偿债能力分析主要分为短期偿债能力分析和长期偿债能力分析。

3.2.1 短期偿债能力分析

短期偿债能力是指企业对短期债务（流动负债）的偿付能力。一般来说，流动负债需以流动资产来偿付，因此，可以通过分析企业流动负债与流动资产之间的关系来判断企业的短期偿债能力。评价企业短期偿债能力的财务比率主要有流动比率、速动比率、现金比率和现金流量比率等。

1. 流动比率

流动比率是企业流动资产与流动负债的比率，表明企业每1元流动负债有多少流动资产作为偿还保证。其计算公式为：

$$流动比率 = \frac{流动资产}{流动负债}$$

流动资产主要包括货币资金、交易性金融资产、应收及预付款项、存货、一年内到期的非流动资产、其他流动资产等，一般用资产负债表中期末（或期初）的流动资产总额来表示；流动负债主要包括短期借款、交易性金融负债、应付及预收款项、各种应交款项、一年内到期的非流动负债等，通常用资产负债表中期末（或期初）的流动负债总额来表示。

一般情况下，流动比率越高，反映企业短期偿债能力越强，债权人的权益越有保证。但过高的流动比率则表明企业流动资产占用较多，会影响企业的资金使用效率，进而影响企业的获利能力。因此，流动比率既不宜过高，也不宜过低。通常认为，流动比率的经验值是2。

【例3-3】根据表3-1中KM公司资产负债表，该公司流动比率为：

20×5年年末流动比率 = 2 944 771/1 387 918 ≈ 2.12

20×5年年初流动比率 = 2 065 360/824 801 ≈ 2.50

这表明KM公司20×5年年末每有1元的流动负债，就有2.12元的流动资产做保障；20×5年年初每有1元的流动负债，就有2.50元的流动资产做保障。这表明KM公司20×5年短期偿债能力有所下降。

对流动比率的分析应结合行业的特点，还应结合企业流动资产结构及各项流动资产的实际变现能力等因素。有时企业流动比率较高，但其短期偿债能力未必很强，这可能是存货积压或滞销的结果。而且，企业也很容易操纵这个比率，以粉饰其偿债能力。如年末时故意将借款还清，下一年年初再借入，这样就可以人为地提高流动比率。假设某公司有流动资产20万元、流动负债10万元，则流动比率为2。如果该公司在年末故意还清5万元短期借款，待下一年年初再借入，则年末该公司流动资产就变成了15万元，流动负债就变成了5万元，流动比率为3，流动比率提高。因此，利用流动比率来评价企业短期偿债能力存在一定的片面性。

2. 速动比率

速动比率又称**酸性试验比率**，是企业速动资产与流动负债的比率。速动资产是流动资产减去变现能力较差且不稳定的存货、预付账款、一年内到期的非流动资产和其他流动资产等之后的余额。速动比率能够比流动比率更加准确、可靠地评价企业资产的流动性及短期偿债能力。其计算公式为：

$$速动比率 = \frac{速动资产}{流动负债}$$

速动资产 = 货币资金 + 交易性金融资产 + 应收账款 + 应收票据
       = 流动资产 – 存货 – 预付账款 – 一年内到期的非流动资产 – 其他流动资产

因为预付账款、一年内到期的非流动资产和其他流动资产等非速动资产项目的金额往往较小，所以实际工作中计算速动比率时经常不扣除，而是直接用流动资产减去存货来计算速动资产。但应注意，同一次分析比较的计算口径必须一致。

一般情况下，**速动比率越高，说明企业的短期偿债能力越强**。国际上通常认为，速动比率为 1 比较合适。

【例 3-4】根据表 3-1 中的有关数据，KM 公司的速动比率为：

20×5 年年末速动比率 = (2 944 771–979 470–55 965–26 763) /1 387 918 ≈ 1.36

或　　　　　　　　 = (2 944 771–979 470) /1 387 918 ≈ 1.42

20×5 年年初速动比率 = (2 065 360–736 866–59 723–19 400) /824 801 ≈ 1.51

或　　　　　　　　 = (2 065 360–736 866) /824 801 ≈ 1.61

KM 公司 20×5 年年末的速动比率为 1.36，20×5 年年初的速动比率为 1.51，均大于 1。该公司速动比率较高，说明该公司的财务风险较小，但 20×5 年年末速动比率比该年年初有所下降，应引起重视。在实际分析时，应该根据企业性质和其他因素来综合判断，不可一概而论。通常影响速动比率可信度的重要因素是应收账款的变现能力，如果企业的应收账款中有较大部分成为坏账，那么速动比率就不能真实地反映企业的短期偿债能力。

3. 现金比率

现金比率是通过计算企业现金以及现金等价物总量与当前流动负债的比率来衡量企业资产的流动性，反映企业在不依靠存货销售及应收款的情况下，支付当前债务的能力。其计算公式为：

$$\text{现金比率} = \frac{\text{货币资金} + \text{交易性金融资产}}{\text{流动负债}}$$

一般认为现金比率在 20% 以上为好。但这一比率也不能过高，过高意味着企业现金类资产未能得到合理运用，因为现金类资产获利能力低，这类资产金额太高会导致企业机会成本增加。

4. 现金流量比率

现金流量比率是企业一定时期经营活动现金净流量与流动负债的比率，它可以从现金流量角度来反映企业当期偿付短期负债的能力。其计算公式为：

$$\text{现金流量比率} = \frac{\text{经营活动现金净流量}}{\text{流动负债}}$$

上式中的经营活动现金净流量是指分析期的经营活动现金净流量，流动负债是指分析期平均(或期末)的流动负债额。

现金流量比率越高，说明企业短期偿债能力越强；现金流量比率越低，说明企业短期偿债能力越弱。

【例 3-5】根据表 3-1 和表 3-3 的资料，KM 公司的现金流量比率为：

20×5 年现金流量比率 = 50 886/1 387 918 ≈ 0.037

20×4年现金流量比率 =113 220/824 801 ≈ 0.137

由上述计算可知，KM公司20×5年现金流量比率为0.037，20×4年的现金流量比率为0.137，说明该公司短期偿债能力有所下降，主要原因是该公司流动负债大幅增加，同时其经营活动现金净流量大幅降低。

值得注意的是，这里的经营活动所产生的现金流量是过去一个会计年度的经营成果，而流动负债则是未来一个会计年度需要偿还的债务，二者的会计期间不同。这个指标是建立在假设企业各年的经营活动现金净流量比较均衡的基础上的，使用时需要考虑未来一个会计年度影响经营活动现金净流量变动的因素，从而更好地分析其对现金流量比率及企业短期偿债能力的影响。

3.2.2 长期偿债能力分析

长期偿债能力是指企业在较长时期内偿还债务的能力，即企业偿还全部债务的能力。企业对全部债务的清偿能力主要取决于其资产水平，衡量指标主要有资产负债率、产权比率、权益乘数、债务偿还期、利息保障倍数、现金利息保障倍数等。

1. 资产负债率

资产负债率是企业负债总额占资产总额的百分比，又称负债比率或举债经营比率，它反映了企业的资产总额中有多少是通过举债得到的。其计算公式为：

$$资产负债率 = \frac{负债总额}{资产总额} \times 100\%$$

资产负债率反映企业偿还债务的综合能力，该比率越低，企业偿还债务的能力越强；反之，企业偿还债务的能力越弱。

【例3-6】根据表3-1的有关数据，KM公司的资产负债率为：

20×5年年末资产负债率 =1 926 679/3 810 523 × 100% ≈ 50.56%

20×5年年初资产负债率 =1 116 059/2 787 932 × 100% ≈ 40.03%

KM公司20×5年年末的资产负债率为50.56%，20×5年年初的资产负债率为40.03%，说明该公司20×5年的资产负债率有所提高，偿债能力有所下降。

对于资产负债率，企业的债权人、股东和经营者往往会从不同的角度来评价。

① 企业债权人最关心的是其债权资金的安全性。如果该比率过高，说明在企业的全部资产中，股东提供的资本所占比重太低，这样，企业的财务风险就主要由债权人承担，其债权资金的安全性也缺乏可靠的保障，所以债权人总是希望企业的负债比例低一些。

② 企业股东最关心的是投资收益的高低。企业借入的资金与股东投入的资金在生产经营中可以发挥同样的作用，只要企业的总资产报酬率高于负债利率，股东就可以通过企业举债经营取得更多的投资收益，此时，股东自然希望负债越多越好。

③ 企业经营者既要考虑企业的盈利，又要顾及企业所承担的财务风险。资产负债率作为财务杠杆不仅反映了企业的长期财务状况，也反映了企业经营者的进取精神。如果企业不举债经营或者资产负债率很低，说明企业经营者比较保守，对企业未来发展信心不足，利用债权人资本进行经营活动的能力较差。但是，负债也必须有一定的限度，资

产负债率过高,企业的财务风险就会较大,一旦资产负债率超过1,则企业有濒临破产的危险。

资产负债率为多少才合理,并没有一个统一的标准,不同行业、不同类型的企业及生产经营处于不同阶段的企业都会有较大的差异。比如处于高速成长期的企业,其资产负债率可能会高一些,这样所有者会得到更多的杠杆利益。企业财务管理人员在确定企业的资产负债率时,一定要审时度势,充分考虑企业内部各种因素和企业外部的市场环境,在收益与风险之间权衡利弊得失,以便做出正确的财务决策。

2. 产权比率

产权比率是负债总额与股东权益总额的比率,又称负债股权比率。其计算公式为:

$$产权比率 = \frac{负债总额}{股东权益总额}$$

产权比率反映了债权人所提供的资金与股东所提供的资金的对比关系,可以揭示企业的财务风险及股东权益对债务的保障程度。该比率越低,说明企业长期财务状况越好,债权人所提供的资金的安全性越高,企业财务风险越小。

【例3-7】根据表3-1的有关数据,KM公司的产权比率为:

20×5年年末产权比率 = 1 926 679/1 883 844 ≈ 1.02

20×5年年初产权比率 = 1 116 059/1 671 873 ≈ 0.67

KM公司20×5年年末的产权比率为1.02,20×5年年初的产权比率为0.67,说明该公司20×5年的产权比率有所提高,偿债能力有所降低。

3. 权益乘数

权益乘数是资产总额与股东权益总额之比。权益乘数表明每1元股东权益维持的资产规模,该乘数越大,企业债务偿还的保证程度越小。其计算公式为:

$$权益乘数 = \frac{资产总额}{股东权益总额}$$

【例3-8】根据表3-1的有关数据,KM公司的权益乘数为:

20×5年年末权益乘数 = 3 810 523/1 883 844 ≈ 2.02

20×5年年初权益乘数 = 2 787 932/1 671 873 ≈ 1.67

4. 债务偿还期

债务偿还期是负债总额与经营活动现金净流量的比率,反映用企业经营活动产生的现金净流量偿还全部债务所需的时间。这里的负债总额通常使用分析期期末的负债总额,经营活动现金净流量指分析期实现的经营活动现金净流量。其计算公式为:

$$债务偿还期 = \frac{负债总额}{经营活动现金净流量}$$

一般认为,经营活动产生的现金流量是企业偿债资金最主要的来源,投资活动和筹资活动所产生的现金流量,虽然在必要时也可用于偿还债务,但不能将其视为经常性的现金流量。债务偿还期可以衡量企业通过经营活动所获得的现金偿还债务的能力。债务偿还期越短，企业偿还债务的能力越强。

【例 3-9】根据表 3-1 和表 3-3 的有关数据，KM 公司 20×5 年的债务偿还期为：

$$债务偿还期 = 1\,926\,679/50\,886 \approx 37.86(年)$$

5. 利息保障倍数

利息保障倍数又称已获利息倍数，是指企业息税前利润与利息支出之比。

$$利息保障倍数 = 息税前利润/利息支出 = (利润总额 + 利息费用)/利息支出$$

注意：分子中的利息费用仅指财务费用中的利息，分母中的利息支出指企业同期负担的全部利息，既包括财务费用中的利息，也包括资本化利息等。

【例 3-10】设 KM 公司 20×5 年利润总额为 326 264 万元，费用化利息为 58 892 万元，资本化利息为 0，则：

$$利息保障倍数 = \frac{326\,264 + 58\,892}{58\,892} \approx 6.54$$

这里的息税前利润和利息费用都是按权责发生制计算的，所以利息保障倍数其实反映的是企业负担利息的能力，并非企业实际偿还利息的能力。利息保障倍数越高，企业负担利息的能力越强。

6. 现金利息保障倍数

现金利息保障倍数是企业息税前经营活动现金净流量与现金利息支出之比。其计算公式为：

$$现金利息保障倍数 = \frac{经营活动现金净流量 + 现金利息支出 + 付现所得税}{现金利息支出}$$

现金利息保障倍数更明确地反映了企业实际偿付利息的能力。现金利息保障倍数越大，企业偿还负债利息的能力越强；现金利息保障倍数越小，企业偿还负债利息的能力越弱。

【例 3-11】根据表 3-3 的有关数据，假设 KM 公司 20×5 年为缴纳所得税支付现金 53 625 万元，为偿还利息支付现金 41 638 万元，则 KM 公司 20×5 年的现金利息保障倍数为：

$$现金利息保障倍数 = \frac{50\,886 + 53\,625 + 41\,638}{41\,638} \approx 3.51$$

3.2.3 影响企业偿债能力的其他因素

3.2.2 节的财务比率是分析企业偿债能力的主要指标，分析者可以比较最近几年的有关财务比率来判断企业偿债能力的变化趋势，也可以比较某一企业与同行业其他企业的财务比率，来判断该企业偿债能力的强弱。但是，在分析企业偿债能力时，除使用财务比率指标以外，通常还应考虑以下因素对企业偿债能力的影响。

1. 担保责任

在经济活动中,企业可能会以本企业的资产为其他企业提供法律担保,如为其他企业的银行借款担保、为其他企业履行有关经济合同提供法律担保等。这种担保责任在被担保人没有履行合同时,就有可能成为企业的负债,增加企业的债务负担,但这些担保责任在会计报表中并未得到反映,因此,在进行财务分析时,必须考虑企业是否有巨额资产的法律担保责任。

2. 可动用的银行贷款指标

可动用的银行贷款指标是指银行已经批准而企业尚未办理贷款手续的银行贷款限额。这种贷款指标可以随时使用,增加企业的现金,从而提高企业的支付能力,缓解偶发的财务困难。

3. 未决诉讼

在企业生产经营过程中,经常会有一些于资产负债表日尚未判决的案件,即未决诉讼。未决诉讼一旦判决败诉,便有可能增加企业的负债,从而影响企业的偿债能力。

3.3 企业营运能力分析

企业营运能力是指企业资产的利用效率与效益。企业营运能力是基于外部市场环境的约束,通过企业内部人力资源和生产资料的配置组合,而对财务目标实现产生作用的,它反映了企业资金周转状况,对其进行分析,可以了解企业的营业状况及经营管理水平。资金周转状况好,说明企业的经营管理水平高,资金利用效率高。企业营运能力分析常用的指标有资产周转率和资产周转天数等。

资产周转率(次数) 是一定时期资产周转额与该项资产平均占用额的比值。资产周转额是指一定量的资产在一定时期所完成的工作量的大小,不同的资产,其周转额的具体含义不一样。资产平均占用额一般可用其期初余额与期末余额之和除以 2 进行粗略计算。占用额随生产的季节性变化而变化较大的资产,其平均占用额可先按月平均,再按季和年平均。

资产周转天数 是某项资产周转一次所需要的天数,可用计算期天数除以资产周转率来计算。资产周转率越高,周转天数越少,说明企业资产营运能力越强,资产利用效率越高。下面分别介绍流动资产、固定资产和总资产的营运能力指标。

3.3.1 流动资产营运能力分析

1. 流动资产周转率

流动资产周转率 是营业收入净额与流动资产平均余额的比率,它反映了全部流动资产的利用效率。其计算公式为:

$$流动资产周转率 = \frac{营业收入净额}{流动资产平均余额}$$

$$流动资产平均余额 = \frac{流动资产期初余额 + 流动资产期末余额}{2}$$

$$流动资产周转天数 = \frac{计算期天数}{流动资产周转率}$$

营业收入净额是指扣除销售退回、销售折扣和折让后的营业收入额。

流动资产周转率表明在一个会计年度内企业流动资产周转的次数，它反映了流动资产周转的速度。该指标越高，说明企业流动资产的利用效率越好。

【例3-12】根据表3-1和表3-2的有关数据，KM公司20×5年的流动资产周转率为：

$$流动资产周转率 = 1\ 806\ 683/[(2\ 944\ 771 + 2\ 065\ 360)/2] \approx 0.72(次)$$

$$流动资产周转天数 = 360/0.72 = 500(天)$$

流动资产周转率是分析流动资产周转情况的一个综合指标，流动资产周转得快，可以节约流动资金，提高资金的利用效率。但是究竟流动资产周转率为多少才合理，并没有一个明确的标准。对于流动资产周转率，一般应比较企业历年的数据并结合行业特点进行分析。

2. 存货周转率

存货周转率是企业一定时期的销售成本与存货平均占用额的比率。其计算公式为：

$$存货周转率 = \frac{销售成本}{存货平均占用额}$$

$$存货平均占用额 = \frac{期初存货余额 + 期末存货余额}{2}$$

式中的销售成本一般可使用利润表中的营业成本。如果企业生产经营活动具有很强的季节性，则年度内各季度的销售成本与存货都会有较大幅度的波动，存货平均占用额可按季度或月份余额来计算，先计算出各月份或各季度的存货平均占用额，再计算全年的存货平均。

存货周转状况也可以用存货周转天数来表示。其计算公式为：

$$存货周转天数 = \frac{计算期天数}{存货周转率}$$

存货周转天数表示存货周转一次所需要的时间，天数越短，说明存货周转速度越快。

【例3-13】根据表3-1和表3-2的有关数据，KM公司20×5年的存货周转率为：

$$存货周转率 = 1\ 294\ 727/[(979\ 470 + 736\ 866)/2] \approx 1.51(次)$$

$$存货周转天数 = 360/1.51 \approx 238.41(天)$$

存货周转率说明了一定时期内企业存货周转的次数，可以用来反映企业存货的变现速度，衡量企业的销售能力及存货是否过量。在正常情况下，企业经营越顺利，存货周转率越高，说明存货周转得越快，企业的销售能力越强，在经营规模一定的情况下，营运资金占用在存货上的金额也就越少。但是,存货周转率过高,也可能说明企业管理方面存在一些问题,如存货水平太低,甚至经常缺货,或者采购次数过于频繁,批量太小,采购成本高等。存货周转率过低,常常是因为库存管理不力和销售状况不好造成了存货积压,说明企业在产品销售方面存在一定的问题,应当采取积极的销售策略,但也可能是企业调整了经营方针并因某种原因增加库存的结果,因此,对存货周转率进行分析时,要深入调查企业库存的构成,结合实际情况做出判断。

应用案例 3-1

销售利润率高就好吗?

对一个企业来说,销售利润率高不是坏事,但别忘了另外一个变量——资产周转率。大家常会关注销售利润率,而忽视资产周转率。销售利润率高不一定能赚大钱,资产周转率同样重要。据统计,零售巨头沃尔玛,1元钱的成本投进去,周转一次获得2%的毛利率,看似并不高,但是其1元钱资产一年可周转24次。这是沃尔玛盈利的原因之一。

3. 应收账款周转率

应收账款周转率是企业一定时期赊销收入净额与应收账款平均占用额的比率,又称应收账款周转次数。它反映了企业应收账款的周转速度。应收账款周转速度的快慢也可以用周转天数表示,**应收账款周转天数**又称**平均收账期**,是应收账款周转一次所需要的时间。应收账款周转率和应收账款周转天数的计算公式分别为:

$$应收账款周转率 = \frac{赊销收入净额}{应收账款平均占用额}$$

$$应收账款平均占用额 = \frac{期初应收账款 + 期末应收账款}{2}$$

$$应收账款周转天数(平均收账期) = \frac{计算期天数}{应收账款周转率}$$

赊销收入净额是指销售收入扣除销货退回、销货折扣、折让及现销收入后的赊销净额,但实际工作中赊销收入属于企业的商业秘密,资料很难准确获得,因而经常直接用销售收入净额(利润表中的营业收入)代替赊销收入净额。应收账款平均占用额是期初和期末扣除坏账准备前的应收账款余额的平均数。公式中的应收账款包括会计报表中"应收账款""应收票据"等全部赊销款项。

【例 3-14】根据表 3-1 和表 3-2 的有关数据,假设 KM 公司 20×5 年年末和年初的坏账准备余额分别为 11 019 万元、5 739 万元,KM 公司 20×5 年的应收账款周转率和平均收账期为:

应收账款周转率 =1 806 683/[(245 031+5 739+289 899+11 019)/2] ≈ 6.55(次)

平均收账期 =360/6.55 ≈ 54.96(天)

在市场经济条件下,商业信用被广泛应用,应收账款成为企业的重要流动资产之一。

应收账款周转率和应收账款周转天数是评价应收账款流动性的一个重要财务比率,可以用来分析企业应收账款的变现速度和管理效率。应收账款周转率越高,平均收账期越短,说明企业收账的速度越快,这可以减少坏账损失,而且资产的流动性强,企业的短期偿债能力也会增强,在一定程度上可以弥补流动比率低的不利影响。如果企业应收账款周转率过高,平均收账期过短,则可能是因为企业奉行了比较严格的信用政策(如信用标准和收款条件过于苛刻)。这种情况会限制企业销售的扩大,从而影响企业的盈利水平。而且这种情况往往表现出存货周转率同时偏低。如果企业的应收账款周转率过低,平均收账期过长,则说明企业收账的效率偏低,或者信用政策过于宽松,这样会影响企业资金利用效率和资金的正常周转。

3.3.2 固定资产营运能力分析

固定资产营运能力是指固定资产的利用效率,通常用固定资产周转率表示。固定资产周转率是企业一定时期实现的营业收入净额与固定资产平均额的比率。其计算公式为:

$$固定资产周转率 = \frac{营业收入净额}{固定资产平均额}$$

$$固定资产平均额 = \frac{期初固定资产额 + 期末固定资产额}{2}$$

固定资产额可以用固定资产原值或固定资产净值,但同一次比较中计算口径必须一致,固定资产净值是固定资产原值与累计折旧的差额。

固定资产周转率主要用于分析厂房、设备等固定资产的利用效果,该比率越高,说明固定资产的利用效果越好,管理水平越高。

【例3-15】根据表3-1和表3-2的有关数据,KM公司20×5年的固定资产周转率为:

固定资产周转率 =1 806 683/[(479 035+431 054)/2] ≈ 3.97(次)

3.3.3 总资产营运能力分析

企业的总资产营运能力是指企业全部资产的利用效率。总资产营运能力通常用总资产周转率来衡量。总资产周转率是企业营业收入净额与资产平均总额的比率。其计算公式为:

$$总资产周转率 = \frac{营业收入净额}{资产平均总额}$$

营运能力分析

总资产周转率低,说明企业利用其资产进行经营的效率较差,这会影响企业的获利能力,企业应该采取措施提高营业收入或处置闲置资产,从而提高总资产利用效率。

【例3-16】根据表3-1和表3-2的有关数据,KM公司20×5年的总资产周转率为:

总资产周转率 =1 806 683/[(3 810 523+2 787 932)/2] ≈ 0.547 6(次)

3.4 企业盈利能力分析

企业生产经营的直接目的是不断追求资金增值，盈利能力就是企业资金增值的能力，通常表现为企业收益数额的大小和水平的高低。盈利不仅关系到企业所有者的利益，也是企业偿还债务的一个重要资金来源。因此，企业的债权人、所有者以及管理者都十分关心企业的盈利能力。盈利能力分析是企业财务分析的重要组成部分，也是评价企业经营管理水平的重要依据。企业的各项经营活动都会影响到企业的盈利，但是，对企业盈利能力进行分析时，一般只分析企业正常经营活动的盈利能力，而不涉及非正常的经营活动。这是因为一些非正常的、特殊的经营活动，虽然也会给企业带来收益，但它不是经常的和持久的，因而不能将其作为企业的一种盈利能力加以评价。

3.4.1 各类企业盈利能力分析通用指标

1. 销售利润率

销售利润率是企业一定时期实现的利润占销售收入净额的百分比。根据计算销售利润率所用的利润不同，销售利润率可分为销售毛利率、销售营业利润率和销售净利率等。下面主要介绍销售毛利率、销售营业利润率和销售净利率。

1) 销售毛利率

销售毛利率是企业一定时期实现的销售毛利占销售（营业）收入净额的百分比。其计算公式为：

$$销售毛利率 = \frac{销售毛利}{销售收入净额} \times 100\%$$

$$= \frac{销售收入净额 - 销售成本}{销售收入净额} \times 100\% = 1 - 销售成本率$$

式中销售毛利是企业销售收入净额与销售成本的差额，可以用利润表中的营业收入、营业成本分别代表销售收入净额、销售成本。销售毛利率反映了每1元营业收入所包含的毛利润，销售毛利率越大，说明在销售收入净额中销售成本所占比重越小，企业通过销售获取利润的能力越强。

【例3-17】根据表3-2的有关数据，假设KM公司没有其他业务收支，该公司20×5年的销售毛利率为：

$$销售毛利率 = (1\,806\,683 - 1\,294\,727)/1\,806\,683 \times 100\% \approx 28.34\%$$

2) 销售营业利润率

销售营业利润率是企业一定时期所实现的营业利润占销售收入净额的百分比。其计算公式为：

$$销售营业利润率 = \frac{营业利润}{销售收入净额} \times 100\%$$

销售营业利润率越高，表明企业的日常经营和投资业务的盈利能力越强，未来的发展潜力越大。

【例3-18】根据表3-2的有关数据,KM公司20×5年的销售营业利润率为:

销售营业利润率=321 793/1 806 683×100%≈17.81%

3) 销售净利率

销售净利率是企业净利润占销售收入净额的百分比。其计算公式为:

$$销售净利率 = \frac{净利润}{销售收入净额} \times 100\%$$

销售净利率能够表明企业每1元销售净收入可实现多少净利润,反映了企业通过经营获取利润的能力。该比率越高,说明企业通过扩大销售获取收益的能力越强。

【例3-19】根据表3-2的有关数据,KM公司20×5年的销售净利率为:

销售净利率=275 646/1 806 683×100%≈15.26%

KM公司20×4年的销售净利率为:

销售净利率=228 589/1 594 919×100%≈14.33%

从计算结果可知,KM公司20×5年的销售净利率为15.26%,20×4年的销售净利率为14.33%,表明其盈利能力略有提高。评价企业的销售净利率时,应比较企业历年的指标,从而判断企业销售净利率的变化趋势。同时,对于销售净利率,还应该结合不同行业的具体情况进行分析。

2. 成本费用利润率

成本费用利润率是指企业一定时期实现的利润占成本费用的百分比。根据计算成本费用利润率所用的利润和成本费用内涵的不同,可将成本费用利润率分为成本费用毛利率、成本费用营业利润率和成本费用净利率等。下面主要介绍成本费用净利率。

成本费用净利率是企业一定时期实现的净利润占成本费用总额的百分比。其计算公式为:

$$成本费用净利率 = \frac{净利润}{成本费用总额} \times 100\%$$

成本费用净利率反映企业生产经营过程中所消耗的每100元成本费用所产生的净利润。成本费用是企业为了取得利润而付出的代价,主要包括营业成本、销售费用、税金及附加、管理费用、研发费用、财务费用、资产减值损失和所得税等。该比率越高,说明企业为获取收益而付出的代价越小,企业的盈利能力越强。因此,通过该比率不仅可以评价企业的盈利能力,还可以评价企业对成本费用的控制能力和经营管理水平。

3. 总资产利润率

总资产利润率是企业在一定时期所实现的利润占资产平均总额的百分比,用来反映企业利用全部资产进行经营活动的效率。根据利润内涵的不同,总资产利润率可分为总资产报酬率和总资产净利率等。

1) 总资产报酬率

总资产报酬率又称**息税前总资产利润率**,是指企业一定时期实现的息税前利润占资

产平均占用额的百分比,通常用来评价企业利用全部经济资源获取报酬的能力。其计算公式为:

$$总资产报酬率 = \frac{息税前利润}{资产平均占用额} \times 100\%$$

式中的息税前利润通常指企业支付利息和所得税之前的利润,可以用利润表中的利润总额加上财务费用中的利息费用来计算,资产平均占用额一般用期初资产总额与期末资产总额的平均值来计算。

【例3-20】根据表3-1和表3-2的有关数据,假设KM公司20×5年的利息费用为58 892万元,KM公司20×5年的总资产报酬率为:

总资产报酬率 =(324 264+58 892)/[(3 810 523+2 787 932)/2] × 100% ≈ 11.61%

计算结果表明,20×5年KM公司每100元资产占用额可以产生11.61元的息税前利润。

2) 总资产净利率

总资产净利率是指企业一定时期实现的净利润占资产平均占用额的百分比,通常用来评价企业对股东的回报能力。其计算公式为:

$$总资产净利率 = \frac{净利润}{资产平均占用额} \times 100\%$$

总资产净利率可以分解为销售净利率与总资产周转率的乘积,即

$$总资产净利率 = 销售净利率 \times 总资产周转率$$

由此可见,总资产净利率主要取决于销售净利率与总资产周转率这两个因素。企业的销售净利率越大,资产周转速度越快,则总资产净利率越高。因此,提高总资产净利率可以从两方面入手:一方面加强资产管理,提高资产利用率;另一方面加强销售管理,增加销售收入,节约成本费用,提高利润水平。

【例3-21】根据表3-1和表3-2的有关数据,KM公司20×5年的总资产净利率为:

总资产净利率 =275 646/[(3 810 523+2 787 932)/2] × 100% ≈ 8.35%

计算结果表明,20×5年KM公司每100元资产占用额可以产生8.35元的净利润。

4. 净资产收益率

净资产收益率又称**股东权益报酬率**、**净值报酬率**、**所有者权益报酬率**或**自有资金收益率**等,它是企业一定时期所实现的净利润占净资产(或股东权益)平均总额的百分比。其计算公式为:

$$净资产收益率 = \frac{净利润}{净资产平均总额} \times 100\%$$

【例3-22】根据表3-1和表3-2的有关数据,KM公司20×5年的净资产收益率为:

净资产收益率 =275 646/[(1 883 844+1 671 873)/2] × 100% ≈ 15.50%

净资产收益率是评价企业盈利能力的一个重要财务比率,它反映了股东获取的投资报酬的高低。该比率越高,说明企业的盈利能力越强。

净资产收益率也可用下式计算：

$$净资产收益率 = 总资产净利率 \times 平均权益乘数$$

另外，还可将负债结构与净资产收益率的关系表示为：

$$净资产收益率 = \left[总资产报酬率 + \frac{负债资本}{股权资本} \times (总资产报酬率 - 平均负债利率) \right] \times (1 - 所得税税率)$$

式中的总资产报酬率是指息税前总资产报酬率，因为总资产带来的不仅有利息、所得税，还有净利润。

盈利能力分析

由此可见，影响净资产收益率的因素主要有总资产净利率、总资产报酬率、负债利率、企业资本结构和所得税税率等。由于所得税税率是企业无法控制的，因此，企业提高净资产收益率有两种途径：一是在企业资本结构和所得税税率一定的情况下，通过增收节支、提高资产利用效率（资产报酬率或资产净利率）来提高净资产收益率；二是在总资产报酬率大于负债利率的情况下，通过调整企业资本结构，适当增大平均权益乘数或提高资产负债率，来提高净资产收益率。第一种途径不会增加企业的财务风险，而第二种途径会导致企业的财务风险增大。

3.4.2 股份制企业盈利能力分析专用指标

1. 每股收益与市盈率

1) 每股收益

每股收益又称每股利润或每股盈余，是股份公司普通股每股获得的净利润。每股收益等于公司净利润与优先股股利的差额除以发行在外的普通股加权平均股数。其计算公式为：

$$每股收益 = \frac{净利润 - 优先股股利}{发行在外的普通股加权平均股数}$$

发行在外的普通股加权平均股数可按股份制企业（股份公司）实际发行在外的普通股股数及其实际发行在外的时间（月数或天数）加权平均计算。

$$发行在外的普通股加权平均股数 = 期初发行在外的普通股股数 + 当期新发行的普通股股数 \times \frac{已发行时间}{报告期时间} - 当期回购的普通股股数 \times \frac{已回购时间}{报告期时间}$$

每股收益反映股份公司普通股股东持有的每股普通股所能享有的企业利润或需要承担的企业亏损额，是衡量股份公司盈利能力时最常用的财务分析指标。一般来说，每股收益越高，股东能够分享的收益越多。

【例3-23】根据表3-1和表3-2的资料，KM公司20×5年年初发行在外的普通股股数为219 871万股，20×5年2月25日分别将资本公积和未分配利润转增股本，共转增

219 871万股,该公司20×5年实现净利润275 646万元,分配优先股股利为22 500万元,则KM公司20×5年的每股收益为:

KM公司20×5年每股收益 =(275 646–22 500)÷(219 871+219 871×309÷365)
≈ 0.62(元/股)

计算结果表明,KM公司20×5年的每股收益为0.62元。

虽然每股收益可以很直观地反映股份公司的每股收益状况以及股东的报酬,但是它是一个绝对指标,在具体分析股份公司盈利能力时,还应结合流通在外的普通股股数。如果某股份公司采用股本扩张的政策,大量配股或以股票股利的形式分配股利,就会摊薄每股收益。

2) 市盈率

每股收益只反映股份公司发行在外的普通股每股收益的大小,没有与股票的投资成本联系起来,因而分析者还应注意股价的高低。如果甲、乙两个公司的每股收益都是0.84元,但是乙公司股价为20元,而甲公司的股价为10元,则投资于甲、乙两公司的风险和报酬显然是不同的。因此,投资者不能只片面地分析每股收益,而要结合股价来分析公司的盈利能力和风险。常用的能够将每股收益与股价结合的指标是市盈率。

市盈率又称价格盈余比率,是普通股每股市价与每股收益的比率。其计算公式为:

$$市盈率 = \frac{普通股每股市价}{普通股每股收益}$$

市盈率是反映股份公司盈利能力的常用财务比率之一,是投资者做决策的主要参考。一般来说,市盈率高,说明投资者看好该公司的发展前景,愿意出较高的价格购买该公司股票,所以一些成长性较好的高科技公司的股票的市盈率通常要高一些。但也应注意,如果某种股票的市盈率过高,则意味着这种股票具有较高的投资风险。

2. 每股股利与股利支付率

1) 每股股利

每股股利是股份公司每年发放的普通股现金股利总额与其年末发行在外的普通股股数之比,它反映了普通股获得的现金股利的多少。其计算公式为:

$$每股股利 = \frac{现金股利总额 - 优先股股利}{发行在外的普通股股数}$$

每股股利的高低,不仅取决于公司每股收益的大小,还取决于公司的股利政策及现金是否充裕。倾向于现金股利的投资者,应当比较分析历年的每股股利,从而了解公司的股利政策。

【例3-24】假设KM公司根据20×5年的收益情况,准备发放的现金股利总额为70 359万元,优先股股利为22 500万元,20×5年年末发行在外的普通股股数为439 743万股。则该公司20×5年的每股股利为:

每股股利 =(70 359–22 500)÷439 743 ≈ 0.11(元/股)

2) 股利支付率

股利支付率又称股利发放率,是普通股每股股利占每股收益的百分比。它表明股份公司的净收益中有多少用于股利的分派。其计算分式为：

$$股利支付率 = \frac{每股股利}{每股收益} \times 100\%$$

【例3-25】根据例【3-23】和例【3-24】得出的KM公司20×5年度每股收益和每股股利的资料，则该公司的股利支付率为：

$$股利支付率 = 0.11/0.62 \times 100\% \approx 17.74\%$$

若股份公司当期发行在外的普通股股数没有变化，并且没有优先股，则股利支付率的计算公式为：

$$股利支付率 = \frac{现金股利总额}{净利润} \times 100\%$$

股利支付率主要取决于公司的股利政策，没有一个具体的标准来判断股利支付率是高好还是低好。一般而言，如果一家公司的现金比较充裕，并且目前没有更好的投资项目，则可能会倾向于发放现金股利，股利支付率往往较高；反之，如果该公司有较好的投资项目，或现金比较紧缺，则可能会少发放现金股利，股利支付率通常较低。

3. 每股净资产与市净率

1) 每股净资产

每股净资产又称**每股账面价值**，它等于股份公司年末的股东权益总额与优先股股本的差额除以发行在外的普通股股数。其计算公式为：

$$每股净资产 = \frac{股东权益总额 - 优先股股本}{发行在外的普通股股数}$$

每股净资产越高，表明普通股股东每持有1股股票所能分享的股东权益额越大。

2) 市净率

市净率是指股份公司期末每股市价与每股净资产的比率。其计算公式为：

$$市净率 = \frac{每股市价}{每股净资产}$$

市净率越高，说明投资者愿意为股份公司单位净资产支付的价格越高，即投资者对股份公司未来的发展前景越看好。

4. 每股现金流量

注重股利分配的投资者不仅关心股份公司每股收益的高低，也关注每股现金流量的多少。因为每股收益不是决定股利分配的唯一因素。即使某一公司的每股收益很高，若是缺乏现金，它也无法分配大量现金股利。因此，**每股现金流量也是影响股份公司股利支付能力的主要财务指标之一**。

每股现金流量是股份公司一定时期所实现的经营活动现金净流量扣除优先股股利后的余额，与其发行在外的普通股加权平均股数的比值。其计算公式为：

股份制企业盈利能力指标

$$每股现金流量 = \frac{经营活动现金净流量 - 优先股股利}{发行在外的普通股加权平均股数}$$

式中的发行在外的普通股加权平均股数应按普通股实际发行在外的时间加权平均计算。若某股份公司的每股收益、未来投资机会和筹资能力是既定的，每股现金流量越高，说明该公司支付现金股利的能力越强；反之，每股现金流量越低，该公司支付现金股利的能力越弱。

3.5　企业发展能力分析

发展能力又称成长能力，是指企业不断发展壮大的能力。企业发展能力主要是通过自身的生产经营活动，不断扩大积累而形成的，主要依托于不断增长的销售收入、不断增加的资金投入和不断创造的利润等。反映企业成长能力的财务指标主要有营业收入增长率、利润增长率、总资产增长率、股东权益增长率和经营现金净流量增长率等。

3.5.1　营业收入增长率

营业收入增长率表示企业营业收入的增减变动程度，是衡量企业经营状况和市场占有能力、预测企业经营业务拓展趋势的重要指标。其计算公式为：

$$营业收入增长率 = \frac{本期营业收入 - 上期营业收入}{上期营业收入} \times 100\%$$

营业收入增长率越高，表明企业营业收入增长速度越快，市场前景越好，分析时应结合企业上期的营业收入大小，不能简单地以营业收入增长率大小进行评价。

3.5.2　利润增长率

利润增长率是反映企业盈利增长情况的比率。这里的利润可以是营业利润，也可以是利润总额，或者是净利润。其计算公式为：

$$利润增长率 = \frac{本期利润额 - 上期利润额}{上期利润额} \times 100\%$$

利润增长率越高，表明企业的盈利增长越快，可持续增长能力越强，企业发展潜力越大。但由于利润指标受会计政策的影响较大，不同的会计政策可能导致企业利润出现大起大落的情况。因此，分析时要注意阅读财务报表附注，了解企业采用的会计原则和会计处理方法，并比较该指标连续几期的数值，再进行评价。

3.5.3　总资产增长率

总资产增长率是从企业资产规模扩张方面，衡量企业发展能力的财务比率。其计算公式为：

$$总资产增长率 = \frac{期末资产总额 - 期初资产总额}{期初资产总额} \times 100\%$$

总资产增长率越高,表明企业资产规模扩张的速度越快。分析时,应将该指标与企业资产的使用效率和资金结构变化结合起来。如果资产规模快速扩张,而其使用效率却没有同步提高,那么企业可能存在盲目扩大生产经营规模的现象。

3.5.4 股东权益增长率

股东权益增长率是从企业股权资本的扩张方面,衡量企业发展能力的财务比率。其计算公式为:

$$股东权益增长率 = \frac{期末股东权益 - 期初股东权益}{期初股东权益} \times 100\%$$

股东权益增长率越高,表明企业股东权益增长得越快。为正确判断和预测企业股东权益规模的发展趋势和发展水平,应将企业不同时期的股东权益增长率进行比较。一个成长中的企业,其股东权益应不断增长,如果股东权益时增时减,则反映企业发展不稳健,不具备良好的发展能力。

3.5.5 经营现金净流量增长率

经营现金净流量增长率是从企业经营活动产生的现金流量净额的扩大方面,衡量企业增长能力的财务比率。其计算公式为:

$$经营现金净流量增长率 = \frac{本期的经营活动现金流量净额 - 上期的经营活动现金流量净额}{上期的经营活动现金流量净额} \times 100\%$$

经营现金净流量增长率越高,表明企业经营活动现金流量净额增长得越快。为正确判断和预测企业经营活动现金流量规模的变化趋势与发展水平,最好将企业连续几个不同时期的经营现金净流量增长率进行比较。如果经营现金净流量增长率波动明显,则反映企业经营现金净流量的增长不稳定,同时也说明企业经营风险较大。

【例3-26】根据表3-1、表3-2和表3-3的资料,可计算KM公司20×5年的营业收入增长率、利润增长率、总资产增长率、股东权益增长率及经营现金净流量增长率,结果见表3-5。

表3-5 KM公司20×5年各项增长率指标　　　　　　　　　　　　　单位:%

年份	营业收入增长率	利润增长率	总资产增长率	股东权益增长率	经营现金净流量增长率
20×5	13.28	20.59	36.68	12.68	-55.06

发展能力分析

由表3-6可知,KM公司20×5年利润增长率大于营业收入增长率,说明企业销售规模扩大的同时,成本控制效果也比较明显;总资产增长率明显大于营业收入增长率,说明企业资产增长的同时,资产的使用效率却在下降;总资产增长率明显大于股东权益增长率,说明企业经营规模的扩大,主要是靠负债增长实现的;营业收入增长率大于零,而经营现金净流量增长率却小于零,说明企业营业收入增长的同时,经营活动现金净流量却大幅度下降,因此企业的财务风险加大,可初步判断企业的发展能力并不是很强。

值得注意的是，仅仅计算和分析企业某个时期的营业收入增长率、利润增长率、总资产增长率、股东权益增长率及经营现金净流量增长率是不全面的，应将一个企业连续3～5年的各种增长率指标分别进行纵向比较，并将各种增长率指标的变化状况结合起来分析，才能综合评价企业的整体成长性。

3.6 企业财务趋势分析

企业财务趋势分析主要是通过比较企业连续几个会计期间的财务报表或财务比率，来了解企业财务状况和经营成果的变化趋势，判断企业的发展前景。一般来说，进行企业财务趋势分析，主要使用比较财务报表、比较结构百分比财务报表和比较财务比率等方法。

3.6.1 比较财务报表

比较财务报表是指将同一企业连续几期的同一张会计报表各项目的金额平行列示在一起，通过比较企业连续几期财务报表各项目的数据，分析其增减变化的幅度、趋势及原因，从而判断企业财务状况的变动趋势。运用这种方法时，选择的期数越多，分析结果的准确性越高。需要特别强调的是，在进行比较分析时，必须考虑各期数据的可比性。因为会计准则修订等特殊原因，某项财务数据可能变化较大，缺乏可比性，因此，在分析过程中应该排除非可比因素，使各期财务数据具有可比性。

比较财务报表具体包括：比较资产负债表、比较利润表和比较现金流量表等，下面重点阐述比较资产负债表和比较利润表的原理。

1. 比较资产负债表

比较资产负债表即将企业连续几年的资产负债表列示在同一张表中，通过计算分析资产负债表各项目的变动状况，从而分析企业财务状况变动趋势及原因。

【例 3-27】KM 公司连续 3 年的比较资产负债表的编制见表 3-6。

表 3-6 比较资产负债表

编制单位：KM 公司　　　　　　　　20×3—20×5 年

资产	20×5年年末/万元	20×4年年末/万元	20×3年年末/万元	20×5年较20×4年变动/(%)	20×4年较20×3年变动/(%)
流动资产：					
货币资金	1 581 834	998 527	849 705	58.42	17.51
应收票据	34 859	22 026	16 602	58.26	32.67
应收账款	255 040	223 005	170 535	14.37	30.77
预付款项	55 965	59 723	32 295	-6.29	84.93
应收利息	3 015	492	107	512.80	359.81
其他应收款	7 825	5 321	8 619	47.06	-38.26

续表

资产	20×5年年末/万元	20×4年年末/万元	20×3年年末/万元	20×5年较20×4年变动/(%)	20×4年较20×3年变动/(%)
存货	979 470	736 866	378 591	32.92	94.63
其他流动资产	26 763	19 400	7 822	37.95	148.02
流动资产合计	2 944 771	2 065 360	1 464 276	42.58	41.05
非流动资产：					
长期股权投资	40 700	33 333	28 587	22.10	16.60
投资性房地产	67 900	52 500	53 479	29.33	−1.83
固定资产	479 035	431 054	384 884	11.13	12.00
在建工程	17 316	45 408	76 745	−61.87	−40.83
无形资产	105 238	107 197	180 269	−1.83	−40.53
商誉	30 473	22 359	17 294	36.29	29.29
长期待摊费用	6 750	6 214	5 411	8.63	14.84
递延所得税资产	12 593	6 962	5 155	80.88	35.05
其他非流动资产	105 747	17 545	9 039	502.72	94.10
非流动资产合计	865 752	722 572	760 863	19.82	−5.03
资产总计	3 810 523	2 787 932	2 225 139	36.68	25.29
负债和股东权益					
流动负债：					
短期借款	462 000	342 000	229 408	35.09	49.08
应付票据	20 130	40 000	—	−49.68	—
应付账款	144 432	139 090	97 588	3.84	42.53
预收账款	94 758	102 082	46 247	−7.17	120.73
应付职工薪酬	4 380	3 032	2 651	44.46	14.37
应交税费	38 782	31 350	22 828	23.71	37.33
应付利息	28 141	9 922	11 425	183.62	−13.16
其他应付款	44 845	37 325	15 698	20.15	137.77
一年内到期的非流动负债	450	20 000	87 489	−97.75	−77.14
其他流动负债	550 000	100 000	200 000	450.00	−50.00
流动负债合计	1 387 918	824 801	713 333	68.27	15.63
非流动负债：					

续表

资产	20×5年年末/万元	20×4年年末/万元	20×3年年末/万元	20×5年较20×4年变动/(%)	20×4年较20×3年变动/(%)
长期借款	27	450	20 450	−94.00	−97.80
应付债券	488 544	249 625	249 375	95.71	0.10
长期递延收益	49 659	40 922	38 942	21.35	5.08
递延所得税负债	531	261	—	103.45	—
非流动负债合计	538 761	291 258	308 767	84.98	−5.67
负债合计	1 926 679	1 116 059	1 022 100	72.63	9.19
股东权益:					
股本	439 743	219 871	219 871	100.00	0.00
其他权益工具（优先股）	296 770	296 770	—	0	—
资本公积	365 728	475 663	474 977	−23.11	0.14
其他综合收益	1 307	−43	−686	—	—
盈余公积	114 517	87 640	64 560	30.67	35.75
未分配利润	658 448	591 696	443 355	11.28	33.46
归属于母公司股东权益合计	1 876 513	1 671 597	1 202 764	12.26	38.98
少数股东权益	7 331	276	275	2 556.16	0.36
股东权益合计	1 883 844	1 671 873	1 203 039	12.68	38.97
负债和股东权益总计	3 810 523	2 787 932	2 225 139	36.68	25.29

由上述比较资产负债表可见，KM公司20×5年与20×4年相比资产增长36.68%，20×4年与20×3年相比资产增长25.29%，说明该公司经营规模在逐年扩大，呈增长趋势。

① 从资产占用状况看，20×5年公司资产的增长是由流动资产与非流动资产共同增长引起的。其中，流动资产的增长是由除预付款项以外的各项流动资产增长引起的，最主要是货币资金、存货、应收账款等的增长；非流动资产的增长主要是由长期股权投资、投资性房地产、固定资产、商誉、递延所得税资产、其他非流动资产等项目的增长引起的。20×4年资产的增长主要是由流动资产的增长引起的。

② 从资金来源状况看，20×5年和20×4年公司资金总额的增长均是由负债和股东权益共同增长引起的，20×5年主要是负债增长引起的，20×4年主要是股东权益增长引起的。

该公司20×5年负债的增长是由流动负债和非流动负债共同增长引起的，流动负债增长主要是由短期借款、应付账款、应交税费、应付利息、其他流动负债等项目增长引起的；非流动负债的增长主要是由应付债券、长期递延收益等项目增长引起的。20×4年负债的增长主要是由流动负债增长引起的，流动负债的增长是由短期借款、应付票据、应付账款、预收账款、应交税费、其他应付款等项目增长引起的；非流动负债的减少主要是由长期借款减少引起的。

同期该公司股东权益呈增长趋势，20×5年股东权益的增长主要是由股本、盈余公积、未分配利润增长引起的，20×4年股东权益的增长主要是由盈余公积、未分配利润增长引起的。

2. 比较利润表

比较利润表即将企业连续几年的利润表列示在同一张表中，通过计算分析利润表各项目的变动状况，从而分析企业经营成果的变化趋势及原因。

【例3-28】KM公司连续3年的比较利润表的编制见表3-7。

表3-7 比较利润表（简化）

编制单位：KM公司　　　　　　　　　20×3—20×5年

项目	20×5年/万元	20×4年/万元	20×3年/万元	20×5年较20×4年变动/(%)	20×4年较20×3年变动/(%)
一、营业收入	1 806 683	1 594 919	1 335 873	13.28	19.39
减：营业成本	1 294 727	1 176 822	987 269	10.02	19.20
税金及附加	19 669	10 289	9 535	91.17	7.91
销售费用	49 931	42 642	38 305	17.09	11.32
管理费用	60 671	49 701	42 650	22.07	16.53
研发费用	10 388	9 588	8 056	8.34	19.02
财务费用	44 899	43 495	35 580	3.23	22.25
加：投资收益（损失以"-"号填列）	7 215	5 304	4 871	36.03	8.89
资产减值损失（损失以"-"号填列）	-11 820	-1 044	-1 417	1 032.18	-26.32
二、营业利润（亏损以"-"号填列）	321 793	266 642	217 933	20.68	22.35
加：营业外收入	3 850	5 484	4 639	-29.79	18.22
减：营业外支出	1 379	1 404	1 172	-1.78	19.80
三、利润总额（亏损总额以"-"号填列）	324 264	270 722	221 401	19.78	22.28

续表

项目	20×5年/万元	20×4年/万元	20×3年/万元	20×5年较20×4年变动/(%)	20×4年较20×3年变动/(%)
减:所得税费用	48 618	42 133	33 360	15.39	26.30
四、净利润(净亏损以"-"号填列)	275 646	228 589	188 041	20.59	21.56
五、每股收益					
(一)基本每股收益	0.62	1.05	0.83	-40.95	26.51
(二)稀释每股收益	0.62	1.05	0.83	-40.95	26.51

由表3-6可知,KM公司20×5年、20×4年营业收入增长率分别为13.28%、19.39%,说明企业的经营规模呈增长趋势,这两年该公司的净利润、利润总额、营业利润的增长率均在20%左右,说明公司销售规模扩大的同时,成本控制在加强,收益水平也在提高。

具体来看,KM公司20×5年成本费用增长明显的项目主要有营业税金及附加、资产减值损失、管理费用和销售费用;成本控制效果比较明显的项目主要有营业成本、财务费用和营业外支出。

3.6.2 比较结构百分比财务报表

比较结构百分比财务报表是将同一企业不同时期的同一张结构百分比报表列示在一起形成的财务报表。比较结构百分比财务报表是将财务报表中的数据用百分比来表示,即在每一张报表中列示各项目占总体的百分比。

比较财务报表只能反映资产负债表、利润表、现金流量表中各项目金额的变动状况,不能反映企业财务报表中资产、负债、所有者权益、利润总额、净利润、现金净流量等各主要项目的构成状况的变化。比较结构百分比财务报表是在比较财务报表的基础上发展而来的。比较财务报表是比较各期报表中的绝对金额,而比较结构百分比财务报表则是通过比较财务报表中各项目占总体的比例的变化,分析企业财务状况及经营成果的发展趋势。可见,这种方法比比较财务报表更加直观地反映了企业的发展趋势。比较结构百分比财务报表包括比较结构百分比资产负债表、比较结构百分比利润表和比较结构百分比现金流量表等。

1. 比较结构百分比资产负债表

比较结构百分比资产负债表即将企业连续几年的结构百分比资产负债表列示在同一张表中,通过比较可以分析企业流动资产、固定资产等各项资产在总资产中所占的比重,即企业资产结构的变动状况,分析企业负债、所有者权益占资金总额即企业资金结构的变动状况,从而分析企业财务状况变动趋势及原因。

【例3-29】KM公司连续3年简化的比较结构百分比资产负债表的编制见表3-8。

表 3-8　简化的比较结构百分比资产负债表

编制单位：KM 公司　　　　　　　　　20×3—20×5 年

资产	20×5 年年末/(%)	20×4 年年末/(%)	20×3 年年末/(%)
流动资产：			
货币资金	41.51	35.82	38.19
应收账款	6.69	8.00	7.66
存货	25.70	26.43	17.01
流动资产合计	77.28	74.08	65.81
非流动资产：			
固定资产	12.57	15.46	17.30
在建工程	0.45	1.63	3.45
无形资产	2.76	3.85	8.10
非流动资产合计	22.72	25.92	34.19
资产总计	100.00	100.00	100.00
负债和股东权益			
流动负债：			
短期借款	12.12	12.27	10.31
应付账款	3.79	4.99	4.39
预收账款	2.49	3.66	2.08
一年内到期的非流动负债	0.01	0.72	3.93
其他流动负债	14.43	3.59	8.99
流动负债合计	36.42	29.58	32.06
非流动负债：			
长期借款	0.00	0.02	0.92
应付债券	12.82	8.95	11.21
非流动负债合计	14.14	10.45	13.88
负债合计	50.56	40.03	45.93
股东权益：			
股本	11.54	7.89	9.88
资本公积	9.60	17.06	21.35
盈余公积	3.01	3.14	2.90
未分配利润	17.28	21.22	19.92
股东权益合计	49.44	59.97	54.07
负债和股东权益总计	100.00	100.00	100.00

由表 3-8 可知，从资产结构看，20×3—20×5 年，KM 公司流动资产在总资产中所占比重有所上升，非流动资产所占比重有所下降，说明企业资产的流动性在不断增强。20×5 年流动资产比重的上升，主要是货币资金比重上升引起的，20×4 年流动资产比重上升，主要是存货比重上升引起的。20×3—20×5 年，非流动资产所占比重的下降，是固定资产、在建工程、无形资产等项目所占比重共同下降引起的。

从资金结构看，20×3—20×5 年，KM 公司负债占资金总额的比重先降后升，股东权益占资金总额的比重先升后降，说明该公司的资金结构波动明显，财务状况不稳定。20×5 年负债比重的上升是由流动负债和非流动负债比重共同上升引起的，20×4 年负债比重的下降是由流动负债和非流动负债比重共同下降引起的；20×5 年股东权益比重的下降主要是由资本公积和未分配利润比重下降引起的，20×4 年股东权益比重的上升主要是由盈余公积和未分配利润比重上升引起的。

2. 比较结构百分比利润表

比较结构百分比利润表是将企业连续几年的结构百分比利润表列示在同一张表中。通过比较结构百分比利润表，可以分析企业各项收入、成本费用及利润占营业收入总额的百分比的变动状况，可以进一步深入分析企业盈利能力变动的趋势和原因。

【例 3-30】KM 公司连续 3 年的比较结构百分比利润表的编制见表 3-9。

表 3-9　比较结构百分比利润表（简化）

编制单位：KM 公司　　　　　　20×3—20×5 年

项目	20×5 年/(%)	20×4 年/(%)	20×3 年/(%)
一、营业收入	100.00	100.00	100.00
减：营业成本	71.66	73.79	73.90
税金及附加	1.09	0.65	0.71
销售费用	2.76	2.67	2.87
管理费用	3.36	3.12	3.19
研发费用	0.57	0.60	0.60
财务费用	2.49	2.73	2.66
加：投资收益（损失以"-"号填列）	0.40	0.33	0.36
资产减值损失（损失以"-"号填列）	-0.65	-0.07	-0.11
二、营业利润（亏损以"-"号填列）	17.81	16.72	16.31
加：营业外收入	0.21	0.34	0.35
减：营业外支出	0.08	0.09	0.09

续表

项目	20×5年/(%)	20×4年/(%)	20×3年/(%)
三、利润总额（亏损总额以"-"号填列）	17.95	16.97	16.57
减：所得税费用	2.69	2.64	2.50
四、净利润（净亏损以"-"号填列）	15.26	14.33	14.08

由表 3-9 可知，20×3—20×5 年，KM 公司营业利润、利润总额、净利润占营业收入的比重均有所提高，说明企业的盈利能力不断增强。20×5 年公司盈利能力增强主要是由营业成本、财务费用占营业收入的比重下降引起的，20×4 年公司盈利能力增强主要是由营业税金及附加、销售费用、管理费用占营业收入的比重下降引起的。

3.6.3 比较财务比率

比较财务比率就是将同一企业连续几期的同一财务比率进行对比，从而分析企业财务状况的发展趋势。这种方法实际上是比率分析法与比较分析法的结合。与比较财务报表和比较结构百分比财务报表相比，这种方法更加直观地反映了企业财务状况的变动趋势。

通过比较财务比率，可以分析企业流动比率、速动比率、资产负债率等偿债能力比率的变化状况，从而了解企业偿债能力的变动趋势；可以分析企业应收账款周转率、存货周转率、流动资产周转率、固定资产周转率及总资产周转率的变动状况，从而了解企业采购、生产各类商品，以及商品的销售和收账速度的变化状况，了解企业资产的利用效率的变动趋势及原因；可以分析企业销售利润率、成本利润率、总资产报酬率、净资产收益率等盈利能力指标的变化状况，从而了解企业盈利能力的变化趋势及变动原因。综上所述，**通过比较财务比率，可以深入分析企业生产经营各环节可能存在的问题，并提出切实可行的改进措施。**

【例 3-31】KM 公司连续 3 年的主要财务指标汇编见表 3-10。

表 3-10　KM 公司 20×3—20×5 年主要财务指标

指标	20×3年	20×4年	20×5年
流动比率（年末）	2.05	2.50	2.12
现金流量比率	0.19	0.14	0.04
资产负债率（年末）/(%)	45.93	40.03	50.56
总资产周转率	0.66	0.64	0.55
固定资产周转率	4.14	3.91	3.97
流动资产周转率	1.02	0.90	0.72

续表

指标	20×3年	20×4年	20×5年
销售净利率/(%)	14.08	14.33	15.26
总资产报酬率/(%)	13.02	12.75	11.60
净资产收益率/(%)	16.63	15.90	15.50
每股收益/(元/股)	0.83	1.05	0.62

由表3-10可知，20×3—20×5年，KM公司流动比率先升后降，现金流量比率逐年下降，资产负债率先降后升，总体呈上升趋势，说明公司的财务状况不稳定，初步判断其偿债能力呈下降趋势；KM公司固定资产周转率有所波动，流动资产周转率和总资产周转率逐年下降，总体看公司资产利用效率呈下降趋势；KM公司销售净利率不断上升，说明企业的销售盈利能力呈上升趋势，但其总资产报酬率和净资产收益率不断下降，说明企业的资产经营和资本经营盈利能力呈下降趋势。

比较财务报表、比较结构百分比财务报表及比较财务比率，既可用于本企业不同时期财务状况的纵向比较，以分析本企业偿债能力、营运能力、盈利能力等的变动趋势，也可用于本企业与同行业其他企业之间或与同行业平均水平之间的横向比较，以分析本企业与同行业其他企业财务状况的差异及其原因。

本节对财务趋势的分析主要采用的是列表的方式（即列表法），实际工作中，根据需要也可以采用趋势分析图的形式（图解法）进行财务趋势分析。

3.7　企业财务综合分析与评价

综合分析是指对各种财务指标进行系统的、综合的、深入的分析，从而对企业的财务状况做出全面的、合理的评价。常见的财务综合分析方法主要有杜邦分析体系和帕利普财务分析体系等。

3.7.1　杜邦分析体系

趋势分析法，虽然可以反映企业各方面财务状况的变动趋势，但是无法揭示企业各种财务比率之间的相互关系，不能反映企业各方面财务状况之间的关系。实际上，企业的财务状况是一个完整的系统，内部各种因素都是相互依存、相互作用的，任何一个因素的变动都会引起企业整体财务状况的改变。因此，财务分析者在进行财务综合分析时，必须深入了解影响企业财务状况的各项因素及其相互之间的关系，只有这样才能比较全面地掌握企业财务状况的全貌。

1. 杜邦分析体系的基本原理

杜邦分析体系是利用几种主要的财务比率之间的关系来综合分析企业的财务状况。这种分析法是由美国杜邦公司首先提出的，故称杜邦分析体系。杜邦分析体系一般用图来表示。图3.1是KM公司20×5年的杜邦分析体系。

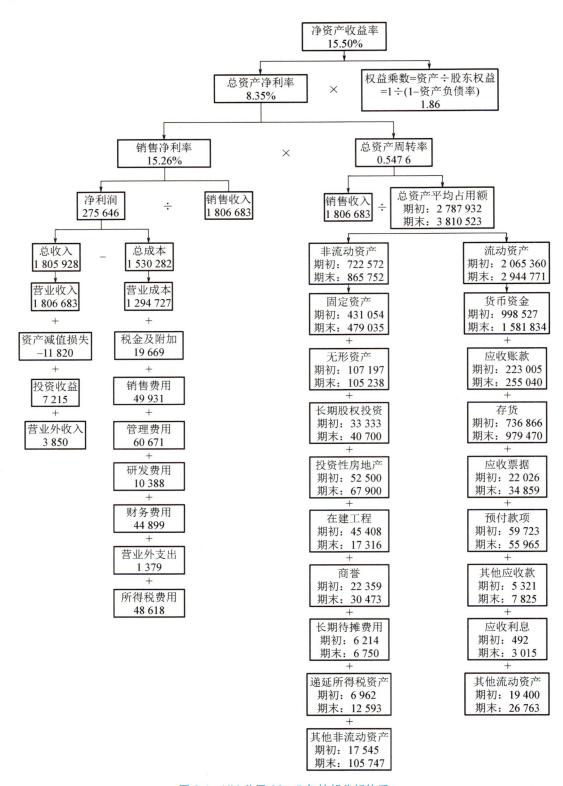

图 3.1　KM 公司 20×5 年杜邦分析体系

杜邦分析体系主要反映了以下几种主要的财务比率关系。

① 净资产收益率与资产净利率及权益乘数之间的关系：

$$净资产收益率 = 总资产净利率 \times 权益乘数 = 总资产净利率 \times \frac{1}{1-资产负债率}$$

② 总资产净利率与销售净利率及总资产周转率之间的关系：

$$总资产净利率 = 销售净利率 \times 总资产周转率$$

③ 销售净利率与净利润及销售收入之间的关系：

$$销售净利率 = \frac{净利润}{销售收入}$$

④ 总资产周转率与销售收入及资产总额之间的关系：

$$总资产周转率 = \frac{销售收入}{总资产平均占用额}$$

杜邦分析体系在揭示上述几种关系之后，再将净利润、总资产进行层层分解，这样就可以全面、系统地揭示出企业的财务状况以及该系统内各个因素之间的相互关系。杜邦分析体系是对企业财务状况进行的综合分析，它通过几种主要的财务指标之间的关系，直观、明了地反映出企业的财务状况。从杜邦分析体系可以了解到以下财务信息。

(1) 净资产收益率是一个综合性极强、最有代表性的财务比率，是杜邦分析体系的核心

企业财务管理的重要目标之一就是实现企业价值的最大化，净资产收益率反映了股东投入资金的获利能力，也反映了企业筹资、投资和生产运营等各方面经营活动的效率和效果。

(2) 总资产净利率是反映企业获利能力的一个重要财务比率，揭示了企业资产运营的效率，综合性极强

企业的销售收入、成本费用、资产结构、资产周转速度以及资金占用量等因素，直接影响到总资产净利率的高低。总资产净利率是销售净利率与总资产周转率的乘积，因此可以从企业的销售活动与资产管理两方面来进行分析。

(3) 销售净利率反映了企业净利润与销售收入之间的关系

一般来说，销售收入增加，企业的净利润也会随之增加，但是，要想提高销售净利率，必须一方面提高销售收入，另一方面降低各种成本费用，只有这样才能使净利润的增长高于销售收入的增长，从而使销售净利率得到提高。由此可见，提高销售净利率必须在以下两方面下功夫。

① **开拓市场，增加销售收入**。在市场经济中，企业必须深入调查研究市场情况，了解市场的供需关系。在战略上，从长远利益出发，努力开发新产品；在策略上，保证产品的质量，加强营销手段，努力提高市场占有率。

② **加强成本费用控制，降低耗费，增加利润**。利用杜邦分析体系，可以分析企业的成本费用结构是否合理，从而发现企业在成本费用管理方面存在的问题，为加强成本费用管理提供依据。企业要想在激烈的市场竞争中立于不败之地，不仅要在营销与产品质量上

下功夫，还要尽可能降低产品的成本，这样才能增强产品在市场上的竞争力。同时，企业要严格控制管理费用、财务费用等各种期间费用，降低耗费，增加利润。这里尤其要注意分析企业的利息费用与利润总额之间的关系，如果企业承担的利息费用太高，就应该进一步分析企业的资金结构是否合理，负债比率是否过高，不合理的资金结构当然会影响到企业所有者的收益。

(4) 资产结构是否合理及资产运用是否有效率

具体应分析以下内容。

① 分析企业的资产结构是否合理，即流动资产与非流动资产的比例是否合理。一般来说，如果企业流动资产中货币资金占的比重过大，就应当分析企业现金持有量是否合理，有无现金闲置现象，因为过多持有现金会影响企业的盈利能力；同样，如果流动资产中的存货与应收账款过多，占用大量资金，也会影响企业的资金周转。

② 结合销售收入，分析企业的资产周转情况。资产周转速度直接影响到企业的盈利能力，如果企业资产周转较慢，就会占用大量资金，增加资金成本，减少企业的利润。对于资产周转情况，不仅要分析企业总资产周转率，还要分析企业的存货周转率与应收账款周转率，并将资产周转情况与资金占用情况结合分析。

从上述两方面的分析中，可以发现企业在资产管理方面存在的问题，以便企业加强管理，提高资产的利用效率。

总之，从杜邦分析体系可以看出，企业的盈利能力涉及生产经营活动的方方面面。净资产收益率与企业的筹资结构、销售规模、成本水平、资产管理等因素密切相关，这些因素构成一个完整的系统，系统内部各因素之间相互作用。只有协调好系统内部各个因素之间的关系，才能实现企业价值最大化的理财目标。

2. 杜邦分析体系的不足

杜邦分析体系自构建以来得到了广泛的运用而且效果明显，但是随着市场经济的发展，杜邦分析体系在现代企业财务分析中的不足日益显现。

(1) 没有充分考虑企业的资金增值能力

杜邦分析体系只强调对盈利能力、营运能力和偿债能力的分析，而没有充分考虑对企业的资金增值能力的分析。在现代市场经济环境下，企业之间的竞争日趋激烈，为了保证企业的可持续发展，企业必须关注自身的资金增值能力和发展能力。

(2) 忽视对现金流量的分析

现金流量是用来反映企业内在价值的重要基础指标之一，它能更准确地反映企业的支付能力和偿债能力。但是，杜邦分析体系中有关现金流入、流出状况的分析很少。

(3) 忽视对企业风险的分析

杜邦分析体系没有涉及企业经营和理财风险的相关指标，不利于进行风险分析，不利于正确、全面地进行财务决策。

(4) 缺少对成本性态结构和产品贡献能力的分析

杜邦分析体系中对成本费用是按其用途构成来反映的，没有反映成本的性态结构，不便于分析产品的贡献能力，不便于根据成本的性态特征进行有效的成本控制。

财务综合分析

3.7.2 帕利普财务分析体系

帕利普财务分析体系是由美国哈佛大学教授帕利普对杜邦财务分析体系进行了变形、补充而发展起来的。帕利普财务分析体系的原理是将某一个要分析的指标层层展开，这样便可探究财务指标发生变化的根本原因。帕利普等《企业分析评价》一书中将财务分析体系，即帕利普财务分析体系界定为以下几种关系式。

① 可持续增长率 = 净资产收益率 ×（1- 支付现金股利 / 净利润）= 净资产收益率 ×（1- 股利支付率）

② 净资产收益率 = $\dfrac{净利润}{净资产}$ = $\dfrac{净利润}{营业收入}$ × $\dfrac{营业收入}{总资产}$ × $\dfrac{总资产}{净资产}$ = 销售净利率 × 总资产周转率 × 财务杠杆作用

③ 与销售净利率相关的指标有销售收入成本率、销售毛利率、销售收入期间费用率、销售收入研发费用率、销售收入非营业损失率、销售息税前利润率、销售税费率等。

④ 与总资产周转率相关的指标有流动资产周转率、营运资金周转率、固定资产周转率、应收账款周转率、应付账款周转率、存货周转率等。

⑤ 与财务杠杆作用相关的指标有现金比率、流动比率、速动比率、负债与资本比率、负债与资产比率、负债与权益比率、以收入为基础的利息保障倍数、以现金流量为基础的利息保障倍数等。

帕利普财务分析体系可用图 3.2 表示。

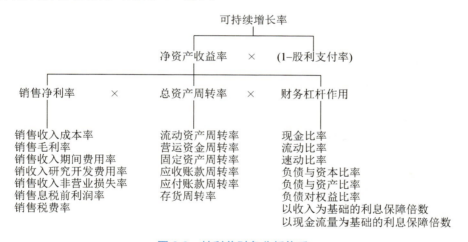

图 3.2 帕利普财务分析体系

企业要追求的是一种**可持续增长率**，即在不增发新股，不改变经营效率（不改变销售净利率和资产周转率）和财务政策（不改变资本结构和股利支付率）的条件下，销售所能达到的最大增长率，它体现的是一种可持续的平衡发展。在不改变资本结构的条件下，负债随股东权益同比例增长，并共同决定了资产所能增长的速度，后者反过来限制了销售的增长率。由于不发行新股，股东权益的增长取决于留存收益率及利用该权益取得的报酬率。因此，可持续增长率计算公式为：

可持续增长率 = 净资产收益率 ×(1- 股利支付率)
          = 销售净利率 × 总资产周转率 × 财务杠杆作用 ×(1- 股利支付率)

可持续增长率是企业在保持经营效率和财务政策不变的情况下能够达到的增长比率，它取决于净资产收益率和股利政策。 从可持续增长率计算公式中可以看到，可持续增长率的大小受销售净利率、总资产周转率、财务杠杆作用以及股利支付率的影响。如果这四个财务比率中有一个或者多个比率上升，那么在不发行新股的情况下，实际增长率就会超过上年可持续增长率，而本年的可持续增长率也会超过上年的可持续增长率，这种超常增长是改变财务比率的结果，但是公司不可能每年都提高这四个财务比率，所以这种超过企业可持续增长率的增长会加速企业资源的消耗，并且通常是无法持续的；反之，如果这四个财务比率中有一个或多个比率下降，就会导致实际增长率低于上年可持续增长率，从而本年的可持续增长率低于上年的可持续增长率，这种情况会造成企业资源的浪费。因此，企业应当制定符合自身发展需要的经营政策和财务政策，努力使企业实际增长率与可持续增长率相一致，以实现平衡发展。从长远来看，可持续增长率致力于企业的价值增长，利用该比率，可以在企业盈利能力、营运能力、偿债能力和发展能力之间建立起联系，可以在统一各财务指标的基础上建立起分析框架，可以消除同行业不同规模企业之间的比较障碍。该比率层层分解后可用于评价企业在经营管理、投资管理、融资战略和股利政策四个领域的管理效果。

习 题

1. 单项选择题

(1) 某企业年初流动比率为2.2，速动比率为1；年末流动比率为2.4，速动比率为0.9。发生这种情况的原因可能是(   )。

　　A. 存货增加　　　　B. 应收账款增加　　C. 应付账款增加　　D. 预收账款增加

(2) 某公司2004年年末流动比率为4，速动比率为2，销货成本为600万元，销售毛利率为40%，按年末存货计算的存货周转率为2.5次，现金比率为0.6，则该公司的现金与流动负债比为(   )。

　　A. 2.25　　　　　　B. 2.5　　　　　　C. 2.2　　　　　　D. 5

(3) 下列业务中，能够降低企业短期偿债能力的是(   )。

　　A. 企业采用分期付款方式购置一台大型机械设备

　　B. 企业从某银行获得1 000万元贷款

　　C. 企业增发配股

　　D. 企业发放股票股利

(4) 某企业20×9年利润总额为700万元，财务费用中的利息支出金额为50万元，计入固定资产成本的资本化利息金额为30万元，则20×9年的利息保障倍数为(   )。

　　A. 9.375　　　　　B. 15　　　　　　　C. 14　　　　　　　D. 9.75

(5) 某公司20×7年销售收入净额为1 320万元，资产负债表中，20×7年应收账款平均余额为110万元、应收票据平均余额为50万元。另外，补充资料显示，20×7年的坏账准备平均余额为10万元。该公司20×7年应收账款周转率为(   )次。(1年按360天计算)

　　A. 8.64　　　　　　B. 9.39　　　　　　C. 7.76　　　　　　D. 9.62

(6) 某企业无优先股，去年普通股股数没有发生增减变化，每股收益为4元，每股发放股利2

元，留存收益在过去一年中增加了500万元。年底每股净资产为30元，负债总额5 000万元，则该企业年末资产负债率为（   ）。

A．30%   B．33%   C．40%   D．44%

(7) 某上市公司20×6年12月31日流通在外的普通股股数为2 000万股，20×7年3月30日增发新股200万股，20×7年9月1日经批准回购本公司股票150万股，20×7年的净利润为210万元，派发现金股利为120万元，则20×7年的基本每股收益为（   ）元。

A．0.04   B．0.1   C．0.5   D．0.12

(8) 某企业今年与上年相比，销售收入增长10%，净利润增长8%，资产总额增加12%，负债总额增加9%。可以确定，该企业净资产收益率比上年（   ）。

A．上升   B．下降   C．不变

D．不一定，取决于净资产和净利润的增长幅度

(9) 通过杜邦分析体系可知，净资产收益率是综合性最强、最具代表性的指标，以下途径中不能改善净资产收益率的是（   ）。

A．加强销售管理，提高销售净利率   B．加强负债管理，提高产权比率
C．加强负债管理，降低资产负债率   D．加强资产管理，提高其利用率和周转率

(10) 某企业总资产净利率为20%，若产权比率为1。则净资产收益率为（   ）。

A．15%   B．20%   C．30%   D．40%

2．多项选择题

(1) 下列财务比率能够反映企业长期偿债能力的有（   ）。

A．现金比率   B．资产负债率   C．股东权益比率   D．现金流量比率

(2) 下列经济业务会影响速动比率的有（   ）。

A．销售产成品   B．偿还应付账款
C．用银行存款购买固定资产   D．用银行存款购买短期有价证券

(3) 下列因素会影响企业偿债能力的有（   ）。

A．已贴现未到期的商业承兑汇票   B．可动用的银行贷款指标
C．为其他企业的借款提供担保   D．发行可转换公司债券

(4) 下列财务指标中，可以用来反映公司资本结构的有（   ）。

A．资产负债率   B．产权比率   C．销售净利率   D．总资产周转率

(5) 下列经济业务会影响产权比率的是（   ）。

A．接受所有者投资   B．建造固定资产
C．可转换债券转换为普通股 D．偿还银行借款

(6) 应收账款周转率越高往往表明企业（   ）。

A．收款迅速   B．可以减少坏账损失
C．资产流动性高   D．营业收入增加

(7) 下列经济业务会影响企业销售营业利润率的是（   ）。

A．接受所有者投资   B．提高投资收益水平
C．降低管理费用   D．降低贷款利率

(8) 下列经济业务会影响企业总资产报酬率的是（   ）。

A．提高资产利用效率   B．加强成本控制
C．负债规模大幅度增加   D．产品完工验收入库

(9) 一般而言，存货周次数增加，其所反映的信息有（   ）。

A．盈利能力下降   B．存货周转期延长
C．存货流动性增强   D．资产管理效率提高

(10) 市净率指标的计算直接涉及的参数有（　　）。
A. 年末普通股股数　　　　　　　B. 年末普通股权益
C. 年末普通股本　　　　　　　　D. 每股市价

3. 判断题

(1) 总的来看，财务分析的基本内容包括偿债能力分析、营运能力分析和发展能力分析。
（　　）

(2) 差额分析法和连环替代法是两种不同的方法，彼此没有联系。（　　）

(3) 速动比率用于分析企业的短期偿债能力，所以，速动比率越大越好。（　　）

(4) 尽管流动比率可以反映企业的短期偿债能力，但有的企业流动比率较高，却有可能出现无力支付到期的应付账款的情况。（　　）

(5) 在其他条件不变的情况下，权益乘数越小，企业的负债程度越高，财务风险越大。（　　）

(6) 应收账款周转率也可以影响短期偿债能力。（　　）

(7) 在存货平均余额不变的情况下，如果提高存货周转率，则一定会导致营业收入增加。
（　　）

(8) 市盈率是评价上市公司盈利能力的指标，反映投资者愿意对公司每股净利润支付的价格。
（　　）

(9) 某企业去年的销售净利率为 5.73%，总资产周转率为 2.17，今年的销售净利率为 4.88%，总资产周转率为 2.88。若去年和今年的资产负债率相同，则今年的净资产收益率比去年上升。
（　　）

(10) 帕利普财务分析体系中常用的财务比率一般被分为四大类：偿债能力比率、盈利比率、资产管理效率比率、现金流量比率。（　　）

4. 计算题

(1) 某企业 20×6 年简化的资产负债表见表 3-11。

表 3-11　资产负债表

某企业　　　　　　　　　　20×6 年 12 月 31 日　　　　　　　　　　单位：万元

资产	年初数	年末数	负债及所有者权益	年初数	年末数
货币资金	100	95	流动负债	220	218
应收账款净额	135	150	长期负债	290	372
存货	160	170	负债合计	510	590
待摊费用	30	35			
流动资产合计	425	450			
固定资产净值	800	860	所有者权益	715	720
合计	1 225	1 310	合计	1 225	1 310

另外，20×6 年的销售收入净额为 1 014 万元（其中赊销收入为 570 万元），净利润为 253.5 万元。

要求：根据以上资料，计算该公司 20×6 年的如下财务指标（资产、负债类项目按年平均数计算，保留两位小数）。

① 流动比率、速动比率、产权比率、资产负债率和权益乘数；
② 应收账款周转率、流动资产周转率和总资产周转率；
③ 销售利润率、净资产收益率。

(2) 某企业 20×8 年销售收入为 20 万元，毛利率为 40%，赊销比例为 80%，销售净利润率为 16%，存货周转率为 5 次，期初存货余额为 2 万元，期初应收账款余额为 4.8 万元，期末应收账款余额为 1.6 万元，速动比率为 1.6，流动比率为 2，流动资产占资产总额的 28%，该企业期初资产总额为 30 万元。

要求：① 计算应收账款周转率；
② 计算总资产周转率；
③ 计算总资产净利率。

(3) 某公司 20×6 年、20×7 年有关的财务比率见表 3-12。

表 3-12 财务比率表

财务比率	20×7 年同行业平均	20×6 年本公司	20×7 年本公司
应收账款周转天数 / 天	35	36	36
存货周转率 / 次	2.50	2.59	2.11
销售毛利率 / (%)	38	40	40
销售营业利润率 (息税前) / (%)	10	9.6	10.63
销售净利率 / (%)	6.27	7.20	6.81
总资产周转率	1.14	1.11	1.07
固定资产周转率	1.4	2.02	1.82
资产负债率 / (%)	58	50	61.3
已获利息倍数	2.68	4	2.78

说明：该公司正处于免税期。

要求：① 运用杜邦分析体系，比较 20×7 年该公司与同行业平均的净资产收益率，定性分析二者之间差异的原因；
② 运用杜邦分析体系，比较 20×7 年与 20×6 年的净资产收益率，定量分析其变化的原因。

(4) 股份公司财务比率的计算。

某股份公司本年利润分配及年末股东权益的有关资料见表 3-13。该公司当前股票价格为 10.50 元，流通在外的普通股为 3 000 万股。

要求：① 计算普通股每股利润；
② 计算该公司股票当前的市盈率、每股股利、股利支付率；
③ 计算每股净资产。

表3-13　某股份有限公司本年利润分配及年末股东权益有关资料　　单位：万元

净利润	2 100	股本（每股面值1元）	3 000
加：年初未分配利润	400	资本公积	2 200
可供分配利润	2 500	盈余公积	1 200
减：提取法定盈余公积金	500	未分配利润	600
可供股东分配的利润	2 000		
减：提取任意盈余公积金	200		
已分配普通股股利	1 200		
未分配利润	600	所有者权益合计	7 000

5. 思考题

(1) 财务效率分析的基本内容及其代表性指标有哪些？

(2) 杜邦分析体系与帕利普财务分析体系有哪些异同？

(3) 企业偿债能力、营运能力、盈利能力和发展能力四者之间存在什么关系？

6. 案例分析

东方公司财务分析资料见表3-14。

表3-14　东方公司××年度部分财务比率

项目	1月	2月	3月	4月	5月	6月	7月	8月	9月	10月	11月	12月
流动比率	2.2	2.3	2.4	2.2	2.0	1.9	1.8	1.9	2.0	2.1	2.2	2.2
速动比率	0.7	0.8	0.9	1.0	1.1	1.15	1.2	1.15	1.1	1.0	0.9	0.8
资产负债率/(%)	52	55	60	55	53	50	42	45	46	48	50	52
总资产净利率/(%)	4	6	8	13	15	16	18	16	10	6	4	2
销售净利率/(%)	7	8	8	9	10	11	12	11	10	8	8	7

思考：

(1) 该公司生产经营有什么特点？

(2) 流动比率与速动比率的变动趋势为什么会有差异？怎样消除这种差异？

(3) 资产负债率的变动说明了什么问题？3月份资产负债率最高能说明什么？

(4) 总资产净利率与销售净利率的变动程度为什么不一致？

7. 课程实践

选择一家上市公司，根据该公司上年度财务报告及相关资料，分析其财务效率，并撰写财务分析报告。

第 4 章　筹资方式

学习目标

知识要点	能力要求	关键术语
筹资渠道和方式	(1) 熟悉各种筹资渠道和方式 (2) 理解筹资渠道和筹资方式的关系	(1) 筹资渠道 (2) 筹资方式
资金需要量	掌握资金需要量预测的基本方法	(1) 因素分析法 (2) 销售百分比法 (3) 线性回归分析法
筹资组合	(1) 理解筹资组合的影响因素 (2) 掌握筹资组合策略	(1) 正常的筹资组合 (2) 冒险的筹资组合 (3) 保守的筹资组合
股权性筹资	(1) 理解投入资本筹资的含义和类型 (2) 熟悉股票的种类、股票发行的条件及方式，理解股票上市的意义，掌握普通股发行的定价方法 (3) 理解并掌握投入资本筹资和普通股筹资的优缺点	(1) 普通股；优先股；记名股票；无记名股票；始发股；新股 (2) 包销；代销 (3) 未来收益现值法；每股净资产法；清算价值法；市盈率法
债权性筹资	(1) 熟悉债权性筹资的种类 (2) 熟悉债券发行的条件，掌握债券发行价格的计算方法，了解信用评级的内容 (3) 了解长期借款合同的内容 (4) 掌握融资租赁租金的计算方法	(1) 抵押债券；信用债券；记名债券；无记名债券；固定利率债券；浮动利率债券；可转换债券；不可转换债券；上市债券；非上市债券 (2) 债券信用级别 (3) 政策性银行贷款；商业性银行贷款和非银行金融机构贷款；担保贷款；信用贷款 (4) 经营租赁；融资租赁；直接租赁；售后租回；杠杆租赁 (5) 平均分摊法；等额年金法
混合性筹资	(1) 了解混合性筹资的种类，理解各种混合性筹资的特点 (2) 理解并掌握各种混合性筹资的优缺点	(1) 累积优先股；非累积优先股；可转换优先股；不可转换优先股；可赎回优先股；不可赎回优先股 (2) 可转换债券；认股权证

作为水上最典型的无人智能平台系统，近年来，无人船、无人艇备受世界重视。而随着"海洋强国"战略的提出，我国在这方面的研发和应用也迈入了新的阶段。小张是江苏某大学船舶与海洋工程专业的学生，喜爱船舶设计，在校期间就获得了风帆辅助推进太阳能双体船、复合能源三体船等5项专利。研究生毕业后，小张打算和一群志同道合的年轻人一起创业。他们在调研时发现，水污染治理是世界性难题，当前治理水污染的主要做法是建立污水处理厂，但这需要大量人力资源，且不够灵活机动，研发专业级的水质监测及治理的无人艇有广阔的市场前景。为此，他们打算成立一家无人艇及集群控制技术公司，从环境监测无人艇入手打开市场。

要成立公司，小张他们首先要解决的问题是什么呢？资金，当然是资金！公司需要多少启动资金？从什么渠道、采用哪些方式筹集资金？不同筹资方式如何选择？本章的内容将帮助你解答以上问题。

企业筹资是指企业作为筹资主体，根据其生产经营、对外投资和调整资本结构等需要，通过筹资渠道和金融市场，运用筹资方式，经济有效地筹措和集中所需资金的活动。筹资活动是企业资金活动的起点，也是企业整个经营活动的基础。

4.1 筹资概论

4.1.1 企业筹资的目标

企业筹资是为了自身生产经营与发展。在不同的时期或发展阶段，企业具体的财务目标不同，因此，进行筹资的动机也不尽相同，一般有以下几种。

(1) 满足生产经营的需要

不同时期，企业筹资的具体目标有所不同。初创时，所筹资金用于购建生产经营设备、采购材料及支付各种费用等，以满足生产经营业务的需要；规模扩张时，需筹资以补充企业原有资金的不足；产品销售未能及时回款或发生经营性亏损而影响企业正常生产时，需通过筹资来弥补暂时短缺，以保证生产经营的正常进行。

(2) 满足对外投资的需要

企业为获得更大效益，在开拓有发展前景的对外投资领域时，需要做好筹资工作，以满足对外投资的需要；企业在对外投资项目发展良好，需要扩大规模时，也需要通过筹资来补充资金。

(3) 满足调整资本结构的需要

企业为了降低资本成本和筹资风险，需要对所有者权益和负债之间的比例进行调整。降低资本成本，需要提高负债资本在全部资本中的比重；而降低筹资风险，则需要提高所有者权益资本在全部资本中的比重。

4.1.2 筹资的种类

认识和了解筹资种类有利于我们掌握不同类型的筹资对企业筹资成本和筹资风险的影

响，进而做出正确的筹资决策。

1. 按所筹资本的权益性质不同分为股权资本和债权资本

(1) 股权资本

股权资本又称**所有者权益资本**、**自有资本**，是企业依法筹集并长期拥有、自主支配的资本。它是由企业投资人的原始投资和积累形成的，是企业永久性的资金来源。在企业存续期间，投资人投入资本可以依法转让但不得抽回。企业吸收自有资本时可以采取吸收直接投资、发行股票、留存利润等方式。

(2) 债权资本

债权资本又称**借入资本**，是企业依法取得并依约使用、按期偿还的资本。借入资本可以采用银行借款、发行债券、发行融资券、商业信用、融资租赁等方式取得。

2. 按所筹资本的期限不同分为长期资本与短期资本

(1) 长期资本

长期资本是指期限在一年以上的资本。它是企业长期、持续、稳定地进行生产经营的前提和保证，主要通过吸收直接投资、发行股票、发行长期债券、长期银行借款、融资租赁等形式来筹集。从资本的供应方来看，由于期限较长，未来的不确定性较大，因而其风险也较大，成本相对较高。

(2) 短期资本

短期资本是指使用期限在一年或一年以内的资本。短期资本的使用时间较短，企业还本付息压力大，因此财务风险较高，但短期资本的成本相对较低，有些甚至是免费的（如应付账款）。短期资本通常是通过短期借款、商业信用等方式取得的。

3. 按资本来源的范围不同分为内部筹资与外部筹资

（1）内部筹资

内部筹资是指从企业内部筹集的资本，它主要表现为内源性的资本积累，如内部留存和折旧等。

（2）外部筹资

外部筹资是指从企业外部市场取得的资本，如发行股票、发行债券、银行借款、商业信用等，筹集到的既有自有资本又有借入资本。

4. 按筹资活动是否通过金融机构分为直接筹资与间接筹资

（1）直接筹资

直接筹资是指不通过金融机构，直接由资金供求双方借助融资手段实现资金转移的筹资活动。常见的形式有联营投资、发行股票、发行债券等。党的二十大报告提出，要健全资本市场功能，提高直接融资比重。也就是说，鼓励企业更多采用直接筹资方式。

（2）间接筹资

间接筹资是指企业借助银行等金融机构进行的筹资。间接筹资的主要形式有银行借款、非银行金融机构借款、融资租赁等。间接筹资是目前我国企业最为重要的筹资方式。从社会交易成本的角度，间接筹资被证明是相对节约的筹资方式。

4.1.3 企业筹资的渠道与方式

1. 筹资渠道

筹资渠道是指所筹措资本的来源与通道,反映资本的源泉和流量。筹资渠道属客观范畴,即筹资渠道的多与少,企业无法左右,它主要是由社会资本的提供者及其数量分布决定的。

企业现有的筹资渠道主要有8种。

(1) 国家财政资本

国家财政资本是指国家以财政拨款、财政贷款、国有资产入股等形式向企业投入的资本。它是我国国有企业主要的资金来源。

(2) 银行信贷资本

银行信贷资本是指银行对企业的各种贷款,是各类企业重要的资金来源。银行以储蓄存款为后盾,财力雄厚,可以为企业提供多种多样的贷款,满足各类企业的需要。

(3) 非银行金融机构资本

非银行金融机构主要有信托投资公司、租赁公司、保险公司、证券公司、财务公司等,它们可以为企业直接提供资金或为企业筹资提供服务。虽然非银行金融机构没有银行实力雄厚,但它们资金供应灵活,且可提供多种特定服务,具有广阔的发展前景。

(4) 其他法人资本

其他法人资本是指其他法人对企业的投资或由于业务往来而暂时占用在企业的资本。法人之间以闲置资金相互投资或者提供短期商业信用也是企业的一种资金来源。

(5) 民间资本

民间资本是指企业职工和城乡居民利用手头闲余资金对企业进行的投资。

(6) 企业内部资本

企业内部资本是指企业通过提取盈余公积和保留未分配利润而形成的资本。这是企业内部形成的筹资渠道,比较便捷,有盈利的企业可以对该渠道加以利用。

(7) 国外和我国港澳台地区资本

随着我国资本市场向国际化方向发展,国外和我国港澳台资本为越来越多的企业所利用。

(8) 互联网金融

传统金融行业与互联网精神相结合产生的新兴领域称为互联网金融。互联网金融的发展模式包括众筹、第三方支付、数字货币、大数据金融等。互联网金融的优点是成本低、效率高、覆盖广、发展快;缺点是管理薄弱和风险大。

应用案例4-1

我国首个众筹模式光伏电站实现与互联网金融牵手

【案情简介】

2014年,招商新能源集团旗下联合光伏携手国电光伏和网信金融(众筹网)等在深圳共同启动光伏互联金融战略合作,通过互联网众筹的新模式在深圳前海新区联合开发全球第一个兆瓦级的分布式太阳能电站项目，这是国内光伏电力行业与互联网金融的第一次牵手。据联合光伏董事局主席兼首席执行官介绍，光伏互联金融的新模式，是新能源电力行业的一次创新，旨在推动光伏电站行业长期可持续的发展，以期在雾霾日益困扰人们的今天，通过创新的互联网方式让全民共同参与到低碳减排的行动中来。光伏电站与互联网金融合作的启动，促使能源领域的其他产品迅速跟进。

（资料来源：我国首个众筹模式光伏电站实现与互联网金融牵手[J].建材发展导向，2014，12(12)：63）

【案例点评】

联合光伏携手众多行业领先的战略合作伙伴，通过创新的互联网方式让全民共同参与到低碳减排的行动中来，既履行了企业的社会责任，又聚合了民众的力量。大家一起行动，共同建设绿色家园，实现绿色环保的中国梦。联合光伏互联金融的新模式，能有效推动光伏行业的长期可持续发展，是新能源行业在互联网金融蓬勃发展的背景下，利用社会力量快速筹资的新思路。

2. 筹资方式

筹资方式是指企业筹措资本所采取的具体形式，体现着资本的属性和期限。筹资方式属于主观范畴，可以由企业来选择。

当前，企业的筹资方式主要有以下 6 种。

(1) 吸收直接投资

吸收直接投资是指企业按照"共同投资、共同经营、共担风险、共享利润"的原则直接吸收资本的筹资方式。该筹资方式不以股票为媒介，适用于非股份制公司，是非股份制公司取得权益资本的基本方式。

(2) 发行股票

发行股票是指股份公司按照公司章程依法发售股票直接筹资形成公司股本的一种筹资方式。发行股票包括发行普通股和优先股，仅适用于股份公司，是股份公司取得权益资本的基本方式。

(3) 发行债券

债券是债务人向债权人借债筹资时，承诺按一定利率支付利息并按约定条件偿还本金的有价证券，发行债券是一种自主高效的筹资方式。

(4) 金融机构借款

金融机构借款主要是指通过商业银行和其他非银行金融机构筹措资金的筹资方式。金融机构借款包括短期借款和长期借款，前者是一种外部短期融资方式，主要包括银行短期借款和货币市场信用。长期借款是各类企业按照借款合同向银行或非银行金融机构借入的期限在一年以上（不含一年）或超过一年的一个营业周期及以上的各项借款。

(5) 商业信用

商业信用是指企业通过赊购商品、预收货款等商品交易行为筹集短期债权资本的一种筹资方式。该筹资方式既可以缓解企业短期资本周转困难，还可以加速商品流通。

(6) 租赁

租赁是指根据事先约定的条款，资产所有者（出租人）授予承租人在契约或合同规定的期限内使用其资产的权利。租赁包括经营租赁和融资租赁两种类型。其中，融资租赁是我国 20 世纪 80 年代以来较为重要的筹资方式。

3. 筹资渠道与筹资方式的关系

筹资渠道与筹资方式是两个不同的概念。**筹资渠道反映企业资金的来源与方向，即资金从何而来；筹资方式反映企业筹资的具体手段，即如何取得资金**。但在实际的筹资过程中，筹资渠道与筹资方式之间又有着密切的关系。某些筹资方式可能仅适用于某一特定的筹资渠道，但某种筹资方式可能适用于多种不同的渠道，而一种渠道的资金也可以采取多种不同的方式取得。企业筹资时应根据不同的筹资渠道选择合适的筹资方式。各种筹资渠道与筹资方式的配合见表4-1。

表 4-1 各种筹资渠道与筹资方式的配合

筹资渠道	筹资方式					
	吸收直接投资	发行股票	发行债券	金融机构借款	商业信用	租赁
国家财政资本	√	√				
银行信贷资本				√		
非银行金融机构资本	√	√	√	√		√
其他法人资本	√	√	√	√	√	√
民间资本	√					
企业内部资本	√	√				
国外和我国港澳台地区资本	√	√	√	√		√
互联网金融	√	√	√	√		

4.1.4 资金需要量的预测

企业在进行筹资活动前，必须首先确定筹资规模的大小。**筹资规模**是指一定时期内企业的筹资总额。确定筹资规模是制订筹资策略的主要内容，同时也是确定筹资方式的基本依据。

1. 筹资规模的确定

一般认为，确定筹资规模的依据主要包括两项：法律依据和投资规模依据。

(1) 法律依据

企业筹资规模在一定程度上受到法律的约束，如为了保护债权人的权益，法律会对企业的负债能力进行约束。比如，《中华人民共和国证券法》(以下简称证券法) 规定，公开发行公司债券，应符合最近三年平均可分配利润足以支付公司债券一年的利息。

(2) 投资规模依据

企业筹资规模受企业投资规模与结构、偿债能力等的制约。其中，投资规模是确定筹资规模的主要依据。投资规模是根据企业战略及中长期规划、经营目标、市场容量及份额、产业政策以及企业自身的其他素质等因素确定的，是企业生产经营的客观需要，包括固定资产投资和流动资产投资两方面。企业筹资不能盲目进行，必须以"投"定"筹"。

2. 企业资金需要量预测方法

企业资金需要量预测方法有**定性预测法**和**定量预测法**两大类。

1) 定性预测法

定性预测法是指主要依靠预测人员的知识、经验和分析、判断，对企业未来的财务状况和资金需要量进行预测的方法。常用的有集合意见法和德尔菲法。

(1) 集合意见法

集合意见法又称**调查研究法**。该方法先由熟悉企业财务和生产经营状况的专家根据过去积累的经验进行分析判断，提出初步意见，然后通过召开座谈会的形式，对上述预测的初步意见进行修正，经过几次修正补充后，得出预测的最终结果。

(2) 德尔菲法

德尔菲法又称**专家意见法**、**专家函询调查法**。该方法通过拟定调查表，以函件的方式分别向专家组成员进行征询，而专家组成员又以匿名的方式提交意见；组织者将得到的初步结果进行综合整理，然后反馈给各位专家，请他们重新考虑后再次提出意见；经过几次反复征询和反馈，专家组成员的意见逐渐趋于集中，最后得出预测结果。

2) 定量预测法

常用的定量预测法有因素分析法、销售百分比法和线性回归分析法。

(1) 因素分析法

因素分析法是以有关资本项目上年度的实际平均需要量为基础，根据预测年度的生产经营任务和加速资本周转的要求进行分析调整，从而预测资金需要量的一种方法。这种方法计算比较简单，容易掌握，但预测结果不太精确，因此它通常用于品种繁多、规格复杂、用量较小、价格较低的资本占用项目的预测，也可以用来匡算企业全部资金需要量。因素分析法的基本模型为：

资金需要量 =(上年度资本实际平均额 – 不合理占用平均额)×(1± 预测年度销售增减率)×(1– 预测年度资本周转加速率)

【例 4-1】某企业本年度资本实际平均额为 1 000 万元，其中不合理占用平均额为 80 万元，预计本年度销售增长 5%，资本周转速度加快 1%。则预测年度资金需要量为：

(1 000–80)×(1+5%)×(1–1%)=956.34(万元)

(2) 销售百分比法

销售百分比法是根据销售收入与资产负债表和利润表有关项目间的比例关系，预测各项目短期资金需要量的方法。例如，销售收入为 100 元时占用的存货为 25 元，即存货与销售收入的固定比率为 25%，当销售收入增加到 200 元时，25% 的固定比率不变，存货应相应增加至 50 元。这种方法有**两个基本假定**：一是假定企业的盈利模式、经营状况及管理水平不变，从而能建立起各资产、负债项目与销售收入间的比例关系；二是假定未来销售收入是可预测的。

销售百分比法一般是借助于预计利润表和预计资产负债表来确定资金需要量，即通过预计利润表预测企业留存利润这一内部资金来源的增加额；通过预计资产负债表来测定企业筹资总规模与外部筹资规模的增加额。

① 预计利润表。它是用来预测内部留存利润的报表。其基本格式与实际的利润表相同。基本步骤为：第一，取得基年实际利润表资料，并据此确定利润表各项目占销售收入（营业收入）的百分比；第二，取得预计年度营业收入的预计数，并将其与基年实际利润表各项目占实际营业收入的比重相乘，计算预计年度利润表各项目的金额，编制预计利润表；第三，利用预计年度税后利润预计数与预定的留存比率，确定并计算内部留存利润的数额。

【例 4-2】某企业 20×6 年实际利润表及有关项目占营业收入的百分比见表 4-2。试确定 20×7 年预计利润表并预测留存利润。

表 4-2　某企业 20×6 年实际利润表及有关项目占营业收入的百分比

项目	金额/万元	占营业收入的百分比/(%)
营业收入	30 000	100
减：营业成本	21 000	70
营业费用	1 800	6
管理费用	4 500	15
财务费用	150	0.5
税前利润	2 550	8.5
减：所得税 (25%)	637.5	—
税后利润	1 912.5	—

【解】若该企业 20×7 年预计营业收入为 36 000 万元，所得税税率不变，则 20×7 年预计利润表见表 4-3。

表 4-3　20×7 年预计利润表

项目	20×6 年实际数/万元	占营业收入的百分比/(%)	20×7 年预计数/万元
营业收入	30 000	100	36 000
减：营业成本	21 000	70	25 200
营业费用	1 800	6	2 160
管理费用	4 500	15	5 400
财务费用	150	0.5	180
税前利润	2 550	8.5	3 060
减：所得税 (25%)	637.5	—	765
税后利润	1 912.5	—	2 295

如果企业税后利润的留存比例为 40%，则 20×7 年的预计留存利润为 918 (2 295×40%) 万元。

② 预计资产负债表。它是用来预测外部筹资需要量的一种报表，其基本格式与实际

资产负债表相同。利用预计资产负债表,可以预计资产、负债和留存利润等有关项目的数额,从而确定企业外部筹资需要量。

在运用销售百分比法时,应首先确定资产或负债方与销售收入(营业收入)有固定比率关系的项目,即随着销售的变动而同步变动的项目,财务上将这些项目统称为敏感项目。敏感项目包括敏感资产项目(如现金、应收账款、应收票据、存货)和敏感负债项目(如应付账款、应付票据)两部分。与敏感项目相对应的是非敏感项目,如固定资产、长期股权投资、短期借款、非流动负债和投入资本等,它们在短期内都不会随销售规模的扩大而相应改变。

【例 4-3】承例 4-2,该企业 20×6 年的实际资产负债表及敏感项目与营业收入间的比例关系见表 4-4。

表 4-4 20×6 年实际资产负债表

项目	金额/万元	占营业收入百分比/(%)
资产:		
现金	180	0.6
应收账款	4 950	16.5
存货	5 280	17.6
预付款项	20	—
固定资产净值	800	—
资产总额	11 230	34.7
负债及所有者权益:		
应付账款	5 160	17.2
应付费用	360	1.2
非流动负债	970	—
负债合计	6 490	18.4
投入资本	3 000	
留存收益	1 740	—
所有者权益合计	4 740	
负债及所有者权益总额	11 230	

注:非敏感项目不随销售规模的扩大而改变,因此非敏感项目与营业收入的比重以"—"表示。

根据表 4-4,编制该企业 20×7 年预计资产负债表(表 4-5)。

该企业 20×7 年预计资产负债表的编制步骤如下。

第一,取得基年资产负债表资料,计算各敏感项目占营业收入的百分比,如表 4-5 所示。表 4-5 中的数据表明,该企业营业收入每增加 100 元,资产需增加 34.7 元,敏感负债将增加 18.4 元。这里的敏感负债是自动增加的,如应付账款会因存货增加而自动增加。

每 100 元营业收入所需的资金量与敏感负债的差额为 16.3 (34.7−18.4) 元,表示营业收入每增加 100 元需追加的资本净额,它需要企业从内部和外部筹集。在本例中,营业收入增加 6 000 (36 000-30 000) 万元，需增加净资本 978 (6 000×0.163) 万元。

第二，用 20×7 年预计营业收入 36 000 万元乘以表 4-5 中的 (2) 栏所列的百分比，求得 (3) 栏敏感项目的数额，(3) 栏的非敏感项目按 (1) 栏数额填列。由此，确定了 (3) 栏中除留存收益外的各项目的数额。

表 4-5　20×7 年预计资产负债表

项目	(1) 20×6 年实际金额 / 万元	(2) 占营业收入百分比 / (%)	(3) 20×7 年预计数 / 万元
资产：			
现金	180	0.6	216
应收账款	4 950	16.5	5 940
存货	5 280	17.6	6 336
预付款项	20	—	20
固定资产净值	800	—	800
资产总额	11 230	34.7	13 312
负债及所有者权益：			
应付账款	5 160	17.2	6 192
应付费用	360	1.2	432
非流动负债	970	—	970
负债合计	6 490	18.4	7 594
投入资本	3 000	—	3 000
留存收益	1 740	—	2 658
所有者权益合计	4 740	—	5 658
追加外部筹资额	—	—	60
负债及所有者权益总额	11 230	—	13 312

第三，确定 20×7 年留存利润增加额及留存利润累计额。根据表 4-3，20×7 年预计利润为 3 060 万元，所得税税率 25%，如果企业税后利润的留存比例为 40%，则 20×7 年留存利润增加额为：

$$3\,060\times(1-25\%)\times40\%=918(万元)$$

20×7 年留存利润累计额为：

$$1\,740+918=2\,658(万元)$$

用需要追加的筹资额 978 万元减去内部筹资增加额 918 万元，求得需要追加的外部筹资额 60 万元。

第四，加总预计资产负债表的两方：20×7 年预计资产总额为 13 312 万元，负债及所有者权益总额为 13 252 万元，差额为 60 万元。它既是使资产负债表两方相等的平衡数，也是需要追加的外部筹资额。

为简便起见，计算需要追加的外部筹资额的公式为：

$$需要追加的外部筹资额 = \Delta S \sum \frac{RA}{S} - \Delta S \sum \frac{RL}{S} - \Delta RE$$

$$= \Delta S \left(\sum \frac{RA}{S} - \sum \frac{RL}{S} \right) - \Delta RE$$

式中，ΔS 为预计年度销售增加额；$\sum \frac{RA}{S}$ 为基年总敏感资产的销售百分比；$\sum \frac{RL}{S}$ 为基年总敏感负债的销售百分比；ΔRE 为预计年度留存利润增加额。

运用上述公式及有关数据可直接求得例 4-3 中 20×7 年需要追加的外部筹资额：

(36 000−30 000)×(34.7%−18.4%)−918=60(万元)

销售百分比法的主要**优点**是能为财务管理**提供短期预计的财务报表**，以适应外部筹资的需要，且**易于使用**；这种方法的**缺点**是，**倘若有关销售百分比与实际不符，据以进行预测就会得出错误的结果**。因此，在有关因素发生变动的情况下，必须相应地调整原有的销售百分比。此外，在实践中，非敏感项目的变化也会影响资金需要量的测算。

(3) 线性回归分析法

线性回归分析法是指根据资金需要量与业务量之间的依存关系建立数学模型，然后根据有关历史资料，用回归方程预测资金需要量的方法。采用这种方法，根据与业务量之间的依存关系，可将资金分为**不变资金**和**变动资金**。不变资金是指在一定的经营规模内，不随业务量增减而相应变动的资金。它主要包括为维持生产经营所需要的最低数额的货币资金、原材料的保险储备、必要的成品储备，以及厂房、机器设备等固定资产占用的资金。变动资金是指与业务量成正比例变动的资金。它主要包括最低储备以外的货币资金、存货和应收账款等占用的资金。采用线性回归分析法预测资金需要量的线性回归模型为：

$$y = a + bx$$

式中，y 为资金需要量；a 为不变资金；b 为单位业务量需要的变动资金；x 为业务量。根据线性回归模型及相关 n 期历史数据，即可建立联立方程组：

$$\begin{cases} \sum y = na + b \sum x \\ \sum xy = a \sum x + b \sum x^2 \end{cases}$$

先通过联立方程组预测不变资金和单位业务量需要的变动资金，然后根据预测业务量，建立线性回归模型并预测资金需要量。

【例 4-4】某公司 20×2—20×6 年销售量与资金需要量见表 4-6，20×7 年预计销售量 200 万件，试测算 20×7 年的资金需要量。

表 4-6　20×2—20×6 年销售量与资金需要量表

年度	20×2	20×3	20×4	20×5	20×6
销售量 x/万件	100	140	130	160	180
资金需求量 y/万元	680	850	815	920	980

根据表 4-6 资料编制销售量与资金需要量回归分析表，见表 4-7。

表 4-7　销售量与资金需要量回归分析表

年度	销售量 x/万件	资金需要量 y/万元	xy	x^2
20×2	100	680	68 000	10 000
20×3	140	850	119 000	19 600
20×4	130	815	105 950	16 900
20×5	160	920	147 200	25 600
20×6	180	980	176 400	32 400
n=5	$\sum x$=710	$\sum y$=4 245	$\sum xy$=616 550	$\sum x^2$=104 500

将表 4-7 的数据代入联立方程组，得：

$$\begin{cases} 4\ 245=5a+710b \\ 616\ 550=710a+104\ 500b \end{cases}$$

资金需要量的预测

解得 $a \approx 319.34$、$b \approx 3.73$，将其代入 $y=a+bx$，得 $y=319.34+3.73x$，将 20×7 年预计销售量 200 万件代入线性回归模型，预测出 20×7 年资金需要量为：

$$y=319.34+3.73 \times 200=1\ 065.34(万元)$$

4.1.5　企业筹资组合

企业所需要的资金，既可以用短期资本来筹集，也可以用长期资本来筹集。我们把企业资金总额中短期资本和长期资本各自占的比例，称为**企业的筹资组合**。

1. 影响企业筹资组合的因素

1) 风险与成本

通常，短期资本的风险高于长期资本。一方面，短期资本到期日近，可能产生不能按时清偿的风险；另一方面，金融市场上的短期资本利率很不稳定，短期债务在利息成本方面也有较大的不确定性。

一般来说，长期资本的成本比短期资本要高。根据我国和其他国家的历史经验，除个别年份外，长期资本的利率都高于短期资本。且企业取得长期资本后，在债务期间，即使没有资金需求，也不能提前归还，继续支付的利息也会提高长期资本的实际成本。

短期资本的风险高但成本相对较低,长期资本风险虽低但成本高,企业筹资时必须在风险和成本之间做出抉择,合理地安排长、短期资本的比例。

2) 企业所处的行业

处于不同行业的企业由于经营内容不同,筹资组合也会有较大差异。比如2019年,我国国有及规模以上工业企业中,汽车制造业流动负债占总资本的比重为51.84%,食品制造业为40.80%,烟草制品业为22.07%。[①]

3) 经营规模

企业经营规模对筹资组合也有重要影响。在金融市场较发达的国家,大企业的流动负债较少,小企业的流动负债较多。大企业因规模大、信誉好,可以采用发行债券的方式,在金融市场上以较低的成本筹集长期资本,因而利用流动负债较少。

4) 利率状况

当长期资本的利率和短期资本的利率相差较少时,企业一般会较多地使用长期资本,较少使用流动负债;反之,当长期资本利率远远高于短期资本利率时,企业会较多地利用流动负债,以便降低资本成本。

企业的财务人员必须认真考虑以上因素,以便做出最优的筹资组合决策。

2. 企业筹资组合策略

企业筹资组合一般有3种策略。

1) 正常的筹资组合

正常的筹资组合是指企业在筹资过程中遵循短期资产由短期资本来融通,长期资产由长期资本来融通的原则。这里的短期资产指流动资产;长期资产主要指固定资产,当然也包括企业的长期债权投资、长期股权投资和无形资产等。另外,在流动资产中,有一部分最低保险储备的库存商品和原材料是处于长期持有状态的,也属于长期占用的资产,称为长期流动资产。

正常的筹资组合可用图4.1来说明。

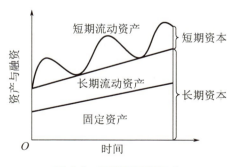

图 4.1 正常的筹资组合

2) 冒险的筹资组合

如果企业在筹资时不仅短期资产由短期资本来融通,而且部分长期资产也由短期资本来融通,这就是冒险的筹资组合。由于一部分长期资产是由短期资本来融通的,因此,这

---

① 数据计算依据《中国统计年鉴—2020年》。

种策略资本成本较低,能减少利息支出,增加企业收益。但这种策略风险比较大,喜欢冒险的财务人员在融资时会使用此种策略。

冒险的筹资组合策略可用图 4.2 来说明。

3) 保守的筹资组合

有的企业将部分短期资产用长期资本来融通,这便属于**保守的筹资组合**。

这种策略的风险较小,但成本高,会使企业的利润减少。较为保守的财务人员会使用此种策略,如图 4.3 所示。

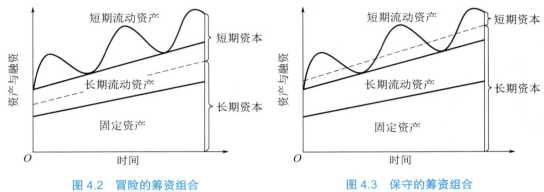

图 4.2　冒险的筹资组合　　　　　　图 4.3　保守的筹资组合

3. 不同的筹资组合对企业报酬和风险的影响

不同的筹资组合可以影响企业的报酬和风险。在资本总额不变的情况下,短期资本增加,可导致报酬增加。也就是说,由于较多地使用了成本较低的短期资本,企业的利润会增加。但此时如果流动资产的水平保持不变,则流动负债的增加会使流动比率下降、短期偿债能力减弱,进而增加企业的财务风险。

应用案例 4-2

秦池酒业的兴衰史

【案情简介】

1995 年和 1996 年秦池酒业(以下简称秦池)分别以 6 666 万元和 3.2 亿元的"天价",成为中央电视台黄金时段广告的"标王"。

为满足客户的需求,秦池酒厂必须扩大生产规模,更新或扩建厂房、引进新设备,而巨额的广告费用和企业生产规模的扩大都需要大量的资金。秦池因此向银行举借了巨额的短期资金。

"一个县级小企业怎么能生产出 15 亿元销售额的白酒?"《经济参考报》的记者提出了疑问。"标王"在成为众人关注的焦点之时却没想到会由此带来灭顶之灾。据了解,在秦池蝉联"标王"后不足 2 个月,《经济参考报》的 4 位记者便开始了对秦池的暗访。一个从未被公众知晓的事实终于浮出了水面,秦池的原酒生产能力只有 3 000 吨左右,它从四川邛崃收购大量的散酒,将其与秦池本厂的原酒、酒精勾兑成低度酒,然后以"秦池古酒""秦池特曲"等品牌销往全国市场。这一事实的曝光,以及当时全国白酒生产企业数量大增,洋酒也悄然进入国内市场等情况,使得秦池亏损严重。

2000 年 7 月,一家酒瓶帽的供应商指控秦池拖欠 300 万元货款,法院判决秦池败诉,并裁定拍卖"秦池"注册商标,就这样,几亿元打造的商标最终以几百万元的价格抵债。
【案例点评】
秦池亏损严重的原因是多方面的,然而冒险的筹资组合确实增加了企业的财务风险。

4.2 股权性筹资

股权性筹资主要有投入资本筹资和发行普通股筹资两种方式。

4.2.1 投入资本筹资

1. 投入资本筹资的含义和类型

1) 投入资本筹资的含义

投入资本筹资是指企业以协议等形式吸收国家、其他企业、个人和外商等直接投入的资本的筹资方式。投入资本筹资不以股票为媒介,适用于非股份制企业。

2) 投入资本筹资的类型

(1) 按照资本来源渠道不同,可分为**吸收国家投资**和**吸收联营投资**

① 吸收国家投资主要是指取得国家财政对企业的投资,包括基建拨款、流动资金拨款、专项拨款等。有权代表国家投资的部门或机构,以财政预算拨款的方式将国家资金投入企业,形成国家资本金。长期以来,国家投资是我国国有企业中长期资本的主要来源,今后仍然是国有大中型企业的重要资金来源。

② 吸收联营投资是指企业按照"**共同投资、共同经营、共担风险、共享利润**"的原则,在平等互利的基础上,以合资经营的方式取得其他企业、经济组织或个人对企业的投资,包括国内联营投资和国外联营投资。

(2) 按投资者出资形式不同,可分为**吸收现金投资**和**吸收非现金投资**

① 吸收现金投资是指企业从投资方获得以货币形式投入的资本。这是投入资本筹资中最重要的一种形式,现金可灵活方便地转换为其他物质性和非物质性经济资源。因此,企业在投入资本筹资时应尽可能多地争取投资者以现金形式出资。

② 吸收非现金投资是指企业从投资方获得的以实物、无形资产等出资形式投入的资本。吸收这些实物、无形资产的投资必然涉及评估作价的问题。

2. 非现金投资的资产估价

非现金投资的资产估价,应由投融资双方按照公平合理的原则协商确定,也可聘请双方同意的专业资产评估机构进行评估。估价的方法主要有重置成本法、现行市价法和收益现值法等。

1) 实物资产的估价

实物资产主要是指机器设备、房屋建筑物等固定资产和材料物资、商品产品、半成品、在制品等存货资产。实物资产的估价,一般采用重置成本法或现行市价法。对具有独立获利能力的设备或房屋建筑物,也可采用收益现值法进行估价。

2) 无形资产的估价

作为投资的无形资产主要有工业产权、非专利技术、土地使用权等。工业产权和非专利技术具有垄断性和特殊性,其价值与成本是不对称的,在投资中不宜采用重置成本法和现行市价法,一般采用收益现值法估价。虽然土地使用权的估价既可采用现行市价法,也可采用收益现值法,但估价时必须充分考虑待估土地的区域因素和个别因素。

3. 投入资本筹资的评价

1) 投入资本筹资的优点

① 筹资风险小。没有固定的资金使用费,向投资者支付的股利数额可根据企业经营状况的好坏而定,所以筹资风险较小。

② 能增强企业的举债能力。投入资本筹资使企业的自有资本增加,增加了企业的财务实力,为企业偿债提供了保障,从而增强了企业的举债能力。

③ 能尽快形成生产能力。采用投入资本筹资方式,企业不仅可以筹措现金,还可直接利用投资者投入的先进设备和先进技术,尽快形成生产能力。

2) 投入资本筹资的缺点

① 资本成本较高。与发行债券或向银行借款相比,投入资本筹资方式下支付给投资者的报酬是从税后利润支付的,不能抵税。因此,其资本成本一般比较高。

② 不利于企业治理。投资者一般按投资额比例获得相应的经营管理权,如果某一投资者的投资比例较高,则其对企业的经营管理也会有相当大的控制权,容易损害其他投资者的利益。

4.2.2 发行普通股筹资

股票是股份公司为筹措自有资本而发行的有价证券,是持股人拥有公司股份的凭证,它代表持股人即股东在公司拥有的所有权。

1. 股票的种类

1) 股票按股东权利和义务不同可分为普通股和优先股

(1) 普通股

普通股是股份公司发行的无特别权利的股份,也是最基本、最标准的股份。通常情况下,股份公司的资本金主要以普通股为主。

普通股股东主要享有以下权利。

① 经营参与权。普通股股东有权参加股东大会,并行使表决权,可以通过选举董事会,对公司的大政方针及决策进行控制。

② 公司盈余和剩余资产分配权。公司经营得到的利润在支付了利息和优先股股利之后,普通股股东有权分得股息和红利。当公司破产或解散清算时,普通股股东有权参与剩余财产的分配。

③ 优先认股权。为了不影响原有股东对公司的控制权,公司发行新的股票时,普通股股东有优先认购的权利。

④ 股份转让权。普通股股东对公司也负有一定的义务,包括遵守公司章程规定、缴纳股款、对公司负有限责任、不得退股等。

(2) 优先股

优先股是股份公司发行的具有一定优先权的股票。

优先股股东主要享有以下权利。

① 股利的优先分配权。优先股股利一般是固定的，并且在普通股股利前支付。有些优先股股利还可累积支付。

② 剩余财产优先分配权。优先股股东对公司剩余财产的分配权在普通股股东之前。

另外，优先股股东对公司没有经营参与权，除涉及自身利益的重大决策外，一般无权参加股东大会。

2) 股票按有无记名可分为记名股票和无记名股票

(1) 记名股票

记名股票是指在股东名册上记载有持有人姓名或名称及住所等事项的股票。《中华人民共和国公司法》(以下简称公司法)规定，公司向发起人、法人发行的股票，应当为记名股票。

(2) 无记名股票

无记名股票是无须在股东名册上记载股东姓名或名称的股票。这类股票的持有人即股份的所有人，股票的转让、继承无须办理过户手续。

3) 股票按票面是否标明金额可分为面值股票和无面值股票

(1) 面值股票

面值股票是在票面上标有一定金额的股票。股票面值有两种意义：第一，用来计算付息比率；第二，清算时偿还资本。持有面值股票的股东对公司享有的权利和承担的义务的大小，以其所拥有的全部股票的票面金额之和占公司发行在外股票总面额的比例来定。公司法规定，股票应当载明票面金额，且发行价格不得低于票面金额。

(2) 无面值股票

无面值股票是不在票面上标出金额，只载明所占公司股本总额的比例或股份数的股票。无面值股票的价值随公司财产的增减而变动，而股东对公司享有的权利和承担的义务的大小，直接依股票标明的比例而定。

4) 股票按发行时间的先后可分为始发股和新股

始发股又称原始股，是公司设立时发行的股票。新股是公司增资时发行的股票。始发股和新股发行的具体条件、目的和发行价格不尽相同，但股东的权利、义务是相同的。

5) 股票按发行对象和上市地区可分为 A 股、B 股、H 股、N 股和 S 股

A 股是指供我国个人或法人及合格的境外投资者买卖的，以人民币标明面值并以人民币认购和交易的股票。B 股是指供外国和我国港澳台投资者，以及我国境内个人投资者买卖的，以人民币标明面值但以外币认购和交易的股票。A 股在上海证券交易所、深圳证券交易所及北京证券交易所上市，B 股在上海证券交易所、深圳证券交易所上市。H 股、N 股、S 股是指公司注册地在中国内地，但上市地分别是我国香港交易所、美国纽约证券交易所和新加坡交易所的股票。

另外，股票按投资主体不同，可分为国家股、法人股、个人股和外资股。

2. 股票的发行

股份公司通过证券交易所首次公开向投资者增发股票称为首次公开发行 (IPO)。公司在设立之后，为扩大经营、改善资本结构，也会增资发行新股，称为新股发行。

1) 股票发行的条件

(1) 股票发行的基本要求

根据公司法，股份公司发行股票应符合以下规定：①**股份有限公司的资本划分为股份，每一股的金额相等**；②**股份的发行，实行公平、公正的原则，同种类的每一股份应当具有同等权利，同次发行的同种类股票，每股的发行条件和价格应当相同**；③**股票发行价格可以按票面金额，也可以超过票面金额，但不得低于票面金额**；④**股票应当载明公司名称、公司成立日期、股票的种类、票面金额及代表的股份数、股票的编号等主要事项**；⑤**向发起人、法人发行的股票，应当为记名股票**。

(2) 发行新股的条件

证券法规定，公司首次公开发行新股，应当符合下列条件：①具备健全且运行良好的组织机构；②具有持续经营能力；③最近3年财务会计报告被出具无保留意见审计报告；④发行人及其控股股东、实际控制人最近3年不存在贪污、贿赂、侵占财产、挪用财产或者破坏社会主义市场经济秩序的刑事犯罪；⑤经国务院批准的国务院证券监督管理机构规定的其他条件。

2) 股票发行的方式

股票发行方式有直接发行和间接发行两种。

(1) 直接发行

直接发行是指股份公司直接将股票出售给投资者，而不经过证券经营机构的发行方式。直接发行一般是**向少数特定对象发行，不对社会公众发行**。股份公司发起设立时发起人认购股份，以及股份公司以不向社会公开募集的方式发行新股都属于直接发行。这种发行方式**发行成本较低**，但是**发行风险完全由发行公司自行承担**，发行对象也不广泛，股票不易变现。

(2) 间接发行

间接发行是指发行人不直接参与股票发行，而是委托一家或几家证券公司代理发行，一般对社会公众广泛发行。间接发行方式的优点是：**发行对象广泛，容易筹足资本；股票的流通性好，易于变现；有利于提高公司的知名度**。但是，这种发行方式的**手续较复杂，发行成本较高**。公司法规定，发起人向社会公开募集股份，应当由依法设立的证券公司承销，签订承销协议。证券承销业务包括**代销**和**包销**方式。

① 证券代销是指由证券公司代发行人发售证券，在承销期结束时，将未售出的证券全部退还给发行人的承销方式。股票发行采用代销方式的，承销期满时，向投资者出售的股票数量未达到拟公开发行股票数量70%的，为发行失败。发行人应当按照发行价并加算银行同期存款利息返还股票认购人。

② 证券包销是指证券公司将发行人的证券按照协议全部购入或者在承销期结束时将售后剩余证券全部自行购入的承销方式。包销可促进股票顺利出售，保证发行公司能及时筹足股本，且免于承担发行风险。但发行公司要将股票以稍低的价格出售给承销商，实际支付的发行费用较高。

证券的代销、包销期限最长不得超过90日。向不特定对象发行证券聘请承销团承销的，承销团应当由主承销和参与承销的证券公司组成。

3) 股票发行定价

(1) 股票发行定价的意义

股票发行定价关系到发行公司与投资者之间、新股东与老股东之间，以及发行公司与承销公司之间的利益关系。如果股票发行定价过低，就难以满足发行公司的筹资需求，甚至会损害老股东的利益；如果定价过高，就可能增大投资者的风险，抑制投资者的认购热情，增大承销公司的承销风险和发售难度。

(2) 股票发行定价的基本原理

股票发行定价的步骤是先确定股票的**内在投资价值**，再根据**供求关系**决定股票的发行价格。

股票内在投资价值的计量方法通常有未来收益现值法、每股净资产法、清算价值法和市盈率法等。

① **未来收益现值法**。未来收益现值法又称现金流量贴现法。股票价值等于预期未来可收到的全部现金性股息的现值之和，用公式表示为：

$$V = \sum_{t=1}^{n} \frac{d_t}{(1+K)^t}$$

式中，V 为普通股的内在投资现值；d_t 为第 t 年年底预期得到的每股股息；K 为预期普通股收益率。

在能对公司未来收益做出准确判断的条件下，可按股票的内在投资价值确定其发行价格，由此确定的价格是能反映市值的均衡价格。

② **每股净资产法**。每股净资产是将所有资产按账面价值扣除全部债务（含优先股）后计算的每股所有权的价值，用公式表示为：

$$每股所有权价值 = \frac{账面总资产 - 账面负债额（含优先股）}{发行在外普通股平均股数}$$

由于这一价值假定资产是按账面价值确定的，因此它不是每股股票的最低价值，可以作为确定新股发行价格的基本依据。

③ **清算价值法**。每股清算价值是以公司资产被出售以清偿公司债务为假设前提的，在支付了债权人和优先股权益后，每股普通股的价值（每股清算价值）用公式表示为：

$$每股清算价值 = \frac{总资产的实际清算价值 - 全部债务}{发行在外普通股平均股数}$$

每股清算价值是每股股票的最低价值，是公司股票发行的底价。

④ **市盈率法**。它是根据同行业的参考市盈率，结合公司的盈利预测确定股票价值的方法，用公式表示为：

$$股票价值 = 参考市盈率 \times 每股收益$$

供求关系对股票定价的影响，主要取决于金融市场上各种金融商品的收益与风险的比较。从整个市场来看，如果市场利率较高，股票需求就会较小，相应的股票价格就会较低。另外，股票供给本身也影响股票价格，如在一定时期内股票供给过多，价格就会下降；供给过少，价格就会上升。

(3) 影响股票发行价格的主要因素

① 公司自身因素。一般而言，发行价格由发行公司的实际经营状况决定。公司自身因素包括公司现在的盈利水平及未来的盈利前景、财务状况、生产技术水平、成本控制、员工素质、管理水平等。其中最为关键的是盈利水平，税后利润的高低直接影响股票的发行价格，税后利润越高，发行价格越高，反之，则发行价格越低。买股票就是买未来，因此，预测或确定税后利润是确定股票发行价格的重要方面。除利润外，发行公司本身的知名度、产品的品牌、股票的发行规模也是决定股票发行价格的重要因素。发行公司的知名度高，品牌具有良好的公众基础，发行价格可以适度提升；反之，则相反。若股票发行规模较大，则会在一定程度上会影响股票的销售，增加发行风险，因而可以适度调低价格；当然，若股票发行规模较小，在其他条件较优时，价格也可以适度提升。

② 环境因素。环境因素主要包括以下几方面。第一，股票流通市场的状况及变化趋势。一般来说，牛市阶段，发行价格可以偏高；熊市阶段，发行价格宜偏低，因为此时价格较高会增加发行难度和承销机构的风险，有可能导致整个发行计划的失败。第二，公司所处行业的特点。行业前景被看好的，股票价格可定得高些，反之则宜低些。第三，经济区位状况。发行公司所在经济区位的成长条件和空间，以及所处经济区位的经济发展水平，在很大程度上决定了发行公司未来的发展，影响发行公司未来的盈利能力，进而影响其股票发行价格。

③ 政策因素。政策因素中影响最直接的是税负水平和利率。一般而言，享有较低税负水平的发行公司，其股票的发行价格可以相对较高；反之，则可以相对较低。当利率水平降低时，每股的利润水平提高，股票的发行价格就可以相应提高；反之，则相反。另外，国家有关的扶持与抑制政策对发行价格来说也是一个重要的影响因素。

(4) 股票发行的定价方法

① 直接定价。这种方法是指发行人和主承销商在新股公开发行前自主协商直接定价，然后根据这一价格向网上投资者公开发售。公开发行股票数量在 2 000 万股（含）以下且无老股转让计划的，可以通过直接定价方法确定发行价格。

② 市场询价。这种方法一般分两步：第一步，由符合条件的网下机构和个人投资者自主报价，报价内容含每股价格和该价格对应的拟申购股数；第二步，网下投资者报价后，由发行人和主承销商剔除拟申购总量中报价最高的部分，剔除部分不超过所有网下投资者拟申购总量的 3%，然后由发行人和主承销商根据网下投资者报价等情况，审慎合理确定发行价格（或者发行价格区间上限）。由发行人和主承销商确定发行价格区间的，区间上限与下限的差额不得超过区间下限的 20%。

③ 竞价发行。竞价发行是指各股票承销商或投资者以投标方式相互竞争确定股票发行价格，它是一种直接的市场化定价方法。竞价发行能够直接反映出投资主体对新股价格的接受程度，最终确定的价格更接近新股未来的市场价格。上市公司向特定对象发行证券时可以采用竞价发行。

3. 股票上市

1) 股票上市的意义

股票在证券交易所上市交易的股份有限公司称为上市公司。股票上市对股份有限公司有利也有弊。

有利的方面主要表现在：①提高公司股票的流动性和变现性，便于投资者认购、交易；②促进公司股权的社会化，防止股权过于集中；③提高公司的知名度；④有助于确定公司增发新股的发行价格；⑤便于确定公司的价值，有利于促进公司实现财富最大化目标。因此，不少公司积极创造条件，争取其股票上市。

不利的方面主要表现在：①各种信息披露的要求可能会暴露公司的商业秘密；②股市的人为波动可能歪曲公司的实际状况，损害公司的声誉；③可能分散公司的控制权。

2) 股票上市的条件

(1) 股票首发上市基本要求

发行人申请首次公开发行股票，应符合相关板块定位、发行条件、上市条件以及相关信息披露要求。《首次公开发行股票注册管理办法》要求，申请首发上市应当满足以下 4 个方面的基本条件。

① 发行人是依法设立且持续经营 3 年以上的股份有限公司，具备健全且运行良好的组织机构，相关机构和人员能够依法履行职责。

② 发行人会计基础工作规范，财务报表的编制和披露符合企业会计准则和相关信息披露规则的规定，在所有重大方面公允地反映了发行人的财务状况、经营成果和现金流量，最近 3 年财务会计报告由注册会计师出具无保留意见的审计报告。发行人内部控制制度健全且被有效执行，能够合理保证公司运行效率、合法合规和财务报告的可靠性，并由注册会计师出具无保留结论的内部控制鉴证报告。

③ 发行人业务完整，具有直接面向市场独立持续经营的能力。一是资产完整，业务及人员、财务、机构独立，与控股股东、实际控制人及其控制的其他企业间不存在对发行人构成重大不利影响的同业竞争，不存在严重影响独立性或者显失公平的关联交易。二是主营业务、控制权和管理团队稳定；发行人的股份权属清晰，不存在导致控制权可能变更的重大权属纠纷。三是不存在涉及主要资产、核心技术、商标等的重大权属纠纷，重大偿债风险，重大担保、诉讼、仲裁等或有事项，经营环境已经或者将要发生重大变化等对持续经营有重大不利影响的事项。

④ 发行人生产经营符合法律、行政法规的规定，符合国家产业政策。

根据主板定位特点，还规定企业申请在主板上市的，相较科创板、创业板，需在实际控制人、管理团队和主营业务方面满足更长的稳定期要求。

(2) 上海证券交易所、深圳证券交易所首发上市条件

为了落实全面实行股票发行注册制相关要求，上海证券交易所和深圳证券交易所均于 2023 年 2 月修订了股票上市规则，要求境内发行人申请首次公开发行股票并在上海证券交易所或深圳证券交易所上市的，应当符合下列条件。

① 符合《中华人民共和国证券法》、中国证监会规定的发行条件。

② 发行后的股本总额不低于 5 000 万元。

③ 公开发行的股份达到公司股份总数的 25% 以上；公司股本总额超过 4 亿元的，公

开发行股份的比例为 10% 以上。

④ 市值及财务指标符合规定的标准。

⑤ 交易所要求的其他条件。

交易所可以根据市场情况，经中国证监会批准，对上市条件和具体标准进行调整。

 **特别提示**

全面实行注册制制度规则发布实施

全面实行注册制是涉及我国资本市场全局的重大改革。2023 年 2 月 17 日，中国证监会发布全面实行股票发行注册制相关制度规则，并自公布之日起施行。证券交易所、全国股转公司、中国结算、中证金融、证券业协会配套制度规则同步发布实施。相关制度规则的发布实施，标志着我国注册制的制度安排基本定型，也标志着注册制推广到全市场和各类公开发行股票行为，在我国资本市场改革发展进程中具有里程碑意义。

此次发布的制度规则共 165 部，内容涵盖发行条件、注册程序、保荐承销、重大资产重组、监管执法、投资者保护等各个方面。主要内容包括：一是精简优化发行上市条件。坚持以信息披露为核心，将核准制下的发行条件尽可能转化为信息披露要求。各市场板块设置多元包容的上市条件。二是完善审核注册程序。坚持证券交易所审核和证监会注册各有侧重、相互衔接的基本架构，进一步明晰证券交易所和证监会的职责分工，提高审核注册效率和可预期性。三是优化发行承销制度。对新股发行价格、规模等不设任何行政性限制，完善以机构投资者为参与主体的询价、定价、配售等机制。四是完善上市公司重大资产重组制度。各市场板块上市公司发行股份购买资产统一实行注册制，完善重组认定标准和定价机制，强化对重组活动的事中事后监管。五是强化监管执法和投资者保护。依法从严打击证券发行、保荐承销等过程中的违法行为，细化责令回购制度安排等。

（资料来源：中国证监会网站）

4. 普通股筹资的优缺点

1) 普通股筹资的**优点**

(1) **普通股筹资风险小**

与债权性筹资相比，普通股筹资筹集到的资本具有永久性，无到期日，无须偿还，能为企业提供长期稳定的资金来源。

(2) **普通股没有固定的股利负担**

与优先股及负债相比，普通股股利支付需视企业盈利状况及股利政策而定，不会形成固定支付压力。

(3) **能增强公司的信誉**

普通股筹资筹集到的是自有资本，有利于提高公司的信用价值，增强举债能力。

(4) **筹资限制较少**

发行普通股不像发行优先股和债券那样有较多的限制条款，这保证了企业经营的灵活性。

2) 普通股筹资的**缺点**

(1) **成本高**

普通股筹资成本一般要高于优先股和借入资金。普通股成本高可以从 3 个方面来看：

①从投资者的角度来看，投资普通股风险最大，所以投资者要求比较高的报酬率；②股息支付属于税后利润分配项目，不能抵税，而借入资金利息可以抵税；③普通股的发行成本也较高。

(2) 容易分散原有股东的控制权

由于普通股股东享有对公司的经营参与权，增资发行新股有可能降低原股东的持股比例，导致其控制权下降。

另外，增发新股会引起每股利润、每股股利及股票价格的下降。

股权性筹资

4.3 债权性筹资

债权性筹资按照所筹资金可使用时间的长短，可分为短期债务筹资和长期债务筹资两类。长期债务筹资一般有发行债券、长期借款和租赁 3 种方式；短期债务筹资常采用短期借款、货币市场信用和商业信用等形式。

4.3.1 发行债券筹资

债券是债务人为筹资而发行的，约定在一定期限内向债权人还本付息的有价证券。

1. 债券的种类

1) 按债券有无担保分为**抵押债券**和**信用债券**

① **抵押债券**又称**有担保债券**，是指以发行公司特定财产作为抵押品的债券。按其抵押品的不同，抵押债券又可细分为**不动产抵押债券**、**动产抵押债券**和**信托抵押债券**。

② **信用债券**又称**无担保债券**，是指没有抵押品担保，完全凭公司信用发行的债券。这种债券通常由信誉良好、实力较强的公司发行，一般利率略高于抵押债券。

2) 按是否记名分为**记名债券**和**无记名债券**

① 记名债券要在券面上记有持券人的姓名或名称，并记入公司债券存根簿。公司只对记名人偿还本金，持券人凭印鉴支取利息。记名债券由债券持有人以背书方式或者法律、行政法规规定的其他方式转让。

② 无记名债券的券面上无持券人姓名或名称，债券本息直接向债券持有人支付。

3) 按债券利率是否固定分为**固定利率债券**和**浮动利率债券**

① 固定利率债券是指利率水平在发行债券时即已确定并载于债券券面的债券。

② 浮动利率债券的利率水平在发行债券之初不固定，而是根据有关利率（如政府债券利率、银行存款利率）的变化而同方向调整。

4) 按偿还方式分为**到期一次债券**和**分期债券**

① 到期一次债券是指发行公司于债券到期日一次集中清偿本金的债券。

② 分期债券是指一次发行而分期、分批偿还的债券。

5) 按能否转换为公司股票分为**可转换债券**和**不可转换债券**

① 可转换债券是指发行公司依据法定程序发行的，在一定期间内依据约定的条件可以转换成公司股份的债券。

② 与可转换债券相反，不能转换成公司股份的债券为不可转换债券。

根据我国《公司债券发行与交易管理办法》的规定，上市公司、股票公开转让的非上市公司可发行可转换债券。

6) 按能否上市分为**上市债券**与**非上市债券**

① **上市债券** 是指在证券交易所挂牌交易的债券。上市债券的信用度高、流通性好，容易吸引投资者，也有利于提高发行公司的声誉，但债券上市有严格的要求，而且要负担较高的发行费用。

② **非上市债券** 是指不能在证券交易所挂牌交易的债券。非上市债券可由发行公司直接向社会发行，也可由证券经营机构承销。我国有关法律规定，公司发行债券须由证券经营机构承销。

7) 按发行主体不同分为**政府债券**、**金融债券**、**企业债券**和**国际债券**

① **政府债券** 又可分为中央政府债券、地方政府债券和政府保证债券。其中，中央政府债券就是通常所说的国债。在各类债券中政府债券信誉最高、投资风险较小，还本付息按时可靠，无须考虑到期的偿还能力。由于风险小、信誉高，因此，它的实际收益率一般略低于其他债券。

② **金融债券** 是由银行或非银行金融机构发行的债券。金融机构发行金融债券，有利于其对资产和负债进行科学管理，实现资产和负债的最佳组合。金融债券的信誉高于企业债券但低于政府债券，因此，其利率介于两者之间。

③ **企业债券** 是企业为筹措长期资本，依照法定程序发行的，约定在一定期限还本付息的有价证券。

④ **国际债券** 是由外国政府、外国法人或国际组织和机构发行的债券。国际债券是一种在国际上直接融通资金的金融工具，它主要包括外国债券和欧洲债券两种形式。

2. 债券的发行

1) 债券的发行条件

公开发行公司债券，应当符合下列条件。

① 具备健全且运行良好的组织机构。

② 最近3年平均可分配利润足以支付公司债券一年的利息。

③ 具有合理的资产负债结构和正常的现金流量。

④ 国务院规定的其他条件。

公开发行公司债券筹集的资金，**必须按照公司债券募集办法所列资金用途使用**；改变资金用途，必须经债券持有人会议作出决议。公开发行公司债券筹集的资金，不得用于弥补亏损和非生产性支出。上市公司发行可转换债券，还应当符合关于公开发行股票的条件，并报国务院证券监督管理机构核准。

发行公司发生下列情形之一的，不得再次公开发行公司债券。

① 对已公开发行的公司债券或者其他债务有违约或者延迟支付本息的事实，仍处于继续状态。

② 违反证券法规定，改变公开发行公司债券所募资金用途。

2) 债券的发行程序

(1) 作出发行债券的决议

公司发行债券，首先需要就债券发行金额、发行方式、债券期限、募集资金的用途以及其他按照法律法规及公司章程规定需要明确的事项作出决议。如果对增信机制、偿债保障措施作出安排的，也应当在决议事项中载明。

(2) 提出债券发行申请

作出公开发行债券的决议后，公司按照中国证监会有关规定制作注册申请文件，并向证券交易所申报。证券交易所按照规定的条件和程序审核，认为发行人符合发行条件和信息披露要求的，将审核意见、注册申请文件及相关审核资料报送中国证监会。

(3) 公告公开发行募集文件

发行申请经中国证监会作出同意注册决定后，发行人应当依照法律、行政法规的规定，在证券公开发行前，公告公开发行募集文件，并将该文件置备于指定场所供公众查阅。

(4) 募集债券款

债券的募集有私募发行和公募发行两种。私募发行是以少数特定的投资者为募集对象，发行公司直接向投资者发售债券，收取债券款；公募发行是通过证券经营机构承销，向社会公众公开发行。我国规定，发行公司债券应当由具有证券承销业务资格的证券公司承销，可以采用包销或者代销方式。

3) 债券的发行价格

债券的发行价格是指债券原始投资者购入债券时应支付的市场价格。企业应当以债券价值为基础，同时考虑债券发行的其他内外部影响因素确定发行价格。

影响债券价值的基本因素主要有以下几个。

① **债券面值**。它是债券到期日发行公司应偿付债权人的本金，是确定债券价值的基础。一般来说，债券的面值越大，价值越高。

② **债券期限**。它是指从债券发行日至债券到期日的期间。债券的偿债期限越长，则投资风险越大，投资者要求的报酬就越高，债券的价值会相对降低。

③ **票面利率**。它是发行公司发行债券时约定向债券持有人支付的投资报酬率，通常以年利率表示，是债券的名义利率。一般来说，债券的票面利率越高，价值也越高。债券面值与票面利率的乘积为债券的年利息额。

④ **市场利率**。债券价值的高低还受债券的票面利率与市场利率之间差异的影响，票面利率一定时，市场利率越高，债券的价值越低；反之，债券的价值越高。

理论上，债券价值是债券面值和支付的年利息按发行时的市场利率折现所得到的现值，它是决定债券发行价格的基础。

$$P = \frac{M}{(1+R_m)^n} + \sum_{t=1}^{n} \frac{I}{(1+R_m)^t}$$

式中，P 为债券的价值，即发行价格；M 为债券面值，I 为到期时发行者的利息支出，n 为债券期限；R_m 为市场利率。

【例 4-5】某企业发行 5 年期企业债券，面值为 100 元，票面利率为 10%，每年年末付息一次。分别测算市场利率为 8%、10% 和 12% 时债券的发行价格。

当市场利率为 8% 时，市场利率低于票面利率，为溢价发行，发行价格为：

$$\frac{100}{(1+8\%)^5}+\sum_{t=1}^{5}\frac{100\times 10\%}{(1+8\%)^t}\approx 108.03(元)$$

当市场利率为 10% 时，市场利率等于票面利率，为平价发行，发行价格为：

$$\frac{100}{(1+10\%)^5}+\sum_{t=1}^{5}\frac{100\times 10\%}{(1+10\%)^t}\approx 100.00(元)$$

当市场利率为 12% 时，市场利率高于票面利率，为折价发行，发行价格为：

$$\frac{100}{(1+12\%)^5}+\sum_{t=1}^{5}\frac{100\times 10\%}{(1+12\%)^t}\approx 92.79(元)$$

实务中，公司公开发行的债券的发行价格或利率以询价或公开招标等市场化方式确定。

3. 债券的信用评级

1) 债券信用评级的意义

债券的信用级别无论对债券发行公司还是投资者都有十分重要的影响。对发行公司而言，债券信用级别的高低直接影响筹资成本、债券发行价格和债券发行的结果。债券信用级别高，则投资者要求的风险补偿少，筹资成本低，债券的价值相对也高，可以较高的价格发行，还说明投资风险小，容易吸引投资者。对投资者而言，债券信用级别是其进行投资决策的重要依据：信用级别高的债券，风险小，其风险报酬也低；而信用级别低的债券，风险大，其风险报酬也高。投资者可根据自己对风险的承受能力和偏好选择不同级别的证券。

债券的评级制度最早源于美国。1909 年，美国人穆迪在《铁路投资分析》中，首先运用了债券评级的分析方法。从此，债券评级的方法便推广开来，并逐渐形成评级制度，为许多国家所采用。在实务中，一般并不强制债券发行者必须取得债券评级，但没有经过评级的债券往往很难被投资者接受，因此，发行债券的公司一般都会自愿向评级机构申请评级。

2) 债券的信用等级

目前国际上广泛采用的是美国的信用评定机构穆迪公司和标准普尔公司制定的等级标准。一般将信用等级分为 3 等 9 级，详见表 4-8。

从表 4-8 中可以看出，穆迪公司将债券分为 9 个等级 (Aaa/Aa/A/Baa/Ba/B/Caa/Ca/C)。

表 4-8 债券信用评级表

穆迪公司		标准普尔公司	
级别	信用程度	级别	信用程度
Aaa	最优等级	AAA	最优等级
Aa	高等级	AA	中高级
A	较高等级	A	中等偏上等级

续表

穆迪公司		标准普尔公司	
级别	信用程度	级别	信用程度
Baa	一般等级	BBB	中等
Ba	具有投机因素的等级	BB	中等偏下
B	一般不宜考虑投资的等级	B	投机性等级
Caa	容易失败的等级	CCC、CC	完全投机性等级
Ca	高度投机的等级	C	失败的等级
C	最差的投资等级	D、SD	失败的等级

一般来说，Baa（或BBB）及以上级别的债券都是正常投资级别的债券。目前，我国规模较大的资信评级机构有中诚信国际、联合资信、大公国际及上海新世纪等公司。

3) 债券评级的标准

债券信用等级的评估，是评估机构做出的主观判断，这种判断是建立在对许多客观因素进行定性和定量分析基础上的。评级需要分析的因素主要有以下几种。

① 公司的财务指标。需要分析公司的资本实力、债务状况、偿债能力、盈利能力、营运能力等财务指标及这些指标的变动趋势。财务指标综合评价高且发展趋势稳定的公司，其债券等级高。

② 公司的发展前景。需要分析判断公司所处行业的状况（比如是"朝阳产业"还是"夕阳产业"），分析公司的发展能力、竞争能力、资源供应的可靠性等。

③ 公司债券的约定条件。需要分析评价公司发行债券有无担保及其他限制条件、债券期限、付息还本方式等。

④ 公司的财务政策。财务政策稳健的公司，其资本结构中负债程度较低，计算的收益较保守，财务质量较高，债券等级也相对较高。

🔑 **特别提示**

主权信用评级是信用评级机构进行的对一国政府作为债务人履行偿债责任的信用意愿与信用能力的评判。主权信用评级，除了要对一个国家国内生产总值增长趋势、对外贸易、国际收支情况、外汇储备、外债总量及结构、财政收支、政策实施等影响国家偿还能力的因素进行分析，还要对金融体制改革、国企改革、社会保障体制改革所造成的财政负担进行分析，最后进行评级。

国际评级机构美国标准普尔公司2011年8月5日晚声明，出于对美国财政赤字和债务规模不断增加的担忧，把美国长期主权信用评级从顶级的AAA级下调至AA+级。这是美国主权信用评级历史上首次遭"降级"。

据法新社报道，标准普尔公司于2022年8月12日再次下调乌克兰的信用评级，称该国的债务重组协议"等同于违约"。标准普尔公司将乌克兰的评级从"CC/C"下调至"SD"，即"选择性违约"。它指出，乌克兰的大多数欧洲债券持有者同意将偿债时间推迟24个月。

4. 债券筹资的优缺点

1) 债券筹资的**优点**

① **成本低**。与股票相比，债券的利息允许在所得税前支付，发行公司可享受税收利益，公司实际负担的债券成本一般低于股票成本。

② **可利用财务杠杆**。无论发行公司的盈利有多少，债券持有人一般只收取固定的利息，而更多的收益可用于分配给股东或留用于公司经营，从而增加股东和公司的财富。

③ **保障股东控制权**。债券持有人无权参与发行公司的管理决策，因此，债券筹资不会分散股东对公司的控制权。

④ **便于调整资本结构**。可转换债券以及可提前赎回债券的发行有利于公司主动且合理地调整资本结构。

2) 债券筹资的**缺点**

债券筹资

① **财务风险较高**。债券有固定的到期日，发行公司必须承担按期还本付息的义务。在公司经营不景气时，也需要向债券持有人还本付息，这会给公司带来更大的财务困难，有时甚至会导致公司破产。

② **限制条件较多**。债券的限制条件一般要比长期借款、租赁筹资多且严格，从而限制了公司对债券筹资方式的使用，甚至会影响公司以后的筹资能力。

③ **筹资数量有限**。公司利用债券筹资一般有一定额度的限制。

4.3.2 长期借款筹资

长期借款是指企业向银行等金融机构以及向其他单位借入的、期限在1年以上的各种借款。长期借款与短期借款在借款信用条件方面基本相同。企业举借长期借款主要用于购建固定资产和满足长期流动资金的需要。

1. 长期借款的种类

(1) 按提供贷款的机构不同，可分为**政策性银行贷款**、**商业性银行贷款**和**非银行金融机构贷款**

① 政策性银行贷款是指由国家开发银行、中国进出口银行、中国农业发展银行等执行国家政策性贷款业务的银行提供的贷款，如国家重点建设项目资金贷款、进出口设备买方信贷或卖方信贷等。

② 商业性银行贷款是指由国有商业银行及其他商业银行提供的贷款。这类贷款主要是为满足企业生产经营的资金需要。

③ 非银行金融机构贷款是指从信托投资公司取得的实物或货币形式的信托投资贷款，以及从财务公司取得的各种中长期贷款等。其贷款一般较商业银行贷款的期限更长，相应的利率也较高，对借款企业的信用要求和担保的选择也比较严格。

(2) 按有无担保，可分为**信用贷款**和**担保贷款**

信用贷款是指仅凭借款企业的信用或某保证人的信用而发放的贷款。信用贷款通常仅由借款企业出具签字的文书，一般是贷给那些资信优良的企业。这种贷款风险较高，银行通常要收取较高的利息，并往往会附加一定的限制条件。

担保贷款是指由借款人或者第三方依法提供担保而发放的贷款，包括保证贷款、抵押贷款、质押贷款 3 种基本类型。

保证贷款是指由第三方作为保证人，承诺在借款人不能偿还借款时，按约定承担一定保证责任或连带责任而发放的贷款。

抵押贷款是指以借款人或第三方的财产作为抵押物而发放的贷款。借款人或者第三方不转移对抵押财产的占有。如果债务人到期不履行债务，债权人有权就抵押财产优先受偿。可以抵押的财产主要有建筑物和其他土地附着物、生产设备、原材料、半成品、产品、交通运输工具等。

质押贷款是指以借款人或第三方的动产或权利作为质押物而发放的贷款。质押的动产需移交给债权人，可以质押的权利主要有：汇票、本票、支票；债券、存款单；仓单、提单；可以转让的基金份额、股权；可以转让的注册商标专用权、专利权、著作权等知识产权中的财产权；现有的及将有的应收账款等。

此外，按贷款的用途不同，还可分为基本建设贷款、更新改造贷款、科研开发和新产品试制贷款等。

2. 长期借款合同的内容

借款合同是借贷当事人双方在平等互利、协商一致的基础上签订的，明确各方权利和义务的契约。借款合同依法签订后，即有法律效力，签约各方必须信守合同，履行合同约定的义务。

1) 借款合同的基本条款

按照我国有关法规，借款合同中应载明的基本条款包括：①借款种类；②借款用途；③借款金额；④借款利率；⑤还本付息的期限及还款方式；⑥还款的资金来源；⑦保证条件；⑧违约责任；等等。其中，保证条件是银行为保证按时足额收回贷款，对借款企业自有资金比例、抵押贷款的抵押品及其处置权、信用贷款保证人的条件及责任等约定的条款。

2) 借款合同的限制性条款

由于长期借款的期限长、风险大，按国际惯例，借款合同中除载明合同的基本条款外，通常还要加入银行对借款企业提出的一些限制性条款。这些限制性条款一般可分为以下 3 类。

(1) 一般性限制条款

在借款合同中一般都有这类条款，其具体内容根据情况而定，主要包括：①规定借款企业的流动资产的持有量；②限制借款企业支付现金股利；③限制借款企业资本性支出的规模；④限制借款企业新增其他长期负债；等等。

(2) 例行性限制条款

作为例行常规，这类条款在多数借款合同中都会出现，主要包括：①借款企业定期向银行报送财务报表；②不准借款企业在正常情况下出售太多的资产；③借款企业需及时缴纳税金及清偿其他到期债务；④限制以资产作为其他承诺的担保或抵押；⑤禁止贴现票据和转让应收账款；等等。

(3) 特殊性限制条款

这类条款仅针对某些特殊情况而在合同中列示。例如，规定贷款专款专用，不准借款企业投资短期内不能收回资金的项目，要求借款企业主要领导人购买人身保险等。

3. 长期借款的偿还方式

(1) 定期支付利息，到期一次性还本

在这种偿还方式下，企业要承受集中还款的压力，在借款到期日前要做好资金准备，以保证如期足额清偿借款。

(2) 定期等额偿还

在借款存续期内，定期以相等的金额偿还借款本息。这种偿还方式可减轻企业还款时的财务负担，降低企业的拒付风险，但企业实际支付的借款利率将高于借款合同上标明的借款利率。

(3) 不等额分次偿还

在借款存续期内分数次偿还本金和利息，每次偿还的金额不等，至借款到期日全部还清。

4. 长期借款筹资的优缺点

1) 长期借款筹资的优点

① 筹资迅速。相较于股票、债券等方式，长期借款具有程序简便、迅速快捷的特点。

② 弹性较大。无论是用款进度还是还款安排，都只需和某一银行进行一对一的协商，因此，长期借款有利于企业根据自身的要求和能力来变更借款数量与还款期限，对企业来说具有一定的灵活性。

③ 成本低。由于利息在税前开支，且借款手续费低，因此，长期借款成本相对较低。

④ 发挥财务杠杆作用。与债券筹资相同，长期借款利息也是固定的，同样可以发挥财务杠杆作用。

⑤ 易于企业保守财务秘密。向银行借款，可以避免向公众提供公开的财务信息，减少财务信息的披露面，对保守财务秘密有好处。

2) 长期借款筹资的缺点

① 财务风险大。尽管借款具有某种程度的弹性，但还本付息的固定义务仍然存在，企业偿付的压力大，筹资风险较高。

② 使用限制多。银行为保证贷款的安全性，对企业长期借款的使用附加了很多约束性条款，这些条款在一定程度上限制了企业自主调配与运用资金的功能。

③ 筹资数量有限。与股票、债券等筹资方式相比，长期借款筹资数量相对有限。

长期借款筹资

4.3.3 租赁筹资

租赁是出租人以收取租金为条件，在契约或合同规定的期限内，将资产的使用权让渡给承租企业的一种经济行为。同银行贷款一样，租赁也是一种信用活动，在实质上具有借贷性质，所不同的是银行贷款的标的物是货币，而租赁的标的物是实物。租赁物大多是各种机器设备和房屋等固定资产。

1. 租赁的种类

1) 经营租赁

(1) 经营租赁的含义

经营租赁又称营业租赁或业务租赁，是由出租人向承租企业提供租赁设备，并提供设备维护保养和人员培训等的服务性业务。经营租赁一般为短期租赁，是承租企业为取得设备的短期使用权而采取的筹资行为。

(2) 经营租赁的特点

经营租赁通常有以下特点：①承租企业可随时根据需要向出租人承租资产；②租赁期短，只是资产使用寿命的一小部分；③它是一种可解约的租赁，在合理的条件下，承租企业有权在租赁期间预先通知出租人后解除租约，或要求更换租赁物；④出租人提供维修保养和技术指导等专门性服务；⑤一次租赁的租金不足以弥补资产的成本，租赁期满后资产由出租人收回自用或多次出租；⑥租赁资产的风险由出租人承担。

2) 融资租赁

(1) 融资租赁的含义

融资租赁又称财务租赁、资本租赁，是由租赁公司按照承租企业的要求融资购买设备，并在契约或合同规定的较长期限内提供给承租企业使用的信用性业务。融资租赁属长期租赁，是承租企业为融通资金而采用的集融资与融物于一身的特殊筹资方式。

> **特别提示**
>
> 融资租赁于1952年产生于美国，它是市场经济发展到一定阶段而产生的一种适应性较强的融资方式，是集融资与融物、贸易与技术于一体的新型金融产业，已成为资本市场上仅次于银行信贷的第二大融资方式，据统计，目前全球有1/3投资通过这种方式完成。"聪明的企业家决不会将大量的现金沉淀到固定资产的投资中去，固定资产只有通过使用（而不是拥有）才能创造利润。"我国的融资租赁业务产生于20世纪80年代改革开放之初，目前仍处于发展阶段。根据中研网数据，2021年我国租赁市场渗透率为7.9%，与发达国家（欧美国家为15%～40%）相比仍有较大发展空间。

(2) 融资租赁的特点

与经营租赁相比，融资租赁的特点主要有：①承租企业对设备和供应商具有选择的权利，一般由承租企业向出租人提出正式申请，由出租人根据承租企业的要求购入设备；②租赁期限较长，大多为设备耐用年限的一半以上；③是一种不可解约的租赁，在规定的租期内非经双方同意，任何一方不得中途解约；④由承租企业负责租赁物的维修保养和管理，但不能自行拆卸改装；⑤出租人通过一次出租，几乎就可收回全部投资；⑥租约期满后，租赁物可作价转让给承租企业，也可由出租人收回或续租。

(3) 融资租赁的形式

融资租赁按其业务特点的不同，又可细分为直接租赁、售后租回和杠杆租赁。

① 直接租赁是指承租企业直接向出租人租入所需要的资产并支付租金。它是融资租赁的典型形式，其出租人一般为设备制造厂商或租赁公司。

② 售后租回是租赁企业将其设备卖给租赁公司后，再将所售资产租回使用并支付租

金的租赁形式。承租企业出售资产可得到一笔现金，同时租回资产不影响企业继续使用，但其所有权已经转移到租赁公司。

应用案例 4-3

K 公司生产设备售后租回

【案情简介】

合肥市 K 公司是一家以印刷为主要业务的民营股份制企业，其生产、销售一直保持着良好的发展态势，最近因原材料价格上涨，资金出现暂时性困难。K 公司与安徽兴泰租赁有限公司业务部洽谈，将其最主要的一台生产设备（四开四色胶印机 SM74-4-H）以售后回租的方式出售给租赁公司，按期支付一定租金。这样既解决了 K 公司流动资金不足的状况，也没有影响到公司的生产。

【案例点评】

企业通过这种"回租"，将物化资本变为货币资本，将不良资产变为优质资产——现金，不仅保持了资金的流动性，改善了企业的现金流，盘活了存量资产，而且并不影响企业对财产的继续使用。

③ 杠杆租赁是当前流行的融资租赁方式。在这一租赁方式中，出租人仅出相当于租赁资产价款 20%～40% 的资金，其余 60%～80% 的资金由其以购置的租赁物为抵押向金融机构贷款，然后将购入的设备出租给承租企业，并收取租金。这种方式一般要涉及承租企业、出租人和贷款人三方。从承租企业的角度来看，这一租赁方式跟前两种租赁方式没有什么差别。但从出租人的角度来看，出租人只垫付部分资金便获得了租赁资产的所有权，而且租赁收益大于贷款的成本支出，出租人能够取得财务杠杆收益，故这种方式被称为杠杆租赁。

2. 租金的确定

融资租赁的租金包括租赁设备的购置成本、租息和设备的预计残值三部分。租赁设备的购置成本是租金的主要组成部分，包括设备买价、运杂费、途中保险费等。租息包括租赁公司（出租人）的融资成本和租赁手续费，其中，融资成本是指租赁公司为购买租赁设备所付出的成本，即设备租赁期间的利息；租赁手续费包括租赁公司承办租赁设备的营业费用和盈利。租赁手续费的高低一般没有固定标准，由承租企业与租赁公司协商确定。设备的预计残值即设备租赁期满时预计的可变现的净值，它是租金构成的减项。

租金按支付期长短可分为年付、半年付、季付和月付；按在期初和期末支付可分为先付租金和后付租金；按每次是否等额支付又可分为等额支付和不等额支付。实践中，大多采用后付等额年金方式。

在我国租赁实务中，租金的计算一般采用平均分摊法与等额年金法。

(1) 平均分摊法

它是指按事先确定的利息率和手续费率计算租赁期间的利息和手续费总额，然后连同设备成本按支付次数进行平均。这种方法不考虑时间价值因素，计算较为简单，即：

$$每次支付的租金 = \frac{(设备成本 - 预计残值) + 租期内利息 + 租赁手续费}{租期}$$

【例 4-6】某企业 20×2 年 1 月向租赁公司租入一套设备，价值为 100 万元。租期为 6

年，预计残值为 5 万元（归租赁公司所有），租期年利率为 10%，年租赁手续费率为设备价值的 2%。租金为每年年末支付一次，则该设备每年支付的租金为：

$$租期内利息 = 100 \times (1+10\%)^6 - 100 \approx 77.2(万元)$$

$$租期内手续费 = 100 \times 2\% \times 6 = 12(万元)$$

$$每年支付租金 = (100-5+77.2+12)/6 = 30.7(万元)$$

(2) 等额年金法

它是将利息率与手续费率综合成贴现率，运用年金现值确定每年支付的租金。其计算公式为：

$$每年支付的租金 = \frac{等额租金现值总额}{等额租金的现值系数}$$

分为两种情况：一种是每期租金在年初支付，即采用先付年金方式；另一种是每年年末支付租金，即采用后付年金方式。

【例 4-7】承例 4-6，采用后付年金方式支付租金，则：

$$每年年末支付的租金 = [100 - 5 \times (P/F, 10\%, 6) + 100 \times 2\% \times (P/A, 10\%, 6)] / (P/A, 10\%, 6)$$

$$\approx (100 - 5 \times 0.564\,5 + 2 \times 4.355\,3) / 4.355\,3 \approx 24.31(万元)$$

本例如果采用先付年金方式，则：

$$每年年初支付的租金 = \frac{24.31}{1+10\%} = 22.10(万元)$$

从上述两种计算方法来看，平均分摊法没有考虑资金时间价值因素，因此它每年支付的租金比等额年金法要多。可见在选择租金计算方法时，等额年金法对承租企业有利。

3. 融资租赁筹资的优缺点

1) 融资租赁筹资的**优点**

① **集融资与融物于一体**，是金融支持实体经济的有效工具，企业可迅速获得所需资产。

② **避免债务的限制性条款**。与其他负债筹资方式相比，融资租赁的限制性条件较少，能使企业经营决策更加灵活。

③ **转嫁设备陈旧过时的风险**。企业采取融资租赁方式，既取得了资产的使用权，又不必承担设备陈旧过时的风险，尤其是对于一些技术进步较快、无形损耗较大的固定资产，采用这种方式可帮助企业进行生产设备更新换代，提高资金的使用效率。

④ **租金费用在所得税前扣除**，减轻了企业的实际租金负担。

2) 融资租赁筹资的**缺点**

① **租赁成本高**。与利用银行借款自行购建资产相比，融资租赁的租金中所含的利息成本通常高于借款利息，且还要另付一笔手续费。

② **丧失资产残值**。租赁期满，除非承租企业购买该项资产，否则其残值一般归租赁公司所有。

融资租赁

4.4 混合性筹资

混合性筹资是指具有股权性筹资和债权性筹资双重属性的筹资，通常包括优先股筹资、可转换债券筹资和认股权证筹资。

4.4.1 优先股筹资

1. 优先股的特征

优先股是普通股之外的另一种股份，其持有人优于普通股股东分配公司利润和剩余财产，但参与公司决策管理等权力受到限制。它是介于普通股与债券之间的一种有价证券，兼有股权和负债的双重特征。

① 从法律角度看，优先股属于权益性证券。优先股没有到期日，一般情况下，股东不能要求公司收回优先股股票，优先股的股利要从税后利润中支付；同时，优先股与普通股一样，构成公司股权的一部分。从这些方面看，优先股与普通股是相似的。

② 在某些方面优先股具有债券的特征。优先股通常有固定的股利率，在公司清算时，以股票的面值为限，要先于普通股获得清偿；同时，优先股股东没有参与公司决策管理与投票的权利。从这些方面看，其性质又与债券相同。

2. 优先股的种类

与普通股不同，优先股的种类较多，不同类型的优先股具有不同的特点。

(1) 累积优先股与非累积优先股

累积优先股是指公司过去年度未支付的股利，可以累积并由以后年度的利润补足付清的优先股，公司只有在发放完累积的全部优先股股利以后，才能发放普通股股利。对于非累积优先股，公司只需付清当年的优先股股利，对以前积欠的优先股股利不再补发。我国上市公司公开发行的优先股为累积优先股。

(2) 参加优先股与非参加优先股

参加优先股是指按照约定的股息率分配股息后，有权同普通股股东一起参加剩余利润分配的优先股。公司章程应明确优先股股东参与剩余利润分配的比例、条件等事项。非参加优先股则是指只能按照约定获取相应的股利的优先股。

(3) 可转换优先股与不可转换优先股

可转换优先股是指有权根据优先股发行的规定，在将来一定时期内转换为普通股的优先股。如果公司经营情况较好，普通股价格上升，优先股股东便可行使这一权利将其股票转为普通股，从中获利；如果普通股价格下跌，则可转换优先股的股东便不行使这一权利，而继续享受优先股的原有优惠。不可转换优先股则没有这种权利。目前，我国除商业银行外其他上市公司不得发行可转换为普通股的优先股。

(4) 可赎回优先股与不可赎回优先股

可赎回优先股是指公司可按约定条件在股票发行一段时间后以一定价格赎回的优先股。公司不能赎回的优先股，则属于不可赎回优先股。

3. 发行优先股的条件

1) 发行优先股的基本条件

上市公司发行优先股，最近3个会计年度实现的年均可分配利润应当不少于优先股一年的股息；上市公司最近3年现金分红情况应当符合公司章程及中国证监会的有关监管规定；上市公司报告期不存在重大会计违规事项；上市公司发行优先股募集资金应有明确用途，与公司业务范围、经营规模相匹配，募集资金用途符合国家产业政策和有关环境保护、土地管理等法律和行政法规的规定；上市公司已发行的优先股不得超过公司普通股股份总数的50%，且筹资金额不得超过发行前净资产的50%，已回购、转换的优先股不纳入计算。

2) 向不特定对象发行优先股的特别规定

《优先股试点管理办法》对上市公司向不特定对象发行优先股做了特别规定。

① 应当符合以下情形之一：其普通股为上证50指数成份股；以向不特定对象发行优先股作为支付手段收购或吸收合并其他上市公司；以减少注册资本为目的回购普通股的，可以向不特定对象发行优先股作为支付手段，或者在回购方案实施完毕后，可向不特定对象发行不超过回购减资总额的优先股。

② 上市公司最近3个会计年度应当连续盈利。扣除非经常性损益后的净利润与扣除前的净利润相比，以孰低者作为计算依据。

③ 应当在公司章程中规定以下事项：采取固定股息率；在有可分配税后利润的情况下必须向优先股股东分配股息；未向优先股股东足额派发股息的差额部分应当累积到下一会计年度；优先股股东按照约定的股息率分配股息后，不再同普通股股东一起参加剩余利润分配。

④ 上市公司向不特定对象发行优先股的，可以向原股东优先配售。

⑤ 上市公司最近36个月内因违反工商、税收、土地、环保、海关法律、行政法规或规章，受到行政处罚且情节严重的，不得向不特定对象发行优先股。

⑥ 上市公司向不特定对象发行优先股，公司及其控股股东或实际控制人最近12个月内应当不存在违反向投资者作出的公开承诺的行为。

4. 优先股的发行定价

优先股每股票面金额为100元。优先股发行价格和票面股息率应当公允、合理，不得损害股东或其他利益相关方的合法利益，发行价格不得低于优先股票面金额。向不特定对象发行优先股的价格或票面股息率以市场询价或中国证监会认可的其他公开方式确定。向特定对象发行优先股的票面股息率不得高于最近两个会计年度的年均加权平均净资产收益率。

5. 优先股的交易转让

向不特定对象发行的优先股可以在证券交易所上市交易。上市公司向特定对象发行的优先股可以在证券交易所转让，非上市公众公司向特定对象发行的优先股可以在全国中小企业股份转让系统转让，转让范围仅限合格投资者。

6. 优先股筹资的优缺点

1) 优先股筹资的**优点**

① **能保持普通股股东对公司的控制权**。与普通股相比,优先股的发行不会减少原有的普通股股东对公司的控制权。

② **优先股股利既有固定性,又有一定的灵活性**。一般而言,优先股都采用固定股利,但其支付并不构成公司的法定义务。如果公司的财务状况不佳,优先股不会像债券那样增加公司破产压力和风险。

③ **发行优先股增强了企业的举债能力**。

2) 优先股筹资的**缺点**

① **成本较高**。负债的利息可以起到抵税的作用,而优先股股利属于资本收益,要从公司的税后利润中开支,因而优先股筹资的成本较高。

② **优先股股利支付的固定性可能会成为公司的一项财务负担**。

4.4.2 发行可转换债券筹资

可转换债券赋予投资者将其持有的债券按规定的价格和比例,在规定的时间内转换成普通股的选择权。债券持有者在转换权行使之前是发行公司的债权人,在转换权行使之后则成为发行公司的股东。

1. 可转换债券的属性

可转换债券具有股权性筹资与债权性筹资的双重属性,属于一种混合性筹资。对发行公司而言,在可转换债券转换之前需要定期向持有人支付利息。如果在规定的转换期限内,持有人未将可转换债券转换为股票,发行公司还需要到期偿付本息,在这种情形下,可转换债券筹资与普通债券筹资类似,具有债权性筹资属性。如果在规定的转换期限内,持有人将可转换债券转换为股票,发行公司的负债就转化为股东权益,可转换债券因而具有了股权性筹资的属性。

2. 可转换债券的基本要素

(1) 标的股票

一般来说,可转换债券的标的股票是发行公司自己的股票,即投资者可以选择将可转换债券按一定的比例转换成公司股票。

(2) 面值与票面利率

可转换公司债券每张面值 100 元。向不特定对象发行的可转换债券的利率由发行公司与主承销商协商确定;向特定对象发行的可转换债券采用竞价方式确定利率和发行对象。由于可转换债券本身包含一种转换权,这种转换权含有一定的价值,因此,可转换债券的票面利率通常低于普通债券的利率。

(3) 债权期限

可转换公司债券的期限最短为 1 年,最长为 6 年。

(4) 转换期限

转换期限是指可转换债券转换为股票的起始日到截止日的期间。根据规定,我国可转换债券自发行结束之日起 6 个月后方可转换为公司股票，转股期限由公司根据可转换债券的存续期限及公司财务状况确定。

(5) 转股价格和转换比率

转股价格是指募集说明书中事先约定的可转换债券转换为股份所需支付的价格。按我国相关规定，转股价格应不低于募集说明书公告日前 20 个交易日该公司股票交易均价和前 1 个交易日的均价。转换比率是每股可转换债券可转换成普通股的股数。

(6) 赎回条款

赎回条款是指公司有权在某一设定期限内按约定的价格买回尚未转换成普通股的可转换债券。赎回条款设立的主要目的是降低发行成本，避免因市场利率下降给公司造成的利率损失，以及加速转股过程、减轻财务压力。该条款可以起到保护发行公司和原有股东权益的作用。

(7) 回售条款

回售条款是指公司股票价格在一定时期内连续低于转股价格并达到一定幅度时，可转换债券持有人可以按事先约定的价格将债权卖给发行公司的条款。这是为投资者提供的一项安全保障。

3. 可转换债券的发行条件

《上市公司证券发行注册管理办法》要求，上市公司发行可转换债券，除了应满足所在板块发行股票的条件外，还应当符合下列规定：具备健全且运行良好的组织机构；最近 3 年平均可分配利润足以支付公司债券 1 年的利息；具有合理的资产负债结构和正常的现金流量；交易所主板上市公司向不特定对象发行可转债的，应当最近 3 个会计年度盈利，且最近 3 个会计年度加权平均净资产收益率平均不低于 6%；净利润以扣除非经常性损益前后孰低者为计算依据。

4. 可转换债券筹资的优缺点

1) 可转换债券筹资的**优点**

① **有利于降低资本成本**。可转换债券转换前的利率通常低于普通债券；而转换为股票后，又可节省股票的发行成本，从而降低股票的资本成本。

② **有利于筹集更多的资本**。可转换债券的转股价格通常高于发行时的股票价格。因此，可转换债券转换后，其筹资额大于当时发行股票的筹资额。

③ **有利于调整资本结构**。可转换债券是一种具有债权筹资和股权筹资双重性质的筹资方式。可转换债券在转换前属于发行公司的一种债务，如果发行公司希望可转换债券持有人转股，可以促其转换，进而调整资本结构。

④ **有利于避免筹资损失**。当公司的股票价格在一段时期内连续高于转股价格并超过某一幅度时，发行公司可按事先约定的价格赎回未转换的可转换债券，从而避免筹资上的损失。

2) 可转换债券筹资的**缺点**

① **转股后可转换债券筹资将失去低利率的优势**。

② 若确需股票筹资，但股票价格并未上升，可转换债券持有人不愿转股时，**发行公司将承受偿债压力**。

③ **若可转换债券转股时股票价格高于转股价格，则发行公司将遭受筹资损失**。

④ **回售条款的规定可能使发行公司遭受损失**。当公司的股票价格在一段时期内连续低于转股价格并达到一定幅度时，可转换债券持有人可按事先约定的价格将所持债券回售公司，从而使发行公司受损。

4.4.3 认股权证筹资

认股权证全称**股票认购授权证**，简称"**认股证**"或"**权证**"。它是由上市公司给予持有权证的投资者在未来某个时间或某一段时间以事先确认的价格购买该公司一定量股票的权利。认股权证表明持有者有权利而无义务。若届时公司股票价格上涨，超过认股权证所规定的认购价格，权证持有者按认购价格购买股票，赚取市场价格和认购价格之间的差价；若届时市场价格比约定的认购价格还低，则权证持有者可放弃认购。从内容上看，认股权证实质上就是**一种买入期权**。

1. 认股权证的种类

在公司筹资实务中，认股权证的形式多种多样，可分为以下不同种类。

(1) **长期认股权证**与**短期认股权证**

认股权证按允许认股的期限不同分为长期认股权证和短期认股权证。长期认股权证的认股期限通常为几年，有的甚至是永久性的；短期认股权证的认股期限比较短，一般在 90 天以内。

(2) **单独发行的认股权证**与**附带发行的认股权证**

认股权证按发行方式不同可分为单独发行的认股权证和附带发行的认股权证。单独发行的认股权证是指不依附于其他证券而独立发行的认股权证；附带发行的认股权证是指依附于债券、优先股、普通股或短期票据发行的认股权证。

(3) **备兑认股权证**与**配股权证**

备兑认股权证是指每份备兑证按一定比例含有几家公司的若干股股票；配股权证是确认股东配股权的证书，它按股东的持股比例定向派发，赋予股东以优惠的价格认购发行公司一定份数的新股。

(4) **认购权证**与**认沽权证**

如果在权证合同中规定持有人能以某个价格买入标的资产，那么这种权证就叫认购权证；如果在权证合同中规定持有人能以某个价格卖出标的资产，那么这种权证就叫认沽权证。

2. 认股权证的作用

混合性筹资

在公司筹资实务中，认股权证运用灵活，对发行公司具有以下作用。

(1) 为公司筹集额外的现金

发行认股权证是一种特殊的筹资手段。认股权证本身含有期权条款，其持有者在认购股份之前，对发行公司既不拥有债权也不拥有股权，而只是拥有股票认购权。发行公司可以通过发行认股权证筹得现金，并且不用支付资金使用费。另外，认股权证还可作为公司在成立时对承销商的补偿。

(2) 促进其他筹资方式的运用

单独发行的认股权证有利于公司将来发售股票。附带发行的认股权证可促进其所依附的证券发行效率的提高。例如，认股权证依附于债券发行时，可以促进债券的发售。

习 题

1. 单项选择题

(1) 用线性回归法预测资金需要量的理论依据是（　　）。
A. 筹资规模与业务量间的对应关系　　B. 筹资规模与投资间的时间关系
C. 筹资规模与筹资方式间的对应关系　　D. 长短期资金间的比例关系

(2) 对于借款企业来说，在市场利率呈上升趋势的情况下应使用（　　）。
A. 固定利率　　B. 浮动利率　　C. 加息利率　　D. 贴现利率

(3) 下列各因素中，不影响债券发行价值的是（　　）。
A. 债券面值　　B. 债券利率　　C. 市场利率　　D. 发行张数

(4) 若 A 企业的信用等级高于 B 企业，则下述表述正确的是（　　）。
A. A 企业的筹资成本高于 B 企业　　B. A 企业的筹资能力强于 B 企业
C. A 企业的债务负担重于 B 企业　　D. A 企业的筹资风险大于 B 企业

(5) 与借款筹资和发行债券相比，租赁筹资的主要缺点是（　　）。
A. 不能取得财务杠杆利益　　B. 资本成本较高
C. 不能获得节税利益　　D. 限制条件较多

(6) A 公司 2011 年 3 月 5 日向 B 公司购买了厂房，随后出租给 C 公司。A 公司以自有资金支付 B 公司总价款的 30%，同时 A 公司以该厂房为抵押向银行借款支付余下 70% 的价款。这种租赁方式是（　　）。
A. 经营租赁　　B. 售后回租租赁　　C. 杠杆租赁　　D. 直接租赁

(7) 某企业融资租入一台设备，设备购价 10 000 元，预计残值 2 000 元，利息率 5%，手续费率 1%，租期为 5 年，则平均分摊法计算的年租金为（　　）元。
A. 2 000　　B. 2 252.6　　C. 1 600　　D. 2 082.63

(8) 某公司发行可转换债券，每张面值 100 元，期限 5 年，票面利率 5%（单利），转换比率为 5，若发行公司希望债券持有人在债券到期后将债券转换成股票，股票的市价应高于（　　）元。
A. 5　　B. 10　　C. 20　　D. 25

(9) 优先股股东的优先权是指（　　）。
A. 优先认股权　　B. 优先转让权
C. 优先分配股利和剩余财产　　D. 投票权

(10) 在公司发行新股时，给原有股东配发一定比例的认股权证的主要目的是（　　）。
A. 避免原有股东每股收益和股价被稀释
B. 奖励本公司管理人员
C. 吸引投资者购买票面利率低于市场利率的长期债券
D. 促使股价上涨

2. 多项选择题

(1) 应用于大多数借款合同的条款有（　　）。
A. 例行性限制条款　　B. 一般性限制条款
C. 特殊性限制条款　　D. 限制性保护条款

(2) 长期借款的优点有（　　）。
A. 筹资速度快　　B. 成本低　　C. 借款弹性好　　D. 限制条件少
(3) 企业吸收直接投资包括吸收（　　）等形式出资。
A. 实物　　B. 货币　　C. 有价证券　　D. 无形资产
(4) 与吸收直接投资方式相比较，发行股票筹资所具有的特点是（　　）。
A. 资本成本较高　　　　　　　　B. 资本成本较低
C. 公司与投资者较易沟通　　　　D. 手续相对复杂，筹资费用较高
(5) 普通股筹资的缺点有（　　）。
A. 投资风险高　　　　　　　　　B. 财务风险高
C. 易造成公司控制权分散　　　　D. 资本成本高
(6) 如果企业在发行债券的契约中规定了允许提前偿还的条款，则下列表述正确的有（　　）。
A. 当预测年利息率上升时，一般应提前赎回债券
B. 提前偿还所支付的价格通常要高于债券的面值
C. 提前偿还所支付的价格通常随到期日的临近而逐渐上升
D. 具有提前偿还条款的债券可使公司筹资有较大的弹性
(7) 下列关于留存收益筹资的表述中，正确的有（　　）。
A. 留存收益筹资可以维持公司的控制权结构
B. 留存收益筹资不会发生筹资费用，因此没有资本成本
C. 留存收益来源于提取的盈余公积金和留存于企业的利润
D. 留存收益筹资有企业的主动选择，也有法律的强制要求
(8) 相对普通股而言，下列各项中，属于优先股特殊性的有（　　）。
A. 当公司破产清算时，优先股股东优先于普通股股东求偿
B. 当公司分配利润时，优先股优先于普通股支付股利
C. 当公司选举董事会成员时，优先股股东优先于普通股股东当选
D. 当公司决定合并、分立时，优先股股东表决权优先于普通股股东
(9) 下列可转换债券条款中，有利于保护债券发行者利益的有（　　）。
A. 回售条款　　B. 赎回条款　　C. 转换比率　　D. 强制性转换条款
(10) 下列各项中，属于认股权证筹资特点的有（　　）。
A. 认股权证是一种融资促进工具
B. 认股权证是一种高风险融资工具
C. 有助于改善上市公司的治理结构
D. 有利于推进上市公司的股权激励机制

3. 判断题
(1) 吸收直接投资是非股份制企业筹集自有资本的一种基本形式。（　　）
(2) 股份公司无论面对什么样的财务状况，争取早日上市交易都是正确的选择。（　　）
(3) 市场利率不影响债券的发行价格。（　　）
(4) 发行债券和发行股票一样，筹集的都是自有资金，都可以用来参与企业的生产周转。（　　）
(5) 优先股股息与债券利息都要定期固定支付，对企业并无任何差异。（　　）
(6) 由于普通股没有固定的股利负担，因而其资本成本一般较低。（　　）
(7) 债券筹资的缺点是资本成本较高。（　　）
(8) 债券的发行价格与股票的发行价格一样，只允许等价和溢价发行，不允许折价发行。（　　）

(9) 与股票相比，公司发行债券的风险高，而投资者购买债券的风险低。　　　　(　　)
(10) 优先股是一种具有双重性质的证券，它虽属于自有资金，但却兼有债券性质。(　　)

4. 计算题

(1) B公司20×1—20×5年资金占用与销售收入之间的关系见表4-9。

表4-9　资金占用与销售收入之间的关系

年度	销售收入/万元	资金占用/万元
20×1	16	12
20×2	21	13
20×3	20	12.5
20×4	26	15
20×5	22	16

要求：

根据以上资料运用线性回归法预测20×6年的资金占用量（假设20×6年的销售收入为30.5万元）。

(2) 四方公司20×6年的销售收入为4 000万元，资产和负债占收入的百分比见表4-10。

表4-10　资产和负债占收入的百分比

资产	占销售收入的百分比/(%)	负债	占销售收入的百分比/(%)
现金	5	应付费用	5
应收账款	15	应付账款	10
存货	30	其他	—
其他	—		

预计明年销量将增长8%，已知其销售净利率为5%，股利支付率60%。

要求：计算以下互不相关的问题。

① 若明年售价不变，试计算四方公司明年需追加的外部筹资额及不需对外追加筹资的销售增长率。

② 若明年通货膨胀率为10%，试计算四方公司明年需要追加的外部筹资额。

③ 若①中的股利支付率为40%，试计算其需要追加的外部筹资额。

(3) 某企业向租赁公司融资租入一套设备，该设备原价为120万元，租赁期为5年，预计租赁期满时残值为6万元，年利率按8%计算，手续费为设备原价的2%，租金每年年末支付。分别按平均分摊法和等额年金法计算该企业每年应付租金的数额。

(4) 某企业拟采用融资租赁方式于20×6年1月1日从租赁公司租入一台设备，设备款为50 000元，租期为5年，到期后设备归企业所有。双方商定，如果采取后付等额租金方式付款，则贴现率为16%；如果采取先付等额租金方式付款，则贴现率为14%。企业的资金成本率为10%。

要求：

① 计算后付等额租金方式下的每年等额租金额。

② 计算后付等额租金方式下的5年租金终值。

③ 计算先付等额租金方式下的每年等额租金额。

④ 计算先付等额租金方式下的5年租金终值。

⑤ 比较上述两种租金支付方式下的终值大小，说明哪种租金支付方式对企业更有利。

5. 思考题
(1) 企业长期资本筹集的渠道和方式有哪些？
(2) 股权性筹资与债权性筹资有什么区别？
(3) 经营租赁与融资租赁有哪些不同？
(4) 优先股筹资与普通股筹资有什么区别？

6. 案例分析

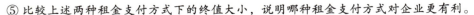

1997年11月A公司（民营企业）成立，张××任总经理，王××任法定代表人，2000年7月，法定代表人由王××变更为张××。1999年前后，A公司被流动资金的"失血"折磨得困苦不堪。据张××说，A公司当时有资产2.63亿元，资产负债率10%左右。另据当地政府部门工作人员介绍，A公司当年已签了3亿多元供货合同，在国内增加了几百个网点。但像这样的企业，却不能获得银行贷款。总经理张××提出疑问："我始终弄不懂，像我们这样的企业，一年缴税三四百万元，解决了附近十几个县的蔬菜出路，安排了六七千农民就业，从来没有坏账，为什么就贷不到款？"

在不能获取银行贷款的情况下，张××在未经有关机关依法批准的情况下，以自己公司效益好，需要扩大生产，购买原料为由，承诺每月支付2.5%～3.5%的高额利息、到期还本并可随时收回本金，向社会公众吸收存款。在公司亏损严重，已无力支付集资款本金和高额利息后，张××、王××采用低价销售、赞助社会等方式虚构公司生产经营良好的假象，继续非法吸收存款近7 300万元。

经审计鉴定，A公司1997—2003年共吸收存款15 578.1万元。

案发后，公安机关仅扣押到赃款2万元，A系列公司尚欠1 398户集资户的集资款8 954万余元，集资户确认已领取的利息为1 264万余元。

此外，2000年张××在没有注册资金的情况下，通过让他人打入200万元并在当日又将该款转回等方式成立一科工贸公司，公司成立后造成债权人240余万元的经济损失。

2007年2月××中院一审宣判：被告单位A公司罚款200万元；张××犯非法吸收公众存款和虚报注册资本罪被判处有期徒刑11年，王××被判处有期徒刑7年。

思考：
(1) 银行为何对A公司这样的民营企业惜贷呢？
(2) 张××、王××入狱的根本原因是什么？
(3) 按照现行法律，像A公司这样的民营企业有哪些筹资渠道和方式？各种筹资渠道和方式对于民营企业有什么利弊？

7. 课程实践
假定你在自己就读学校的校园内创办一家打印服务社，请根据你的调研资料，规划你的筹资渠道和方式，并说明理由。

第 5 章　筹资决策

学习目标

知识要点	能力要求	关键术语
资本成本	(1) 了解资本成本的概念和性质 (2) 掌握资本成本的测算方法	(1) 资本成本 (2) 个别资本成本率、综合资本成本率、边际资本成本率
杠杆原理	(1) 理解成本习性的相关概念 (2) 理解杠杆的基本原理和作用 (3) 掌握各种杠杆与风险的关系 (4) 熟悉各种杠杆作用的衡量方法	(1) 成本习性、固定成本、变动成本、边际贡献、息税前利润 (2) 经营风险、财务风险、复合风险 (3) 经营杠杆系数、财务杠杆系数、复合杠杆系数
资本结构	(1) 掌握资本结构的含义 (2) 了解资本结构理论 (3) 了解影响资本结构的因素 (4) 掌握资本结构的决策方法	(1) 资本结构、最佳资本结构 (2) 比较资本成本法、无差别点分析法

1990年西方经济衰退刚露苗头，默多克报业集团就差点翻船，而这仅仅是因为其在美国匹兹堡一家小银行的1 000万美元债务。这笔短期贷款原本可以到期后付息转期，从而延长贷款期限。但这家小银行不知从哪里听到消息，认为默多克的支付能力不佳，因而通知默多克这笔贷款到期必须偿还，而且规定必须全额偿付现金，否则，法庭上见。

当时默多克报业集团年收入达60亿美元，但也背了24亿美元债务。其债主有146家，遍布全世界。因为债务多、债主多，牵一发而动全身，所以财务风险很高。若是碰到一个财务管理上的失误，或是一种始料未及的灾难，就可能像多米诺骨牌一样，把整个事业搞垮。

默多克以为可以轻松筹集1 000万美元现款，因为他在澳大利亚资金市场上享有短期融资的特权，期限可以从一周到一个月，金额高达上亿美元。他派代表去融资，但结果大出意外，默多克的特权已被冻结了。默多克只好亲自带了财务顾问飞往美国去借款。花旗银行是默多克报业集团的最大债主，投入资金最多，如果默多克破产，花旗银行的损失最高。债主与债户原本同乘一条船，只可相帮不能拆台。花旗银行权衡利弊后，同意支持默多克。

渡过难关以后，默多克报业集团又恢复最佳状态，进一步开拓其市场。

本案例提出了以下问题：默多克高负债经营的原因是什么？什么是财务风险？控制财务风险的对策有哪些？通过本章学习，你将会找到答案。

筹资管理需要在资金成本和财务风险之间寻求最佳平衡点。本章将介绍资本成本的概念、性质及测算方法，杠杆的作用原理及其衡量与运用，财务杠杆与财务风险，以及资本结构的基本决策方法。

5.1 资本成本

5.1.1 资本成本概述

1. 资本成本的概念、性质及构成要素

1) 资本成本的概念

企业为筹措和使用资金而付出的代价称为**资本成本**。本章的资本特指长期资本，包括长期债务资本与股权资本。

2) 资本成本的性质

① 资本成本是在资金所有权和使用权分离的条件下，资金使用者向资金所有者和中介人支付的**使用费**和**筹措费**。在市场经济条件下，资金是一种特殊的商品，企业为了取得资金的使用权，必须支付一定费用。

② 资本成本既具有一般产品成本的基本属性，也有不同于一般产品成本的特性。产品的成本是生产过程中的耗费，需要由企业的收益来补偿；资本成本也是企业的一种耗费，也要由企业的收益来补偿，但它是为了获得和使用资金而付出的代价，通常不直接表现为生产成本。

资本成本与资金时间价值既有联系，**又有区别**。资本成本的基础是资金时间价值，但两者在数量上是不一致的。资本成本既包括资金的时间价值，也包括投资的风险价值。从投资者的角度来看，资本成本就是投资者要求的必要报酬率。

3) 资本成本的构成要素

(1) 筹资费

筹资费是指企业在资金筹措过程中支付的各项费用，如发行股票、债券的印刷费、发行手续费、律师费、资信评估费、公证费、担保费等发行费用，向银行借款的手续费等。筹资费一般在筹措资金时一次性支付，用资过程中不再发生，一般与资金使用时间的长短无直接联系。在计算资本成本时，筹资费作为筹资额的减项扣除。

(2) 用资费

用资费是指企业因使用资金而付出的代价，如支付给股东的股利、支付给银行的借款利息、支付给债券持有人的债券利息等。用资费的支付是经常性的，与资金使用时间的长短相关。

2. 资本成本的表达形式和种类

1) 资本成本的表达形式

资本成本可以用绝对数表示，也可以用相对数表示。

绝对数表示的资本成本能够反映为筹集和使用特定资金而付出的全部代价，但当筹资金额不同时，它不具有可比性。相比之下，相对数指标——资本成本率的用途更广泛。资本成本率一般简称资本成本，它是资本成本额与筹资额的比率，反映 1 元资金的资本成本。以下所讨论的资本成本仅指资本成本率。

资本成本的计算公式一般可表示为：

$$K = \frac{资金使用费}{筹资实得款} \times 100\% = \frac{D}{P(1-f)} \times 100\%$$

式中，K 为资本成本，以百分比表示；D 为资金使用费；P 为筹资额；f 为筹资费用率，即筹资费用与筹资额的比率。

2) 资本成本的种类

(1) 个别资本成本率

个别资本成本率是指企业各种长期资本的成本率，如股票成本率、债券成本率、长期借款成本率。

(2) 综合资本成本率

综合资本成本率是指企业全部长期资本的成本率。

(3) 边际资本成本率

边际资本成本率是指企业追加长期资本的成本率。

3. 资本成本的作用

资本成本对于企业的筹资管理、投资管理，乃至整个财务管理和经营管理都有重要的作用。

1) 资本成本是选择筹资方式、进行资本结构决策和选择追加筹资方案的依据

① **个别资本成本率是企业选择筹资方式的依据**。企业长期资本的筹集往往有多种方式可以选择，如长期借款、发行债券、发行股票等。不同方式筹集的长期资本的个别资本成本率不同，因而个别资本成本率可作为比较选择各种筹资方式的依据。

② **综合资本成本率是企业进行资本结构决策的依据**。企业长期资本的筹集有多个组合方案可以选择。通过综合资本成本率，可以比较各个筹资组合方案的优劣，并做出资本结构决策。

③ **边际资本成本率是选择追加筹资方案的依据**。企业为了扩大生产经营规模，往往需要追加筹资。边际资本成本率是选择追加筹资方案的依据之一。

2) 资本成本是评价投资项目、比较投资方案和进行投资决策的经济标准

一般而言，一个投资项目只有当其投资收益率高于资本成本时，在经济上才是合算的；否则，该项目将无利可图，甚至发生亏损。因此，资本成本通常被视为一个投资项目的"**最低报酬率**"或"**必要报酬率**"，是比较、评价投资方案的一个经济标准。

3) 资本成本可作为评价企业整体经营业绩的基准

企业的整体经营业绩可以通过企业总资产报酬率与总资本成本的比较来衡量。如果总

资产报酬率高于总资本成本，则对企业经营有利；反之，则不利。

5.1.2 资本成本的测算

1. 个别资本成本率的测算

企业资本从性质上可分为债务资本与股权资本两类，受税收等因素的影响，这两类资本的成本在计算上存在一定的差别。

1) 债务资本成本率的测算

债务资本包括长期借款和债券。由于债务的利息均在税前支付，具有**抵税功能**，因此企业实际负担的利息为：利息 × (1− 税率)。

(1) 长期借款成本率

其计算公式为：

$$K_L = \frac{I_L(1-T)}{L(1-f)} \times 100\% = \frac{R_L(1-T)}{1-f} \times 100\%$$

式中，K_L 为长期借款成本率；I_L 为长期借款年利息；L 为长期借款总额；T 为企业所得税税率；R_L 为借款年利率；f 为长期借款筹资费用率。

【例 5-1】某企业从银行取得长期借款 100 万元，年利率为 8%，期限为 3 年，每年付息一次，到期一次还本。假定筹资费用率为 0.1%，企业所得税税率为 25%，则借款的成本率为：

$$K_L = \frac{100 \times 8\% \times (1-25\%)}{100 \times (1-0.1\%)} \times 100\% \approx 6.01\%$$

长期借款的手续费一般数额很小，若忽略不计，则长期借款成本率的计算公式就可简化为：

$$K_L = R_L(1-T)$$

仍利用例 5-1 资料，长期借款成本率为：

$$K_L = 8\% \times (1-25\%) = 6\%$$

若有补偿性余额，则企业可以动用的借款筹资额应扣除补偿性余额，这时借款的实际利率和成本率将会上升。

【例 5-2】承例 5-1，若银行要求 20% 的补偿性余额，借款手续费忽略不计算，这笔借款的成本率为：

$$K_L = \frac{100 \times 8\% \times (1-25\%)}{100 \times (1-20\%)} \times 100\% = 7.5\%$$

(2) 债券成本率

债券成本中的利息也是在所得税前支付的，但是其筹资费用一般较高，因此不能忽略不计。另外，债券的发行价格有等价、溢价和折价等情况，与其面值可能存在差异。因此债券成本率的测算与借款成本率有所不同。

在不考虑资金时间价值时，债券成本率可按下列公式测算：

$$K_b = \frac{I_b(1-T)}{B(1-f_b)}$$

式中，K_b 为债券成本率；I_b 为债券票面利息；B 为债券筹资额，按发行价格计算；f_b 为债券筹资费用率。

【例 5-3】某公司在筹资前根据市场预测，拟溢价发行总面额为 100 万元、发行价格为 102 万元、票面年利率为 8% 的 5 年期、每年付息一次的债券。发行费用为发行价格的 5%，公司所得税税率为 25%，该债券成本率为：

$$K_b = \frac{100 \times 8\% \times (1-25\%)}{102 \times (1-5\%)} \approx 6.19\%$$

本例中发行价格如果按面额平价发行，则债券成本率为：

$$K_b = \frac{100 \times 8\% \times (1-25\%)}{100 \times (1-5\%)} \approx 6.32\%$$

如果按 98 万元折价发行，则债券成本率为：

$$K_b = \frac{100 \times 8\% \times (1-25\%)}{98 \times (1-5\%)} \approx 6.44\%$$

由以上计算可以看出，与平价发行相比，溢价发行使得公司债券成本降低，折价发行使得公司债券成本升高。

2) 股权资本成本率的测算

股权资本包括优先股、普通股、留存收益等。由于这类资本的使用费均从税后支付，因此不存在节税功能。

(1) 优先股成本率

公司发行优先股需要支付发行费用，且优先股的股息通常是固定的，因此其计算公式为：

$$K_p = \frac{D_p}{P_p(1-f_p)} \times 100\%$$

式中，K_p 为优先股成本率；D_p 为优先股年股息；f_p 为优先股发行费率；P_p 为优先股筹资总额，按预计的发行价格计算。

【例 5-4】某公司拟发行优先股，总额为 200 万元，固定股息率为 12%，发行价格为 250 万元，发行费率为 6%，则优先股成本率为：

$$K_p = \frac{200 \times 12\%}{250 \times (1-6\%)} \times 100\% \approx 10.21\%$$

(2) 普通股成本率

普通股和优先股一样，股利也是税后支付的，没有固定的到期日，需支付很高的发行费用，所不同的是普通股的股利一般不固定，难以直接测算。按照资本成本实质上是投资必要报酬率的思路，普通股成本率的测算方法一般有3种：股利折现模型、资本资产定价模型和债券收益率加风险报酬率。

① 股利折现模型。股利折现模型的基本形式是：

$$P_c = \sum_{t=1}^{\infty} \frac{D_t}{(1+K_c)^t}$$

式中，P_c 为普通股融资净额，即发行价格扣除发行费用；D_t 为普通股第 t 年的股利；K_c 为普通股投资必要报酬率，即普通股成本率。

运用上述模型测算普通股成本率，会因具体股利政策不同而有所不同。

a. 固定股利模型

如果公司采用固定股利政策，即每年分派现金股利 D 元，则：

$$K_c = \frac{D}{P_c} \times 100\%$$

【例5-5】某公司新发行普通股，每股市场价格10元，发行费率为股票市价的6%。若每年股利固定为1元，长期保持不变，该公司新发行普通股的成本率为：

$$K_c = \frac{1}{10 \times (1-6\%)} \times 100\% \approx 10.64\%$$

b. 股利固定增长模型

股利固定增长模型又称戈登模型（Gordon Model）。假设股利按不变的增长率 g 增长，发行普通股上年股利为 D_0，则股价 P 为：

$$P = \frac{D_0(1+g)}{(1+K_c)} + \frac{D_0(1+g)^2}{(1+K_c)^2} + \frac{D_0(1+g)^3}{(1+K_c)^3} + \cdots + \frac{D_0(1+g)^t}{(1+K_c)^t} \tag{5-1}$$

假设 $K_c > g$，把式 (5-1) 两边同乘以 $(1+K_c)/(1+g)$，得：

$$P \frac{1+K_c}{1+g} = D_0 + \frac{D_0(1+g)^1}{(1+K_c)^1} + \frac{D_0(1+g)^2}{(1+K_c)^2} + \cdots + \frac{D_0(1+g)^{t-1}}{(1+K_c)^{t-1}} \tag{5-2}$$

式 (5-2) 减去式 (5-1)，得：

$$P \frac{1+K_c}{1+g} - P = D_0 - \frac{D_0(1+g)^t}{(1+K_c)^t}$$

由于 $K_c > g$，当 t 趋近于无穷大时，$\frac{D_0(1+g)^t}{(1+K_c)^t}$ 趋近于0，式 (5-2) 可简化为：

$$P \frac{1+K_c}{1+g} - P = D_0$$

用 D_1 表示第一年股利，上式可简化为：

$$P = \frac{D_0 \times (1+g)}{K_c - g} = \frac{D_1}{K_c - g}$$

$$K_c = \frac{D_1}{P} + g$$

【例 5-6】承例 5-5，若该公司每年股利不固定，预计第一年的股利为 0.8 元，未来每年股利按 7% 的比率增长，则该公司新发行普通股的成本率为：

$$K_c = \frac{0.8}{10 \times (1-6\%)} + 7\% \approx 15.51\%$$

② 资本资产定价模型 (capital asset pricing model，CAPM)。由于普通股的成本就是投资者的必要报酬率，根据 CAPM 模型，有：

$$K_c = R_f + \beta(R_m - R_f)$$

式中，R_f 为无风险收益率；β 为股票的 β 系数；R_m 为市场股票平均收益率。

【例 5-7】某公司普通股的 β 系数为 1.5，市场股票平均收益率为 13%，国库券收益率为 8%，则该公司的普通股成本率为：

$$K_c = 8\% + 1.5 \times (13\% - 8\%) = 15.5\%$$

③ 债券收益率加风险报酬率。从投资者的角度来看，股票投资的风险高于债券，因此股票投资的必要报酬率可以在债券收益率的基础上加上一定的风险补偿。这种测算方法比较简单，但是主观色彩浓厚。

【例 5-8】某公司已发行债券的投资报酬率为 6%，现拟发行一批股票，经过分析，股票投资高于债券投资的风险报酬率为 5%，则该股票成本率为：

$$K_c = 6\% + 5\% = 11\%$$

(3) 留存收益成本率

留存收益是企业把税后利润中的一部分留存于企业形成的，它属于普通股股东所有。从表面上看，企业留用利润并未发生成本支出，但本质上，这部分未派发的利润是股东对企业的追加投资，股东对这部分追加投资与原先缴纳的股本一样，也要求有相应的报酬。所以，留存收益筹资也有成本，只是这种成本是一种机会成本。

留存收益成本的计算方法与普通股成本的计算方法基本相同，只是无须考虑筹资费用。采用股利折现模型，留存收益成本率的计算公式如下。

股利以固定比率增长的企业，其留存收益成本率为：

$$K_s = \frac{D_1}{P_c} + g$$

式中，K_s 为留存收益成本；D_1 为普通股预计下一年股利；g 为固定股利增长率；P_c 为普通股市价。

股利保持长期稳定不变的企业，其留存收益成本率为：

$$K_s = \frac{D_c}{P_c}$$

式中，D_c 为普通股年股利。

利用留存收益方式筹集长期资金不需支付筹资费用，故其资本成本比普通股低。

2. 综合资本成本率的测算

综合资本成本率是以各种资本在全部资本中所占比重为权数，对各种资本成本进行加权平均后确定的，也称**加权平均资本成本**（weighted average cost of capital，WACC）。其计算公式为：

$$K_w = \sum_{i=1}^{n} K_i W_i$$

式中，K_w 为综合资本成本率，即加权平均资本成本；K_i 为第 i 种资本的个别资本成本率；W_i 为第 i 种资本占全部资本的比重，即权数，$\sum W_i = 1$。

在已确定个别资本成本率的情况下，获得企业各种资本占全部资本的比重后，即可计算企业的综合资本成本率。

【例 5-9】蓝天公司共有长期资本（账面价值）5 000 万元，有关资料见表 5-1。

表 5-1　蓝天公司长期资本结构

资本来源	账面金额 / 万元	权数 / (%)	税后资本成本 / (%)
银行借款	500	10	6.7
公司债券	1 500	30	10.0
普通股	2 500	50	15.5
留存收益	500	10	15.0
合计	5 000	100	

则综合资本成本率为：

$$K_w = 10\% \times 6.7\% + 30\% \times 10.0\% + 50\% \times 15.5\% + 10\% \times 15.0\% = 12.92\%$$

上述计算中的权数是按资本的账面价值来计算确定的，称为**账面价值权数**，其资料可以很方便地从会计报表中获得。但是，当资本的账面价值与市场价值发生严重背离时，计算结果就会与实际有较大差异，容易导致筹资决策失误。为避免这种失误，可采用**市场价值权数**或**目标价值权数**。

市场价值权数是按债券、股票的当前市场价格确定的权数。这样计算的综合资本成本率能反映企业当前的实际情况，有利于筹资决策。但由于证券市场的价格变动频繁，不易确定，为弥补这一不足，也可选用最近一段时期市场的平均价格作为市场价格来确定权数。

目标价值权数是以债券、股票未来预计的目标市场价值来确定权数。这种权数能体现企业期望的资本结构，而不是像账面价值权数和市场价值权数那样只反映过去和现在的资本结构，所以按目标价值权数计算的综合资本成本率更便于企业做筹资决策。

3. 边际资本成本率的测算

企业筹措新的资本用于投资，每增加一个单位资本而增加的成本称为边际资本成本。随着新资本的增加，企业经营规模扩大，经营风险也随之增加。假若新增资本使企业的债务继续增加，新债权人考虑到财务风险，必定要求提高贷款或债券的利率，使债务成本增加。

边际资本成本率是企业因追加筹资而需对不同规模和范围的筹资组合进行比较选择时所选用的。 企业新增资本时可能只采用一种筹资方式，也可能采用多种筹资方式。在目标资本结构既定的情况下，追加资本往往需要通过多种筹资方式来实现。这时，边际资本成本率需按加权平均法来计算，其权数采用目标资本结构价值权数。

【例 5-10】YT 公司目前拥有资本 1 000 万元，其中长期负债 200 万元，优先股 50 万元，普通股（含留存收益）750 万元。为了满足追加筹资的需要，公司拟筹措新资，试确定筹措新资的资本成本。

资本成本的测算可按下列步骤进行。

(1) 确定目标资本结构

假定公司财务人员经分析，确定目前的资本结构位于目标范围内，在今后增资时应予以保持，即长期债务占 20%，优先股占 5%，普通股占 75%。

(2) 确定各种资本的成本率

财务人员分析了资本市场状况和企业筹资能力，认定随着企业筹资规模的扩大，各种资本的成本也会发生变动。测算资料详见表 5-2。

表 5-2 YT 公司追加筹资的边际资本成本率测算表

资本种类	目标资本结构 / (%)	追加筹资数额范围 / 元	个别资本成本率 / (%)
长期债务	20	100 000 以下	6
		100 000 ~ 400 000	7
		400 000 以上	8
优先股	5	25 000 以下	10
		25 000 及以上	12
普通股	75	225 000 以下	14
		225 000 ~ 750 000	15
		750 000 以上	16

(3) 计算筹资总额分界点

筹资总额分界点是指在某种资本成本条件下可以筹集到的资金的总限度。随着企业筹集资金的增加，当资金超过一定限度时，其资本成本会随之增加。当筹资总额在分界点以内时，其原有的资本成本不变，一旦筹资总额超过分界点，其资本成本会随之增加。如表 5-3 所示，筹资总额分界点可根据目标资本结构和各种资本成本变化的分界点计算。其公式为：

$$BP_j = \frac{TF_j}{W_j}$$

式中，BP_j 为筹资总额分界点；TF_j 为第 j 种资本的成本分界点；W_j 为目标资本结构中第 j 种资本的比重。

表 5-3 YT 公司筹资总额分界点测算表

资本种类	个别资本成本率/(%)	各种资本筹资数额范围/元	筹资总额分界点	筹资总额范围/元
长期债务	6 7 8	100 000 以下 100 000～400 000 400 000 以上	$\dfrac{100\,000}{20\%}=500\,000$ $\dfrac{400\,000}{20\%}=2\,000\,000$	500 000 以下 500 000～2 000 000 2 000 000 以上
优先股	10 12	25 000 以下 25 000 及以上	$\dfrac{25\,000}{5\%}=500\,000$	500 000 以下 500 000 及以上
普通股	14 15 16	225 000 以下 225 000～750 000 750 000 以上	$\dfrac{225\,000}{75\%}=300\,000$ $\dfrac{750\,000}{75\%}=1\,000\,000$	300 000 以下 300 000～1 000 000 1 000 000 以上

(4) 测算边际资本成本率

根据步骤 (3) 算出的 4 个筹资总额分界点，可得出 5 个新的筹资总额范围：① 300 000 元以下；② 300 000～500 000 元；③ 500 000～1 000 000 元；④ 1 000 000～2 000 000 元；⑤ 2 000 000 元以上。

分别测算各筹资总额范围的边际资本成本率，见表 5-4。

表 5-4 YT 公司各筹资总额范围的边际资本成本率测算表

序号	筹资总额范围/元	资本种类	目标资本结构/(%)	个别资本成本率/(%)	边际资本成本率/(%)
1	300 000 以下	长期债务 优先股 普通股	20 5 75	6 10 14	1.20 0.50 10.50
	第一个筹资总额范围的边际资本成本率 =12.20%				
2	300 000～500 000	长期债务 优先股 普通股	20 5 75	6 10 15	1.20 0.50 11.25
	第二个筹资总额范围的边际资本成本率 =12.95%				
3	500 000～1 000 000	长期债务 优先股 普通股	20 5 75	7 12 15	1.40 0.60 11.25
	第三个筹资总额范围的边际资本成本率 =13.25%				

续表

序号	筹资总额范围/元	资本种类	目标资本结构/(%)	个别资本成本率/(%)	边际资本成本率/(%)
4	1 000 000～2 000 000	长期债务	20	7	1.40
		优先股	5	12	0.60
		普通股	75	16	12.00
	第四个筹资总额范围的边际资本成本率=14.00%				
5	2 000 000 以上	长期债务	20	8	1.60
		优先股	5	12	0.60
		普通股	75	16	12.00
	第五个筹资总额范围的边际资本成本率=14.20%				

5.2 杠杆原理

杠杆效应是指在合适的支点上使用杠杆，只用很小的力量便可产生很大的效果。财务管理中的杠杆效应，是指由于固定费用（固定成本和利息等）的存在，当业务量发生比较小的变化时，利润会产生比较大的变化。企业在取得杠杆利益的同时，也加大了收益波动的风险，因此，在资本结构决策中，企业必须权衡杠杆利益及其相关风险，进行合理的规划。企业的杠杆包括经营杠杆、财务杠杆和复合杠杆。

5.2.1 成本习性、边际贡献和息税前利润

1. 成本习性

成本习性又称**成本性态**，是指成本总额的变动与业务量之间的依存关系。这里的业务量可以是生产或销售的产品数量，也可以是反映生产工作量的直接人工小时数或机器工作小时数等。根据成本习性，可将成本分为固定成本和变动成本。

1) 固定成本

固定成本是指成本总额在一定时期和一定业务量范围内，不受业务量变动影响，保持不变的成本。例如，某企业全年的财产保险费为 10 000 元，则在一年内，不管产量为多少，财产保险费固定不变。因此，这笔财产保险费属于固定成本。固定成本通常包括厂房和机器设备的折旧、财产税、房屋租金、财产保险费、广告费和管理人员工资等。

固定成本是就成本总额而言的。随着业务量在一定范围内增加，单位业务量所包含的固定成本会相应地减少，即单位业务量的固定成本与业务量成反比。

2) 变动成本

变动成本是指成本总额随着业务量的变动而成正比例变动的成本。比如构成产品实体的原材料成本，其总额等于产量乘以单位产量原材料成本。在一定的技术条件下，单位产量原材料成本是固定的，原材料成本总额和产量成正比。因此原材料成本属于变动成本。变动成本通常包括直接材料、直接人工、包装材料，以及按销售量比例计算的佣金等。

变动成本也是就成本总额而言的。若从单位业务量的变动成本来看，它又是固定的，即它并不受业务量变动的影响。同固定成本类似，变动成本的变动性也是在相关范围内才具有的。

3) 固定成本、变动成本和总成本的关系

固定成本总额与变动成本总额构成产品总成本。固定成本、变动成本和总成本之间的关系可用公式表示为：

$$总成本 = 固定成本总额 + 变动成本总额$$
$$= 固定成本总额 + 单位变动成本 \times 业务量$$

设总成本为 y，固定成本总额为 a，业务量为 x，单位变动成本为 b。则总成本函数为：

$$y = a + bx \tag{5-3}$$

图 5.1 反映了固定成本 y_1、变动成本 y_2 和总成本 y 之间的关系。

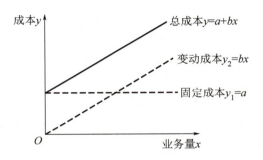

图 5.1 固定成本、变动成本和总成本关系示意图

2. 边际贡献

边际贡献又称**贡献毛益**或**边际利润**，是指产品销售收入超过变动成本的部分。边际贡献通常有两种表现形式：一是单位边际贡献；二是边际贡献总额。

1) 单位边际贡献

单位边际贡献又称**单位贡献毛益**或**单位边际利润**，是产品销售单价与产品单位变动成本的差额，它反映某种产品的盈利能力。单位边际贡献大，说明产品的盈利能力强。单位边际贡献的计算公式为：

$$cm = p - b$$

式中，cm 为单位边际贡献；p 为单位产品售价；b 为单位产品变动成本。

2) 边际贡献总额

边际贡献总额又称**贡献毛益总额**或**边际利润总额**，是各种产品的销售收入总额与变动成本总额之差。其计算公式为：

$$TCM = px - bx = (p-b)x = cm \cdot x \tag{5-4}$$

式中，TCM 为边际贡献总额；x 为销售量；p 为单位产品售价；b 为单位产品变动成本；cm 为单位边际贡献。

通常所说的边际贡献指边际贡献总额。

3. 息税前利润

息税前利润 (earnings before interest and tax,EBIT) 是产品销售收入补偿经营成本之后的余额,而经营成本又可分为固定成本和变动成本两部分。故有:

$$息税前利润 = 销售收入总额 - 经营成本$$
$$= 销售收入总额 - (变动成本总额 + 固定成本总额)$$
$$= 边际贡献总额 - 固定成本总额$$

需要指出的是,上述经营成本中**不包含利息支出**,即息税前利润是补偿利息和所得税之前的利润。

5.2.2 经营杠杆

1. 经营杠杆的概念

在其他条件既定的情况下,产销量的增加会降低单位固定成本,提高单位利润,从而使息税前利润的增长率大于产销量的增长率。同样,产销量的减少会提高单位固定成本,降低单位利润,从而使息税前利润的下降率也大于产销量的下降率。如果不存在固定成本,总成本会随产销量变动而成比例地变化,那么,企业息税前利润变动率就会同产销量变动率完全一致。这种由于存在固定成本而造成的息税前利润变动率大于产销量变动率的规律,称为**营业杠杆**或**经营杠杆**。现用表 5-5 加以说明。

表 5-5　产品销售与利润变动分析表　　　　　　　　单位:万元

年份	销售				变动成本		固定成本总额	息税前利润	
	数量	单价	金额	销量较基年增长	单位变动成本	总额		金额	较基年增长
基年	100	20	2 000		10	1 000	500	500	
1	120	20	2 400	20%	10	1 200	500	700	40%
2	80	20	1 600	-20%	10	800	500	300	-40%

从表 5-5 可知,与基年相比,当销售量增长 20% 时,息税前利润增长 40%,这是因为经营杠杆的有利作用使企业获得了更多的利益;当销售量减少 20% 时,息税前利润量减少 40%,这是因为经营杠杆的不利作用给企业带来了更大的损失。

2. 经营杠杆的衡量

根据以上分析可知,只要企业存在固定成本,就存在经营杠杆作用,但不同企业经营杠杆的作用程度是不同的。对经营杠杆作用程度一般采用**经营杠杆系数**来衡量。

经营杠杆系数 (degree of operating leverage,DOL) 又称**营业杠杆系数**,是**企业息税前利润的变动率与销售变动率的比率**。它反映经营杠杆的作用程度,即销售量变动引起息税前利润 EBIT 变动的程度。其测算公式为:

$$\text{经营杠杆系数} = \frac{\text{报告期息税前利润变动率}}{\text{报告期产销量变动率}}$$

$$DOL = \frac{\Delta EBIT / EBIT_0}{\Delta Q / Q_0} = \frac{\Delta EBIT / EBIT_0}{\Delta S / S_0}$$

式中，DOL 为经营杠杆系数；$EBIT_0$ 为基期息税前利润；$\Delta EBIT$ 为息税前利润的变动额；Q_0 为基期销售量；ΔQ 为销售量的变动额；S_0 为基期销售额；ΔS 为销售额的变动额。

根据式 (5-3)、式 (5-4)，可得：

$$EBIT_0 = (p-b)Q_0 - a$$

$$\Delta EBIT = \Delta Q(p-b)$$

$$DOL = \frac{\Delta Q(p-b) / [Q_0(p-b) - a]}{\Delta Q / Q_0} = \frac{Q_0(p-b)}{Q_0(p-b) - a} = \frac{TCM_0}{TCM_0 - a} = \frac{TCM_0}{EBIT_0}$$

【例 5-11】某集团公司有 A、B 两家子公司，其中 B 公司自动化程度较高，A 公司自动化程度较低。有关资料见表 5-6。

表 5-6　A、B 公司成本价格资料　　　　　　　　　　　　　　　　　　　　　单位：元

	A 公司	B 公司
固定成本	50 000	250 000
单位变动成本	10	5
单位售价	20	20

为了便于比较，假设 A、B 两家公司的基期销售量相同，均为 30 000 件，下面用表 5-7 测算 A、B 两家公司预计销售量分别上升 50% 和下降 50% 时的情形。

表 5-7　A、B 两家公司经营杠杆利益测算表　　　　　　　　　　　　　　　　单位：元

基期	A 公司	B 公司
销售收入	600 000	600 000
经营成本：		
固定成本	50 000	250 000
变动成本	300 000	150 000
息税前利润	250 000	200 000
销售增长 50%		
销售收入	900 000	900 000
经营成本：		
固定成本	50 000	250 000
变动成本	450 000	225 000

（单位：元） 续表

基期	A 公司	B 公司
息税前利润	400 000	425 000
息税前利润增长率/(%)	60	112.5
销售下降 50%		
销售收入	300 000	300 000
经营成本：		
固定成本	50 000	250 000
变动成本	150 000	75 000
息税前利润	100 000	−25 000
息税前利润增长率/(%)	−60	−112.5

从表 5-7 可以看出，当销售收入发生变化时，B 公司的息税前利润变动幅度要大于 A 公司的息税前利润变动幅度。这种差异主要是由两家公司固定成本所占的比重不同导致的。

当销售量为 30 000 件时，A 公司的经营杠杆系数为：

$$\text{DOL}_A = \frac{\text{TCM}}{\text{TCM} - a} = \frac{(20-10) \times 30\,000}{(20-10) \times 30\,000 - 50\,000} = 1.2$$

B 公司的经营杠杆系数为：

$$\text{DOL}_B = \frac{\text{TCM}}{\text{TCM} - a} = \frac{(20-5) \times 30\,000}{(20-5) \times 30\,000 - 250\,000} = 2.25$$

A 公司在销售 30 000 单位时的经营杠杆系数为 1.2，意味着销售变化 1% 会引起息税前利润变化 1.2%，即若销售额增长 50%，则息税前利润增长 60%。B 公司在销售 30 000 单位时的经营杠杆系数为 2.25，意味着销售变化 1% 会引起息税前利润变化 2.25%，即若销售额增长 50%，则息税前利润增长 112.5%。

3. 经营杠杆和经营风险

经营风险是指与企业经营相关的风险，即企业未来经营利润或息税前利润的不确定性。企业的经营利润或息税前利润既受到外界政治、经济、市场等因素的影响，也受到内部各种因素的影响。

一般来说，**在其他因素不变的情况下，固定成本越高，经营杠杆系数越大，经营风险就越大**。除固定成本外，影响企业经营风险的还有以下几个因素。

① 产品需求。当其他因素保持不变时，市场对一个企业的产品需求越稳定，该企业经营风险就越小；反之，经营风险就越大。

② 产品售价。如果一个企业的产品在市场上的销售价格比较稳定，那么这个企业的经营风险相对较小；反之，经营风险就较大。

③ 产品成本。产品成本是收入的抵减项，这里的产品成本是构成产品要素的所有投

入品成本（或价格），如原料进价、人工费用等。产品成本不稳定，会导致利润不稳定，因此，产品成本变动大的，经营风险就大；反之，经营风险就小。

④调整价格的能力。当产品成本变动时，若企业具有较强的调整价格的能力，经营风险就小；反之，经营风险就大。

虽然经营杠杆本身并不是利润不稳定的根源，但是当产销量变动时，息税前利润将以经营杠杆系数倍数的幅度变动。可见，经营杠杆扩大了生产和市场等不确定因素对利润的影响，经营杠杆系数越大，企业的经营风险就越大。例 5-11 中，A 公司的经营杠杆系数比 B 公司的经营杠杆系数小，说明 A 公司的经营风险比 B 公司的经营风险小。

经营杠杆原理

应用案例 5-1

租金高＋客流减少　德克士东莞店两年亏损近 400 万元关门

【案情简介】

2014 年，西式快餐特许加盟品牌德克士位于东莞的唯一加盟店关门歇业，其拖欠两个月租金、水电费及员工工资近 20 万元等问题也浮出水面。

德克士东莞店加盟商游先生接受采访时表示，由于德克士在东莞的知名度不高，自 2012 年 11 月开业以来生意不温不火，2014 年 2 月之后，客流锐减，生意越发惨淡，开业至今累计亏损近 400 万元。此外，面对每月占营业额三成的租金，德克士东莞店倍感压力，请求降租未获同意，最终该店因运营资金周转出现困难而关门歇业。

（资料来源：胡飞军. 每日经济新闻，2014.9.10）

【案例点评】

租金是德克士东莞店的固定成本，每月占营业额三成，表明企业经营风险较大，同时客流锐减，销售收入达不到预期目标，必然导致企业息税前利润以更快的速度下降，这是德克士东莞店关门歇业的主要原因。

5.2.3 财务杠杆

1. 财务杠杆的概念

财务杠杆是指资金结构中借款和固定收益证券（债券、优先股）的运用，导致普通股每股收益变动率大于息税前利润变动率的现象。由于利息和优先股股利通常是固定支付的，当息税前利润增长时，每 1 元息税前利润所承担的债务利息会降低，从而提高每股收益，产生财务杠杆效应。它有两种表现状态：一种是在现有资本结构不变的情况下，息税前利润的变动对净资产收益率的影响；另一种是在息税前利润不变的情况下，改变负债比重对净资产收益率的影响。

1）资本结构不变，息税前利润变动情况下的财务杠杆效应

在企业资本结构一定的情况下，企业从息税前利润中支付的债务利息是相对固定的，当息税前利润增加时，每 1 元息税前利润所负担的债务利息就会相应降低，扣除所得税后可分配给企业所有者的利润就会增加，从而给企业所有者带来额外的收益。

【例 5-12】 某企业自有资本总额为 500 万元，基期息税前利润为 100 万元。如果由于市场变化而引起息税前利润发生变化，则会引起企业的净资产收益率也发生变化。有关资料见表 5-8。

表 5-8　息税前利润变动对净资产收益率的影响

	基期 / 万元	息税前利润增加 10%	息税前利润下降 10%
息税前利润 (EBIT) / 万元	100	110	90
利息费用 / 万元	40	40	40
利润总额 / 万元	60	70	50
所得税 (25%) / 万元	15	17.5	12.5
税后利润 / 万元	45	52.5	37.5
自有资本总额 / 万元	500	500	500
净资产收益率 / (%)	9	10.5	7.5
净资产收益率变动率 / (%)	—	16.67	−16.67

从表 5-8 可以看出，在企业资本结构不变的情况，当息税前利润变化 (10%) 时，由于固定利息费用的存在，企业净资产收益率以更大的比例 (16.67%) 变化。

2) 息税前利润不变，资本结构变动情况下的财务杠杆效应

净资产收益率的公式为：

$$净资产收益率 = \left[总资产报酬率 + \frac{负债资本}{股权资本} \times (总资产报酬率 - 平均负债利率) \right] \times (1 - 所得税税率)$$

假定企业总资产报酬率一定，且大于平均负债利率，则提高资本结构中的负债比重，会相应地提高净资产收益率；反过来，如果总资产报酬率低于平均负债利率，则提高负债比重，会引起净资产收益率下降。

【例 5-13】 某企业总资产为 100 万元，息税前利润为 30 万元，负债利率为 10%，所得税税率为 25%，则在不同的资本结构下，其净资产收益率的计算见表 5-9（表中结构指负债资本与股权资本的比例）。

表 5-9　不同资本结构下的净资产收益率计算表

项目	结构 (1) 0∶100	结构 (2) 20∶80	结构 (3) 50∶50	结构 (4) 80∶20
息税前利润 / 万元	30	30	30	30
负债利率 / (%)	10	10	10	10
利息 / 万元	0	2	5	8
税前利润 / 万元	30	28	25	22
所得税 / 万元	7.5	7	6.25	5.5

续表

项目	结构 (1) 0:100	结构 (2) 20:80	结构 (3) 50:50	结构 (4) 80:20
税后利润/万元	22.5	21	18.75	16.5
净资产收益率/(%)	22.5	26.25	37.5	82.5

从表 5-9 可知，在总资产报酬率为 30%(30/100×100%) 并且大于负债利率 (10%) 的前提下，随着负债比重的上升，企业的纳税额呈递减趋势，即由 7.5 万元，逐步递减至 7 万元、6.25 万元和 5.5 万元，负债的节税功能显著。

利用公式计算也可得到同样的结果，以结构 (2) 为例：

$$净资产收益率 = \left[30\% + \frac{20}{80} \times (30\% - 10\%)\right] \times (1 - 25\%) = 26.25\%$$

负债比重的上升对净资产收益率升高的加速作用是以总资产报酬率大于负债利率为前提的。调高负债比重将使净资产收益率升高，调低负债比重将产生净资产收益率的机会损失。而当总资产报酬率小于负债利率时，调高负债比重将加速净资产收益率的下降，调低负债比重将放缓净资产收益率的下降。

应用案例 5-2

王××所借高利贷靠什么偿还？

【案情简介】

王××因偿还不起高利贷，向某公司老板李××借款，前后累计借款 135 万元，约定月息率 10%。此后王××陆续归还现金 184 万元，并用一套价值 70 万元的房屋抵债，最后还剩大约 17 万元实在没有资金归还。

【案例点评】

常识告诉我们，经营项目总资产年报酬率高于负债年利率 (120%) 的可能性几乎不存在，也就是说，王××不可能依靠所借高利贷经营合法项目还本付息，只能依靠其他资金来源归还；否则，债务违约不可避免。

2. 财务杠杆的衡量

根据以上分析可知，只要企业存在固定财务支出的债务和优先股，就存在财务杠杆作用。但不同的企业或同一个企业在不同资本结构下，财务杠杆的作用程度是不同的，因此，需要衡量其大小。对财务杠杆作用进行衡量时通常采用财务杠杆系数。

财务杠杆系数 (degree of financial leverage，DFL) 是指息税前利润变化所引起的普通股每股利润（或净资产收益率）变化的程度。即财务杠杆系数等于普通股每股利润变动率与息税前利润变动率的比率。其计算公式为：

$$财务杠杆系数 = \frac{报告期税后利润变动率}{报告期息税前利润变动率} = \frac{报告期普通股每股利润变动率}{报告期息税前利润变动率}$$

$$DFL = \frac{\Delta EAT / EAT_0}{\Delta EBIT / EBIT_0} = \frac{\Delta EPS / EPS_0}{\Delta EBIT / EBIT_0}$$

式中，DFL 为财务杠杆系数；ΔEAT 为税后利润变动额；EAT_0 为基期税后利润；$EBIT_0$ 为基期经营利润，即基期息税前利润；$\Delta EBIT$ 为息税前利润的变动额；EPS_0 为基期普通股每股利润额，即基期每股收益；ΔEPS 为普通股每股利润变动额，即每股收益变动额。

为了便于计算，设债务利息为 I，企业所得税税率为 T，则以上公式经推导、变换，可得：

$$DFL = \frac{EBIT_0}{EBIT_0 - I - \dfrac{D}{1-T}}$$

式中，D 为优先股股利。

例 5-13 中，不同资本结构下的财务杠杆系数计算见表 5-10。

表 5-10　不同资本结构下的财务杠杆系数

项目	结构(1) 0∶100	结构(2) 20∶80	结构(3) 50∶50	结构(4) 80∶20
息税前利润/万元	30	30	30	30
利率/(%)	10	10	10	10
利息/万元	0	2	5	8
税前利润/万元	30	28	25	22
财务杠杆系数	1.0	1.07	1.2	1.36

从表 5-10 可以看出，负债比重越大，财务杠杆系数越大。可见，在盈利情况下，适当地利用负债发挥财务杠杆作用，可以提高净资产收益率，增加企业的价值。

3. 财务杠杆和财务风险

财务风险又称融资风险或筹资风险，是指筹资活动给企业和普通股股东带来的风险，尤其是指通过使用债务和优先股影响普通股股东收益的风险。影响财务风险的因素主要有以下几个方面。

(1) 利率水平的变动

市场利率水平较低，有利于降低企业的财务费用，使利润水平上升；反之，就会使利润水平下降。

(2) 资本结构的变化

表 5-10 结果显示，在其他因素不变的情况下，负债比重越高，财务杠杆系数越大。

财务杠杆
原理

(3) 盈利能力的变化

如果企业经营状况比较稳定，获得的息税前利润完全能支付债务利息，则企业的财务风险相对较小；如果企业销售状况不稳定，并且有较大的经营杠杆，有可能出现息税前利润不能支付债务利息的局面，则企业的财务风险相对较大。

虽然**财务杠杆本身并不是税后利润不稳定的根源**，但财务杠杆扩大了生产和市场等不确定因素对净资产收益率变动的影响。即财务杠杆系数越大，净资产收益率变动就越激烈，企业的财务风险就越大。

5.2.4 复合杠杆

1. 复合杠杆的概念

复合杠杆又称**联合杠杆**或**总杠杆**，是由经营杠杆和财务杠杆组合形成的总杠杆。

由 5.2.2 和 5.2.3 可知，生产中固定成本的存在会产生经营杠杆作用，使得企业较小的销售额变化能引起较大的息税前利润的变化；对债务资本的利用，使企业存在固定的利息或股息支出，产生财务杠杆作用，使得息税前利润的变化能引起普通股每股利润更大幅度的变化。如果企业同时存在经营杠杆和财务杠杆，那么这两种杠杆的共同作用会使得企业销售额的微小变化引起普通股每股利润的大幅度变化，这就是复合杠杆的作用。

2. 复合杠杆的衡量

根据以上分析可知，只要企业存在固定成本，就存在经营杠杆的作用；只要企业存在固定财务支出的债务或优先股，就存在财务杠杆的作用。两者共同作用就形成了复合杠杆作用。但不同的企业或同一个企业在不同资本结构和销售规模下，复合杠杆的作用程度是不同的。因此，需要对复合杠杆的作用进行衡量。对复合杠杆作用进行衡量时一般采用复合杠杆系数。

复合杠杆系数（degree of total leverage，DTL）又称**联合杠杆系数**、**综合杠杆系数**或**综合杠杆作用度**，它等于普通股每股利润变动率与产销量变动率的比率，其计算公式为：

$$复合杠杆系数 = \frac{报告期普通股每股利润变动率}{报告期产销量变动率}$$

$$DTL = \frac{\dfrac{\Delta EPS}{EPS_0}}{\dfrac{\Delta Q}{Q_0}}$$

式中，DTL 为复合杠杆系数；ΔEPS 为普通股每股利润的变动额；EPS_0 为基期普通股每股利润；ΔQ 为产销量的变动；Q_0 为基期产销量。

为简化计算，可将复合杠杆系数转换为：

$$DTL = \frac{\frac{\Delta EPS}{EPS_0}}{\frac{\Delta Q}{Q_0}} = \frac{\frac{\Delta EPS}{EPS_0}}{\frac{\Delta EBIT}{EBIT_0}} \times \frac{\frac{\Delta EBIT}{EBIT_0}}{\frac{\Delta Q}{Q_0}} = DOL \times DFL$$

3. 复合杠杆和复合风险

在复合杠杆的作用下，当企业的产销量上升时，投资者的报酬（税后利润）会大幅度地上升；当企业的产销量下降时，投资者的报酬（税后利润）会大幅度地下降。这种放大作用是经营杠杆和财务杠杆共同作用的结果。企业的复合杠杆系数越大，税后利润的变动幅度就越大。

由于复合杠杆作用而使企业税后利润（投资者的报酬）大幅度变动所造成的风险称为复合风险。在其他因素不变的情况下，复合杠杆系数越大，复合风险就越大；复合杠杆系数越小，复合风险就越小。

5.3 资本结构

5.3.1 资本结构的含义

资本结构是指企业资本的构成及其比例关系。它有广义和狭义之分。广义的资本结构是指企业全部资本的构成，包括长期资本和短期资本；而狭义的资本结构仅指长期资本的构成。本节讨论的资本结构是狭义的资本结构。

5.3.2 资本结构理论

资本结构理论是关于资本结构、综合资本成本率与公司价值之间关系的理论。美国学者将 20 世纪 50 年代之前的资本结构理论称为"早期资本结构理论"，将 20 世纪 50 年代之后的以 MM 理论为代表的资本结构理论称为"现代资本结构理论"。

1. 早期资本结构理论

1952 年，美国财务管理专家大卫·杜兰特把早期资本结构理论分为 3 种类型：净利理论、营业净利理论和传统折中理论。

1) 净利理论

净利理论认为，债权资本比例越高，企业的综合资本成本率越低，公司的净利润就越多，从而企业价值就越高。该理论的出发点是：无论债权资本的比例如何变化，债权资本成本率和股权资本成本率都是固定不变的。因此，只要债权资本成本率低于股权资本成本率，那么随着债权资本比例的增大，综合资本成本率就会下降，企业价值随之增加。

2) 营业净利理论

营业净利理论又称净营业收入理论。该理论认为，无论债权资本比例如何变化，综合资本成本率都是固定的，因而企业价值也是固定不变的。该理论的基本假设是债权资本比例的增大会增加股权资本的风险，因此，即使债权资本成本率不变，股权资本成本率也会上升。即企业利用成本率低的债务所获得的利益会被股权资本成本率的上升抵消，企业综合资本成本率不变，企业价值不变。

3) 传统折中理论

传统折中理论是介于上述两种理论之间的折中观点，该理论认为，增加债权资本对提高企业价值是有利的，但债权规模必须适度。如果负债过高，综合资本成本率会升高，企业价值会下降。该理论承认债权资本比例增加会导致股权资本成本率上升，但是在一定幅度内股权资本成本率上升并不能完全抵消企业利用成本率低的债务所获得的利益，企业的综合资本成本率仍会下降，企业价值会上升。如果负债超出一定比例，企业财务风险加大，企业利用成本率低的债务所获得的利益抵消不了股权资本成本率的上升，企业的综合资本成本率上升，企业价值下降。

2. 现代资本结构理论

1) MM 理论

MM 理论是由美国财务管理学家莫迪利亚尼和米勒于 1958 年创建的。该理论包括无公司税时的 MM 模型、有公司税时的 MM 模型以及考虑了个人所得税的模型。

1958 年，莫迪利亚尼和米勒提出了无公司税时的 MM 模型。在一系列严格的假设下，该模型认为，负债比例上升，股权资本成本率也随之上升，低债权成本带来的利益正好被股权资本成本率的上升所抵消。所以，负债增加，企业综合资本成本率和企业价值不变。1963 年，莫迪利亚尼和米勒进一步提出了有公司税时的 MM 模型。他们在假设有公司所得税的情况下，得出了负债会因利息的抵税作用而增加企业价值这一结论。1976 年，米勒提出了一个将公司所得税和个人所得税包括在内的模型，即米勒模型。根据该模型，负债减税的利益正好被股票投资者需缴纳的个人所得税所抵消，即综合资本成本率和企业价值与资本结构无关。

2) 权衡理论

MM 理论成功地利用数学模型，揭示了资本结构中负债的意义，但它只是单方面地考虑了负债给企业所带来的减税利益，而没有考虑负债可能给企业带来的预期损失。权衡理论在这方面有了进一步的发展。权衡理论是同时考虑了负债的减税利益和预期损失，并将利益与损失进行适当权衡来确定企业价值的理论。权衡理论认为，有负债企业的价值等于无负债企业价值加上负债的减税利益，再减去预期损失。

3) 代理成本理论

代理成本理论是在研究代理成本与资本结构的关系的基础上形成的，主要涉及股东与管理层之间、股东与债权人之间的代理成本。代理成本理论认为，由于管理层和股东的利益不一致，管理层可能会做出一些不利于股东的行为，而股东则需要通过一些手段来监督和控制管理层的行为，以保护自己的利益，从而产生了股权代理成本。由于企业的经理人是股东聘任的，当债权人和股东之间出现利益冲突时，经理人及管理层会更多地考虑股东利益，如资本不足、风险转移等。因此，债权人必然会加强约束和监督，这就会导致企业经营效率下降，并产生额外的监督费用，即债务代理成本。代理成本理论认为，合适的资本结构会增加企业价值，它是通过债务代理成本和股权代理成本之间的平衡来实现的。

4) 信号传递理论

信号传递理论认为，由于信息是不对称的，企业可以通过调整资本结构，向外界传递盈利、风险等有关企业发展质量的信息。比如在企业价值被低估时增加负债，增强投资者信心。

5) 啄序理论

啄序理论又称**优序理论**，是以信息不对称和交易成本的存在为前提的。啄序理论认为，公司融资存在顺序偏好，首先是进行内部融资，如留用利润（不会向外界传递对股价不利的信息），然后是进行债务融资（借款、发行债券），最后才是进行股权融资。

5.3.3 资本结构的影响因素

1. 最佳资本结构

资本结构是企业筹资决策的核心问题。企业应综合考虑其影响因素，运用适当的方法确定企业的最佳资本结构，并在今后的追加筹资活动中加以保持。所谓**最佳资本结构**是指在一定期间内，使**企业加权平均资本成本最低**、**企业价值最大**的资本结构。其判断标准有以下3个。

① 有利于最大限度地增加所有者财富，能使企业价值最大化。
② 企业加权平均资本成本最低。
③ 资产保持适宜的流动性，资本结构具有弹性。

其中，加权平均资本成本最低是主要标准。

2. 影响资本结构最优化的因素

(1) 资本成本

由于债务利率通常低于股票股息率，再加上利息的抵税作用，使债务资本成本率明显低于股权资本成本率。因此，适度提高资本结构中负债的比重可降低企业的综合资本成本率。

(2) 企业风险

经营风险和财务风险构成了企业的总风险，提高负债比重会增加企业的财务风险，进而使企业的总风险扩大。因此，经营风险较高的企业，应降低负债比重，以保持财务稳定，降低企业总风险；而经营风险较低的企业，可适当提高负债比重，充分利用财务杠杆获取更多的收益。

(3) 企业所有者和管理者的态度

企业所有者对企业控制权的态度，会影响企业筹资方式的选择。为了确保企业的控制权不被稀释或旁落，股东会尽可能以负债方式筹资，从而会形成较高的负债比重。激进型的管理者可能会为了获得较多的财务杠杆收益而安排较高的负债比重；反之，稳健型的管理者在筹资决策中为减少财务风险，可能会尽量降低负债的比重。

(4) 行业差异及企业特点

由于不同行业的经营方式不同，因此不同行业的企业在资本结构方面也存在很大差别。一般而言，工业企业的负债比重较低，而流通企业及房地产开发企业的负债比重较高。同一行业的不同企业也有各自的经营特点，其资本结构也不可能完全处于同一水平。

企业在筹资决策中应以其所处行业资本结构的一般水平为参照，结合本企业的特点，分析与同行业其他企业的差异，合理确定本企业的资本结构。

(5) 企业发展状况

处于成长中的企业，由于经营规模扩张较快，需投入大量的资金，往往倾向于增加负债；经营稳定的企业，其发展速度放慢，不会再增加负债，对资本的补充一般通过留存利润来实现；而陷于经营萎缩状态的企业，一般需采取各种办法，尽可能降低负债比重，以减少财务杠杆的不利作用所造成的损失。

(6) 企业盈利能力

盈利能力强的企业，可利用较多的留存利润来满足增资的需要，一般无须大量使用债务资本；而盈利能力弱的企业，不能通过留存利润来满足增资需要，发行股票对投资者来说也没有吸引力，只能通过高利率发行债券或向银行借款来筹集资金。

(7) 贷款人的态度和评信机构的影响

企业在进行较大规模的债务筹资时，一般需征求贷款人的意见。如果企业的负债过多，则贷款人可能会提高新增贷款的利率，或拒绝向企业提供新增贷款。同样，如果企业的负债过多，信用评级机构可能会降低企业的信用等级，这样会影响企业的筹资能力，增加企业的资本成本。

(8) 所得税税率

利息有抵税作用，因此，较高的所得税税率会刺激筹资者更多地采用债务筹资方式；如果所得税税率很低，债务筹资的抵税利益不明显，则对筹资者的吸引力会下降。

5.3.4 资本结构决策方法

从 5.3.3 节的分析可以看出，债务筹资具有节税、降低资本成本等功能，因此，负债是企业采用的主要筹资方式。但是，随着负债比重的不断上升，负债利率趋于上升，企业破产风险增大。因此，如何找出最佳的负债点（最佳资本结构），使得债务筹资的优点得以充分发挥，同时又避免其不足，是筹资管理的关键。财务管理上将最佳负债点的选择称为资本结构决策。

常用的资本结构决策方法有两种：比较资本成本法和无差别点分析法。

1. 比较资本成本法

比较资本成本法是指计算不同资本结构的加权平均资本成本，并选择其中加权平均资本成本最低的资本结构。它以资本成本高低作为确定最佳资本结构的唯一标准，其在理论上与企业价值最大化相一致，在实践上简单实用。其决策过程包括以下几步。

① 确定各方案的资本结构。

② 确定各资本结构下的加权平均资本成本。

③ 进行比较，选择加权平均资本成本最低的资本结构。

【例 5-14】大伟公司拟筹资 1 000 万元，现有 A、B、C 3 种筹资方案可以选择，见表 5-11。

表 5-11　A、B、C 3 种筹资方案下的资本结构

筹资方式	A 方案		B 方案		C 方案	
	筹资额/万元	资金成本/(%)	筹资额/万元	资金成本/(%)	筹资额/万元	资金成本/(%)
长期借款	80	6	100	7	160	7.5
公司债券	200	8	300	9	240	8.5
优先股	120	12	200	12	100	12
普通股	600	15	400	15	500	15
合计	1 000	—	1 000	—	1 000	—

计算各方案的综合资本成本率 WACC：

$$\text{WACC (A)} = 6\% \times \frac{80}{1\,000} + 8\% \times \frac{200}{1\,000} + 12\% \times \frac{120}{1\,000} + 15\% \times \frac{600}{1\,000} = 12.52\%$$

$$\text{WACC (B)} = 7\% \times \frac{100}{1\,000} + 9\% \times \frac{300}{1\,000} + 12\% \times \frac{200}{1\,000} + 15\% \times \frac{400}{1\,000} = 11.80\%$$

$$\text{WACC(C)} = 7.5\% \times \frac{160}{1\,000} + 8.5\% \times \frac{240}{1\,000} + 12\% \times \frac{100}{1\,000} + 15\% \times \frac{500}{1\,000} = 11.94\%$$

经过计算与比较，B 方案的加权平均资本成本最低，因此，选择 B 方案最为可行。

比较资本成本法的优点是其在应用中具有直观性，操作简便。另外，资本成本的降低必然给企业财务带来良好的影响，在一定条件下也可以使企业的市场价值增大。但仅仅以加权平均资本成本最低作为标准，而不考虑风险等其他因素，可能会导致企业市场价值的波动。

2. 无差别点分析法

无差别点分析法又称息税前利润－每股利润分析法（EBIT-EPS 分析法），是利用净资产收益率无差别点（或每股收益无差别点）的分析来选择和确定筹资方案。所谓净资产收益率无差别点是指使不同筹资方案的净资产收益率相等时的息税前利润点，也称息税前利润平衡点或无差别点。根据净资产收益率无差别点，可分析判断在追加筹资时应选择哪种方式，并合理安排和调整资本结构。

【例 5-15】某公司目前拥有资本 1 600 万元，其中，债券 600 万元（年利率 8%），普通股 800 万元（80 万股），优先股 200 万元（10 万股，年股利固定为每股 2 元）。所得税税率为 25%。该公司准备追加筹资 400 万元，有以下两种方案可选择。

① 发行债券 400 万元，年利率 10%，以面值发行；

② 发行普通股 40 万股，每股发行价格为 10 元。

如果增资后该公司预计的息税前利润率可达 20%，试确定该公司最佳的筹资方案。

根据题意，用表 5-12 进行分析。

表 5-12　增资后的普通股每股收益计算

项目	发行债券（方案1）	发行股票（方案2）
资产总额/万元	2 000	2 000
其中：负债/万元	1 000 (600+400)	600
股权资本/万元	1 000	1 400
息税前利润/万元	400	400
减：利息/万元	88	48
税前利润/万元	312	352
减：所得税(25%)/万元	78	88
优先股股利/万元	20	20
普通股盈余/万元	214	244
普通股每股收益/元	2.675	2.033

由表 5-12 可知，当息税前利润率为 20% 时，发行债券的每股收益（2.675 元）较发行普通股的每股收益（2.033）高，发行债券筹资比发行股票筹资可行。

表 5-12 是在预计息税前利润率为 20%，即息税前利润为 400 万元时计算出来的，如果预计息税前利润为 150 万元或 450 万元，情况会怎么样呢？息税前利润达到多少时，采用两种方案是无差别的？这可以通过计算来确定。计算公式为：

$$\frac{(\text{EBIT}-I_1)\times(1-T)-D_1}{N_1}=\frac{(\text{EBIT}-I_2)\times(1-T)-D_2}{N_2} \tag{5-5}$$

式中，EBIT 为息税前利润平衡点，即无差别点；I_1、I_2 为两种增资方案下的年利息；D_1、D_2 为两种增资方案下的优先股股利；N_1、N_2 为两种增资方案下的普通股股数。

将有关数据代入公式：

$$\frac{(\text{EBIT}-88)\times(1-25\%)-20}{80}=\frac{(\text{EBIT}-48)\times(1-25\%)-20}{120}$$

求得 EBIT ≈ 194.67 万元。它表示：①当息税前利润预计等于 194.67 万元时，无论选择发行债券还是选择发行普通股，普通股每股收益相等（0.75 元）。②当息税前利润预计大于 194.67 万元时，则发行债券筹资更有利。③当息税前利润预计小于 194.67 万元时，则发行普通股筹资更有利。

以上结果如图 5.2 所示。

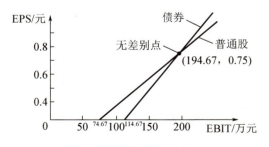

图 5.2　无差别点分析

对于非股份公司，在计算净资产收益率的无差别点时，只需考虑将式 (5-5) 分母中的"普通股股数"替换为"股权资本总额"，并在分子中去除"优先股股利"项即可，用公式表示为：

$$\frac{(\text{EBIT}-I_1)\times(1-T)}{C_1}=\frac{(\text{EBIT}-I_2)\times(1-T)}{C_2}$$

式中，C_1、C_2 为两种增资方式下的股权资本总额。
其计算原理类同，不再举例。

资本结构

习题

1. 单项选择题

(1) 一般而言，企业资本成本最低的筹资方式是（   ）。
  A. 长期借款   B. 发行债券   C. 发行普通股   D. 利用留存收益

(2) 某企业发行了期限为 5 年的长期债券 10 000 万元，年利率为 8%，每年年末付息一次，到期一次还本，债券发行费率为 1.5%，企业所得税税率为 25%，该债券的资本成本率为（   ）。
  A. 6%   B. 6.09%   C. 8%   D. 8.12%

(3) 某公司普通股目前的股价为 25 元/股，筹资费率为 6%，刚刚支付的每股股利为 2 元，股利固定增长率为 2%，则该企业利用留存收益的资本成本为（   ）。
  A. 10.16%   B. 10%   C. 8%   D. 8.16%

(4) 在筹资分界点范围内筹资，原来的资本成本不会改变，超过筹资分界点筹资，即使维持现有的资本结构，其资本成本也（   ）。
  A. 会增加   B. 不会增加   C. 可能降低   D. 维持不变

(5) 下列各项中，会导致经营杠杆效应最大的情况是（   ）。
  A. 实际销售额等于目标销售额   B. 实际销售额大于目标销售额
  C. 实际销售额等于盈亏临界点销售额   D. 实际销售额大于盈亏临界点销售额

(6) 既具有财务杠杆作用，又具有抵税效应的筹资方式是（   ）。
  A. 发行优先股   B. 发行普通股   C. 发行债券   D. 使用留存收益

(7) 财务杠杆系数是由企业资本结构决定的，即支付固定性资金成本的债务资本越多，企业的财务杠杆系数（   ）。
  A. 越大   B. 越小   C. 不变   D. 反比例变化

(8) 假定某企业的权益资金与负债资金的比例为 60∶40，则可断定该企业（   ）。
  A. 只存在经营风险   B. 经营风险大于财务风险
  C. 经营风险小于财务风险   D. 同时存在经营风险和财务风险

(9) 某公司的经营杠杆系数为 1.8，财务杠杆系数为 1.5，则该公司销售额每增长 1 倍，就会造成每股收益增加（   ）。
  A. 1.2 倍   B. 1.5 倍   C. 0.3 倍   D. 2.7 倍

(10) 某企业财务杠杆系数为 2，经营杠杆系数为 1.5，年营业收入为 500 万元，变动成本率为 40%。如果固定成本增加 50 万元，复合杠杆系数将变成（   ）。
  A. 4.7   B. 5.8   C. 6   D. 7.5

2. 多项选择题

(1) 下列项目中属于用资费的有（   ）。

A. 借款手续费　　B. 借款利息　　C. 普通股股利　　D. 优先股股利

(2) 在计算下列各项资本的资本成本时,需要考虑筹资费用的有(　　)。

A. 普通股　　B. 债券　　C. 长期借款　　D. 留存收益

(3) 影响加权平均资本成本高低的因素有(　　)。

A. 个别资本成本　　　　　　　　B. 边际本成本
C. 资金筹资渠道　　　　　　　　D. 各种资金所占的权重

(4) 在计算资本成本时,通常把资金筹集费用作为筹资总额的一项予以扣除,这是因为(　　)。

A. 资金用资费数额大　　　　　　B. 资金筹资费一次性发生
C. 资金筹资费属于固定成本　　　D. 资金筹资费在资金使用前发生

(5) 在企业资本结构中,适当提高负债比重,会使企业(　　)。

A. 降低资本成本　　　　　　　　B. 加大财务风险
C. 扩大销售规模　　　　　　　　D. 发挥财务杠杆的作用

(6) 在其他因素不变的情况下,(　　)越大,则经营杠杆系数越大。

A. 固定资产折旧　　B. 债务利息　　C. 融资租赁租金　　D. 普通股股利

(7) 下列各项因素中,影响企业资本结构决策的有(　　)。

A. 企业的经营状况　　　　　　　B. 企业的信用等级
C. 国家的货币供应量　　　　　　D. 管理者的风险偏好

(8) 关于总杠杆系数正确的表述有(　　)。

A. 经营杠杆系数 × 财务杠杆系数　　B. 每股收益变动率 ÷ 销售额变动率
C. 经营杠杆系数 + 财务杠杆系数　　D. 净资产收益率变动率与销售变动率的比率

(9) 关于复合杠杆系数,下列说法正确的有(　　)。

A. 复合杠杆系数反映普通股每股利润变动率与息税前利润变动率之间的比率
B. 反映产销量变动对普通股每股利润的影响
C. 复合杠杆系数越大,企业的风险越大
D. 复合杠杆系数等于经营杠杆系数与财务杠杆系数之和

(10) 在边际贡献大于固定成本的情况下,下列措施中有利于降低企业整体风险的有(　　)。

A. 增加产品销量　　　　　　　　B. 提高产品单价
C. 提高资产负债率　　　　　　　D. 节约固定成本支出

3. 判断题

(1) 在企业在筹资过程中,必须考虑的因素是筹资成本。(　　)
(2) 资本成本包括资金筹集费用和资金使用费用两部分。(　　)
(3) 资本成本既包括资金时间价值,又包括投资的风险价值。(　　)
(4) 由于留存收益是企业利润形成的,不是外部筹资所得,所以留存收益没有成本。(　　)
(5) 发行股票在各种筹资方式中资本成本最高。(　　)
(6) 一般来讲,当企业增加债务资本时,企业的综合资本成本率上升。(　　)
(7) 在个别资本成本率一定的情况下,企业综合资本成本率的高低取决于资本总额。(　　)
(8) 企业在达到最佳资本结构时债务资本成本最低。(　　)
(9) 只要企业存在固定成本,就存在经营杠杆作用。(　　)
(10) 在企业筹资过程中,衡量财务杠杆作用的大小的指标是财务杠杆系数。(　　)

4. 计算题

(1) 甲公司 20×6 年年末长期资本为 5 000 万元,其中长期银行借款为 1 000 万元,年利率为 6%;所有者权益(包括普通股股本和留存收益)为 4 000 万元。公司计划在 20×7 年追加筹资

5 000万元，其中按面值发行债券2 000万元，票面利率为6.86%，期限5年，每年付息一次，到期一次还本，筹资费用率为2%；发行优先股3 000万元，固定股息率为7.76%，筹资费用率为3%。公司普通股β系数为2；一年国债利率为5%，市场平均报酬率为9%。公司适用的所得税税率为25%。假设不考虑筹资费对资本结构的影响，发行债券和优先股不影响借款利率和普通股股价。

要求：
① 计算甲公司长期借款的资本成本；
② 计算甲公司发行债券的资本成本(不考虑资金时间价值)；
③ 计算甲公司发行优先股的资本成本；
④ 利用资本资产定价模型计算甲公司留存收益的资本成本；
⑤ 计算甲公司20×7年完成筹资计划后的平均资本成本。

(2) 某企业年销售额280万元，固定成本32万元(不包括利息支出)，变动成本率60%，股东权益200万元，负债与股东权益比率为45%，负债利息率12%，所得税税率25%。要求计算净资产收益率、经营杠杆系数、财务杠杆系数和复合杠杆系数。

(3) 某公司20×6年财务杠杆系数为2，净利润为750万元，所得税税率25%，该公司全年固定成本总额为1 500万元，公司年初发行了一种债券，数量为1万张，每张面值为1 000元，发行价格为1 100元，债券年利率为10%，发行费用占发行价格的2%。

要求：根据上述资料计算以下指标。
① 20×6年利润总额；　② 20×6年利息总额；　③ 20×6年息税前利润总额；
④ 20×6年经营杠杆系数；　⑤ 20×6年债券筹资成本。

(4) 某公司目前拥有资金1 000万元，其中，普通股750万元，每股价格10元；债券150万元，年利率8%；优先股100万元，年股息率15%。所得税税率25%。该公司准备追加筹资500万元，有下列两种方案可供选择。A：发行债券500万元，年利率10%；B：发行股票500万元，每股发行价格20元。

要求：①计算两种筹资方案的每股收益无差别点；②如果该公司预计的息税前利润为240万元，确定该公司最佳的筹资方案。

5.思考题
(1) 个别资本成本率、综合资本成本率与边际资本成本率的内涵各是什么？
(2) 经营杠杆与财务杠杆对企业净利润的影响路径分别是什么？
(3) 比较资本成本法与无差别点分析法进行资本结构决策的依据分别是什么？

6.案例分析

大宇资本结构的神话

1999年11月1日，当时的韩国第二大企业集团大宇集团正式宣布，该集团董事长金宇中及14名下属公司的总经理决定辞职，以表示"对大宇的债务危机负责，并为推行结构调整创造条件"。

大宇集团(以下简称大宇)于1967年奠基立厂，其创办人金宇中当时是一名纺织品推销员。经过30年的发展，通过政府的政策支持、银行的信贷支持和在海内外的大规模并购，大宇成为直逼韩国最大企业——现代集团的庞大商业帝国。1998年年底，大宇总资产高达640亿美元，营业额占韩国GDP的5%，业务涉及贸易、汽车、电子、通用设备、重型机械、化纤、造船等众多行业，其在韩国国内所属企业曾多达41家，海外公司数量创下过600家的记录，鼎盛时期，海外雇员多达几十万名，大宇成为国际知名品牌。大宇是"章鱼足式"扩张模式的积极推行者，认为企业规模越大，就越能立于不败之地，即所谓的"大马不死"。据报道，1993年金宇中提出"世界化经营"战略时，大宇在海外的企业只有15家，而到1998年年底已有600多家。

1997年年底韩国发生金融危机后，其他企业集团都开始收缩，但大宇仍然我行我素，结果债务越背越重。尤其是1998年年初，韩国政府提出"五大企业集团进行自律结构调整"方针后，其他集团把结构调整的重点放在改善财务结构方面，努力减轻债务负担。大宇却认为，只要提高开工率、增加销售额和出口，就能躲过这场危机。因此，它继续大量发行债券，进行"借贷式经营"。1998年大宇发行的公司债券达7万亿韩元（约58.33亿美元）。1998年第四季度，大宇的债务危机已初露端倪，在各方援助下才避过债务灾难。此后，在严峻的债务压力下，大梦方醒的大宇虽做出了种种努力，但为时已晚。1999年7月中旬，大宇向韩国政府发出求救信号；7月27日，大宇因"延迟重组"，被韩国4家债权银行接管；8月11日，大宇在压力下屈服，割价出售两家财务出现问题的公司；8月16日，大宇与债权人达成协议，在1999年年底前，将出售盈利最佳的大宇证券公司，以及大宇电器、大宇造船、大宇建筑公司等，大宇的汽车项目资产免遭处理。"8月16日协议"的达成，表明大宇已处于破产清算前夕，遭遇"存"或"亡"的险境。在此后的几个月中，大宇依然经营不善，资产负债率居高不下，大宇最终不得不走向破产。

思考题：
(1) 大宇集团倒下的原因固然是多方面的，其中财务杠杆起到了什么样的作用？
(2) 如何理解"财务杠杆效应是一把双刃剑"这句话？
(3) 取得财务杠杆利益的前提条件是什么？
(4) 什么是最优资本结构？其衡量的标准是什么？
(5) 我国资本市场上大批ST、PT上市公司及依靠国家政策和信贷支持发展起来而又债务累累的国有企业，从"大宇神话"中应吸取哪些教训？

（资料来源：毛付根，周晓英，梁丽，2000.透视"大宇神话"[J].财务与会计(7)：13-15）

7. 课程实践

选择一家上市公司，假设该公司拟增资额达到股本的20%，根据公司年报及其他相关资料，以进一步优化公司资本结构（资产负债率60%）为目标，拟定该公司的筹资方案。

第 6 章 投资管理

学习目标

知识要点	能力要求	关键术语
投资	(1) 理解投资的意义 (2) 了解投资的种类和投资活动的业务流程	(1) 投资 (2) 项目投资；证券投资
项目投资决策指标	(1) 掌握项目投资决策的基本指标 (2) 熟悉项目投资决策指标的应用	(1) 现金流入量；现金流出量；现金净流量；经营现金流量 (2) 相关成本；机会成本 (3) 投资回收期；年均报酬率 (4) 净现值；现值指数；内含报酬率
证券投资管理	(1) 掌握证券的价值评估方法 (2) 熟悉证券投资收益的计量方法	股票投资；债券投资

2014 年 ×× 轿车宣布投资 43.48 亿元（新增建设投资 41.90 亿元，铺底流动资金 1.58 亿元），在长春建设新能源工厂项目，但后来被董事会投票终止了，原因是："公司根据市场环境变化和未来产品规划，经反复研究论证，通过对现有工厂的生产工艺技术等进行改造以有效提升生产能力，能够满足未来产品的布局及销售需求。本着效益最大化的原则，公司拟调整未来新能源产品实施地点暨终止建设新能源工厂项目，符合国家相关政策精神，可以优化企业资源配置，提升资金使用效率，维护公司和全体股东的利益。"公开的原因语焉不详，但不难发现，财务可行性评价未获通过是 ×× 轿车新能源工厂项目终止的重要原因之一。那么，如何评价投资项目的财务可行性呢？这正是本章所要解决的主要问题。

6.1 企业投资概述

6.1.1 企业投资的意义

投资是指特定经济主体为了在可预见的将来获得与风险相匹配的收益或使资金增值，

在一定时期内对现有资金的一种运用。其意义主要有3个。

(1) 投资是企业实现财务管理目标的基本保证

企业无论追求什么样的财务管理目标，都是以投资作为基本前提的。企业需要垫付一定数量的货币或实物形态的资本，购建和配置各类有形、无形的经济资源，才能从事各类经营活动，并获取经营利润，增加企业的现金流量。

(2) 投资是企业发展生产的必要手段

企业的投资过程是购建流动资产和非流动资产，形成生产条件和生产能力的过程。通过投资，企业可以进军一个新兴行业，开发一种新产品，调整企业的经营方向，优化企业的人力资源、物力资源和财力资源配置等，从而形成新的生产能力，取得更大的经济利益。

(3) 投资是企业降低风险的重要途径

企业经营面临着各种风险。投资是企业控制风险的重要手段。通过投资，企业可以开发新产品，增强核心竞争力，实现多元化经营，分散风险，降低资产的流动性风险、贬值风险、应收资产违约性风险等，增强企业收益的稳健性。

6.1.2 企业投资的分类

1. 按投资在再生产过程中的作用分类

按在再生产过程中的作用不同，投资可分为简单再生产投资和扩大再生产投资。简单再生产投资是指为了更新生产经营中已经老化的物质资源所进行的投资，其特点是把原来生产经营过程中收回的资金重新投入生产过程，保持生产能力不变，如更新替换旧设备的投资、配套流动资金投资、生产技术革新的投资等。简单再生产投资风险相对较小，不会改变企业未来的发展战略全局，因此，也称战术性投资。扩大再生产投资是指为了扩大企业现有的生产经营规模所进行的投资，对企业未来的生产经营发展全局有重大影响，如企业间兼并、合并投资，转换新行业和开发新产品投资，大幅度提高生产能力的投资等。扩大再生产投资也称战略性投资。

2. 按投资对象的形态分类

按投资对象的形态不同，投资可分为项目投资和证券投资。项目投资属于直接投资，是指企业购买具有实质内涵的经营资产的投资，包括有形资产投资和无形资产投资。证券投资属于间接投资，是指企业通过购买具有权益性的证券资产，依证券资产上所赋予的权利，间接参与或控制被投资企业的生产经营活动，获取收益的投资。

3. 按投资项目之间的关系分类

按投资项目之间的关系不同，投资可分为非相关性投资和相关性投资两类。如果采纳或放弃某一项目并不显著地影响另一投资项目，则可以说这两个项目在经济上是不相关的，可以同时并存。比如一家制造公司在通用设备上的投资和它在某些办公设施上的投资，就是两个不相关的投资项目。因此，非相关性投资项目决策考虑的是方案本身是否满足某种决策标准，如预期投资报酬率要达到30%才能被采纳，这里的30%的预期投资报酬率就是决策标准。

如果采纳或放弃某个投资项目，可以显著地影响另外一个投资项目，就可以说这两个项目是相关的，如对油田的投资和对输油管道的投资便属于相关性投资。

4. 按增加利润的途径分类

按增加利润的途径不同，投资可分为 扩大收入的投资 与 降低成本的投资 两类。

5. 按投资活动资金投出的方向分类

按投资活动资金投出的方向不同，投资可分为 对内投资 和 对外投资。对内投资是指在本企业范围内部进行资金投放，形成各项流动资产、固定资产、无形资产和其他资产的投资。对外投资是指向企业外部其他单位投放资金，以期获取未来投资收益。

6.1.3 投资活动的业务流程

项目投资管理概述

投资项目的金额大，资金占用时间长，具有不可逆转性，对企业的财务状况和经营前景影响较大，一旦决策失误，就会严重影响企业的财务状况和现金流量，甚至会使企业走向破产。因此，企业必须按特定的程序，运用科学的方法对外投资项目进行可行性分析，以保证投资决策正确有效。投资活动的一般程序如下。

1. 提出投资项目

企业的各级管理人员都可根据国家法律法规、宏观经济形势和企业发展战略提出新的投资项目。企业的高级管理人员提出的投资项目一般是规模较大的战略性投资，如企业兼并、重组等，其方案一般由生产、市场、财务等各方面专家组成的专门小组撰写。企业中层、基层人员提出的主要是战术性投资项目，其方案由主管部门组织人员拟订。

2. 评价投资项目的财务可行性

可行性分析主要包括环境可行性、技术可行性、市场可行性、财务可行性等方面的分析。财务可行性分析是投资项目可行性分析的主要内容，因为投资项目的根本目的是经济效益最大化，市场和技术可行性的落脚点也是经济效益，项目实施后的业绩绝大部分表现在价值化的财务指标上。财务可行性分析主要是计算与项目有关的预计收入和成本，预测投资项目的现金流量，运用净现值、内含报酬率等项目经济性指标评价方法，充分评估项目收益与风险的关系，把各投资项目按优劣顺序进行排队，完成评价报告，请上级批准。

3. 投资项目决策

投资项目评价完成后，企业就要做出投资决策。企业要按照规定的权限和程序对投资项目进行决策审批，投资项目要经过分级审批、集体决策，决策者应与方案制定者适当分离。企业要重点审查投资方案是否可行、投资项目是否符合投资战略目标和规划、是否具有相应的资金能力、投入资金能否按时收回、预计收益能否实现，以及投资和并购风险是否可控等。

4. 投资项目的执行

企业决定对某项目进行投资后，应积极筹措资金，实施投资方案。在投资项目实施过程中，必须加强对投资项目的管理，密切关注投资项目的市场条件和政策变化，准确做好投资项目的会计记录和处理。企业应定期组织投资效益分析，发现异常情况时，应当及时报告并妥善处理。同时，在投资项目实施过程中，还必须根据各种条件，准确地对投资项目的价值进行评估，并根据投资项目的公允价值进行会计记录。如果发生投资减值，则应及时提取减值准备。

5. 投资项目的再评价

在投资项目实施过程中，企业还应注意审查原来的决策是否正确、合理。一旦出现新的情况，就要随时根据新情况做出新的评价。如果情况发生重大变化，原来投资决策已变得不合理，那么，就要对投资项目是否应中途停止做出决策，以避免出现更大的损失。

投资活动的具体业务流程如图6.1所示。

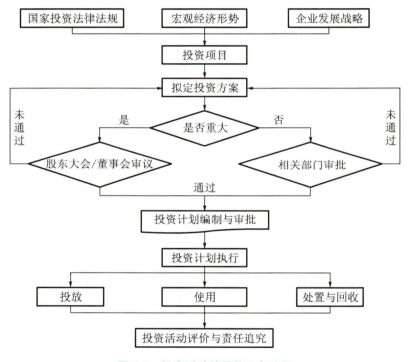

图6.1 投资活动的具体业务流程

（资料来源：财政部会计司解读《企业内部控制应用指引第6号——资金活动》）

6.2 项目投资

项目投资是指以特定项目为对象，直接与新建项目或更新改造项目有关的投资行为。项目投资包括固定资产项目投资和无形资产项目投资。本节主要介绍固定资产项目投资。

6.2.1 项目投资的特点

1. 投资金额较大

项目投资一般涉及固定资产投资和流动资产垫资等,所需资金一般较多。

2. 投资回收期较长

固定资产项目所投资金一般需要几年甚至几十年才能收回。因此,固定资产项目投资对企业今后的长期发展,甚至是生存都有着决定性的影响。这就要求企业在进行固定资产项目投资前必须进行认真的可行性研究。

3. 投资的变现能力较差

项目投资的实物形态主要是厂房和机器设备等固定资产,有些甚至是专用性资产,这些资产不易改变用途,出售困难,因此变现能力较差。

4. 资金占用额相对稳定

项目投资一经完成,在资金占用数量上便保持相对稳定,不像流动资产投资那样经常变动。如果在一定范围内增加业务量,企业往往并不需要立即增加固定资产投资,通过挖掘潜力、提高效率就可以完成增加的业务量。反之,如果在一定范围内减少业务量,为维持一定的生产能力,企业也不会立即大量出售固定资产。

5. 投资的实物形态与价值形态可以分离

项目投入使用后,随着固定资产的磨损,固定资产价值便逐步脱离其实物形态,转化为货币准备金(折旧),而剩余部分仍存在于实物形态中。在使用年限内,保留在固定资产实物形态上的价值逐年减少,而脱离实物形态转化为货币准备金的价值却逐年增加。

6. 投资风险较大

由于项目投资回收期较长,而在较长的回收期内不确定因素较多,加之项目投资不容易变现,因此项目投资的风险一般较大。

> **特别提示**
>
> 项目投资的主要风险点有:第一,投资活动与企业战略不符带来的风险;第二,投资与筹资在资金数量、期限、成本与收益上不匹配的风险;第三,投资活动忽略资产结构与流动性的风险;第四,缺乏严密的授权审批制度和不相容职务分离制度的风险;第五,缺乏严密的投资资产保管与会计记录的风险。
>
> (资料来源:财政部会计司解读《企业内部控制应用指引第6号——资金活动》)

6.2.2 现金流量估算

1. 项目投资期

项目投资期是指投资项目从投资建设开始到项目报废清理结束为止的时间,包括**项目建设期**和**项目运营期**。项目建设期是指从项目投资建设开始到项目建成投产为止的时间。

项目运营期是指从项目建成投产开始到项目报废清理为止的时间。项目投资期、项目建设期和项目运营期之间的关系为：

$$项目投资期 = 项目建设期 + 项目运营期$$

2. 现金流量分类方法

项目投资的现金流量是指与投资项目有关的现金流入和流出的数量，或由投资项目引起的现金收入、现金支出增加的数量。这里的"现金"不仅包括各种货币资金，还包括项目投资需要投入的企业现有的非货币资源的变现价值。现金流量是一个时点指标，项目投资的现金流量通常假设为发生在期初或期末。现金流量分类方法主要有以下几种。

1) 按现金流动的方向不同，项目投资的现金流量可分为现金流入量、现金流出量和现金净流量

(1) 现金流入量

现金流入量是指投资项目引起的现金收入的增加额。它包括：购入新设备时旧设备的变现收入；项目建成投产后每年增加的产品销售或劳务收入；项目有效期满报废清理过程中的残料变价收入、收回原垫支的流动资金等。

(2) 现金流出量

现金流出量是指投资项目引起的现金支出的增加额。它包括：项目建设过程中购置设备或生产线的价款，项目建设工程支出，项目投产前垫支的流动资金；项目投产后每年增加的付现成本（材料费、人工费等）；项目有效期满支付的清理费等。

(3) 现金净流量

现金净流量是某一时点现金流入量与现金流出量的差，用公式表示为：

$$现金净流量 = 现金流入量 - 现金流出量$$

2) 按现金流量发生的时间不同，项目投资的现金流量可分为初始现金流量、经营现金流量、终结现金流量

(1) 初始现金流量

初始现金流量是指项目建设过程中发生的现金流量，一般包括以下4个方面。

① 固定资产上的投资，包括固定资产的购入或建造成本、运输成本和安装成本等。
② 流动资产上的投资，包括对材料、在产品、产成品和现金等流动资产的投资。
③ 其他投资费用，包括与项目投资有关的职工培训费、谈判费、注册费用等。
④ 原有固定资产的变价收入，指固定资产更新时，变卖旧固定资产所得的现金收入。

(2) 经营现金流量

经营现金流量是指投资项目投入使用后，在其有效期内由生产经营所带来的现金流入和流出的数量。经营现金流量一般按年度进行计算。经营现金流入主要指与销售有关的现金收入，经营现金流出主要指经营现金支出（不含利息支出）和缴纳的与经营活动相关的税金。那么，年经营现金净流量 NCF 的计算公式为：

$$年经营现金净流量 = 年营业收入 - 年经营付现成本 - 所得税$$

或

$$年经营现金净流量 = 税后营业利润 + 年非付现经营成本$$

或

年经营现金净流量 = 年营业收入 ×(1– 所得税税率)– 年经营付现成本 × (1– 所得税税率)+ 年非付现经营成本 × 所得税税率

（3）终结现金流量

终结现金流量是指投资项目有效期满时所发生的现金流量，主要包括以下 4 个方面。
① 固定资产的残值收入或变价收入。
② 原来垫支在各种流动资产上的资金的收回。
③ 停止使用的土地的变价收入等。
④ 固定资产的清理支出等。

3. 现金流量估算必须注意的问题

要正确计算投资项目的现金流量必须先注意以下问题。

(1) 分清相关成本和非相关成本

相关成本是指与特定项目有关的，在项目分析评价时必须考虑的成本，如差量成本、重置成本、可避免成本等；**非相关成本**是指与特定项目无关的，在项目分析评价时不需考虑的成本，如沉没成本、账面成本、不可避免成本等。

(2) 不要忽视机会成本

机会成本是指在经济决策过程中，因选取最优方案而放弃次优方案所付出的代价或丧失的潜在利益。企业有些资源常常有多种用途，即有多种使用的"机会"，但用在某一方面，就不能同时用在其他方面，因此，在决策分析中，必须把已放弃方案可能获得的最高收益作为被选取方案的机会成本，这样才能对所选中方案的经济效益做出正确的评价。机会成本在决策中不容忽视，所选中方案的预计收益必须大于机会成本，否则，所选中的方案就不是最优方案。如果某项资源只有一种用途，则其机会成本为零。比如自来水公司或天然气公司的地下管道只有一种用途，故其机会成本为零。

应用案例 6-1

上马项目需要添置的设备：改造还是购置？

【案情简介】

项目甲需要添置设备 B，购置成本 20 000 元，而决策者目前已经拥有闲置的设备 C，其账面成本为 30 000 元，并在主要性能上与设备 B 相同，但要想完全满足项目甲的需要，还必须对其进行改造，改造成本为 5 000 元。

这样就出现了两个方案：购置方案和改造方案。就购置方案而言，设备成本为 20 000 元，而改造方案的成本似乎为 35 000 元 (30 000+5 000)，看起来购置方案的成本更低，少了 15 000 元 (35 000–20 000)。按照这一思路做决策是否正确呢？

【案例点评】

情形一：闲置设备无转让价值

采用购置方案，将新增成本 20 000 元；采用改造方案，由于闲置的设备 C 的账面成本在决策前已经实际支出，无论决策结果如何，都无法收回该账面成本，设备 C 的账面成本 30 000 元为沉没成本，是与决策无关的成本，只有改造成本 5 000 元是新增成本。通过这样的分析，购置方案在新增成本上要比改造方案高 15 000 元（20 000–5 000），所以在不考虑其他因素的情况下，应当选择改造方案，而不是购置方案。

情形二：闲置设备 C 可对外转让

此时，闲置设备对外转让的净收益就成为采用改造方案的机会成本，是决策的相关成本，决策中必须予以考虑。如果转让净收益高于 15 000 元，则采用改造方案的总成本就会高于 20 000 元 (5 000+15 000)，因此应当选购置方案；如果转让收益低于 15 000 元，则应选改造方案。

(3) 重视对净营运资金的影响

投资项目建成投产后，企业的存货、应收账款等经营性流动资产一般会增加，与此同时，企业业务规模扩大也会引起应付账款、应付费用等经营性流动负债的增加，从而降低企业流动资金的实际需要。净营运资金是增加的经营性流动资产和增加的经营性流动负债的差额。当投资项目建成投产时，企业就必须筹措资金以满足净营运资金增加的需求。当投资项目有效期满时，与项目有关的存货、应收账款又可以变现，应付账款、应付费用也随之偿还，项目投产时垫支的净营运资金也可以收回。

4. 投资项目现金流量估算举例

【例 6-1】 天一公司准备购入一设备以扩充生产能力。现有甲、乙、丙 3 个方案可供选择。甲方案需投资 10 000 元，使用寿命为 5 年，采用直线折旧法计提折旧，5 年后设备无残值。5 年中每年销售收入为 6 000 元，每年付现成本为 2 000 元。乙方案需投资 11 000 元，使用寿命为 5 年，采用直线折旧法计提折旧，5 年后设备残值为 1 000 元。5 年中每年销售收入为 6 000 元，每年付现成本为 2 000 元。丙方案需投资 12 000 元，采用直线折旧法计提折旧，使用寿命也为 5 年，5 年后有残值收入 2 000 元。前 4 年每年的销售收入均为 8 000 元，第 5 年销售收入为 4 650 元，付现经营成本第 1 年为 3 000 元，以后随着设备陈旧，修理费逐年增加 400 元，直至第 5 年结束，另需垫支营运资金 6 000 元。假设所得税税率为 25%，试计算 3 个方案的现金流量。

为计算现金流量，必须先计算各方案每年的折旧额：

$$甲方案每年折旧额 = 10\ 000/5 = 2\ 000(元)$$

$$乙方案每年折旧额 = (11\ 000 - 1\ 000)/5 = 2\ 000(元)$$

$$丙方案每年折旧额 = (12\ 000 - 2\ 000)/5 = 2\ 000(元)$$

下面先用表 6-1 计算各方案的经营现金流量，再结合初始现金流量和终结现金流量计算各方案的全部现金流量，见表 6-2。

在表 6-1 和表 6-2 中，$t=0$ 代表第 1 年年初，$t=1$ 代表第 1 年年末，$t=2$ 代表第 2 年年末，依次类推。在现金流量的计算中，为了简化计算，一般都假定各年投资在年初一次发生，各年经营现金流量在各年年末一次发生，终结现金流量在最后一年年末发生。

表 6-1 各方案的经营现金流量计算表　　　　　　　　　　　　　　　　　　　　　　　单位：元

项目	$t=1$	$t=2$	$t=3$	$t=4$	$t=5$
甲方案、乙方案					
销售收入 (1)	6 000	6 000	6 000	6 000	6 000

续表

项目	t=1	t=2	t=3	t=4	t=5
付现成本 (2)	2 000	2 000	2 000	2 000	2 000
折旧 (3)	2 000	2 000	2 000	2 000	2 000
税前净利 (4) = (1) - (2) - (3)	2 000	2 000	2 000	2 000	2 000
所得税 (5) = (4) × 25%	500	500	500	500	500
税后净利 (6) = (4) - (5)	1 500	1 500	1 500	1 500	1 500
年经营现金净流量 (7) = (1) - (2) - (5) = (3) + (6)	3 500	3 500	3 500	3 500	3 500
丙方案					
销售收入 (1)	8 000	8 000	8 000	8 000	4 650
付现成本 (2)	3 000	3 400	3 800	4 200	4 600
折旧 (3)	2 000	2 000	2 000	2 000	2 000
税前净利 (4) = (1) - (2) - (3)	3 000	2 600	2 200	1 800	-1 950
所得税 (5) = (4) × 25%	750	650	550	450	0
税后净利 (6) = (4) - (5)	2 250	1 950	1 650	1 350	-1 950
年经营现金净流量 (7) = (1) - (2) - (5) = (3) + (6)	4 250	3 950	3 650	3 350	50

表 6-2　各方案的全部现金流量计算表　　　　　　　　　　单位：元

项目	t=0	t=1	t=2	t=3	t=4	t=5
甲方案						
固定资产投资	-10 000					
经营现金净流量		3 500	3 500	3 500	3 500	3 500
现金流量合计	-10 000	3 500	3 500	3 500	3 500	3 500
乙方案						
固定资产投资	-11 000					
经营现金流量		3 500	3 500	3 500	3 500	3 500
固定资产残值						1 000
现金流量合计	-11 000	3 500	3 500	3 500	3 500	4 500
丙方案						
固定资产投资	-12 000					
营运资金垫支	-6 000					
经营现金流量		4 250	3 950	3 650	3 350	50
固定资产残值						2 000
营运资金回收						6 000
现金流量合计	-18 000	4 250	3 950	3 650	3 350	8 050

5. 投资决策中使用现金流量的原因

财务会计以按权责发生制计算的净利润作为净收益，评价企业的经济效益。而项目投资决策中则以按收付实现制计算的现金净流量作为项目的净收益，评价投资项目的经济效益。投资决策之所以要以现金流量作为评价项目经济效益的基础，主要有以下原因。

① **项目投资期内现金净流量总额与净利润总额相等**。若不考虑资金的时间价值，同一项目投资期内，各年计算的净利润减去折旧总额等于固定资产投资现金流出总额，因此，各年净利润之和与各年现金净流量之和相等。这就为利用现金流量进行投资项目评价创造了可能性。

② **现金流量便于考虑资金的时间价值**。科学的投资决策必须考虑资金的时间价值，这就要求在决策时一定要弄清每笔预期收入款项和支出款项的具体时间，因为不同时间的资金具有不同的价值。现金流量反映了与投资项目有关的现金流入和流出的具体时间；而利润的计算，并不考虑资金实际收付的时间，不便于考虑资金的时间价值。

③ **现金流量的计算比较客观**。在项目投资决策中应用现金流量能科学、客观地评价投资方案的优劣，而利润则明显存在客观性较差的问题。一方面，利润的计算经常受存货估价、费用摊配和折旧计提等会计估计方法的影响，具有较大的主观性，作为决策的主要依据不太可靠；另一方面，利润反映的是某一会计期间"应计"的现金流量，而不是实际的现金流量。若以未实际收到现金的收入作为收益，容易高估投资项目的经济效益，从而降低项目决策的科学性和合理性。

现金流量的估算

6.2.3 项目投资决策指标

1. 非贴现现金流量指标

非贴现现金流量指标是指不考虑资金时间价值的投资决策指标。这类指标主要有两个：**投资回收期**与**年均报酬率**。

1) 投资回收期

投资回收期是指收回全部初始投资所需要的时间。

投资回收期的计算方法，因每年的经营现金净流量是否相等而有所不同。

情形一：初始投资在投产前一次投入，没有建设期且投产后每年的现金净流量均相等，则投资回收期的计算公式为：

$$投资回收期 = \frac{初始投资额}{年经营现金净流量}$$

【例6-2】天一公司的详细资料见例6-1，其中甲方案的投资回收期为：

$$甲方案投资回收期 = 10\,000/3\,500 \approx 2.857(年)$$

情形二：初始投资分次投入，或有建设期，或投产后各年的经营现金净流量不相等，此时要逐年计算到每年年末累计的现金净流量并与初始投资额比较，求出两者相等的时间点，即可求出投资回收期。

【例 6-3】天一公司的详细资料见例 6-1，其中丙方案各年的现金流量见表 6-3。

表 6-3　丙方案现金流量表　　　　　　　　　　　　　　　单位：元

项目	$t=0$	$t=1$	$t=2$	$t=3$	$t=4$	$t=5$
初始投资额	−18 000					
经营现金流量		4 250	3 950	3 650	3 350	50
终结现金流量						8 000
现金流量合计	−18 000	4 250	3 950	3 650	3 350	8 050
累计现金流量	−18 000	−13 750	−9 800	−6 150	−2 800	5 250

丙方案的投资回收期为：

丙方案投资回收期 $=4+2\,800/8\,050\approx 4.35$（年）

项目的投资回收期若小于等于要求的回收期，项目可行；反之，则项目不可行。多个可行的投资项目相比较时，投资回收期越短，项目投资收回的速度越快，项目越优。

投资回收期方法的主要**优点**是计算过程比较简单，主要**不足**是没有考虑项目初始投资额收回后的现金流量状况，也没有考虑资金的时间价值，这会影响投资项目评价和决策的准确性。

2）年均报酬率

年均报酬率（average rate of return，ARR）是投资项目寿命周期内平均每年的投资报酬率，也称平均投资报酬率。年均报酬率有多种计算方法。

方法 1：年均报酬率 = 项目周期内年均净利 / 项目初始投资额 ×100%

方法 2：年均报酬率 = 项目周期内年均现金净流量 / 项目初始投资额 ×100%

方法 3：年均报酬率 = 项目周期内年均净利 / 项目年均占用资金额 ×100%

方法 4：年均报酬率 = 项目周期内年均现金净流量 / 项目年均占用资金额 ×100%

项目平均占用资金额一般可用项目初始投资额与项目终结现金流量的和除以 2 进行计算。由于项目周期内现金净流量总额与净利润总额相等，项目周期内年均现金净流量与项目周期内年均净利也相等，所以，方法 1 与方法 2、方法 3 与方法 4 的年均报酬率计算结果也分别相同。

【例 6-4】根据例 6-1 中天一公司甲方案的资料及表 6-1 和表 6-2，用上述 4 种方法计算年均报酬率。

方法 1：甲方案年均报酬率 =1 500/10 000 ×100%=15%

方法 2：甲方案年均报酬率 =[（3 500×5−10 000）/5]/10 000×100%=15%

方法 3：甲方案年均报酬率 = 1 500/（10 000/2）×100%=30%

方法 4：甲方案年均报酬率 =[（3 500×5−10 000）/5]/（10 000/2）×100%=30%

年均报酬率方法的**优点**是计算简单，便于理解。投资者应事先确定要达

非贴现现金流量评价指标

到的必要报酬率。年均报酬率大于投资者要求的必要报酬率，项目可行；反之，项目不可行。多个可行的项目相比较时，年均报酬率越高，投资项目越优。该方法的主要缺点是没有考虑资金的时间价值，所以，有时会导致错误的决策。

2. 贴现现金流量指标

贴现现金流量指标是指考虑了资金时间价值的指标。这类指标主要有净现值、现值指数、内含报酬率。

1) 净现值

净现值 (net present value，NPV) 是指项目投产后未来每年经营现金净流量的现值和终结现金流量的现值之和与资金投放期投资额的现值之差。

(1) 净现值的计算

净现值用公式表示为：

$$NPV = \sum_{t=1}^{n} \frac{NCF_t}{(1+i)^t} - C_0$$

或

$$NPV = \sum_{t=m+1}^{m+n} \frac{NCF_t}{(1+i)^t} - \sum_{t=0}^{w} \frac{C_t}{(1+i)^t}$$

式中，NPV 为净现值；NCF_t 为第 t 年的经营现金净流量和终结现金流量；i 为贴现率 (资本成本率或企业要求的报酬率)；n 为项目预计使用年限；m 为项目建设年限；w 为项目资金投放年限；C_0 为一次投入的初始投资额；C_t 为第 t 年的投资额。

净现值还有另外一种表述方法，即净现值是从投资开始至项目寿命终结时所有一切现金流量 (包括现金流出和现金流入) 的现值之和。其计算公式为：

$$NPV = \sum_{t=0}^{n} \frac{CFAT_t}{(1+i)^t}$$

式中，n 为投资开始至项目寿命终结时的年限；$CFAT_t$ 为第 t 年的现金净流量；i 为贴现率 (资本成本率或企业要求的报酬率)。

(2) 净现值方法的决策规则

在单一方案采纳与否的决策中，净现值大于零，方案可以接受，反之，方案不可以接受。在多个方案的选优决策中，净现值越大，方案越优。

【例 6-5】 根据例 6-1 中天一公司的资料及表 6-1 和表 6-2，假设资本成本率为 10%，净现值计算如下。

甲方案投产后各年的现金净流量 A 相等，则：

$$\text{甲方案 NPV} = A \times (P/A, i, n) - C_0$$
$$= 3\,500 \times (P/A, 10\%, 5) - 10\,000$$
$$\approx 3\,500 \times 3.791 - 10\,000$$
$$\approx 3\,268.5(元)$$

乙方案各年的经营现金净流量 A 相等，有终结现金流量 S，则：

乙方案 NPV=$[A \times (P/A, i, n)+S(P/F, i, n)]-C_0$
=$[3\,500 \times (P/A, 10\%, 5)+1\,000 \times (P/F, 10\%, 5)]-11\,000$
$\approx (3\,500 \times 3.791+1\,000 \times 0.621)-11\,000$
$\approx 2\,889.5(元)$

丙方案各年的经营现金净流量不相等，需要列表进行计算，详见表6-4。

计算结果表明，甲方案和乙方案的净现值大于零，是可行的，而丙方案净现值小于零，不可行。其中，甲方案的净现值最大，故天一公司应选用甲方案。

表6-4　丙方案净现值计算表　　　　　　　　　　　　　　单位：元

年度 t	各年的现金净流量 (1)	复利现值系数 (i=10%) (2)	现值 (3) = (1) × (2)
1	4 250	0.909 1	3 863.68
2	3 950	0.826 4	3 264.28
3	3 650	0.751 3	2 742.25
4	3 350	0.683 0	2 288.05
5	8 050	0.620 9	4 998.25
未来报酬的总现值			17 156.51
减：初始投资			18 000
净现值			−843.49

净现值方法的**优点**是考虑了资金的时间价值，能够反映各种投资方案的净收益，是唯一与公司价值最大化目标始终吻合的指标，为互斥项目的选择提供了合适的决策规则。该方法的**缺点**是，净现值是一个绝对数，对初始投资额不同的独立投资方案不太适用。另外，该方法也不能用于寿命周期不同的互斥方案的决策。

2) 现值指数

现值指数又称**获利指数** (profitability index，PI)，是投资项目投产后未来每年经营现金净流量的现值与终结现金流量的现值之和与初始投资额的现值之比。

(1) 现值指数的计算

现值指数的计算公式为：

$$PI = \sum_{t=1}^{n} \frac{NCF_t}{(1+i)^t} \Big/ C_0$$

或

$$PI = \sum_{t=m+1}^{m+n} \frac{NCF_t}{(1+i)^t} \Big/ \sum_{t=0}^{w} \frac{C_t}{(1+i)^t}$$

式中，PI 为现值指数；NCF_t 为第 t 年的经营现金净流量和终结现金流量；i 为贴现率（资本成本率或企业要求的报酬率）；n 为项目预计使用年限；m 为项目建设年限；w 为项目资金投放年限；C_0 为一次投入的初始投资额；C_t 为第 t 年的投资额。

(2) 现值指数方法的决策规则

在单一方案采纳与否的决策中，现值指数大于 1，方案可以接受；现值指数小于 1，方案不可以接受。在多个方案的选优决策中，现值指数越大，方案越优。

【例 6-6】根据例 6-1 中天一公司的资料及表 6-1 和表 6-2，假设资本成本率为 10%，现值指数计算如下。

甲方案投资后各年现金净流量 A 相等，则：

$$甲方案现值指数 = [A \times (P/A, i, n)]/C_0$$
$$= [3\,500 \times (P/A, 10\%, 5)]/10\,000$$
$$\approx 3\,500 \times 3.791/10\,000$$
$$\approx 1.33$$

乙方案各年的经营现金净流量 A 相等，有终结现金流量 S，则：

$$乙方案现值指数 = [A \times (P/A, i, n) + S \times (P/F, i, n)]/C_0$$
$$= [3\,500 \times (P/A, 10\%, 5) + 1\,000 \times (P/F, 10\%, 5)]/11\,000$$
$$\approx (3\,500 \times 3.791 + 1\,000 \times 0.621)/11\,000$$
$$\approx 1.26$$

丙方案各年的 NCF 不相等，需要列表进行计算，详见表 6-4。

$$丙方案现值指数 \approx 17\,156.51/18\,000 \approx 0.953$$

从上面计算可以看出，甲方案和乙方案的现值指数大于 1，净现值大于 0，是可行的，而丙方案现值指数小于 1，净现值小于 0，不可行。其中，甲方案的现值指数最大，故天一公司应选用甲方案。

现值指数方法的优点是考虑了资金的时间价值，能够真实地反映投资项目的盈亏程度。由于现值指数是用相对数来表示的，因此，该方法适用于初始投资额不同的投资方案之间的比较。现值指数方法的缺点是不能反映投资项目的真实报酬率。

3) 内含报酬率

内含报酬率又称内部收益率 (internal rate of return，IRR)，是使投资项目的净现值等于零的贴现率。

内含报酬率实际上反映了投资项目的真实报酬，目前越来越多的企业使用该指标对投资项目进行评价。

 特别提示

有些人会将内含报酬率方法与机会成本方法混淆。内含报酬率方法衡量的是项目的盈利性，表明的是按照项目自身的现金流，实际报酬率为多少？如某人借给你 100 000 元，不说明利率是多少，但要求你在第 1、2、3 年年末分别还款 30 000 元、40 000 元、50 000 元，你的第一反应当然是"这笔借款利率是多少?",这个利率就是内含报酬率。而机会成本是决定你是否接受这个项目的标准,相当于资本市场上具有同等程度风险的投资所提供的报酬率。

(1) 内含报酬率的计算

内含报酬率的计算公式为:

$$\sum_{t=1}^{n} \frac{NCF_t}{(1+r)^t} - C_0 = 0$$

或

$$\sum_{t=m+1}^{m+n} \frac{NCF_t}{(1+r)^t} - \sum_{t=0}^{w} \frac{C_t}{(1+r)^t} = 0$$

式中,NCF_t 为第 t 年的经营现金净流量和终结现金流量;r 为内含报酬率;n 为项目预计使用年限(项目有效期);m 为项目建设年限;w 为项目资金投放年限;C_0 为一次投入的初始投资额;C_t 为第 t 年的投资额。

情形一:无建设期,初始投资额一次投入,并且项目投产后,未来各年的现金净流量 A 均相等。

【例 6-7】根据例 6-1 天一公司的资料及表 6-1 和表 6-2,甲方案的内含报酬率为:

$$[3\,500 \times (P/A, i, 5)] - 10\,000 = 0$$

$$(P/A, i, 5) \approx 2.857$$

查年金现值系数表可知,

$$(P/A, 20\%, 5) \approx 2.991$$

$$(P/A, 24\%, 5) \approx 2.745$$

则:

$$r = 20\% + \frac{2.991 - 2.857}{2.991 - 2.745} \times (24\% - 20\%) \approx 22.18\%$$

甲方案的内含报酬率为 22.18%。

情形二:有建设期或初始投资额分次投入,或项目投产后,未来各年的现金净流量 A 不完全相等。

第一步:先预估一个贴现率,并按此贴现率计算净现值。如果计算出的净现值大于 0,则表示预估的贴现率小于该方案的实际内含报酬率,应提高贴现率,再进行测算;如果计算出的净现值小于 0,则表明预估的贴现率大于该方案的实际内含报酬率,应降低贴现率,再进行测算。利用逐次测算法,反复测算,找到净现值由正到负时比较接近于零的两个贴现率并分别计算其净现值。

第二步:根据上述两个邻近的贴现率及其对应的净现值,使用插值法计算出该方案的内含报酬率。

(2) 内含报酬率方法的决策规则

在单一方案采纳与否的决策中,内含报酬率大于资本成本率,方案可以接受;内含报酬率小于资本成本率,方案不可以接受。在多个方案的选优决策中,内含报酬率越大,方案越优。

【例 6-8】 根据例 6-1 天一公司的资料及表 6-1 和表 6-2，乙方案、丙方案投产后未来每年的现金净流量不相等，需用逐次测算法计算内含报酬率。

① 乙方案内含报酬率计算如下。

设乙方案内含报酬率为 r_1，贴现率为 20%，有：

乙方案 NPV=[3 500×(P/A, 20%, 5)+1 000×(P/F, 20%, 5)]−11 000≈−129.5(元)

设贴现率为 19%，有：

乙方案 NPV=[3 500×(P/A, 19%, 5)+1 000×(P/F, 19%, 5)]−11 000≈122(元)

则：

$$(20\%-r_1)/(20\%-19\%)=(-129.5-0)/(-129.5-122)$$

$$r_1\approx 19.49\%$$

即乙方案内含报酬率为 19.49%。

丙方案内含报酬率的测算过程见表 6-5。

表 6-5 内含报酬率测算表

年度 t	NCF$_t$/元	测试 8%		测试 10%		测试 9%	
		复利现值系数	现值/元	复利现值系数	现值/元	复利现值系数	现值/元
0	−18 000	1.000	−18 000	1.000	−18 000	1.000	−18 000
1	4 250	0.926	3 935.5	0.909	3 863.3	0.917	3 897.3
2	3 950	0.857	3 385.2	0.826	3 262.7	0.841	3 322
3	3 650	0.794	2 898.1	0.751	2 741.2	0.772	2 817.8
4	3 350	0.735	2 462.3	0.683	2 288.1	0.708	2 371.8
5	8 050	0.681	5 482.1	0.621	4 999.1	0.650	5 232.5
NPV/元			163.2		−845.6		−358.6

在表 6-5 中，先按 8% 的贴现率进行测算，净现值为 163.2，而使投资项目的净现值等于 0 的贴现率才是内含报酬率，说明内含报酬率比 8% 稍大。进行第二次测算，将贴现率调高到 10%，净现值为 −845.6 元，由此确定，内含报酬率处于 8%～10% 的范围内。但贴现率为 10% 时的净现值减去 0 的绝对值偏大，为提高计算的精确性，应当将贴现率调低到 9%，净现值为 −358.6 元，因此，内含报酬率一定处于 8%～9% 的范围内。

设丙方案的内含报酬率为 r_2，采用插值法计算如下：

$$(8\%-r_2)/(8\%-9\%)=(163.2-0)/[163.2-(-358.6)]$$

$$r_2\approx 8.31\%$$

即丙方案的内含报酬率为 8.31%。

从甲、乙、丙 3 个方案的内含报酬率可以看出，甲方案的内含报酬率较高，故甲方案效益最好。

贴现现金流量评价指标

内含报酬率方法考虑了资金的时间价值，反映了投资项目的实际报酬率，概念也易于理解。这种方法的计算过程比较复杂，特别是每年 NCF 不相等的投资项目，若依靠手工，则一般要经过多次测算才能求得，但利用 Excel 软件能够轻松求得结果。另外，在互斥方案的决策中，如果各方案的初始投资额的现值不相等，利用内含报酬率方法可能无法做出正确的决策。

3. 投资决策指标的比较

投资回收期作为评价企业投资效益的主要指标，在 20 世纪 50 年代前使用较广。但是后来人们逐渐认识到它的局限性，于是建立了以资金时间价值为基础的贴现现金流量指标。从 20 世纪 70 年代开始，逐渐形成了以贴现现金流量指标为主，以非贴现现金流量指标为辅的多种指标并存的指标体系。

1) 净现值和现值指数的比较

由于净现值和现值指数方法使用的是相同的信息，因此在评价投资项目的优劣时，它们的结果常常是一致的，但当初始投资额不同时，得出的结果也可能有差异。净现值是用未来各期现金净流量现值之和减去初始投资额，而现值指数是用未来各期现金净流量现值之和除以初始投资额，因而初始投资额不等的项目评价结果可能会不一致。比如有 A、B 两个投资方案，A 方案初始投资 100 万元，净现值 50 万元，现值指数 1.5；B 方案初始投资 50 万元，净现值 30 万元，现值指数 1.6。采用净现值评价，应选择 A 方案；采用现值指数评价，应选择 B 方案。

净现值最高符合企业的最大利益原则，也就是说，净现值越高，企业的收益越大，而现值指数只反映投资回收的程度，不反映投资回收的多少，在没有资本限量情况下的互斥方案决策中，应选择净现值较大的投资项目。

2) 净现值和内含报酬率的比较

在多数情况下，运用净现值和内含报酬率方法得出的结论是相同的。但在如下两种情况下，得出的结论可能会出现差异。①初始投资额不一致。净现值是绝对值指标，内含报酬率是相对值指标，因而在投资规模不同时，二者的结论可能会不一致。②现金流入的时间不一致，一个项目在最初几年流入较多，另一个项目在最后几年流入较多。这种差异可能导致两种方法得出不同的结果。例如，两个互斥投资项目 A、B 的现金流量如表 6-6 所示，资本成本率为 10%，根据现金流量计算的净现值和内含报酬率分别列于表 6-6 第 9、10 列。

表 6-6 项目 A、B 的现金流量及净现值和内含报酬率

项目	$t=0$	$t=1$	$t=2$	$t=3$	$t=4$	$t=5$	$t=6$	净现值	内含报酬率
A	−10 000 元	4 000 元	5 000 元	6 000 元	200 元	200 元	200 元	2 650.17 元	22.98%
B	−10 000 元	200 元	200 元	200 元	7 000 元	8 000 元	9 000 元	5 326.10 元	20.06%

根据净现值，应选择 B 项目；而根据内含报酬率，则应选择 A 项目。这一矛盾如何解决呢？首先，净现值方法假定产生的现金流入量在重新投资后会产生相当于贴现率的利润率，内含报酬率方法假定现金流入量在重新投资后产生的利润率与此项目的特定的内含报酬率相同。但在实际经济活动中，投资项目带来的现金流入进行再投资所能获得的报酬

率不可能总是等于资本成本率或投资项目的内含报酬率,如表 6-6 中 A、B 项目前 3 年与后 3 年再投资的报酬率就截然不同。其次,假定再投资报酬率等于项目的内含报酬率,这会导致对不同的投资项目需赋予不同的再投资报酬率,即内含报酬率低,再投资报酬率也低;内含报酬率高,则再投资报酬率也高。这显然是不符合实际情况的,如表 6-6 中 B 项目后 3 年再投资报酬率就高于 A 项目后 3 年再投资的报酬率,因为不管是哪个投资项目,只要是在同一时间带来的现金流入,其进行再投资的优势、劣势、机会和威胁都应该是一样的,不会出现截然不同的再投资报酬率。而假定再投资报酬率等于资本成本率或必要报酬率,就可以克服这一主观性,不需人为地对不同的项目赋予不同的再投资报酬率,而是假定再投资报酬率对每个投资项目都相同。因此,尽管两种假定都缺乏一定的客观性,但净现值假定要相对合理一些。最后,高内含报酬率并不是投资所追求的终极目标,增加企业价值才是企业追求的财务目标。综上所述,**在无资本限量或互斥选择的情况下,净现值法是一个比较好的项目评价方法**。

6.2.4 项目投资决策指标的应用

1. 可供使用年限相等的互斥项目的投资决策

若有两个或两个以上的投资项目,各项目可供使用年限(项目经营期)相等,但只能投资其中一个项目。这时要根据各项目年生产能力是否相同而采用不同的方法。

1) 每年各项目的**生产能力无差别**

若项目经营期内每年不同项目的生产能力相同,即投资决策并不影响每年的销售收入,只影响投资额和年付现成本额,这时可通过比较各项目投资期内现金净流出量的总现值来进行项目投资决策,即现金净流出量现值法。

【例 6-9】虹宇公司有一台 3 年前购置的旧设备,现考虑是否进行更新。该公司所得税税率为 25%,其他资料见表 6-7。

表 6-7 新旧设备有关资料表

项目	旧设备	新设备
原价 / 元	80 000	50 000
税法规定的残值(10%) / 元	8 000	5 000
税法规定使用年限 / 年	6	4
已使用年限 / 年	3	0
实际尚可使用年限 / 年	4	4
每年付现操作成本 / 元	8 600	5 000
两年后大修成本 / 元	28 000	
最终报废残值 / 元	8 500	10 000
目前变现价值 / 元	10 000	

续表

项目	旧设备	新设备
年折旧额（直线折旧法）		
第 1 年折旧额 / 元	12 000	11 250
第 2 年折旧额 / 元	12 000	11 250
第 3 年折旧额 / 元	120 000	11 250
第 4 年折旧额 / 元	0	11 250

继续使用旧设备方案和更新设备方案的各年的现金流量及其现值计算见表 6-8。

表 6-8　两种方案各年的现金流量及其现值计算表

项目	现金流量 / 元	时间 / 年	现值系数（资本成本率10%）	现值 / 元
继续使用旧设备				
旧设备变现价值	(10 000)	0	1	(10 000)
旧设备更新损失减税	(10 000–44 000) × 25%= (8 500)	0	1	(8 500)
每年付现操作成本	8 600 × (1–25%) = (6 450)	1～4	3.170	(20 446.5)
每年折旧抵税	12 000 × 25%=3 000	1～3	2.487	7 461
两年后大修成本	28 000 × (1–25%) = (21 000)	2	0.826	(17 346)
残值变现收入	8 500	4	0.683	5 805.5
残值变现净收入纳税	(8 500–8 000) × 25%= (125)	4	0.683	(85.38)
合计				(43 111.38)
更新设备				
购置成本	(50 000)	0	1	(50 000)
每年付现操作成本	5 000 × (1–25%) = (3 750)	1～4	3.170	(11 887.5)
每年折旧抵税	11 250 × 25%=2 812.5	1～4	3.170	8 915.63
残值变现收入	10 000	4	0.683	6 830
残值变现净收入纳税	(10 000–5 000) × 25%= (1 250)	4	0.683	(853.75)
合计				(46 995.62)

注：括号中数值表示现金流出量。

继续使用旧设备方案的现金净流出量的总现值为 43 111.38 元，更新设备方案的现金净流出量的总现值为 46 995.62 元，所以继续使用旧设备较好，虹宇公司应继续使用旧设备。

2) 每年各项目的生产能力有差别

若项目经营期内每年各项目的生产能力不一样,即投资决策不但影响投资额和年付现成本额,而且影响各年的销售收入,这时可用差量净现值方法或净现值方法进行投资决策。

【例6-10】大华公司现准备用一台新设备来代替旧设备,以减少成本、增加收益。旧设备原购置成本为40 000元,预计使用期满后无残值,预计使用年限为10年,已使用5年,若现在销售该设备可得价款20 000元,若继续使用该设备每年可获收入50 000元,每年的付现成本为30 000元。该公司现准备用一台新设备来代替该旧设备,新设备的购置成本为60 000元,预计可使用5年,期满有残值10 000元(与税法规定相同),使用新设备后,每年收入可达80 000元,每年付现成本为40 000元。假设该公司的资本成本率为10%,所得税税率为25%,新、旧设备均用直线折旧法计提折旧。试做出大华公司是继续使用旧设备还是购置新设备的决策。

本案例包含两个投资方案,一个方案是继续使用旧设备(相当于花20 000元购置一台旧设备),另一个方案是出售旧设备而购置新设备。项目经营期均为5年,每年两个项目的收入和成本费用都不同,可以采用差量净现值方法或净现值方法进行决策。

(1) 差量净现值方法

从设备以旧换新的角度计算两个方案的差量现金流量。

① 差量初始投资额与差量折旧额。

$$\Delta 初始投资 = 60\ 000 - 20\ 000 = 40\ 000(元)$$

$$\Delta 年折旧额 = [(60\ 000 - 10\ 000)/5] - 40\ 000/10 = 6\ 000(元)$$

② 利用表6-9来计算两个方案各年经营现金净流量的差量。

表6-9　各年经营现金流量的差量计算表　　　　　　　　　　　单位:元

项目	第1年～第5年
Δ销售收入 (1)	30 000
Δ付现成本 (2)	10 000
Δ年折旧额 (3)	6 000
Δ税前净利 (4) = (1) - (2) - (3)	14 000
Δ所得税 (5) = (4) × 25%	3 500
Δ税后净利 (6) = (4) - (5)	10 500
Δ经营现金净流量 (7) = (6) + (3) = (1) - (2) - (5)	16 500

③ 利用表6-10来计算两个方案现金流量的差量。

表 6-10 现金流量的差量计算表　　　　　　　　　　　　　　单位：元

项目	第 0 年	第 1 年	第 2 年	第 3 年	第 4 年	第 5 年
Δ初始投资	−40 000					
Δ经营净现金流量		16 500	16 500	16 500	16 500	16 500
Δ终结现金流量						10 000
Δ现金流量	−40 000	16 500	16 500	16 500	16 500	26 500

④ 计算差量净现值。

$$\Delta NPV = 16\,500 \times (P/A, 10\%, 4) + 26\,500 \times (P/F, 10\%, 5) - 40\,000$$
$$\approx 16\,500 \times 3.170 + 26\,500 \times 0.621 - 40\,000$$
$$\approx 28\,761.5(元)$$

设备更新后，有差量净现值 28 761.5 元，故应进行更新。

(2) 净现值方法

分别从继续使用旧设备和购置新设备（并出售旧设备）的角度计算两个方案的净现值。

① 分别计算继续使用旧设备和购置新设备方案的初始投资额和年折旧额。

继续使用旧设备方案初始投资 =20 000(元)

购置新设备方案初始投资 =60 000(元)

继续使用旧设备方案年折旧额 =40 000/10=4 000(元)

购置新设备方案年折旧额 =(60 000−10 000)/5=10 000(元)

② 利用表 6-11 来计算两个方案各年经营现金流量。

表 6-11 各年经营现金净流量表　　　　　　　　　　　　　　单位：元

项目	继续使用旧设备	购置新设备
销售收入 (1)	50 000	80 000
付现成本 (2)	30 000	40 000
折旧额 (3)	4 000	10 000
税前净利 (4) = (1) − (2) − (3)	16 000	30 000
所得税 (5) = (4) × 25%	4 000	7 500
税后净利 (6) = (4) − (5)	12 000	22 500
经营现金净流量 (7) = (6) + (3) = (1) − (2) − (5)	16 000	32 500

③ 利用表 6-12 来计算两个方案现金流量。

表 6-12　现金流量计算表　　　　　　　　　　　　　　　　　　　　　　　单位：元

项目	第 0 年	第 1 年	第 2 年	第 3 年	第 4 年	第 5 年
继续使用旧设备						
初始投资	−20 000					
经营净现金流量		16 000	16 000	16 000	16 000	16 000
现金流量	−20 000	16 000	16 000	16 000	16 000	16 000
购置新设备						
初始投资	−60 000					
经营现金净流量		32 500	32 500	32 500	32 500	32 500
终结现金流量						10 000
现金流量	−60 000	32 500	32 500	32 500	32 500	42 500

④ 计算净现值。

$$NPV_{旧} = 16\,000 \times (P/A, 10\%, 5) - 20\,000$$
$$\approx 16\,000 \times 3.791 - 20\,000$$
$$\approx 40\,656(元)$$

$$NPV_{新} = 32\,500 \times (P/A, 10\%, 5) + 10\,000 \times (P/F, 10\%, 5) - 60\,000$$
$$= 32\,500 \times 3.791 + 10\,000 \times 0.621 - 60\,000$$
$$= 69\,417.5(元)$$

购置新设备的净现值大于继续使用旧设备的净现值，差量为 28 761.5 元，与差量净现值方法计算结果相同，故应进行更新。

可供使用年限相等的互斥项目决策

2. 可供使用年限不等的互斥项目选择决策

若有两个或两个以上的投资项目，各项目可供使用年限（项目经营期）不同，但只能投资其中一个项目。这时仍要根据各项目年生产能力是否相同而采用不同的方法进行投资决策。

1) **每年各项目的生产能力相同**

若项目经营期内每年各项目的生产能力相同，即投资决策不影响每年的销售收入，只影响投资额、年成本额和项目经营期，这时可通过比较各项目投资期内平均每年的现金流出量进行项目投资决策，这种方法被称为<u>年均成本法</u>。

某项目年均成本 = 该项目各年现金流出量的总现值 $/(P/A, i, n)$

式中，i 为企业的资本成本率或投资者要求的报酬率；n 为项目有效期。

【例 6-11】设例 6-9 中虹宇公司旧设备尚可使用的年限为 3 年，其他资料见表 6-7。继续使用旧设备和更新设备（出售旧设备）方案的各年的现金流量及其现值计算见表 6-13。

表 6-13 2种方案各年现金流量及其现值计算

项目	现金流量/元	时间/年	现值系数（资本成本率10%）	现值/元
继续使用旧设备				
旧设备变现价值	(10 000)	0	1	(10 000)
旧设备更新损失减税	(10 000−44 000)×25%=(8 500)	0	1	(8 500)
每年付现操作成本	8 600×(1−25%)=(6 450)	1～3	2.487	(16 041.15)
每年折旧抵税	12 000×25%=3 000	1～3	2.487	7 461
两年后大修成本	28 000×(1−25%)=(21 000)	2	0.826	(17 346)
残值变现收入	8 500	3	0.751	6 383.5
残值变现净收入纳税	(8 500−8 000)×25%=(125)	3	0.751	(93.88)
合计				(38 136.53)
更新设备				
购置成本	(50 000)	0	1	(50 000)
每年付现操作成本	5 000×(1−25%)=(3 750)	1～4	3.170	(11 887.5)
每年折旧抵税	11 250×25%=2 812.5	1～4	3.170	8 915.63
残值变现收入	10 000	4	0.683	6 830
残值变现净收入纳税	(10 000−5 000)×25%=(1 250)	4	0.683	(853.75)
合计				(46 995.62)

注：括号中数值表示现金流出量。

继续使用旧设备方案的年均成本 =38 136.53/(P/A, 10%, 3) ≈ 15 334.35(元)

更新设备方案的年均成本 =46 995.62/(P/A, 10%, 4) ≈ 14 825.12(元)

继续使用旧设备方案的年均成本为15 334.35元，更新设备方案的年均成本为14 825.12元，所以更新设备方案较好，即虹宇公司应购入新设备并出售旧设备。

2）每年各项目的生产能力不同

若各投资项目经营期不同，每年的生产能力也不一样，即投资决策不但影响投资额和年成本额，而且影响每年的销售收入，这时可用<u>年均净现金流量法</u>进行投资决策。

某项目年均净现金流量 = 该项目净现值 /(P/A, i, n)

式中，i 为企业资本成本率或投资者要求的报酬率；n 为项目有效期。

【例6-12】兴旺公司准备上一条生产线，现有两个投资项目可以选择。一是半自动化的A项目，需要一次投资160 000元，项目投资后每年将产生销售收入150 000元，每年需支付付现成本50 000元，项目的使用寿命为4年，4年后必须更新且无残值；二是全自动化的B项目，需要一次投资240 000元，使用寿命为6年，项目投产后每年将产生50 000元的净利润，6年后必须更新且无残值。设A、B项目均无建设期，该公司固定资产均采用直线折旧法计提折旧,企业所得税税率为25%,企业的资本成本率为10%。该公司应如何决策呢?

【解】计算两个项目的年经营现金净流量。

$$NCF_A=(150\ 000-50\ 000-160\ 000/4)(1-25\%)+160\ 000/4 =85\ 000(元)$$

$$NCF_B=50\ 000+240\ 000/6 =90\ 000(元)$$

计算两个项目的净现值。

$$NPV_A=85\ 000 \times (P/A, 10\%, 4)-160\ 000$$
$$=85\ 000 \times 3.170-160\ 000$$
$$=109\ 450(元)$$

$$NPV_B=90\ 000 \times (P/A, 10\%, 6)-240\ 000$$
$$=90\ 000 \times 4.355-240\ 000$$
$$=151\ 950(元)$$

可供使用年限不等的互斥项目决策

计算 A、B 项目的年均净现金流量。

A 项目年均净现金流量 $=109\ 450/(P/A, 10\%, 4)=34\ 526.81(元)$

B 项目年均净现金流量 $=151\ 950/(P/A, 10\%, 6)=34\ 890.93(元)$

A 项目年均净现金流量为 34 526.81 元,B 项目年均净现金流量为 34 890.93 元,所以,兴旺公司应投资全自动化的 B 项目。

6.3 证券投资管理

6.3.1 证券投资概述

证券是指发行人为筹集资金而发行的、具有一定票面金额、证明持券人对发行人直接或间接享有股权或债权并可转让的凭证,包括债券、股票、认购权证、投资基金证券及其他各种衍生金融工具。证券投资是指投资者(法人或自然人)购买有价证券及这些有价证券的衍生品,以获取收益的投资行为和投资过程,是投资的重要形式。

1. 证券的种类

按照不同的标准,可以对证券进行不同的分类。

(1) 按发行主体不同,证券可分为政府证券、金融证券和公司证券

① 政府证券又称政府债券,是指政府或其代理机构为筹措财政资金或建设资金,凭其信誉,采用信用方式,按照一定程序向投资者出具的一种债务凭证。它主要包括国库券和公债两大类,国库券是由财政部发行,用以弥补财政收支的不平衡的债券;公债是指为筹集建设资金而发行的债券。中央政府发行的债券称为国家公债,地方政府发行的债券称为地方公债。

② 金融证券。金融证券是指商业银行及非银行金融机构为筹措信贷资金而向投资者

发行的，承诺支付一定利息并到期偿还本金的有价证券。

③ 公司证券。公司证券是指公司为筹措资金而发行的有价证券。公司证券的范围比较广泛，内容也比较复杂，公司证券主要有股票、公司债券等。

(2) 按所体现内容不同，证券可分为货币证券、资本证券和货物证券

① 货币证券。货币证券是指可以用来代替货币使用的有价证券，是商业信用工具。货币证券在范围和功能上与商业票据基本相同，货币证券主要包括期票、汇票、支票和本票等。

② 资本证券。资本证券是证券的主要形式，是表明把资本投入企业或把资本贷给企业的一种证书。资本证券主要包括股权证券（所有权证券）和债权证券。股权证券具体表现为股票，有时也包括认股权证；债权证券则表现为各种债券。狭义的证券通常仅指资本证券。

③ 货物证券。货物证券是对货物提取权的证明，它证明证券持有人可以凭单提取单据上所列明的货物。货物证券主要包括栈单、运货证书及提货单等。

(3) 按是否上市，证券可分为上市证券和非上市证券

上市证券又称挂牌证券，是指经证券主管机关批准，并向证券交易所注册登记，在证券交易所内进行公开买卖的证券。为了保护投资者利益，证券交易所对申请上市的公司都有一定的要求，只有满足了这些要求才准许公司上市。非上市证券又称非挂牌证券、场外证券，不允许在证券交易所内交易，但可以在场外交易市场交易。

2. 证券投资的目的

证券投资一般是出于以下几种目的。

(1) 获取投资收益

证券投资包括短期证券投资和长期证券投资。短期证券投资是指通过购买计划在一年内变现的证券而进行的对外投资。短期证券可以随时出售，以满足企业对现金的需要，并在一定程度上增加企业的收益。长期证券投资是指通过购买不准备在一年内变现的证券而进行的对外投资，以获取较高的投资收益。

(2) 出于"投机"目的

"投机"是指根据对市场的判断，把握投资机会，利用市场出现的价差进行买卖，并从中获得利润的交易行为。因此，投机的目的很直接，就是获得资本利得。企业出于投机目的进行证券投资时，风险较大，可能会损害企业的整体利益。

(3) 满足企业未来的现金需求

有时企业为了将来的资金需要（如进行长期投资、偿还债务，或者季节性经营），会将目前闲置不用的现金用于购买证券，进行证券投资，以获取当前的收益，待将来需要现金时，再将证券变现。这种证券投资实际上是为了满足企业未来的现金需求。

(4) 取得被投资企业控制权

有时企业从战略角度考虑，试图取得对某一企业的控制权，其通常采用的手段是购买股票进行股权性投资。

6.3.2 债券投资

债券是指借款人为了筹集资金向债权人承诺在一定时期内按一定利率支付利息并在特

定日期偿还本金，而从债权人处取得资金的书面证明。债券也是一种信用凭证，是经济主体为筹措资金而向投资者出具的、承诺到期还本付息的债权债务凭证。

1. 债券投资的基本特征

债券作为一种债权债务凭证，与其他证券一样，是一种虚拟资本，而非真实资本，它是经济运行中实际运用的真实资本的证书。债券投资具有以下 4 个特征。

(1) 偿还性

偿还性指债券必须规定到期期限，由债务人按期向债权人支付利息并偿还本金。

(2) 流动性

流动性是指债券能够迅速转变为货币而又不会在价值上蒙受损失的能力。一般来说，如果一种债券在持有期内不能任意转换为货币，或者在转换为货币时需要付出较高成本（如较高的交易成本或较大的资本损失），这种债券的流动性就较低。

(3) 安全性

与股票相比，债券通常规定有固定的利率，该利率与企业绩效没有直接联系，所以债券收益比较稳定，投资风险较小。此外，在企业破产时，债券持有者优先于股票持有者享有对企业剩余资产的索取权。一般来说，具有高流动性的债券，其安全性也较高。

(4) 收益性

债券的收益性主要表现在两个方面：一是投资债券可以给投资者带来定期或不定期的利息收入；二是投资者可以利用债券价格的波动，买卖债券赚取差额。这一点主要是通过对市场利率的预期来实现的。

债券的偿还性、流动性、安全性与收益性之间存在一定的矛盾。一种债券，很难同时具备以上 4 个特征。如果某种债券流动性强、安全性高，人们便会争相购买，债券价格将上涨，收益率降低；反之，如果某种债券的风险大、流动性差，购买者就会较少，债券价格将下跌，收益率相对升高。

2. 债券的价值评估与投资收益

1) 债券的价值评估

债券的价格可分为发行价格与市场交易价格两类。债券的发行价格是指在发行市场（一级市场）上，投资者在购买债券时实际支付的价格。债券的市场交易价格是指债券发行后，一部分可流通债券在流通市场（二级市场）上按不同的价格进行交易时的价格。市场交易价格的高低，取决于公众对该债券的评价、市场利率，以及人们对通货膨胀率的预期等。

债券的价值评估是假定投资者购买的各种债券未来的现金流入是确定的，尤其是假定通货膨胀的幅度可以精确地预测出来，从而使债券的估价可以集中于时间的影响上。

债券的基本估价公式为：

债券价值 = 债券未来各期利息收入的现值之和 +
债券未来到期票面金额的现值或到期前变现收入的现值

因此，债券的价值评估可分为以下 4 种典型情况。

(1) 分期付息，到期还本

对于普通的按期（一般以年为单位）付息、到期还本的债券来说，其预期货币收入有两个来源：持有期定期收到的票面利息和票面金额（持有至到期日）或到期前变现收入，其价值决定公式为：

$$V = \frac{I_1}{(1+r)^1} + \frac{I_2}{(1+r)^2} + \cdots + \frac{I_n}{(1+r)^n} + \frac{M}{(1+r)^n} = \sum_{t=1}^{n} \frac{I_t}{(1+r)^t} + \frac{M}{(1+r)^n}$$

式中，V 为债券的价值；I_t 为各期收到的利息；M 为债券票面金额或到期前变现收入；n 为债券持有期限；r 为贴现率；t 为付息时期。

(2) 到期一次还本付息

对于到期一次还本付息的债券来说，其预期货币收入为到期日收到的票面金额和按照票面约定的利息或到期前的变现收入，其价值决定公式为：

$$V = \frac{I + M}{(1+r)^n}$$

式中，V 为债券的价值；I 为到期时的利息总额；M 为债券票面金额（若债券到期前兑付或销售，则 $I+M$ 为全部变现收入）；n 为债券实际持有期限；r 为贴现率。

【例 6-13】 某企业发行 3 年期企业债券，票面金额为 1 000 元，票面利率为 8%（单利），市场利率为 6%，分别计算分期付息、到期还本和到期一次还本付息的每张债券的价值。

【解】 ① 分期付息、到期还本的债券价值：

$$V = \frac{1\,000 \times 8\%}{(1+6\%)^1} + \frac{1\,000 \times 8\%}{(1+6\%)^2} + \frac{1\,000 \times 8\%}{(1+6\%)^3} + \frac{1\,000}{(1+6\%)^3}$$
$$\approx 80 \times 0.943\,4 + 80 \times 0.890\,0 + 80 \times 0.839\,6 + 1\,000 \times 0.839\,6$$
$$\approx 1\,053.44 \,(元)$$

② 到期一次还本付息的债券价值：

$$V = \frac{1\,000 \times 8\% \times 3 + 1\,000}{(1+6\%)^3} = 1\,041.10 \,(元)$$

(3) 贴现债券

贴现债券是指在票面上不规定利率，发行时按某一折扣率，以低于票面金额的价格发行，到期时按票面金额偿还本金的债券，这种债券的发行价与票面金额之差相当于预先支付的利息。因此，贴现债券的价值为票面金额的现值或到期前变现收入的现值，即：

$$V = \frac{M}{(1+r)^n}$$

式中，V 为债券的价值；M 为债券票面金额或到期前变现收入；n 为债券持有期限；r 为贴现率。

(4) 永久债券

永久债券是指没有到期日，无限期定期支付利息的债券。其价值决定公式为：

$$V = \frac{I}{r}$$

式中，V 为债券的价值；I 为定期支付的利息；r 为贴现率。

上述 4 个公式中，贴现率 r 为市场利率或投资者要求的必要报酬率。

2) 影响债券价值的基本因素

根据债券的基本价值决定公式，可以得出影响债券价值的因素有以下几个。

(1) 债券面额

它是债券到期日发行公司应偿付债权人的本金，也是确定债券价值的基础。一般来说，面额越大，价值越高。

(2) 债券期限

它是指从债券发行日至债券到期日的期间。债券的期限越长，则投资风险就越大，投资者要求的报酬也越高，债券的价值就会相对降低。

(3) 票面利率

它是发行公司发行债券时约定向债券持有人支付的投资报酬率，通常以年利率表示，是债券的名义利率。一般来说，债券的票面利率越高，价值也越高。债券面额与票面利率的乘积为债券的年利息额。

(4) 市场利率

债券价值的高低还受债券的票面利率与市场利率差异的影响，票面利率一定时，市场利率越高，债券的价值越低；反之，债券的价值越高。

债券的票面金额、票面利率、债券期限在债券发行前已经确定，并载明于债券券面上，不易变动。因此，决定债券价值的关键是市场利率。当市场利率与票面利率一致时，债券价值应等于票面金额；当市场利率低于票面利率时，债券价值应高于票面金额；当市场利率高于票面利率时，债券价值应低于票面金额。

此外，债券利息的支付方式也在一定程度上影响债券的价值。因此，债券的价值是各种因素综合作用的结果。

3. 债券的投资收益

债券的投资收益主要包括两个方面：一是**债券的利息收入**；二是**资本利得**，即债券买入价格与卖出价格（在持有至到期的情况下为到期偿还额）之间的差额，当卖出价高于买入价时为资本收益，反之为资本损失。此外，有的债券还可能因参与公司盈余分配，或拥有转股权而获得其他利益。债券收益率是衡量债券收益水平的尺度，一般以债券在特定期间带来的收益额与买入价（或者本金）的比率来表示。决定债券收益率的因素主要有债券票面利率、期限、面额、持有时间、购买价格和出售价格。

(1) **短期债券收益率**

因为期限短，所以短期债券收益率计算一般不考虑时间价值因素，可根据持有情况形成以下两种基本计算公式。

① **持有期收益率**是指买入债券后持有一段时间，又在债券到期前将其出售而得到的收益率。它包括持有债券期间的利息收入和资本利得。

$$持有期收益率 = \frac{卖出价格 - 买入价格 + 持有期间现金利息收入}{买入价格 \times 持有年数} \times 100\%$$

② **到期收益率**又称**最终收益率**，到期收益率同样包括了利息收入和资本利得。

$$到期收益率 = \frac{面额 + 利息总额 - 买入价格}{买入价格 \times 距到期日年数} \times 100\%$$

【例6-14】A、B两个投资者于20×1年1月1日按每张950元的价格分别购买了面额为1 000元，偿还期为1年，票面利率为8%，每季付息一次的人民币债券10张。其中A投资者购买的债券于第二季度末按每张1 020元的价格全部售出，B投资者将债券持有至到期，问两个投资者的收益率分别是多少？

【解】A、B两个投资者的债券收益率分别是：

A投资者持有期收益率 =(1 020–950+1 000×8%/12×6)/(950×0.5) ≈ 23.16%

B投资者到期收益率 =(1 000–950+1 000×8%)/(950×1) ≈ 13.68%

(2) **长期债券收益率**

长期债券收益率是指以特定价格购买并持有1年以上的债券所能获得的实际收益率，它是能使未来现金净流入量现值等于债券买入价格的折现率，即内含报酬率。假设 r 为实际收益率；I 为每年利息收益；P 为购买价格；M 为到期偿还额（面额）或到期前的出售价格；n 为计息期数。

① **贴现债券**。

因为，

$$M = P \times (1+r)^n$$

所以，

$$r = \sqrt[n]{\frac{M}{P}} - 1$$

② **永久债券**。

$$r = \frac{I}{P}$$

③ **息票债券**。息票债券又分为分期付息、到期还本和到期一次还本付息两种情况，其实际收益率可根据债券的基本估价公式计算。

【例6-15】A企业于20×1年1月5日以每张1 020元的价格购买B企业发行的利随本清的企业债券。该债券的面额为1 000元，期限为3年，票面年利率为10%，不计复利。要求：

① 如果A企业持有该债券至到期，实际收益率为多少？

② A企业于20×3年1月5日以1 130元的市价将该债券出售，计算该债券的实际收益率。

【解】根据债券的基本估价公式

$$V = \frac{I+M}{(1+r)^n}$$

① A企业持有该债券至到期的收入包括面额和利息收入，所以，

$$r = \sqrt[n]{\frac{I+M}{V}} - 1 = \sqrt[3]{\frac{3 \times 1\,000 \times 10\% + 1\,000}{1\,020}} - 1 \approx 8.42\%$$

② 20×3 年 1 月 5 日将该债券以 1 130 元的市价出售，没有利息收入，所以，

$$r = \sqrt[n]{\frac{I+M}{V}} - 1 = \sqrt[3]{\frac{0 + 1\,130}{1\,020}} - 1 \approx 3.47\%$$

6.3.3 股票投资

1. 股票投资的本质及其特征

股票是股份公司发行的，用以证明投资者的股东身份和权益，并据以获得股利的一种可转让的股权凭证。

股票投资和债券投资都属于证券投资。证券投资与其他投资相比，总的来说具有高风险、高收益、易于变现的特点，而股票投资相对于债券投资而言又具有以下特征。

(1) 股票投资是**权益性投资**

股票是代表所有权的凭证，持有人作为发行公司的股东，依法享有资产收益、参与重大决策和选择管理者等权利。

(2) 股票投资的**风险大**

投资者购买股票后，不能要求股份公司偿还本金，只能在证券市场上转让。因此股票投资者至少面临两方面的风险：一是股票发行公司经营不善所形成的预期收益下降风险；二是股票市场价格变动所形成的价差风险。

(3) 股票投资的**收益率高**

股票作为一种收益不固定的证券，具有高风险性，其收益率总体上高于债券。

2. 股票的估价方法

1) 市盈率法

市盈率是某种股票每股价格与每股收益的比率。其计算公式为：

$$市盈率 = \frac{每股价格}{每股收益}$$

式中的分子是当前的每股市价，分母可用最近一年盈利，也可用未来一年或几年的预测盈利。如果能分别估计出股票的市盈率和每股收益，那么就能间接地由此公式估计出股票价格。市盈率估价方法是估计普通股价值最基本、最重要的方法之一。

2) 贴现现金流模型

(1) 基本模型

按照收入的资本化定价方法，任何资产的内在价值都是由这种资产在未来时期所带来的现金流量现值决定的。普通股的内在价值是由普通股带来的未来现金流量的现值决定的，股票给持有者带来的未来现金流入包括两个部分：股利变现收入和出售时的现金收入。其基本计算公式为：

$$V = \frac{D_1}{(1+r)^1} + \frac{D_2}{(1+r)^2} + \frac{D_3}{(1+r)^3} + \cdots + \frac{D_\infty}{(1+r)^\infty} = \sum_{t=1}^{\infty} \frac{D_t}{(1+r)^t}$$

式中，V 是股票价值；D_t 是股票第 t 年带来的现金流入量；r 为贴现率（股票的必要报酬率）；t 是持有年限。

这是股票估价的一般模型，无论 D_t 的具体形态如何（递增、递减、固定或随机变动），此模型均有效。

该模型假定在所有时期贴现率都是一样的。

(2) 零增长模型（固定股利模型）

零增长模型假定股利增长率 $g=0$，也就是说未来的股利按一个固定数量支付。根据基本模型可推导出：

$$V = \frac{D_0}{r}$$

式中，V 为股票价值；D_0 为在未来无限期支付的每股股利；r 为必要报酬率。

【例 6-16】某股票年每股股利为 1 元，必要报酬率为 12.5%，要求计算该股票的内在价值。

【解】股票的内在价值 = 年股利额 / 必要报酬率 =1/12.5%=8（元）

若股票市价低于 8 元，则可获得高于 12.5% 的收益。反之，则可获得低于 12.5% 的收益。

(3) 不变增长模型

如果假设股利永远按不变的增长率增长，就可建立不变增长模型。根据戈登模型

$$K_c = \frac{D_1}{P} + g$$

若从筹资者视角转为投资者视角，则可用必要报酬率 r 代替资本成本 K_c，用股票价值 V 代替股票价格 P，上式可变为：

$$V = \frac{D_1}{r-g}$$

【例 6-17】A 公司准备投资购买 B 公司的股票，该股票上年每股股利为 2 元，预计以后每年以 4% 的增长率增长，A 公司经过分析后，认为必须得到 10% 的报酬率，才能购买 B 公司的股票。要求：计算 B 公司股票的内在价值。

【解】 $V = 2 \times (1+4\%) / (10\%-4\%) = 34.67$（元）

即 B 公司的股票价格低于 34.67 元时，A 公司才能购买。

假如目前每股股票价格是 40 元，股票被高估 5.33 元，则建议投资者暂不购买。

3) 贴现现金流模型的局限性

运用贴现现金流模型评估股票价值的局限性体现在以下 4 个方面。

① 未来现金流入量的现值只是决定股票价值的基本因素而不是全部因素，其他很多因素（如投机行为等）可能会导致股票的市场价格大大偏离根据模型计算得出的价值。

② 模型对未来股利预测数的依赖性很强，而这些数据很难准确预测。股利固定不变、股利固定增长等假设与现实情况可能存在一定的差距。

③ 股利零增长模型、股利不变增长模型的计算结果受 D_0 或 D_1 影响很大，而这两个数据可能具有人为性、短期性和偶然性，模型放大了这些不可靠因素的影响。

④ 贴现率的选择有较大的主观随意性。

3. 股票的投资收益

1) 短期投资收益率

短期投资收益率是投资者持有股票时间不超过 1 年，因此，不考虑复利计息问题，其持有期收益率计算与短期债券持有期收益率计算原理相同，基本公式为：

$$持有期收益率 = \frac{(股票售出价 - 股票买入价) + 持有期间分得的现金股利}{股票买入价 \times 持有年限} \times 100\%$$

式中，持有年限等于实际持有天数除以 360，也可以用持有月数除以 12 表示。

2) 长期投资收益率

(1) 一般模型

如果股票持有时间超过 1 年，需要考虑资金的时间价值，其实际收益率可按求内含报酬率的方法计算。

(2) 零增长模型（内含报酬率）

根据方程

$$V = \frac{D_0}{r}$$

计算投资收益率时应将价值 V 变为价格 P，得

$$r = \frac{D_0}{P}$$

(3) 不变增长模型（内含报酬率）

根据戈登模型 $K_c = \dfrac{D_1}{P} + g$，从筹资者视角转为投资者视角，用内含报酬率 r 代替资本成本 K_c，可得出不变增长模型股票的内含报酬率为：

$$r = \frac{D_0(1+g)}{P} + g \quad 或 \quad r = \frac{D_1}{P} + g$$

特别提示

均值回复代表了金融市场上的某种"万有引力定律"，因为通常收益会很神奇地回到某种均值水平。在距今两个多世纪的时间中，以 25 年时间为 1 个周期，美国股票市场的实际收益率围绕 6.7% 的均值上下波动，说明了金融市场的长期理性。

 习 题

1. 单项选择题

(1) 某项目原始投资 50 万元，使用寿命 5 年，第 5 年经营现金净流量为 25 万元，期满固定资

产残值净收入及收回垫支流动资金 5 万元,则该项目第 5 年的净现金流量为(　　)万元。

A. 8　　　　　　　B. 25　　　　　　　C. 30　　　　　　　D. 43

(2) 在考虑所得税影响的情况下,下列可用于计算经营现金净流量的算式中,正确的有(　　)。

A. 税后营业利润 + 非付现成本

B. 营业收入 – 成本 – 所得税

C. (营业收入 – 付现成本) × (1– 所得税税率)

D. 营业收入 × (1– 所得税税率) + 非付现成本 × 所得税税率

(3) C 公司对某投资项目的分析与评价资料如下:该投资项目适用的所得税税率为 25%,年税后营业收入为 750 万元,税后付现成本为 375 万元,税后净利润为 225 万元。那么,该项目年经营现金净流量为(　　)万元。

A. 550　　　　　　B. 375　　　　　　C. 225　　　　　　D. 425

(4) 已知某设备原值为 60 000 元,税法规定残值率为 10%,最终报废残值 5 000 元,该公司所得税税率为 25%,则该设备最终报废时由残值带来的现金流入量为(　　)元。

A. 5 250　　　　　B. 250　　　　　　C. 5 000　　　　　D. 1 250

(5) 某公司打算投资 1 个项目,预计该项目需固定资产投资 1 000 万元(不需要安装,该资金均为自有资金),计划借款融资 1 000 万元,年利率 5%,到期还本付息。该项目可以持续 5 年。估计每年固定成本为(不含折旧) 20 万元,变动成本是每件 60 元。固定资产采用直线折旧法折旧,折旧年限为 10 年,估计净残值为 10 万元。销售部门估计各年销售量均为 5 万件,该公司可以接受 130 元/件的价格,所得税税率为 25%。则该项目第 1 年的经营现金净流量为(　　)万元。

A. 231　　　　　　B. 330　　　　　　C. 272.25　　　　　D. 173.25

(6) 年末 A 公司正在考虑卖掉现有的一台闲置设备。该设备于 8 年前以 40 000 元购入,税法规定的折旧年限为 10 年,按直线法计提折旧,预计残值率为 10%,已提折旧 28 800 元。目前可以按 10 000 元价格卖出,假设所得税税率为 25%,卖出现有设备对本期现金流量的影响是(　　)。

A. 减少 360 元　　B. 减少 1 200 元　　C. 增加 9 640 元　　D. 增加 10 300 元

(7) 某投资项目年初投资 12 万元,有效期为 3 年,每年可获得现金净流量 4.6 万元,则该项目内含报酬率为(　　)。

A. 6.68%　　　　　B. 7.33%　　　　　C. 7.68%　　　　　D. 8.32%

(8) 若某投资项目的建设期为 0,则直接利用年金现值系数计算该项目内含报酬率指标的前提条件是(　　)。

A. 投产后净现金流量为普通年金形式　　B. 投产后净现金流量为递延年金形式

C. 投产后各年的净现金流量不相等　　　D. 在建设起点没有发生任何投资

(9) 在下列方法中,可以直接用于项目寿命期不相同的多个互斥方案比较决策的是(　　)。

A. 净现值法　　　　　　　　　　　　B. 年均净现金流量法

C. 内含报酬率法　　　　　　　　　　D. 现值指数法

(10) 某企业拟进行一项固定资产投资项目决策,设定贴现率为 12%,有 4 个方案可供选择。其中甲方案的项目计算期为 10 年,净现值为 1 000 万元,(P/A, 12%, 10) =5.650 2;乙方案的现值指数为 0.85;丙方案的项目计算期为 11 年,年均净现金流量为 150 万元;丁方案的内含报酬率为 10%。最优的投资方案是(　　)。

A. 甲方案　　　　　B. 乙方案　　　　　C. 丙方案　　　　　D. 丁方案

2. 多项选择题

(1) 对于同一投资方案,下列说法正确的有(　　)。

A. 资本成本越高,净现值越低

B. 资本成本等于内含报酬率时，净现值为 0
C. 资本成本高于内含报酬率时，净现值小于 0
D. 资本成本高于内含报酬率时，净现值大于 0

(2) 有 2 个方案的初始投资额相同，如果无论从哪方面看，甲方案均优于乙方案，则有（　）。
　A. 甲方案的净现值大于乙方案　　　B. 甲方案的现值指数大于乙方案
　C. 甲方案平均投资报酬率大于乙方案　D. 甲方案的内含报酬率大于乙方案

(3) 下列关于内含报酬率的说法中正确的有（　）。
　A. 它是未来现金流出量与现金流入量相等时的贴现率
　B. 它是未来现金流入量现值与现金流出量现值相等时的贴现率
　C. 它是能使净现值为 0 的贴现率
　D. 它是以资金成本为对比对象的

(4) 下列属于内含报酬率法的缺点的有（　）。
　A. 没有考虑资金时间价值
　B. 不便于独立投资方案的比较决策
　C. 不便于不同投资规模的互斥方案的决策
　D. 不能直接考量投资风险大小

(5) 某企业拟按 15% 的必要投资报酬率进行一项固定资产投资决策，计算出的净现值为 100 万元，无风险报酬率为 8%。下列表述中正确的有（　）。
　A. 该项目的现值指数大于 1
　B. 该项目内含报酬率小于 8%
　C. 该项目风险报酬率为 7%
　D. 该企业不应进行此项投资

(6) 某企业正在讨论 2 个投资方案：A 方案寿命期 10 年，净现值为 400 万元，内含报酬率为 10%；B 方案寿命期 10 年，净现值为 300 万元，内含报酬率为 15%。据此可以认定（　）。
　A. 若 A、B 两方案是互斥方案，则 A 方案较好
　B. 若 A、B 两方案是互斥方案，则 B 方案较好
　C. 若 A、B 两方案是独立方案，则 A 方案较好
　D. 若 A、B 两方案是独立方案，则 B 方案较好

(7) 影响债券价值的因素有（　）。
　A. 债券面额　　　　　　　　　B. 票面利率
　C. 投资者要求的报酬率　　　　D. 付息方式

(8) 长期债券的实际收益率（　）。
　A. 是投资债券所获得的收益率
　B. 是按复利计算的收益率
　C. 是使未来现金流入量的现值等于债券面额的贴现率
　D. 是评价债券收益水平的指标

(9) 若只考虑利率变动对债券价值的影响，下列说法正确的有（　）。
　A. 平价发行的债券，其实际收益率等于票面利率
　B. 如果债券实际收益率低于投资人要求的报酬率，则应买进该债券
　C. 如果债券的价值高于其价格，则应买进该债券
　D. 如果买入价格和面额不等，则债券的实际收益率和票面利率不等

(10) 债券 A 和债券 B 是两只刚发行的每年付息一次的债券,2 个债券的面值、票面利率、市场利率均相同,以下说法中正确的有( )。

A. 若市场利率高于票面利率,偿还期限长的债券价值低
B. 若市场利率低于票面利率,偿还期限长的债券价值高
C. 若市场利率高于票面利率,偿还期限短的债券价值低
D. 若市场利率低于票面利率,偿还期限短的债券价值高

3. 判断题

(1) 根据投资评价的可行性原则,在投资项目的可行性研究中,应首先进行财务可行性评价,再进行技术可行性评价,如果项目具备财务可行性和技术可行性,就可以做出该项目应当投资的决策。( )
(2) 使得某方案的净现值大于 0 的贴现率,一定小于该方案的内含报酬率。( )
(3) 净现值方法不仅适用于独立投资方案的比较决策,而且能够用于对寿命期不同的互斥投资方案进行直接决策。( )
(4) 项目的内含报酬率应该高于机会成本,否则,投资者将放弃该项目。( )
(5) 证券资产不能脱离实体资产而独立存在,因此,证券资产的价值取决于实体资产的现实经营活动所带来的现金流量。( )
(6) 在投资人想出售证券以获取现金时,证券不能立即出售的风险是购买力风险。( )
(7) 证券市场有甲、乙两种国债一同发售,甲每年付息一次,乙到期一次还本付息,其他条件都相同,则乙国债更受市场青睐。( )
(8) 国库券能够更好地避免投资购买力风险。( )
(9) 某石油公司预期未来的每股收益为 2.5 元,如果石油工业的平均市盈率为 20,则该石油公司股票的内在价值为每股 50 元。( )
(10) 一般来说,股票的价值与股票的价格总是一致的。( )

4. 计算题

(1) 大华公司有甲、乙 2 种固定资产投资方案,甲方案的一次性投资额为 100 000 元,有效使用期为 5 年,期末无残值,投产后每年可获税后利润 10 000 元。乙方案的一次性投资额为 80 000 元,有效使用期为 4 年,期末有残值 8 000 元,各年的税后利润分别为 7 000 元、8 000 元、9 000 元、10 000 元。该企业的资本成本为 10%,采用平均年限法计提折旧。

要求:计算上述 2 种方案的投资回收期、投资报酬率、净现值、内含报酬率、现值指数和年均净现金流量,并做出投资决策。

(2) 某公司原有设备一套,购置成本为 150 万元,预计使用 10 年,已使用 5 年,预计残值为原值的 10%,该公司用直线折旧法计提折旧,现该公司拟购置新设备替换原设备,以提高生产率、降低成本。新设备购置成本为 200 万元,使用年限为 5 年,同样用直线折旧法计提折旧,预计残值为购置成本的 10%,使用新设备后公司每年的销售额可以从 1 500 万元上升到 1 650 万元,每年付现成本将从 1 100 万元上升到 1 150 万元,公司如购置新设备,旧设备出售可得收入 100 万元,该企业的所得税税率为 25%,资本成本为 10%。

要求:通过计算说明是否更新该设备。

(3) 某公司于 20×2 年 1 月 1 日发行一种 3 年期的债券,该债券的面值为 1 000 元,票面利率为 14%,每年付息一次。

要求:
① 如果债券的发行价格为 1 040 元,其实际收益率是多少?
② 假定 20×3 年 1 月 1 日的市场利率为 12%,债券市价为 1 040 元,是否应购买该债券?
③ 假定 20×4 年 1 月 1 日的市场利率下降到 10%,那么此时债券的价值是多少?

④假定20×4年1月1日的债券市价为950元，此时购买债券的实际收益率是多少？（以上计算系数保留至小数点后4位，结果保留至小数点后两位）

(4) 甲企业计划利用一笔长期资金购买股票。现有M公司股票、N公司股票、L公司股票可供选择，甲企业只准备投资一家公司股票。已知M公司股票现行市价为每股2.5元，上年每股股利为0.25元，预计以后每年以6%的增长率增长。N公司股票现行市价为每股7元，上年每股股利为0.6元，股利分配政策将一贯坚持固定股利政策。L公司股票现行市价为4元，上年每股支付股利0.2元。预计该公司未来为第1年增长14%，第2年增长14%，第3年增长5%。第4年及以后将保持每年2%的固定增长率水平。

若无风险利率为4%，股票市场平均收益率为10%，M公司股票的β系数为2，N公司股票的β系数为1.5，L公司股票的β系数为1。

要求：
① 利用股票估价模型，分别计算M、N、L公司股票价值。
② 代甲企业做出股票投资决策。

5. 思考题

(1) 投资决策为什么要以现金净流量而不是净收益作为评价项目经济效益的基础？
(2) 净现值、现值指数和内含报酬率三者之间存在什么关系？
(3) 贴现现金流模型评估股票、债券价值的前提条件是什么？

6. 案例分析

ABC公司建设新商场对公司股票价格的影响

张会是东方咨询公司的一名财务分析师，应邀评估ABC公司建设新商场对公司股票价值的影响。张会根据公司情况做了以下估计。

(1) 公司本年度净收益为200万元，每股支付现金股利2元，新建商场开业后，净收益第1年、第2年均增长15%，第3年增长8%，第4年及以后将保持这一净收益水平。
(2) 该公司一直采用固定支付率的股利政策，并打算今后继续实行该政策。
(3) 公司的β系数为1，如果将新项目考虑进去，β系数将提高到1.5。
(4) 无风险收益率（国库券）为4%，市场要求的收益率为8%。
(5) 公司股票目前市价为23.6元。

张会打算利用贴现现金流模型，同时考虑风险因素进行股票价值评估。ABC公司的一位董事提出，如果采用贴现现金流模型，则股利越高，股价越高，所以公司应改变原有的股利政策提高股利支付率。

请协助张会完成以下工作：
(1) 参考不变增长模型，分析这位董事的观点是否正确。
(2) 分析股利增加对可持续增长率和股票的账面价值有何影响。
(3) 评估公司股票价值。

7. 课程实践

假定你在自己就读学校的校园内创办一家打印服务社，请根据你的调研资料从财务角度进行项目可行性分析。

8. 附录

用Excel计算净现值和内含报酬率。

Excel计算净现值和内含报酬率

第 7 章　营运资金管理

学习目标

知识要点	能力要求	关键术语
现金管理	(1) 理解现金的持有动机与成本 (2) 掌握最佳现金持有量的确定方法	(1) 营运资金；净营运资金 (2) 交易动机；预防动机；投机动机 (3) 管理成本；机会成本；转换成本；短缺成本 (4) 成本分析模型；现金周转模型；随机模型；存货模型
应收款项管理	(1) 了解应收款项的功能及成本 (2) 理解信用政策的内涵	(1) 应收账款；应收款项账龄 (2) 信用标准；信用条件；收账政策 (3) 信用期限；现金折扣；应收款项收现保证率；坏账准备
存货管理	(1) 了解存货成本的构成 (2) 掌握存货经济批量模型 (3) 掌握存货的日常控制方法	(1) 订货成本；购置成本；储存成本；缺货成本 (2) 经济订货批量；相关总成本；最佳订货批次 (3) 存货采购流程控制；订货点 (4) ABC 分类法
流动负债管理	(1) 掌握短期借款管理 (2) 掌握短期融资券管理 (3) 掌握商业信用筹资管理	(1) 短期借款；收款法；贴现法；加息法；借款抵押；补偿性余额；周转信贷协定；信贷限额 (2) 短期融资券 (3) 商业信用；应付账款；预收账款；商业信用成本

苏宁电器是集家电、计算机、通信为一体的全国大型 3C 电器专业销售连锁企业。与许多传统

行业扩张"赚规模不赚利润"相比,作为中国家电连锁巨头之一的苏宁电器的扩张是"既赚规模又赚利润",这主要得益于苏宁电器的应付账款周转管理。2004—2009年,苏宁电器的现金周转期从-1天变为-56天,苏宁电器现金周转绩效的提升并不是存货、应收账款等营运资金周转期变动的结果,而是应付账款周转期延长的结果。那么,什么是营运资金?它具体包括哪些内容?怎样才能提高企业营运资金周转速度?营运资金管理业绩提升对企业经济效益有什么影响?通过本章学习,你将会从总体上掌握营运资金管理的基本方法。

7.1 营运资金概述

7.1.1 营运资金的概念和特点

营运资金的概念和特点

1. 营运资金的概念

营运资金有广义和狭义之分。**广义的营运资金**是指企业生产经营活动中占用在流动资产上的资金。**狭义的营运资金**又称**净营运资金**,是指流动资产减去流动负债后的余额。本章采用狭义的营运资金概念,即营运资金的管理既包括流动资产的管理,也包括流动负债的管理。

2. 营运资金的特点

(1) 周转期限短

流动资产是指在一年或超过一年的一个营业周期内变现或耗用的资产,包括货币资金、交易性金融资产、应收及预付款和存货等项目。企业如果拥有较多的流动资产,就可在一定程度上降低财务风险。流动负债是指需要在一年或者超过一年的一个营业周期内偿还的债务,主要包括短期借款、交易性金融负债、各种应付款项等。确定短期资产的最佳持有量和合理筹措短期资金是营运资金管理的主要内容。

(2) 物质形态和价值形态在经营中不断变化

流动资产在周转和循环过程中,物质形态和价值形态随着生产经营过程不断周而复始地转化,在时间上具有继起性,在空间上具有并存性。

(3) 价值波动较大

无论是流动资产还是流动负债,其价值都会随着企业内外部条件的变化而变化,时高时低。

(4) 项目多

流动资产、流动负债的项目多而分散,因此,在管理中要求调度灵活、配合协调,以较低的资金占用实现较高的周转额。

(5) 变现能力强

流动资产一般都具有较强的变现能力,当企业遇到意外情况,出现资金周转不灵、现金短缺时,可以快速将这些资产变现,获得现金。

(6) 投资次数频繁

企业经常面临流动资产投资的问题,有时会在一个月内多次追加对存货等项目的投资。

总而言之营运资金管理就好比相互咬合的齿轮，比如供应、生产、销售，业务流川流不息；又如现金、存货、应收账款，资金链息息相关。企业应全面提升营运资金效率，实现营运资金的合理占用和良性周转，避免资金链断裂。营运资金的不断循环周转，才是企业利润的真正源泉。

7.1.2 企业资产组合

资产可分为流动资产与长期资产（或非流动资产）两大类，长期资产主要包括固定资产、在建工程、无形资产、长期应收款、长期股权投资、投资性房地产等。企业资产总额中流动资产与长期资产之间的比例关系称为企业资产组合。

企业在确定资产组合时，需要考虑的核心问题就是组合的风险与收益。一般而言，流动资产的比重越大，营运资金短缺的风险就越小，但其收益水平较低；反之，流动资产的比重越小，营运资金短缺的风险就越大，但其收益水平较高。不同的管理决策者对风险的态度不同，所采取的资产组合策略也不同，一般有以下3种选择。

(1) 保守型资产组合策略

该策略是指企业在确定流动资产比重时，在保证正常需要量和基本保险储备的基础上，再加上一部分额外储备，以便降低企业的经营风险。在这一策略下，企业持有的流动资产占全部资产的比重较大。由于流动资产收益率一般低于长期资产的收益率，因此，这一策略下企业的预期盈利能力比较低。

(2) 冒险型资产组合策略

该策略是指企业在安排流动资产数量时，只根据正常需要量安排很少的保险储备，以便提高企业的投资报酬率。在此策略下，企业持有的流动资产占全部资产的比重相对较小，其净营运资金也相对较少，这使得企业在取得较高的预期盈利能力的同时，也承受着较高的财务风险。

(3) 适中型资产组合策略

该策略是指企业在确定流动资产全部资产的比重时，在保证正常需要量的情况下，再适当地安排一定的保险储备，以防不测，该策略下企业的预期盈利能力和风险都介于前两种策略之间。

3种资产组合策略如图7.1所示。

图7.1　3种资产组合策略

7.2 现金管理

7.2.1 现金的持有动机与成本

现金是指在生产经营过程中暂时停留在货币形态的资金，包括**库存现金**、**银行存款**、**其他货币资金**等。现金是流动性最强的资产，充足的现金对于降低企业的财务风险、增强企业资产的流动性有着重要的意义。但是，现金属于低盈利资产，企业必须合理确定现金持有量，保证数量和期限结构合理。

富翁与乞丐的故事

【案情简介】
　　某富翁遇到一个乞丐，看到其衣衫单薄，动了恻隐之心，掏钱时发现身上只有 100 元，想到如果把钱给了乞丐那就没法解决午饭了，就把价值 1 000 元的大衣脱下来送给乞丐，乞丐接过来后马上还给他说："你还是给我现金吧，衣服不能拿去买饭吃！"于是富翁把 100 元给了乞丐，自己饿了一中午。

【案例点评】
　　故事说明了"现金为王"的道理。现金是一般等价物，它能与任何商品相交换。

（资料来源：曾建斌. 看故事学财务管理 [M]. 广州：广东经济出版社，2004.）

1. 现金的持有动机

企业持有一定数量的现金，主要基于以下 3 个方面的动机。

（1）交易动机

交易动机是指企业用来满足日常营运的现金支出需要，如购买原材料、支付工资等。企业为满足交易动机所持有的现金量主要取决于企业的销售水平。

（2）预防动机

预防动机是指企业用来应付意外事件发生的现金支出需要，如应对生产事故、自然灾害等。预防动机现金持有量的多少，取决于企业对未来现金流量预测的准确程度和企业的融资能力。

（3）投机动机

投机动机是指企业用于从事投机活动并从中获利的现金需要，如遇到廉价原材料或高回报的投资机会等。投机动机现金持有量的多少与投资机会及企业对待风险的态度有关。

2. 现金的持有成本

(1) 管理成本

管理成本是指企业因保留现金余额而发生的管理费用，如支付给管理人员的工资和安全措施费用等。管理成本在一定范围内与现金持有量的多少关系不大，具有固定成本属性，通常是**决策无关成本**。

(2) 机会成本

机会成本是指因持有现金而丧失的再投资收益，具有变动成本属性，与现金持有量的多少密切相关。比如，若证券投资收益率为 10%，企业欲持有 10 万元现金，就只能放弃 1 万元的证券投资收益。

(3) 转换成本

转换成本是指企业现金与有价证券转换过程中所发生的成本，包括固定性转换成本和变动性转换成本。

固定性转换成本是指只与交易的次数有关，而与转换金额无关的成本。在现金需求总量确定的前提下，每次转换的现金越少，现金持有量就越少，需要转换的次数就越多，相应的转换成本就越大；相反，转换成本就越小。因此，固定性转换成本与现金的持有成本决策相关。

变动性转换成本是由投资者按成交金额的一定比例支付的佣金、印花税等，这些成本与转换金额相关，但与交易次数无关。在现金需求总量确定的前提下，变动性转换成本是一个确定数，因而属于与现金持有成本决策无关的成本。

(4) 短缺成本

短缺成本是指因现金持有量不足，又无法得到及时补充而给企业造成的损失，如不能及时购进材料给企业造成的停工损失。现金短缺成本与现金持有量呈负相关关系。

7.2.2 最佳现金持有量的确定

确定最佳现金持有量的模型主要有成本分析模型、现金周转模型、存货模型和随机模型。

1. 成本分析模型

成本分析模型是只考虑机会成本和短缺成本，分析预测最佳现金持有量的一种方法。在这种模型中，最佳现金持有量就是持有现金而产生的机会成本与短缺成本之和最小时的现金持有量。

【例 7-1】某企业有 A、B、C、D 4 种现金持有方案，它们各自的现金持有量、机会成本、短缺成本及总成本见表 7-1。

表 7-1 4 种现金持有方案比较表 单位：元

方案	A	B	C	D
现金持有量	25 000	50 000	75 000	100 000
机会成本	3 000	6 000	9 000	12 000
短缺成本	12 000	6 750	2 500	0
总成本	15 000	12 750	11 500	12 000

将以上各方案的总成本进行比较可知，C 方案的总成本最低，也就是说，当企业持有 75 000 元现金时，机会成本和短缺成本之和最小，故 75 000 元是该企业的最佳现金持有量。

成本分析模型的优点是适用范围广泛，尤其适用于现金收支波动较大的企业。缺点是企业持有现金的短缺成本较难预测。

2. 现金周转模型

现金周转模型是根据现金周转期来确定最佳现金持有量的方法。现金周转期是指从现金投入生产经营活动开始，经过供应、生产和销售等过程，最终又转化为现金所需要的时间。在企业的全年现金需求总量一定的情况下，现金周转期越短，现金持有量就越少。现金周转期的计算公式为：

现金周转期 = 存货周转期 + 应收账款周转期 − 应付账款周转期

根据现金周转期可以计算出现金周转率，即在一年中现金周转的次数。其计算公式为：

现金周转率 = 360 ÷ 现金周转期

现金周转率越高，说明企业现金周转的速度越快，在全年现金需求总量一定的情况下，企业所需的现金持有量就越少。

在企业全年的现金需求总量确定后，可以根据现金周转期或者现金周转率来计算最佳现金持有量，其计算公式为：

最佳现金持有量 = (年现金需求总量 ÷ 360) × 现金周转期

或者

最佳现金持有量 = 年现金需求总量 ÷ 现金周转率

应用案例 7-2

现金周转期：电脑硬件行业的盈利方式

【案情简介】

戴尔、惠普、联想都是世界知名的电脑硬件生产商，其中戴尔在 2004—2006 年将收现期缩短到当时的行业最低水平，见表 7-2。

表 7-2 2004—2006 年戴尔、惠普、联想的现金周转期   单位：天

项目	戴尔			惠普			联想		
	2004 年	2005 年	2006 年	2004 年	2005 年	2006 年	2004 年	2005 年	2006 年
应收账款周转期	31	32	29	43	39	43	28	32	16
存货周转期	3	4	5	39	35	41	22	14	10
应付账款周转期	70	73	77	51	52	57	15	40	48
现金周转期	−36	−37	−43	31	22	27	35	6	−22

【案例点评】

由表 7-2 可知，戴尔公司各年现金周转期均为负数，应收账款周转期远短于应付账款周转期，这说明戴尔公司实际上是利用供应商的资金来"垫付"自身的现金需求，这是营运资金管理的最高境界，极大地降低了戴尔公司的营运资金成本。

【例 7-2】 某企业的材料采购和产品销售都采用赊购赊销方式，其应收账款的周转期为 60 天，应付账款的周转期为 50 天，存货的周转期为 40 天。预计该企业 20×8 年的现金需求总量为 2 000 万元。采用现金周转模型确定该企业 20×8 年的最佳现金持有量。

$$现金周转期 = 40+60-50 = 50(天)$$

$$现金周转率 = 360 \div 50 = 7.2(次)$$

$$最佳现金持有量 = 2\,000 \div 7.2 \approx 277.78(万元)$$

或者

$$最佳现金持有量 = (2\,000 \div 360) \times 50 \approx 277.78(万元)$$

用现金周转模型确定最佳现金持有量的方法简单明了，但是要求企业的生产经营活动比较平稳，并且保持长期稳定的信用政策。否则，计算出的最佳现金持有量就不够准确。

3. 存货模型

存货模型是将存货经济订货批量模型应用于确定最佳现金持有量的方法。利用存货模型计算最佳现金持有量时，只考虑机会成本和转换成本。

存货模型应用的**基本前提**是：①企业的现金流入量是稳定并可预测的，也就是企业在一定时期内的现金收入是均匀发生的，其数量能够可靠地预测；②企业的现金流出量是稳定并可预测的，即现金支出也是均匀发生的，其数量能可靠预测；③在预测期内，企业不能发生现金短缺，可以通过出售证券来补充现金；④证券的利率或报酬率及每次的转换成本是可以确定的。

根据这些前提，企业便可利用存货模型来确定最佳现金持有量。

设 A 为一个周期内现金需求总量；B 为每次转换证券的固定性转换成本；Q 为最佳现金持有量（每次证券变现的数量）；C 为证券利率（机会成本）（注意：C 与 A 的期间必须一致）；TC 为现金管理相关总成本。则：

$$现金管理相关总成本 = 机会成本 + 固定性转换成本$$

$$TC = (Q/2) \times C + (A/Q) \times B \qquad (7\text{-}1)$$

当持有现金的机会成本与证券变现的固定性转换成本相等时，现金管理相关总成本最小，此时的现金持有量为最佳现金持有量。可根据式 (7-1) 采用导数方法求出最小值。

$$最佳现金持有量\ Q = \sqrt{\frac{2AB}{C}}$$

$$最佳现金管理总成本\ TC = \sqrt{2ABC}$$

$$最佳转换次数 = A/Q$$

$$最佳转换间隔期 = 360 \div 最佳转换次数$$

存货模型的计算结果比较精确，但由于使用条件的局限性，该模型的使用受到一定的限制。

【例 7-3】假设某公司每年现金需求总量为 400 000 元，现金与证券每次固定性转换成本为 200 元，证券的年收益率为 10%，求最佳现金持有量。

最佳现金持有量 $Q = \sqrt{2 \times 400\,000 \times 200 \div 10\%} = 40\,000$（元）

最佳平均现金持有量 $= 40\,000 \div 2 = 20\,000$（元）

最佳现金管理总成本 $TC = \sqrt{2ABC} = \sqrt{2 \times 400\,000 \times 200 \times 10\%} = 4\,000$（元）

最佳转换次数 $= A/Q = 400\,000/40\,000 = 10$（次）

最佳转换间隔期 $= 360 \div$ 最佳转换次数 $= 360 \div 10 = 36$（天）

4. 随机模型

在实际工作中，企业现金流量往往具有很大的不确定性。图 7.2 显示了现金持有量的随机模型（米勒–奥尔模型），该模型有两条控制线和一条回归线。假定每日现金流量分布接近正态分布，每日现金持有量可能低于也可能高于期望值 R（目标现金余额），其变化是随机的，只能对现金持有量确定一个控制区域，定出上限 H 和下限 L。当企业现金持有量在上限 H 和下限 L 之间波动时，表明企业现金持有量处于合理的水平，无须进行调整。当现金持有量达到上限 H 时，则将部分现金转换为证券；当现金持有量下降到下限 L 时，则卖出部分证券。最低控制线 L 取决于模型之外的因素，其数额由现金管理部门在综合考虑短缺现金的风险程度、企业借款能力、企业日常周转所需资金、银行要求的补偿性余额等因素的基础上确定。

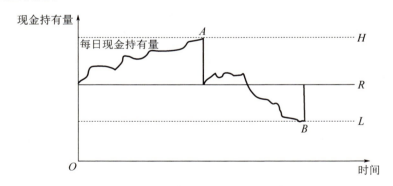

图 7.2　现金持有量的随机模型

回归线 R 可按下列公式计算：

$$R = \left(\frac{3b \times \delta^2}{4i} \right)^{\frac{1}{3}} + L$$

式中，b 为每次证券转换为现金或现金转换为证券的成本；δ 为企业每日现金流量变动的标准差；i 为以日为基础计算的现金机会成本。

最高控制线 H 的计算公式为：

$$H = 3R - 2L$$

【例 7-4】 设证券的年利率为 9%，日利率为 9%/360=0.025%，企业每次证券转换为现金或现金转换为证券的成本 b=200 元，企业认为任何时候其银行活期存款及现金余额 L 为 10 000 元。根据以往经验估计，企业每日现金流量变动的标准差 δ 为 800 元，根据随机模型，可求得：

$$R = \left(\frac{3 \times 200 \times 800^2}{4 \times 0.000\,25} \right)^{\frac{1}{3}} + 10\,000 \approx 17\,268.48\,(元)$$

$$H = 3 \times 17\,268.48 - 2 \times 10\,000 = 31\,805.44\,(元)$$

该企业目标现金余额为 17 268.48 元。若现金持有量达到 31 805.44 元，则买进 14 536.96 元 (31 805.44−17 268.48) 的证券；若现金持有量降至 10 000 元，则卖出 7 268.48 元 (17 268.48−10 000) 的证券。

随机模型建立在企业的未来现金需求总量和收支不可预测的前提下，因此，计算出来的现金持有量比较保守。

7.2.3 现金日常管理

现金日常管理的目的是降低现金的运营成本，提高现金的周转速度。现金日常管理主要包括现金回收管理、现金支出管理、现金浮游量使用管理、现金账户调节管理和闲置现金投资管理。

1. 现金回收管理

企业在生产经营过程中应尽量加速账款回收，加速现金周转，以提高现金的使用效率。一般来说，企业账款的收回包括客户开出票据、企业收到票据、票据送达银行、企业收到现金等环节。

但在互联网时代，利用金融机构和企业之间的信息交换和价值转移的信息联网系统，可以把付款人的款项直接通过信息联网系统迅速划转给收款人。

2. 现金支出管理

企业在加强现金回收管理的同时，还应当严格控制现金支出。一方面，力争现金流入和流出同步，这样既可以降低现金使用成本，又可以尽可能使其所持有的交易性现金余额降到低水平。另一方面，在合理合法的前提下，尽可能延缓现金支出时间。

3. 现金浮游量使用管理

从收票人收到企业开出的支票并存入银行，到银行将款项划出企业账户，需要一段时间。在这段时间里，企业账户上银行存款余额与银行账户上所显示的存款余额之间的差额，就是现金的"浮游量"。如果企业采用员工工资支票支付模式，就可最大限度地减少工资账户的存款余额，因为企业虽开出了支票，但仍可暂时动用这笔资金，关键是企业要合理预测开出支付工资的支票到员工去银行兑现的具体时间，否则会发生银行存款的透支。

4. 现金账户调节管理

现金账户调节管理主要是指企业利用银行存款账户，调节现金余缺，从而增加现金的

"机动量"。比如使用零余额账户，即企业与银行合作，保持一个主账户和一系列子账户，企业只在主账户保持一定的存款储备，而子账户不需要保持存款储备。当从某个子账户签发的支票需要现金时，所需要的资金立即从主账户划拨过来，从而使更多的资金可以用作他用。企业还可开出透支支票，即开出支票的金额大于活期存款余额，这实际上是银行向企业提供的信用，信用卡透支也是企业利用银行信用的较好形式。

现金管理

5. 闲置现金投资管理

企业在筹资和经营时会产生大量的现金，这些现金在用于资本投资或其他活动之前，通常会闲置一段时间。这些现金可用于短期证券投资，如企业债券、企业股票等，以获取利息收入或资本利得，这样既能保证企业有较多的现金收入，又能够增强企业的变现能力。因此，要合理地管理闲置现金，为企业创造更多的经济利益。

7.3 应收款项管理

应收款项是指企业因对外销售产品、提供劳务等而应向购买商品、接受劳务的单位收取的款项。

7.3.1 应收款项的功能与成本

1. 应收款项的功能

应收款项在企业生产经营过程中主要具有以下功能。

(1) 促进销售

在竞争激烈的市场经济中，采用赊销方式为客户提供商业信用，可以扩大产品销售，提高产品的市场占有率。通常企业为客户提供的商业信用是不收利息的，它相当于是给客户的一笔无息贷款，所以对客户具有较大的吸引力。与现销方式相比，客户更愿意购买采用赊销方式的企业的产品。因此，应收款项具有促进销售的功能。

(2) 减少存货

企业持有产品存货，就要增加管理费、仓储费、利息费和保险费等支出。而赊销促进了产品销售，自然就减少了企业库存产品的数量，加快了企业存货的周转速度。因此，企业通过赊销的方式将产品销售出去，资产就由存货形态转化为应收款项形态，这样可以节约企业的费用支出。

2. 应收款项的成本

持有应收款项，也要付出一定的代价，这种代价即应收款项的成本。应收款项的成本有以下几种。

(1) 机会成本

机会成本是指企业的**资金因投放于应收款项而放弃其他投资机会所丧失的收益**。

$$应收款项机会成本 = 应收款项平均占用资金 \times 资本成本率$$

$$应收款项平均占用资金 = 应收款项平均余额 \times 变动成本率$$

应收款项平均余额 = 日销售额 × 平均收现期

(2) 管理成本

管理成本是指企业因管理应收款项而发生的各项费用，如对客户的资信调查费用、收集相关信息的费用、账簿的记录费用、收账费用及其他费用。

(3) 坏账成本

坏账成本是指企业的应收款项因故不能收回而发生的损失，与应收款项数量成正比。

7.3.2 信用政策

信用政策又称应收款项政策，是指企业为对应收款项进行规划与控制而确立的基本原则和行为规范，是企业财务政策的一个重要组成部分。信用政策主要包括信用标准、信用条件、收账政策 3 项内容。

1. 信用标准

信用标准是指决定企业授予客户信用的最低标准，或客户获得企业的信用交易所应具备的条件。如果企业的信用标准比较严格，只对信誉较好的客户提供商业信用，就可减少坏账损失，降低应收款项的机会成本和管理成本，但也会减少企业的销售量；反之，如果企业的信用标准比较宽松，虽然会增加销售量，但也会相应地增加机会成本与管理成本。因此，企业必须在扩大销售与增加成本之间权衡利弊，制定一个比较合理的信用标准。

企业对客户信用标准的确定可以通过"5C"系统进行。"5C"系统是指评估客户信誉质量的 5 个方面，即品质 (character)、能力 (capacity)、资本 (capital)、抵押 (collateral) 和条件 (conditions)。

① 品质是指客户的信誉，即履行偿债义务的可能性，这一点经常被视为评价客户信用的首要因素。因此，企业必须设法了解客户过去的信用记录，看其是否讲信用，是否与供货企业保持良好的信用关系等。

② 能力是指客户的现实偿债能力。即其流动（或速动）资产的数量和质量及流动负债占流动资产的比重等。客户的流动资产越多，其转换为现金支付的能力越强。同时，还应注意客户流动资产的质量，如存货过多、过时或质量低，就会影响其变现能力和偿债能力。

③ 资本是指客户的财务实力和财务状况。管理者可以根据客户的财务比率分析其资产构成状况和偿债能力等。

④ 抵押是指客户拒付款项或无力支付款项时能被用作抵押的资产。对于不知底细或信用状况不佳的客户，这方面尤其重要。如果这些客户能提供足够的抵押，就可以考虑向他们提供相应的信用。

⑤ 条件是指可能影响客户经营状况与付款能力的经济环境。比如，万一出现经济危机，会对客户的财务状况产生什么影响，客户能否及时偿还款项等，这就需要企业做科学、谨慎的分析。

2. 信用条件

信用标准是决定是否给客户提供商业信用的一道门槛，只有对符合标准的客户才能提供商业信用。当客户达到信用标准时，就要考虑客户支付赊销款项的具体条件，这就是信用条件，它主要包括信用期限和现金折扣两个方面。企业可以根据行业惯例提出信用条件，也可以根据外部环境和自身财务承受能力制定信用条件，以提高市场竞争力。

①信用期限。信用期限是指企业允许客户从购货到支付货款的最长时间。

②现金折扣。现金折扣是指企业为鼓励客户早日付款而对客户在商品价格上所做的扣减。企业提供这种优惠的主要目的在于吸引客户提前付款，缩短企业的平均收款期，降低坏账损失率，扩大销售。

现金折扣常以"5/10、3/20、N/50"等符号形式表示。其含义如下：5/10 表示 10 天内付款，可享受 5% 的优惠，即只需支付原价的 95%；3/20 表示超过 10 天但在 20 天内付款，则优惠 3%；N/50 表示超过 20 天付款，不再优惠，且必须在 50 天内付清款项，50 天为信用期限。

现金折扣不仅影响企业销售，也影响企业成本，企业在决定是否提供及提供多大程度的现金折扣时，应当结合信用期限考虑折扣所能带来的收益与成本，权衡利弊后再做出选择。

3. 收账政策

收账政策是指企业为了催收已过期的应收款项所采取的一系列程序和方法。企业对各种过期的应收票据（商业承兑汇票）及应收账款，应采取不同的催账方式：对过期较短的客户，不要过多打扰；对过期稍长的客户，可委婉地措辞催收；对过期较长的客户，在去电去函的基础上，不妨派人与客户直接进行协商，彼此沟通意见达成谅解；对过期很长的客户，可在催款时措辞严厉，必要时可提请有关部门仲裁或提起诉讼等。企业在制定收账政策时，应充分考虑应收款项的机会成本及坏账损失与收账费用之间的此消彼长关系，并考虑收账政策对客户关系的影响后再做决定。

> **特别提示**

对资金缺乏的中小企业来说，一方面因缺乏有效的抵、质押担保而无法获得银行的授信支持；另一方面手头有大量的应收款项占用流动资金。如何盘活企业应收款项就成了中小企业财务管理人员的一项非常重要的工作。应收账款保理是指企业将赊销形成的未到期应收账款，在满足一定条件的情况下转让给银行，以获得银行的流动资金支持，加快资金周转。应收账款保理一方面有效解决了企业授信额度不足的问题，另一方面帮助企业盘活了应收账款，降低了资金成本。

【例 7-5】某公司拟制定下年度的信用政策，现有两个信用政策方案可选择。

方案 A：信用标准比较严格，确定的坏账损失率为 5%，信用条件是 30 天内全部付清，并采取积极的收账政策，预计全年的收账费用为 10 000 元。采用这种信用政策，预计全年可实现销售收入 1 000 000 元，预计平均收账期为 45 天。

方案 B：信用标准相对宽松，确定的坏账损失率为 8%，信用条件是"1/10，N/40"，采取一般的收账政策，预计全年的收账费用为 6 000 元。采用这种信用政策，预计全年可实现销售收入 1 200 000 元，50% 的款项会在折扣期内支付，预计平均收账期为 60 天。

该公司的销售利润率为 20%，变动成本率为 60%，证券利率为 10%。

要求：根据以上资料，选择较好的信用政策方案。

【解】

根据上述资料，计算不同方案对利润的影响，见表 7-3。

表 7-3　不同方案对利润的影响计算表　　　　　　　　　　　　单位：元

项目	方案 A	方案 B
销售利润	1 000 000×20%=200 000	1 200 000×20%=240 000
应收账款机会成本	1 000 000/360×45×60%×10%=7 500	1 200 000/360×60×60%×10%=12 000
收账费用	10 000	6 000
坏账损失	50 000	96 000
现金折扣成本	0	1 200 000×50%×1%=6 000
销售利润减去信用政策影响后的利润	132 500	120 000

根据表 7-3，扣除信用政策对销售利润的影响后，方案 A 利润为 132 500 元，方案 B 利润为 120 000 元，所以应采用 A 方案。

7.3.3　应收款项的日常管理

应收款项的日常管理通常包括**应收款项账龄分析**、**应收款项收现保证率分析**和**建立应收款项坏账准备制度**。

1. 应收款项账龄分析

应收款项账龄分析是企业根据已发生的应收款项时间的长短进行排序分析。一般来说，时间越长，款项收回的可能性越小，形成坏账的可能性越大。因此，企业有必要在收账之前，编制账龄分析表，对应收款项的回收情况进行全面分析，为收账政策的制定奠定基础。对可能发生的坏账损失，需提前做出准备，充分估计这一因素对企业损益的影响。对尚未过期的应收款项，也不能放松管理监督，以防其沦为新的拖欠。应收款项账龄分析将提示财务人员在把过期款项视为工作重点的同时，进一步研究与制定新的信用政策。

2. 应收款项收现保证率分析

由于企业当期现金支付需要量与当期应收款项收现额之间存在非对称性矛盾，并呈现出预付性与滞后性的差异特征，因此企业必须对应收款项收现水平制定一个必要的控制标准，即应收款项收现保证率。

应收款项收现保证率是为了适应企业现金收支匹配关系的需要所确定出的有效收现的款项应占全部应收款项的百分比，是应当保持的最低比例。公式为：

$$应收款项收现保证率=\frac{当期必要现金支付总额-当期其他稳定可靠的现金流入总额}{当期应收款项总额}$$

式中的当期其他稳定可靠的现金流入总额是指从应收款项收现以外的途径可以取得的各种稳定可靠的现金流入,包括短期有价证券变现净额、可随时取得的银行借款额等。企业应定期计算应收款项实际收现率,看其是否达到了控制标准,如果发现实际收现率低于应收款项收现保证率,应查明原因,采取相应措施,确保企业有足够的现金满足同期必需的现金支付要求。

3. 应收款项坏账准备制度

企业一旦采用赊销方式,就可能发生坏账损失。对应收款项进行管理,需要建立坏账准备制度,合理估计预期信用损失,确定坏账准备的计提比例。企业通常根据以往应收款项发生坏账的比例和目前信用政策的具体情况来估计坏账准备计提比例。

应用案例 7-3

应收款项管理

计提应收账款坏账准备导致公司出现较大亏损

【案情简介】

据报道,A 上市公司 20×4 年 12 月 28 日发布的年度预亏提示性公告显示,由于拟对 APEX 公司应收账款计提坏账准备等事项,A 上市公司 20×4 年将会出现较大的亏损。

截至 20×4 年 12 月 25 日,A 上市公司应收 APEX 公司账款余额 4.675 亿美元。根据对 APEX 公司现有资产的估算,A 上市公司对 APEX 公司应收账款可能收回的资金在 1.5 亿美元以上,预计最大计提金额为 3.1 亿美元。A 上市公司正在进行对账和核实工作,具体计提金额将在 20×4 年度报告中披露。同时,为了最大限度地减少损失,A 上市公司正积极努力通过各种合法途径对该笔应收账款进行清收。

A 上市公司还表示,吸取了 APEX 公司欠款的教训后,自 20×4 年 7 月以来,公司所有营销活动均实行现款交易,A 上市公司各项财务指标逐渐好转,应收账款已经采取有力措施进行清收,存货大幅下降。

【案例点评】

企业必须加强应收款项管理,否则可能会遭受重大损失。但 A 上市公司吸取 APEX 公司欠款的教训,对所有营销活动均实行现款交易的做法,值得商榷。

7.4 存货管理

7.4.1 存货管理目标

存货是指企业拥有的、为了销售或者耗用而储备的商品和物资,它是企业流动资产的重要组成部分,在流动资产中所占的比重较大,主要包括原材料、在产品、产成品、半成品、商品及修理用备品备件等。

存货管理目标,就是在满足生产或销售需要的前提下,最大限度地降低存货成本。具体包括以下几个方面。

(1) 保证生产正常进行

为保障生产经营的正常进行，企业必须储备一定量的原材料，否则可能会造成产品制造周期中的"停工待料"等浪费现象，进而带来存货短缺损失。

(2) 有利于销售

当市场需求量增加时，如果产成品储备不足，企业就有可能失去销售良机。客户常常会为了节约采购成本和其他费用而成批采购，如果客户需求不能及时满足，客户就可能另寻供应商。另外，企业为了降低运输费用也会组织成批发运。因而一定数量的存货储备能够增加企业在生产和销售方面的机动性和灵活性，进而有利于市场销售。

(3) 便于维持均衡生产，降低产品成本

有些产品属于季节性产品或者需求波动较大的产品，当遇到紧急订货或要满足客户的特殊需求时，企业就会超负荷生产，从而造成产品成本上升。为了实现均衡生产，企业需要储备一定的半成品、产成品存货，并相应地保持一定的原材料存货。

(4) 降低存货取得成本

供应商为鼓励客户多购买其产品，往往会在客户采购量达到一定数量时给予其商业折扣。企业通过大批量集中进货，既可以享受商业折扣，降低存货进价，也因减少订货次数，降低了订货成本，使总的进货成本降低。

7.4.2 存货成本

1. 订货成本

订货成本又称**进货费用**，是指企业为组织订购存货而发生的各种费用支出，如为订货而发生的差旅费、邮资、通信费、专设采购机构的经费等。订货成本分为**变动性订货成本**和**固定性订货成本**。变动性订货成本与订货次数成正比，而与每次订货数量关系不大，订货次数越多，变动性订货成本越高，如采购人员的差旅费、通信费等；固定性订货成本与订货次数无关，如专设采购机构的经费支出等。

2. 购置成本

购置成本又称**存货进价**，它是指构成存货本身价值的进价成本，主要包括买价、运杂费等。购置成本一般与采购数量成正比，它等于采购数量与单位采购成本的乘积，是存货成本的主要组成部分。

3. 储存成本

储存成本是指企业为储存存货而发生的各种费用支出，如仓储费、保管费、搬运费、保险费、**存货占用资金的机会成本**、存货残损和变质损失等。存货的储存成本也分为变动性储存成本和固定性储存成本。变动性储存成本与存货的数量有关，如存货资金的机会成本等。**固定性储存成本与存货数量无关**，如仓库折旧、仓库职工的工资等。

4. 缺货成本

缺货成本是指因为存货不足而给企业造成的停产损失、延误发货的信誉损失及丧失销售机会的损失等。缺货成本一般难以准确计量，需要管理人员凭经验加以估计。

与订货批量直接相关的存货成本有订货成本和储存成本，它们的关系如图 7.3 所示。

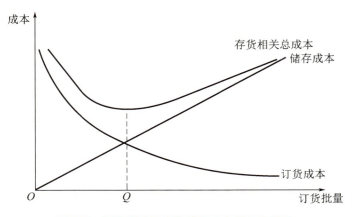

图 7.3 订货批量与存货相关成本项目的关系

7.4.3 存货经济批量模型

1. 存货的经济订货批量基本模型

存货管理的**核心**问题是**确定并保持合理的存货量**。控制存货量的关键是确定存货的经济订货批量 (economic order quantity，EOQ)，即在保证企业生产经营活动需要的情况下，使企业一定时期存货相关总成本最低的订货量。

存货的经济订货批量基本模型是建立在一系列假设基础上的，其假设主要包括：①企业能够及时补充存货，即需要订货时便可立即取得存货；②存货能集中到货，而不是陆续入库；③不允许缺货；④存货需求量稳定，并能较准确地预测；⑤存货单价不变，不考虑现金折扣；⑥企业现金充足，不会因现金短缺而影响进货；⑦对于企业所需存货，市场供应充足，企业不会因买不到需要的存货而影响生产经营。

根据假设，订货成本与储存成本总和最低时的订货批量，就是经济订货批量。设 Q 为经济订货批量；A 为某种存货年度计划进货总量；B 为每次订货成本；C 为单位存货年储存成本；P 为进货单价。则：

存货相关总成本 = 储存成本 + 订货成本

$$TC = (Q/2) \times C + (A/Q) \times B \tag{7-2}$$

当存货的储存成本与订货成本相等时，存货相关总成本最低，此时的存货量为经济订货批量。根据式 (7-2)，存货相关总成本 TC 是经济订货批量 Q 的函数，因此，求 TC 对 Q 的导数，并令其为零，可得经济订货批量为：

$$Q = \sqrt{\frac{2AB}{C}} \tag{7-3}$$

相应可得存货相关总成本：

$$TC = \sqrt{2ABC}$$

最佳订货批次：

$$N = \frac{A}{Q} = \sqrt{\frac{AC}{2B}}$$

经济订货批量平均占用资金：

$$W = \frac{PQ}{2} = P\sqrt{\frac{AB}{2C}}$$

【例7-6】某企业全年需要甲材料3 600千克，每次订货成本为200元，每千克甲材料的年平均储存变动成本为4元，材料单价为50元/千克。计算甲材料的经济订货批量、存货相关总成本、最佳订货批次及经济订货批量平均占用资金。

$$经济订货批量 = \sqrt{(2 \times 3\,600 \times 200 \div 4)} = 600\,(千克)$$

$$存货相关总成本 = 600/2 \times 4 + 3\,600/600 \times 200 = \sqrt{2 \times 3\,600 \times 200 \times 4} = 2\,400\,(元)$$

$$最佳订货批次 = 3\,600/600 = \sqrt{\frac{3\,600 \times 4}{2 \times 200}} = 6\,(次)$$

$$经济订货批量平均占用资金 = \frac{50 \times 600}{2} = 50\sqrt{\frac{3\,600 \times 200}{2 \times 4}} = 15\,000\,(元)$$

2. 有数量折扣的经济订货批量模型

在有数量折扣的情况下，购置成本也是决策的相关成本，即存货总成本包括：①购置成本；②订货成本；③储存成本。

$$存货总成本 = 购置成本 + 订货成本 + 储存成本$$

实行数量折扣时经济订货批量的计算包括以下几个步骤。

第一步，按照经济订货批量基本模型确定经济订货批量。

第二步，计算按经济订货批量进货时的存货总成本。

第三步，计算各个数量折扣点的存货总成本。

第四步，比较按不同批量订货时的存货总成本，最佳订货批量就是使存货总成本最低的订货批量。

【例7-7】宏远工厂全年需用丙零件10 000件。每次变动性订货成本为50元，每件丙零件年平均变动性储存成本为4元。当采购量小于600件时，单价为10元；当采购量大于或等于600件，但小于1 000件时，单价为9元；当采购量大于或等于1 000件时，单价为8元。

要求：计算最佳订货批量及全年最低总成本。

【解】先计算经济订货批量：

$$Q_1 = \sqrt{\frac{2 \times 10\,000 \times 50}{4}} = 500\,(件)$$

这时丙零件单价为10元。

$$总成本\,TC_1 = 10 \times 10\,000 + \sqrt{2 \times 10\,000 \times 50 \times 4} = 102\,000\,(元)$$

当单价为9元时，

$$Q_2 = 600(件)$$

总成本 $TC_2 = 9 \times 10\,000 + 50 \times \dfrac{10\,000}{600} + 4 \times \dfrac{600}{2} \approx 92\,033.33\,(元)$

当单价为8元时，

$$Q_3 = 1\,000(件)$$

总成本 $TC_3 = 8 \times 10\,000 + 50 \times \dfrac{10\,000}{1\,000} + 4 \times \dfrac{1\,000}{2} = 82\,500\,(元)$

由上述结果可知，本例中最佳订货批量为1 000件，全年最低总成本为82 500元。

7.4.4 存货日常控制

存货日常控制是指企业在日常生产经营过程中，按照存货规划要求，对存货的采购、使用和周转情况进行组织、调节和监督。存货日常控制主要包括以下内容。

（1）存货采购流程控制

存货采购流程控制主要涉及编制需求计划和采购计划、请购、选择供应商、确定采购价格、订立框架协议或采购合同、管理供应过程、验收、退货、付款、会计控制等环节。

应用案例 7-4

如何解决财务与采购的矛盾

【案情简介】

近期Star公司的采购部经理汤姆非常郁闷，因为生产部经理萨姆频繁地跟他反映，原材料的质量问题导致生产过程中的次品率越来越高，继而引发客户投诉。汤姆积极地与萨姆进行沟通后，发现供应商C公司提供的原材料有质量问题，想在当月月底之前换一家供应商，于是找到了信誉较好的供应商H公司。

随后，汤姆让他的下属准备一份与H公司的订货合同，当这个合同流转给财务部谢莉小姐时，她发现H公司不是公司的签约供应商，与其签约违反了公司的制度。所以，谢莉小姐毫不客气地拒绝审批。

汤姆对此非常生气，立刻就联系生产部的经理萨姆，一起来说服财务部经理谢莉小姐，"H公司本身的产品没有问题，性能也能满足我们的要求，事情紧急，希望马上订货""制度是死的，人是活的。如果新材料能改善我们的产品，提升我们的客户满意度，那为什么不可以呢？"对于公司出现的是否与H公司签订合同的矛盾，应如何解决呢？

【案例点评】

站在各自的立场上，汤姆、萨姆、谢莉好像都有道理。汤姆想尽快满足生产部经理萨姆的要求，降低次品率，提高产品的合格率。谢莉则是要把控公司的风险，遵守公司的流程和制度。对于这种违反制度的采购，最好3个部门主管一起去找上级领导，把这次问题的紧急情况解释清楚，取得上级部门的理解。审批过后，如果试用期间发现H公司的产品的质量、价格的确非常有竞争力，可重新签约，把H公司变成签约供应商。

(2) 订货点库存控制

企业的库存量会随着生产或销售而逐渐减少,当库存量降低到某一预先设定的点时,就需要发出订货单(采购单或加工单)来补充库存,而当库存量降低到安全库存时,发出的订货单所订购的物料(产品)刚好到达仓库,补充前一时期的消耗,订货时的数值点(库存量)即订货点,如图7.4所示。

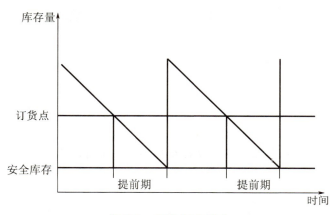

图 7.4　订货点确定图

订货点的确定方法如下。

设存货的订货提前期为 T,平均每天正常耗用量为 C,预计每天最大耗用量为 H,安全库存量(保险库存量)为 I,则订货点库存量 Q 的计算公式为:

$$Q=CT+I=HT$$

(3) 存货 ABC 分类管理

ABC 分类法是由意大利经济学家帕累托首创的。该方法的核心思想是在决定一个事物的众多因素中分清主次,识别出少数的但对事物起决定作用的关键因素和多数的但对事物影响较小的次要因素。存货 ABC 分类管理就是按照一定的标准,将企业的存货分为 A、B、C 3 类,分别实行分品种重点管理、分类别一般控制和按总额灵活掌握的存货管理方法。分类的标准主要有两个:一是金额标准;二是品种数量标准。

① A 类存货金额巨大,但品种很少,其品种数占全部品种数的 5%～15%,累计金额占库存资金总额的 60%～80%。

② B 类存货金额一般,品种相对较多,其品种数占全部品种数的 20%～30%,累计金额占库存资金总额的 20%～30%。

③ C 类存货品种繁多,但金额却很小,其品种数占全部品种数的 60%～80%,累计金额占库存资金总额的 5%～15%。

一般而言,3 类存货的金额比例大致为 A∶B∶C=0.7∶0.2∶0.1,而品种数比例大致为 A∶B∶C=0.1∶0.2∶0.7。

3 类存货的品种数与价值量的关系可以从图 7.5 中看出。

存货管理

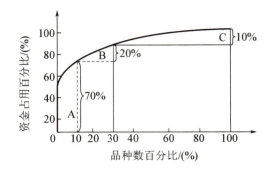

图7.5 3类存货的品种数与价值量的关系

让数据开口 波司登联合阿里云解决库存难题

【案情简介】

"传统的代理分销模式已不大适合企业发展,因为无论是从消费者反馈还是从供应链体系来说,响应速度都太慢了。"面对最常困扰服装行业的问题——库存,波司登的信息总监曾感慨道。对于一个有着几千家门店的品牌商来说,"要想很精准地预测在什么时间,把什么货挪到什么地方,是非常困难的"。他将这种缺货称为"结构性缺货",货是有的,但没有在正确的时间出现在消费者有需求的地方。高库存"冻"住了企业的现金流,高缺货又严重影响了用户体验。

经过考察,波司登决定跟阿里云合作,利用企业级互联网架构来搭建一个"零售云平台"。通过这一云平台,将波司登原本分散在各地的仓库、门店的库存数据,以及和线下割裂开的线上库存数据,全部"聚拢"在了一起,通过重构和打通,完全融合成一体。"不需要再去各个系统里查数据了,全都在这里,随时看得见。"

"库存中心"就是阿里云为波司登打造的这一云平台的一个组成部分。按照阿里云企业级互联网架构"厚平台、薄应用"的理念,这个平台被搭建得很"厚实",除了库存中心,它还包括了全局共享的用户中心、交易中心和订单中心等。也就是说,整条交易链上的人、货和交易信息,都汇聚成一个动态变化的"水池",池中的"水资源"随时可供上层的业务模块和业务流程使用。

有了基于库存中心的自动补货系统之后,波司登大胆地将库存"后移",在试点区域取消经销商仓库,由系统自动为经销商门店和直营门店补货。零售云平台给波司登带来了许多看得见的成效,如库存中心的智能补货系统有效减少了缺货损失,售罄率进一步提高。

【案例点评】

事实上,整个服装行业都陷于这种矛盾的怪圈之中,罪魁祸首就是这一行业的"期货"经营方式。每一季的新款在上市前8~9个月时就已经定下,经销商也会提前4~6个月将货订好。但是大半年之后,这些款式是否已经过时?这一年的天气如何,市场需要更薄的衣服还是更厚的?企业只能依靠数据预测和提前准备。而波司登这一平台不仅提高了业务的协同和运营效率,帮助品牌提升了了盈利能力,也让其IT部门成为赚钱的枢纽。对很多老牌企业,尤其是制造企业来说,在"新零售"来临时,它们面临的挑战比新企业要多得多。"上云"是可选择的一条捷径。

7.5 流动负债管理

流动负债是企业的短期资金来源，所以，流动负债的管理实质上就是企业短期融资的管理。企业短期融资具有筹资迅速、灵活性强、成本低和风险高的特点。本节重点介绍各种短期融资方式（主要包括短期借款、短期融资券和商业信用筹资）的管理。

流动负债管理

7.5.1 短期借款管理

企业短期借款是指企业向银行和其他非银行金融机构借入的期限在1年及1年以内的借款。它是企业短期资金筹措的主要渠道。

1. 短期借款的种类

(1) 按借款目的和用途，可分为生产周转借款、临时借款、结算借款、卖方信贷等

① 生产周转借款是指企业在生产经营过程中因流动资金周转计划额度内的自有流动资金不足而向银行申请取得的借款。

② 临时借款是指企业在生产经营过程中由临时性或季节性原因造成所需资金超过核定的资金周转计划占用额而向银行取得的借款。

③ 结算借款是指企业采用托收承付结算的方式向异地发出商品，在委托银行收款期间为解决在途结算资金占用问题，以托收承付结算凭证为保证向银行取得的借款。

④ 卖方信贷是指在销货企业（卖方）赊销商品和购货单位（买方）分期付款的条件下，银行向销货企业发放的贷款。在买方付款后，卖方应向银行归还贷款。卖方信贷实际上是银行用贷款支持制造先进设备的卖方，并用赊销方式支持使用设备的买方，以鼓励企业更新陈旧设备。

(2) 按借款人对借款提供的保障程度，可分为信用借款、担保借款和票据贴现

① 信用借款是指以借款人的信誉取得的借款。其最大的特点是不需要担保和抵押，借款人凭借信用就可取得借款。这种借款一般是对规模较大、信誉较好的企业提供的。

② 担保借款是指借款人有一定的保证人做保证或利用一定的财产做抵押而取得的借款。担保借款目前是借款发放的一种普遍形式，其目的是确保借款的安全性。

③ 票据贴现是指票据持有人将未到期的票据在背书后送交银行，银行受理后，从票据到期值中扣除按银行贴现率计算的贴息，然后将余额付给持票人，作为银行对企业的短期贷款。采用票据贴现结算，企业一方面可为购货单位提供临时资金融通，另一方面在自身需要资金时又可及时向银行贴现取得资金，因而它有利于企业把业务搞活，把资金用活。

应用案例 7-6

从《人民的名义》蔡成功融资不成功，看中小企业融资渠道多元化

【案情简介】

电视剧《人民的名义》中的大风厂倒在了过桥贷款上。剧中大风厂的蔡成功以公司股权做质

押，向山水集团高小琴搭桥借款 5 000 万元，借款期限 6 天，日息千分之四。双方约定，待城市银行借款批复后，大风厂以银行借款归还山水集团 5 000 万元借款。但城市银行副行长欧阳菁发现，蔡成功除了向高小琴搭桥借款，还借了其他高利贷，于是城市银行开始抽贷退出，此时，5 000 万元的过桥贷款变成了按日息计算的高利贷，换算成年利率竟高达 146%！利滚利，最终欠款高达 8 000 万元。后来，法院根据质押协议，将蔡成功质押的股权判给山水集团，大风厂价值 10 亿元的土地揣进了山水集团高小琴的"腰包"。

【案例点评】

中小企业融资难、融资贵是一个普遍的问题。"怎样融到资，如何用好钱"是中小企业的生死命题。蔡成功的悲惨遭遇恰恰触碰了中小企业融资渠道的"禁忌"：把企业全部"家当"押在一家银行，以换取最大贷款额度。蔡成功正是将"全部家当"压给山水集团，把融资的"宝"压在了城市银行。当企业出现亏损，或信用等级降低等情况时，银行往往会采取压贷、抽贷、限贷来规避贷款风险，企业急需的信贷资金也就无法"兑现"。

2. 短期借款的信用条件

按照国际通行做法，银行发放短期借款往往带有一些信用条件，主要包括以下几个方面。

(1) 信贷限额

信贷限额是银行对借款人规定的**无担保贷款**的最高额。信贷限额的有效期限通常为 1 年，根据情况也可延期 1 年。一般来讲，企业在批准的信贷限额内，可随时使用银行借款。但是银行并不承担必须提供全部信贷限额的义务。如果企业信誉恶化，即使银行曾同意过按信贷限额提供贷款，企业也可能得不到借款。这时，银行不需承担法律责任。

(2) 周转信贷协定

周转信贷协定是银行承诺（**具有法律义务**）提供不超过某一最高限额的信贷协定。在协定的有效期内，只要企业的借款总额未超过最高限额，银行必须满足企业任何时候提出的借款要求。企业享用周转信贷协定，通常要就信贷限额的未使用部分付给银行一笔承诺费。如果周转信贷限额是 150 万元，企业已经借了 100 万元，那么在协定期限内的任何时候企业都可以再借 50 万元。周转信贷协定的期限经常在 1 年以上。因为企业享有周转信贷协定赋予的特权，所以企业应该在协定到期时，为没使用但可以使用的信贷余额支付一定的承诺费。

【例 7-8】 某企业与银行签订周转信贷协定，信贷限额为 1 000 万元，当年 4 月 1 日企业从银行借款 800 万元，若借款年利率为 6%，承诺费为 0.5%，则企业应付银行利息及承诺费分别为：

$$年利息 = 800 \times 6\% \times \frac{9}{12} = 36（万元）$$

$$承诺费 = 200 \times 0.5\% + 800 \times \frac{3}{12} \times 0.5\% = 2（万元）$$

应付利息与承诺费合计为 38 万元。

(3) 补偿性余额

补偿性余额是银行要求借款企业在银行中保持按信贷限额或实际借用额一定百分比（一般为 10%～20%）的最低存款余额。从银行的角度讲，补偿性余额可降低贷款风险，补偿可能遭受的贷款损失。对于借款企业来讲，补偿性余额则提高了借款的实际利率。

【例7-9】某企业需借款50万元，银行要求保留20%补偿性余额，若年利率为8%，企业实际年利率则为：

$$\frac{50 \times 8\%}{50 \times (1-20\%)} \times 100\% = 10\%$$

(4) 借款抵押

银行向财务风险较大的企业或对其信誉没有把握的企业发放贷款，有时要求其提供抵押品（质押品）作担保，以减少自己蒙受损失的风险。短期借款的抵押品通常是企业的应收账款、存货、股票、债券等。银行通常按抵押品面值的30%～90%发放贷款，具体比例取决于抵押品的变现能力和银行对风险的偏好。

3. 短期借款利息的支付方法

(1) 收款法

收款法是指在借款到期时向银行支付利息的方法。银行向工商企业发放的贷款大多采用这种方法收息。

(2) 贴现法

贴现法是指银行向企业发放贷款时，先从本金中扣除利息部分，等到期时由借款企业偿还贷款全部本金的计息方法。采用这种方法，企业可利用的贷款额是本金减去利息部分后的差额，因此贷款的实际利率高于名义利率。

【例7-10】某企业从银行取得借款50 000元，期限1年，年利率（名义利率）为8%，利息额为4 000元，按照贴现法付息，企业实际可利用的贷款为46 000 (50 000–4 000) 元，该项贷款的实际利率为：

$$\frac{50\,000 \times 8\%}{50\,000 - 50\,000 \times 8\%} \times 100\% \approx 8.7\%$$

(3) 加息法

加息法是银行发放分期等额偿还贷款时采用的利息收取方法。在分期等额偿还贷款的情况下，银行要将根据名义利率计算的利息加到贷款本金上，计算出贷款的本息和，要求企业在贷款期内分期偿还本息。由于贷款本息分期均匀偿还，实际上借款企业在整个贷款期只平均使用了全部贷款本金的一半，却支付了全额利息。这样，企业所负担的实际利率比名义利率大约多1倍。

【例7-11】某企业取得年利率为12%的借款300 000元，分12个月等额偿还本息，则该借款的实际利率约为：

$$\frac{300\,000 \times 12\%}{300\,000 \div 2} = 24\%$$

7.5.2 短期融资券管理

我国的短期融资券是指具有法人资格的非金融企业依法定条件和程序在境内银行间债

券市场发行（不对社会公众发行）和交易的并约定在一定期限内（1 年内）还本付息的有价证券。由中国银行间市场交易商协会依据《银行间债券市场非金融企业债务融资工具管理办法》及中国人民银行相关规定对短期融资券的发行与交易实施自律管理。

1. 发行短期融资券的相关规定

① 企业发行短期融资券应在中国银行间市场交易商协会（以下简称交易商协会）注册。注册发行工作应遵循公开、公平、公正的原则。交易商协会对外披露注册发行工作进程及相关文件，接受社会监督。

② 短期融资券在中央国债登记结算有限责任公司登记、托管、结算。

③ 短期融资券可以在银行间债券市场公开发行，也可以定向发行。

④ 企业发行短期融资券应由金融机构承销。企业可自主选择主承销商。需要组织承销团的，由主承销商组织承销团。

⑤ 企业发行短期融资券应由在中国境内注册且具备债券评级资质的评级机构进行信用评级。

⑥ 短期融资券发行利率、发行价格和所涉费率以市场化方式确定，任何商业机构不得以欺诈、操纵市场等行为获取不正当利益。

2. 短期融资券的筹资特点

① **筹资成本较低**。相对于发行债券筹资，发行短期融资券的筹资成本较低。

② **筹资数额较高**。相对于银行借款筹资，短期融资券一次性的筹资数额较大。

③ **发行条件比较严格**。只有具备一定的信用等级且实力强的企业，才能通过发行短期融资券筹资。

7.5.3 商业信用筹资管理

商业信用筹资是指在企业日常商品交易中，由延期付款或预收货款所形成的供应商与客户的债权、债务关系，是企业的一种**自发性融资方式**。商业信用筹资的规模主要取决于企业的经营规模。一般来说，随着企业经营规模扩大，商业信用形成的流动负债会随之增加。商业信用筹资的具体形式有**应付账款**、**商业承兑汇票**、**预收账款**等。

1. 应付账款管理

应付账款是企业购买货物暂未付款而欠对方的款项，这意味着卖方允许买方在购货后的一定时期内支付货款。应付账款是企业的供应商提供的商业信用。企业的应付账款对应的是其供应商的应收账款，因此企业供应商的信用政策直接影响企业对应付账款的运用。

在带有信用条件的商品交易中，因为获得不同的信用要负担不同的成本，所以买方企业要对利用哪种信用做出决策。一般情况下，买方企业在决策时应主要考虑商业信用成本。

商业信用成本是指企业因放弃现金折扣而产生的商业信用筹资的**机会成本**。倘若买方企业购买货物后在卖方规定的折扣期内付款，享受了现金折扣，这种情况下买方企业就没有商业信用成本。只有当买方企业放弃了现金折扣时，才有商业信用成本。商业信用成本率可按下式计算：

商业信用成本率(放弃现金折扣的机会成本率)= $\dfrac{现金折扣率}{1-现金折扣率} \times \dfrac{360}{信用期-折扣期} \times 100\%$

一般情况下,放弃现金折扣的机会成本率要高于银行的借款利率,所以,在可能的情况下,买方企业会尽可能享受现金折扣。

【例7-12】某企业购进一批价值100 000元的材料,对方开出的信用条件是"3/10,N/60",假设企业在购货后的第10天、第60天付款,试分别计算两种情况下的商业信用成本率。

① 如果企业在购货后的第10天付款,便享受了10天的免费信用期,并获得折扣3 000 (100 000×3%) 元,只需支付97 000 (100 000-3 000) 元,此时,商业信用没有成本。

② 如果企业不享受这一现金折扣,在购货后第60天付款,则需支付100 000元,这就比享受现金折扣多付3 000元,可以理解为企业为占用对方货款97 000元(期限为50天)支付了3 000元的利息,折算成年利率为:

$$\dfrac{3000}{97000} \times \dfrac{360}{60-10} \times 100\% \approx 22.27\%$$

或直接用公式计算为:

$$放弃现金折扣的机会成本率 = \dfrac{3\%}{1-3\%} \times \dfrac{360}{60-10} \times 100\% \approx 22.27\%$$

中宏公司的现金折扣成本

【案情简介】

中宏公司从友利公司购买原材料,友利公司开出的付款条件是"2/10,N/30"。中宏公司的财务经理王洋查阅公司记录时发现,会计人员对此项交易的处理方式一般是在收到货物后15天内付款。当王洋询问公司会计为什么不取得现金折扣时,负责该项交易的会计回答:这一交易的资本成本率仅为2%,而银行借款利率为12%。

【案例点评】

① 会计人员混淆了资金5天的使用成本与1年的使用成本。只有时间长度一致时,这两种成本才具有可比性。

② 放弃现金折扣的机会成本率 =[2%/ (1-2%)]×360/ (15-10) ×100%≈146.94%。

③ 假如公司被迫使用推迟付款方式,则应在购货后30天付款,而非15天付款,这样折算成年利息,成本率可下降至36.73%,即放弃现金折扣的机会成本率 =[2%/ (1-2%)]×360/ (30-10) ×100%≈36.73%。

(资料来源:秦志敏.财务管理习题与案例 [M].5版.大连:东北财经大学出版社,2005.)

2. 商业承兑汇票管理

商业承兑汇票是由销货方出票,由付款人在指定日期无条件支付确定金额给收款人或持票人的票据。商业承兑汇票与应付账款不同,它们虽然都是由商品交易引起的流动负债，但应付账款是尚未结清的债务，而商业承兑汇票是一种期票，是企业延期付款的证明，是正式确认购货方所欠货款的一种方式。

商业承兑汇票按交易双方的约定，由销货方签发，由银行以外的付款人承兑，承兑不得附有任何条件。商业承兑汇票按是否支付利息，分为带息应付票据和不带息应付票据两种。商业承兑汇票的利率一般比银行借款的利率低，而且不用保持相应的补偿性余额或支付协议费，所以商业承兑汇票的筹资成本低于银行借款成本。但是，票据到期时付款人必须承兑，如果延期便要交付罚金，因此风险较大。

3. 预收账款管理

预收账款是卖方企业在交付货物之前向买方企业预先收取部分或全部货款的信用形式，相当于卖方企业在交货之前，向买方企业先借了一笔资金。通常，买方企业对于紧俏商品乐于采用这种形式，以便取得期货。卖方企业运用预收账款，一般是出于以下方面的考虑。

(1) 卖方企业已知买方企业信用欠佳，但仍然想与之交易，扩大销售。为了降低坏账损失的风险，卖方企业通常会选择运用预收账款的信用方式。

(2) 卖方企业是生产、销售生产周期长、售价高的产品的企业。在这种信用条件下，卖方企业可以得到暂时的资金，而买方企业要预先垫支一笔资金。

此外，企业往往还存在一些在非商品交易中产生，但亦为自发性筹资的应付费用，如应付工资、应交税费、其他应付款等。应付费用使企业受益在前、费用支付在后，一定程度上缓解了企业的资金需要。但应付费用的期限具有强制性，不能由企业自由安排，有时企业还需付出代价。例如，企业如果不能按时支付应付工资，企业的生产经营就可能出现混乱或停滞；企业如果不能按时支付应交税费，就可能受到政府的严厉惩罚。

4. 商业信用筹资的优缺点

1) 商业信用筹资的**优点**

(1) **筹资方便**

商业信用无须做特殊的筹资安排，也不需要事先计划，企业可以随时因购销行为的产生而得到该项资金。

(2) **限制条件少**

商业信用比其他筹资方式条件宽松，企业无须提供担保或抵押，选择余地大。

(3) **成本低**

大多数商业信用都是由卖方免费提供的，因此与其他筹资方式相比，该方式成本低。

2) 商业信用筹资的**缺点**

(1) **期限短**

商业信用属于短期筹资方式，不能用于长期资产占用。

(2) **风险较大**

由于各种应付款项目经常发生、次数频繁，因此企业需要随时安排现金的调度。

习　题

1. 单项选择题

(1) 在成本分析模型和存货分析模型下确定最佳货币资金持有量时，均须考虑的成本是（　　）。

A. 现金的机会成本　B. 短缺成本　　　C. 管理成本　　　D. 转换成本

(2) 某公司持有有价证券的平均年利率为5%，公司的最低现金持有量为3 000元，现金余额的回归线为16 000元。如果公司现有现金40 000元，根据现金持有量随机模型，此时应当投资于有价证券的金额是（　　）元。

A. 0　　　　　　B. 13 000　　　　C. 26 000　　　　D. 37 000

(3) 某公司根据存货模型确定的最佳现金持有量为100 000元，有价证券的年利率为10%。在最佳现金持有量下，该公司与现金持有量相关的现金使用总成本为（　　）元。

A. 5 000　　　　B. 10 000　　　　C. 15 000　　　　D. 20 000

(4) 甲公司采用存货模型确定最佳现金持有量。如果在其他条件保持不变的情况下，资本市场的投资回报率从4%上涨至16%，那么企业在现金管理方面应采取的对策是（　　）。

A. 将最佳现金持有量提高29.29%　　B. 将最佳现金持有量降低29.29%
C. 将最佳现金持有量提高50%　　　　D. 将最佳现金持有量降低50%

(5) 已知存货周转期为45天，应收账款周转期为60天，应付账款周转期为40天，则现金周转期为（　　）天。

A. 145　　　　　B. 65　　　　　　C. 105　　　　　D. 25

(6) 某企业预测的年度赊销收入净额为600万元，应收账款收账期为30天，边际贡献率为40%，资本成本率为10%，则应收账款的机会成本为（　　）万元。

A. 10　　　　　　B. 6　　　　　　C. 3　　　　　　D. 2

(7) 某公司全年需要零配件72 000件，假设一年按360天计算，按基本经济批量模型计算的最佳订货量为9 000件，订货日至到货日的时间为3天，公司确定的保险储备为1 000件，则订货点为（　　）件。

A. 4 000　　　　B. 1 600　　　　C. 1 075　　　　D. 600

(8) 根据经济订货批量的基本模型，下列各项中，可能导致经济订货批量提高的是（　　）。

A. 每期对存货的总需求降低　　　　B. 每次订货费用降低
C. 每期单位存货存储费降低　　　　D. 存货的采购单价降低

(9) 某企业取得银行为期1年的周转信贷协定，额度为100万元，年度内使用了60万元（使用期平均8个月），假设利率为每年12%，年承诺费率为0.5%，则年终企业应支付利息和承诺费共为（　　）万元。

A. 5　　　　　　B. 5.1　　　　　C. 7.4　　　　　D. 6.3

(10) 某公司按照"2/20，N/60"的条件从另一公司购入价值1 000万元的货物，由于资金调度的限制，该公司放弃了获取2%现金折扣的机会，公司为此承担的商业信用成本率是（　　）。

A. 2.00%　　　　B. 12.00%　　　　C. 12.24%　　　　D. 18.37%

2. 多项选择题

(1) 下列各项中，可用于计算狭义营运资金的算式有（　　）。

A. 非流动负债 + 所有者权益 − 非流动资产
B. 流动资产总额 − 负债总额
C. 流动资产总额 − 流动负债总额
D. 速动资产总额 − 流动负债总额

(2) 企业在确定为应付紧急情况而持有现金的数额时，需考虑的因素有（　　）。
A. 企业销售水平的高低　　　　　　B. 企业临时举债能力的强弱
C. 金融市场投资机会的多少　　　　D. 企业现金流量预测的可靠程度
(3) 运用成本模型确定企业最佳现金持有量时，现金持有量与持有成本之间的关系表现有（　　）。
A. 现金持有量越小，总成本越大　　B. 现金持有量越大，机会成本越大
C. 现金持有量越小，短缺成本越大　D. 现金持有量越大，管理成本越大
(4) 甲公司采用随机模型确定最佳现金持有量，最优现金回归线水平为 7 000 元，现金存量下限为 2 000 元。公司财务人员的下列做法中，正确的有（　　）。
A. 当持有的现金余额为 1 500 元时，转让 5 500 元的有价证券
B. 当持有的现金余额为 5 000 元时，转让 2 000 元的有价证券
C. 当持有的现金余额为 12 000 元时，购买 5 000 元的有价证券
D. 当持有的现金余额为 20 000 元时，购买 13 000 元的有价证券
(5) 随机模型建立在（　　）前提下，因此，计算出来的现金持有量比较保守。
A. 企业的现金未来需求总量不可预测
B. 企业的现金未来收支不可预测
C. 证券转换为现金或现金转换为证券的成本不可预测
D. 企业的现金最低控制线不可预测
(6) 下列属于存货的变动储存成本的有（　　）。
A. 存货占用资金的应计利息　　　　B. 紧急额外购入成本
C. 存货的保险费用　　　　　　　　D. 存货采购的差旅费
(7) 下列选项中，（　　）会使企业实际利率高于名义利率。
A. 存在补偿性余额　B. 贴现法计息　　C. 利随本清法计息　D. 加息法付息
(8) 某企业按年利率 10% 从银行借入款项 800 万元，借款期为 1 年，银行要求按贴现法付息，则下列表述正确的有（　　）。
A. 借款的实际利率为 10%　　　　　B. 年末应偿还借款额为 800 万元
C. 借款的实际利率为 11.11%　　　　D. 年末应偿还借款额为 720 万元
(9) 一般而言，与短期筹资券和短期借款相比，商业信用融资的优点有（　　）。
A. 融资数额较大　B. 融资条件宽松　C. 融资机动权大　D. 不需提供担保
(10) 下列各项中，使放弃现金折扣的机会成本率提高的情况有（　　）。
A. 信用期、折扣期不变，折扣百分比提高
B. 折扣期、折扣百分比不变，信用期延长
C. 折扣百分比不变，折扣期和信用期等量延长
D. 折扣百分比、信用期不变，折扣期延长

3. 判断题
(1) 营运资金具有多样性、波动性、短期性、变动性和不易变现性等特点。　　　　（　　）
(2) 根据营运资金管理理论，短缺成本属于企业应收账款成本内容。　　　　　　（　　）
(3) 根据期限匹配融资策略，固定资产比重较大的上市公司主要应通过长期负债、自发性流动负债和权益资本来筹集资金。　　　　　　　　　　　　　　　　　　　　　　（　　）
(4) 企业为满足交易动机而持有现金，所需考虑的主要因素是企业销售水平的高低。（　　）
(5) 运用随机模型、存货模型和成本分析模型计算最佳现金持有量，均会涉及现金的机会成本。　　　　　　　　　　　　　　　　　　　　　　　　　　　　　　　　　　（　　）
(6) 企业采用严格的信用标准，虽然会增加应收账款的机会成本，但能增加商品销售额，从而

给企业带来更多的收益。（　　）

(7) 现金折扣是企业为了鼓励客户多买商品而给予的价格优惠，每次购买的数量越多，价格也就越低。（　　）

(8) 某公司存货周转期为160天，应收账款周转期为90天，应付款周转期为100天，则该公司现金周转期为150天。（　　）

(9) 与存货有关的成本费用中，不影响经济订货批量的是专设采购机构的基本开支。（　　）

(10) 与长期借款融资相比，短期借款融资的期限短、成本低，其偿债风险也相对较小。（　　）

4．计算题

(1) 某企业全年需从外购入某零件1 200件，每批进货费用400元，单位零件的年储存成本6元，该零件每件进价10元。销售企业规定：客户每批购买量不足600件，按标准价格计算；每批购买量达到600件，价格优惠3%。

要求：① 计算该企业订货批量为多少时，才是有利的；

② 计算该企业最佳的订货次数；

③ 计算该企业最佳的订货间隔期为多少天。

(2) 某公司拟制定下年度的信用政策，现有以下2个信用政策方案供选择。

方案A：信用标准比较严格，确定的坏账损失率为2%，信用条件是30天内全部付清，并采取积极的收账政策，预计全年的收账费用为10 000元。采用这种信用政策，预计全年可实现销售收入2 000 000元，预计平均收账期为45天。

方案B：信用标准相对宽松，确定的坏账损失率为4%，信用条件是"1/10，N/40"，采取一般的收账政策，预计全年的收账费用为5 000元。采取这种信用政策，预计全年可实现销售收入2 400 000元，40%的款项会在折扣期内支付，预计平均收账期为60天。

该公司的销售利润率为30%，变动成本率为70%，有价证券利率为10%。

根据以上资料，选择较好的信用政策方案。

(3) 某公司向银行借入短期借款100万元，支付利息的方式有3种。方式一，采用收款法付息，利率为14%；方式二，采用贴现法付息，利率为12%；方式三，利率为10%，银行要求的补偿性余额比例为20%。该公司应选择哪种借款方式？请说明理由。

(4) 某企业因生产急需准备借款以购进一批材料，供应商报价如下：

① 立即付款，价格为9 700元；

② 30天内付款，价格为9 800元；

③ 30～60天付款，价格为10 000元。

假设银行的短期借款利率为15%，要求计算放弃现金折扣的机会成本率，并确定对该企业最有利的付款日期和价格。

5．思考题

(1) 成本分析模型、现金周转模型、存货模型和随机模型在确定最佳现金持有量时各有什么优缺点？

(2) 信用政策、应收账款成本与企业利润存在什么关系？

(3) 订货成本、购置成本、储存成本、缺货成本与订货批量大小存在什么关系？

(4) 企业短期借款、商业信用筹资对企业经营有什么利弊？

6．案例分析

苏宁电器营运资金管理案例分析

作为中国家电连锁巨头之一，苏宁电器的扩张是"既赚规模又赚利润"的典型代表。这主要得益于其营运资金管理绩效的提升。利用本章现金周转期指标考察苏宁电器的营运资金管理绩效，可以发现2004—2009年，苏宁电器的现金周转期从–1天变到–56天，现金周转绩效有了很大提高，但这并不是存货周转和应收账款周转加快的结果，而主要是应付账款周转期延长的结果（见表7-5）。

表7-5　苏宁电器2004—2009年营运资金周转期

项目	2004年	2005年	2006年	2007年	2008年	2009年
存货周转期	22	31	40	36	34	35
应收账款周转期	2	3	2	1	1	1
应付账款周转期	25	42	57	65	74	92
营运资金周转期	–1	–8	–15	–28	–39	–56

仅有表7-5是不够的，我们还需进一步分析苏宁电器2004—2009年采购渠道现金周转期、营销渠道现金周转期，如表7-6所示。

表7-6　苏宁电器2004—2009年分渠道的营运资金周转期

项目	2004年	2005年	2006年	2007年	2008年	2009年
采购渠道现金周转期	–14	–28	–44	–56	–66	–85
营销渠道现金周转期	20	32	41	34	31	32

由表7-6可以看出，苏宁电器采购渠道现金周转期2004年为–14天，2009年为–85天，呈现逐年下降的趋势。根据对财务报表的分析，2004—2009年在苏宁电器采购渠道营运资金中，应付账款和应付票据所占的比重最大，分别为70.6%、78.0%、82.8%、90.5%、90.8%、66.7%。2004—2009年苏宁电器应付账款、应付票据的规模一直居高不下，并且呈上升趋势，与2008年相比，2009年应付账款上升51.1%，应付票据上升97.27%。

由表7-6还可知，苏宁电器2004—2009年营销渠道现金周转期从2004年的20天变为2009年的32天，其间的变动幅度不大，特别是2007年以来，基本处于稳定状态。

在营销渠道的营运资金构成中，成品存货占有较大比重，各年均在80%以上，其占营业收入的比重也较高。2004—2009年，苏宁电器成品存货占营业收入的比重分别为8.40%、13.2%、13.0%、11.3%、9.80%、10.8%。大量成品存货的存在导致苏宁电器2004—2009年现金周转期一直居高不下，这在一定程度上体现出苏宁电器营销渠道的营运资金管理尚有较大的改进空间。

资料来源：郭晓莎，吕素萍. 苏宁电器营运资金管理案例分析[J]. 财务与会计（理财版），2011（5）：21–23.

思考：

(1) 本案例中，苏宁电器盈利的主要来源是上游供应商还是整个价值链的价值创造？

(2) 家电零售连锁企业依靠其营运资金管理战略，能将占用在存货和应收账款上的资金及资金成本永远转嫁给供应商吗？

7. 课程实践

假定你是自己就读学校食堂的承包人，请根据你的调研资料拟定食堂营运资金管理方案。

第8章 财务预算

学习目标

知识要点	能力要求	关键术语
全面预算	(1) 了解预算的本质、全面预算的内容和具体分类 (2) 明确全面预算的作用	预算；全面预算
财务预算	(1) 掌握财务预算的内容 (2) 理解财务预算在全面预算体系中的地位	财务预算；业务预算；专门决策预算
财务预算的编制方法	(1) 理解各种预算的适用范围 (2) 理解各种预算编制方法的编制原理 (3) 掌握弹性预算、零基预算和滚动预算的编制方法	(1) 固定预算；弹性预算 (2) 增量预算；零基预算 (3) 定期预算；滚动预算
财务预算的编制程序	(1) 理解业务预算、专门决策预算、财务预算的编制原理 (2) 掌握销售预算、生产预算、直接材料采购预算及现金预算的编制程序	(1) 销售预算；生产预算；直接材料采购预算；直接人工预算；制造费用预算；产品成本预算；销售及管理费用预算 (2) 现金预算；预计损益表；预计资产负债表

引例

一家处于亏损状态的二级中医院，在几年之内竟然脱胎换骨：业务总收入比托管前增长3倍，业务收支结余年均增速达50%，年末存量资金增长4倍，净资产是托管前的3.2倍。这个奇迹发生在北京市大兴区中医院，主要源于中国中医科学院广安门医院（以下简称广安门医院）对该医院的全面托管。其中，财务管理的全面介入和全面预算管理的强力植入起到了重要支撑作用。"我们建立了'以成本为中心'的全面预算管理信息系统，依托信息化建设，重点把控成本费用，将预算指标横向分解到各费用项目，纵向分解到各个基层处（科）室，具体落实到每一笔开支上。"广安门医院总会计师在接受记者采访时做了以上表述。

那么，全面预算的构成内容有哪些？财务预算在全面预算中的地位和作用是什么？如何编制财务预算？这些问题，均可在学习本章以后得以解决。

本章将从全面预算入手，重点阐述财务预算的内容、地位、编制程序和方法。

8.1　全面预算

8.1.1　预算的本质

人们常说，很少有企业计划如何失败，但许多企业失败是因为没有计划。预算是指企业或个人对未来一定时期内经营、资本、财务等各方面的收入、支出、现金流的总体计划，其目的是协调和控制一定时期内资源的获得、配置和使用。编制预算可以看成是将构成组织机构的各种利益整合成一个各方都同意的计划，并在实现目标的过程中，说明计划是可行的。

预算是行动计划的数量表达，但预算并不等同于计划。任何有意义的设想都可以称为计划，如工作目标，实现目标的步骤和方法等，而预算则专指使用货币量度的计划。预算总是针对特定的期间，可能是一年或几年，也可能是从某一事项的开始至结束（如某项工程的预算）。

8.1.2　全面预算的内容

全面预算是指企业对一定期间内的经营活动、投资活动、财务活动等做出的预算安排，是全部经济活动过程的正式计划的数量说明。它主要由业务预算、专门决策预算和财务预算构成。由此可见，全面预算是由一系列预算构成的，反映出企业的整个经营目标是一个相互关联、不可分割的有机整体。

8.1.3　全面预算的分类

预算按照期限长短可分为长期预算和短期预算。通常长期与短期的划分是以一年为限。长期预算主要指预算期为一年以上的预算，主要包括资本支出预算和长期销售预算。长期预算编制的好坏，会影响到企业的长期财务目标和短期预算的编制。短期预算是指年度预算，或者时间更短的季度或月度预算，如直接材料采购预算、现金预算等。

全面预算按照涉及的内容可分为业务预算、专门决策预算和财务预算3类。业务预算是指与企业日常业务直接相关的一系列预算，主要包括销售预算、生产预算、直接材料采购预算、直接人工预算、制造费用预算、产品成本预算、销售及管理费用预算等。专门决策预算是指企业重大的预算和不经常发生的、需要根据特定决策编制的预算，包括资本支出预算和一次性专门决策预算等。财务预算是指与企业资金收支、财务状况或经营成果等有关的预算，主要包括现金预算、预计资产负债表、预计损益表等。全面预算关系图如图8.1所示。

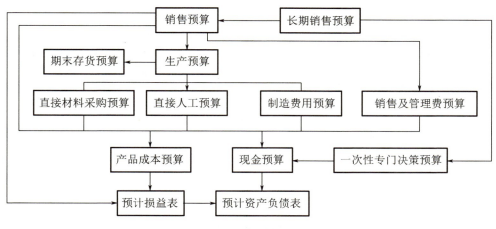

图 8.1 全面预算关系图

8.1.4 全面预算的作用

1. 明确目标

预算是具体化的经营目标。全面预算的编制，有助于企业内部各个职能部门的职工了解本企业、本部门、本人在实现企业经营目标过程中的作用和责任，促使他们想方设法去完成各自的责任目标和企业的总目标。

2. 沟通与协调工具

全面预算围绕企业的经营目标，把企业生产经营过程中各个环节、各个方面的工作严密地组织起来，使企业内部上下左右协调，保持平衡，减少和消除可能出现的各种矛盾冲突，从而使企业成为一个为完成其经营目标而顺利运转的有机整体。

3. 规划与控制标准

预算是一只"有形的手"，能够对企业资源进行规划与控制。预算的控制作用表现在 3 个方面：一是事前控制，即在编制预算前广泛征求各有关部门和人员的意见，分析和说明所提出的计划和应支出的金额是否合理，使预算真正落到实处；二是事中控制，即在预算的执行过程中对实际脱离预算的情况进行认真的分析，以便采取必要的措施加以纠正，保证预定目标的顺利实现；三是事后控制，即将企业经营活动的实际结果与预算进行对比，分析差异产生的原因，提出改进措施，为下期的预算编制提供依据。

4. 评价与激励依据

全面预算不但是控制企业日常经济活动的主要依据，而且是评价企业各部门、各职工的工作业绩的重要准绳。在生产经营过程中，实际结果和预算进行比较所揭示出来的差异，既可以用来考核各部门的工作业绩，也可以用来检查预算编制的质量。

全面预算概述

 **特别提示**

党的二十大报告指出，要健全现代预算制度。要想健全现代预算制度，必须按照高质量发展的要求，全面提升预算管理现代化水平。企业要运用先进的理念方法深化改革，全面推进涵盖预算编制、预算执行、预算监督等的科学规范的预算管理一体化建设。

8.2 财务预算的内容和地位

8.2.1 财务预算的内容

财务预算是专门反映企业未来一定期限内预计财务状况和经营成果，以及现金收支等价值指标的各种预算的总称。财务预算包括现金预算、预计损益表和预计资产负债表等内容。财务预算必须服从企业决策目标的要求，使决策目标具体化、系统化和定量化。

8.2.2 财务预算在全面预算体系中的地位

全面预算是一种管理工具，也是一套系统的管理方法，它是关于企业在一定时期内（一般为一年或一个预算期间）各项业务活动、财务表现等方面的总体预测。企业通过全面预算合理分配人、财、物等资源，与相应的绩效管理配合以促进战略目标的实现，控制费用支出，并预测资金需求、利润和期末财务状况等。它具体包括业务预算、专门决策预算和财务预算3类。

① 业务预算是指与企业日常经营活动直接相关的经营业务的各种预算，也是编制财务预算的基础。它包括销售预算、生产预算、直接材料采购预算、直接人工预算、制造费用预算、产品成本预算、销售及管理费用预算等。这些预算相互钩稽，既包含价值指标，又包含实物指标，还包含时点或时期指标。

财务预算的内容和地位

② 专门决策预算是反映企业某一方面经济活动的预算，实际上是一种方案评价和选择决策方法和过程。比如资本支出预算，其编制依据可追溯到决策之前搜集到的有关资料。

③ 财务预算作为全面预算的最后环节，从价值方面总括地反映经营期专门决策预算与业务预算的结果，也称总预算，反映企业的总体情况。其他预算编制服务于财务预算编制，构成财务预算编制的基础。因此，财务预算是全面预算的核心。

8.3 财务预算的编制方法

8.3.1 固定预算与弹性预算

编制预算的方法按业务量基础的数量特征不同，可分为固定预算和弹性预算。

1. 固定预算

1) 固定预算的含义

固定预算是指以预算期内正常的、可实现的某一业务量水平为基础来编制的预算。这种预算在编制时不考虑预算期内生产经营活动可能发生的变动对预算的影响，是预算编制的最基本的方法。

2) 固定预算的缺点

① 过于机械呆板。固定预算是以某一业务量水平为基础编制的，无论预算期内业务量水平是否发生变动，该方法均以事先确定的某一业务量水平作为编制预算的基础。

② 可比性差。企业的生产要根据市场需求安排，但由于市场变幻莫测，加之企业内部经常也会有意外的变化，对经济业务量很难准确预算，因此常常出现实际完成的业务量与预算业务量不相符，甚至差距很大的情况，导致无法根据固定预算控制、考核和评价企业及各部门的预算执行情况。

3) 固定预算的适用范围

通常，对不随业务量变化而变化的固定成本采用固定预算进行编制。固定预算也适用于业务量较为稳定的企业或非营利组织。

2. 弹性预算

1) 弹性预算的含义

弹性预算是指在将成本划分为固定成本和变动成本的基础上，根据收入、成本同业务量之间的关系，按不同的预算期业务量水平标准编制的，并由一系列个别预算组成的预算。由于这种预算随业务量的变化而变化，具有伸缩性，因而又称变动预算。

编制弹性预算所依据的业务量可以是产量、销售量、直接人工工时、机器工时、材料消耗量等。

2) 弹性预算的优点

① 预算范围广。弹性预算能够反映预算期一定相关范围内不同业务量水平下的相应预算额。即在相关范围内，弹性预算可随业务量变动而做相应的调整，弹性预算的适用范围更广。

② 预算可比性强。在预算期内，当实际业务量与预计业务量不一致时，可将实际指标与实际业务量对应的预算额进行比较，使对预算执行情况的评价与考核建立在更加客观和可比的基础上，从而更好地发挥预算的控制作用。

3) 弹性预算的适用范围

由于未来业务量的变动会影响到成本费用和利润等各个方面，因此从理论上来讲弹性预算适用于所有与业务量有关的预算。在实际工作中，弹性预算主要用于成本费用预算和利润预算的编制。

4) 弹性预算的编制

(1) 弹性成本费用预算的编制

弹性预算主要用于涉及各种间接费用的预算，如间接制造费用、销售及管理费用等。直接材料和直接人工是与产量成正比例变动的费用，可以通过标准成本进行控制和考核，不一定要编制弹性预算。

在编制弹性成本费用预算之前,需先选择适当的业务量水平,并确定其可能的变动幅度(可按历史资料或正常生产量的 70%～110% 确定),然后根据该业务量范围内有关成本费用项目之间的内在联系进行编制。

弹性成本费用预算的基本公式为:

弹性成本费用预算 = 固定成本预算 + 销售量 × 单位变动成本预算

【例 8-1】海利得公司本月预计生产 A 产品 5 000 件,实际产量为 5 500 件。该月产品固定成本预算和实际成本的资料见表 8-1。

表 8-1 固定成本预算和实际成本比较表

项目	固定预算	实际	差异
生产量 / 件	5 000	5 500	+500
直接材料 / 元	50 000	53 000	+3 000
直接人工 / 元	16 000	18 000	+2 000
制造费用 / 元	30 000	33 000	+3 000
合计 / 元	96 000	104 000	+8 000

从表 8-1 可以看出,将实际数与预算数进行比较,总成本实际数超过预算数 8 000 元。但由于实际数与预算数所依据的生产量不同,因此难以说明企业生产经营活动的好坏。如果将实际成本与弹性成本预算进行比较,结论就会清晰明了,见表 8-2。

表 8-2 弹性成本预算和实际成本比较表

项目	弹性预算		实际		差异
	1 件	5 000 件	5 500 件	5 500 件	
直接材料 / 元	10.00	50 000	55 000	53 000	-2 000
直接人工 / 元	3.20	16 000	17 600	18 000	+400
变动制造费用 / 元	2.50	12 500	13 750	13 200	-550
小计 / 元	15.70	78 500	86 350	84 200	-2 150
固定制造费用 / 元	3.50	17 500	17 500	19 800	+2 300
合计 / 元	19.20	96 000	103 850	104 000	+150

从表 8-2 中可以看出,就个别成本项目来看,实际有超支的,也有节约的,但总成本是超支的。可见,弹性预算能比固定预算更真实地说明企业各个部门的工作质量与效果,有利于正确地评价企业的各项工作,明确经济责任,调动职工的积极性。

(2) 弹性利润预算的编制

编制完成本的弹性预算以后,就可以编制弹性利润预算。弹性利润预算以预算期内预计的多种可能实现的销售收入为出发点,按照成本的性态扣除相应的成本,分别确定基于不同的业务量水平企业可能实现的损益。该预算反映了企业在预算期内不同业务量水平上应获得的利润。承例 8-1,假设 A 产品的单位售价为 30 元 / 件,固定销售管理费为已知数。弹性利润预算与实际利润的比较见表 8-3。

弹性利润预算的基本公式为：

弹性利润预算 = 销售量 × 预计单位售价 − 固定成本 − 销售量 × 预计单位变动成本

表 8-3 弹性利润预算与实际利润比较表

项目	弹性预算		实际	差异
销售量 / 件	5 000	5 500	5 500	
销售收入 / 元	150 000	165 000	158 000	−7 000
变动成本 / 元	78 500	86 350	84 200	−2 150
边际贡献 / 元	71 500	78 650	73 800	−4 850
固定制造成本 / 元	17 500	17 500	19 800	+2 300
固定销售管理费 / 元	12 000	12 000	12 500	+500
税前利润 / 元	42 000	49 150	41 500	−7 650

注：固定销售管理费为假设数。

从表 8-3 可以看出，A 产品的税前利润总额实际数比预算数减少了 7 650 元，原因在于：A 产品的销售收入实际数比预算数减少了 7 000 元，而变动成本实际数比预算数节约了 2 150 元，故边际贡献实际数比预算数减少了 4 850 元；同时我们可以发现，A 产品的固定成本没有控制好，也超支了 2 800 (2 300+500) 元。因此，税前利润实际数比预算数减少了 7 650 (4 850+2 800) 元。

固定预算与弹性预算的编制

8.3.2 增量预算与零基预算

编制成本费用预算的方法按其出发点的特征不同，可分为增量预算和零基预算。

1. 增量预算

1) 增量预算的含义

增量预算是以基期成本费用水平为基础，结合预算期业务量水平及有关降低成本的措施，通过调整相关原有费用项目而编制的预算。其基本原理与因素分析模式类似。

2) 增量预算的缺点

增量预算在编制过程中是以过去的经验为基础的，它假设企业原有的经营活动是正常的，原有的各项开支是合理的，基本上应予以保留。这种预算编制方法存在以下不足。

(1) 导致不合理支出继续存在

增量预算在编制过程中，往往是不加分析地保留或接受原有预算项目，从而造成原有不合理开支继续存在，助长低效和浪费。

(2) 造成预算编制简单化

预算编制人员在编制预算过程中,往往凭主观想象平均增加或削减预算费用,不利于调动各部门降低费用的积极性。

(3) 没有考虑到企业的长远发展

增量预算实际上是对过去的延续,没有考虑到企业未来发展的需要,未能对预算项目进行适当的删减和增加。

2. 零基预算

1) 零基预算的含义

零基预算是指在编制预算时,对任何费用都**以零为起点**,根据其必要性来确定预算期内费用支出数额的大小。

2) 零基预算的编制程序

(1) 确定预算目标

由企业提出总体目标,然后由各有关部门根据企业的总体目标和各部门的责任目标,详细讨论预算期内需要发生哪些费用项目,并对每一项费用具体说明其性质、目的、作用及需要支出的数额。

(2) 对费用开支进行分析

企业需成立预算审核委员会,按成本–效益原则逐项审核各项业务开支的必要性,将预算项目分为不可避免项目和可避免项目。对不可避免项目必须保证资金供应;对可避免项目采用对比的方法,即将其所费与所得进行对比,权衡各项费用开支的轻重缓急,并将各项费用开支按所需资金的多少分成等级,确定各项费用的优先顺序。

(3) 分配资金,落实预算

在严格审核的基础上,根据企业预算期内可能获得的收入、实现的利润以及筹集资金的能力,按照程序 (2) 所确定的顺序分配资金,将预算落实。

3) 零基预算的优点

① **有助于压缩、节约预算开支**。

② **有助于提高资金的使用效率**。零基预算要求对每项业务都进行预算,进行成本—效益分析,因而可以提高资金的使用效率。

③ **有助于企业的未来发展**。零基预算对一切支出均以零为起点进行分析研究,无论是对原有预算项目,还是对关系到企业未来发展的新增预算项目均做到一视同仁,与增量预算相比,更有助于企业未来的发展。

4) 零基预算的适用范围

零基预算在编制时是以零为出发点进行分析研究,确定预算金额的,因而工作量较大、时间长,稍不注意就会顾此失彼、重点不明。因此,**零基预算主要应用于固定成本的预算**。

【例 8-2】承例 8-1,假定海利得公司按照零基预算的编制方法编制下一年度的销售及管理费用预算。

首先,企业销售部门和行政管理部门的全体职工根据下一年度企业总体目标和本部门的责任目标,多次讨论研究,反复协商,一致认为计划期内需发生的费用项目及其预计的开支水平如下所示。

产品包装费	5 000 元
广告费	8 000 元
销售管理人员培训费	3 000 元
房屋租金	5 000 元
差旅费	4 000 元
办公费	3 000 元

在上述费用中，房屋租金、差旅费和办公费被一致认为属计划期内必不可少的费用支出，需全额得到保证。

其次，由销售部门有关人员根据历史资料，对产品包装费、广告费和销售管理人员培训费进行"成本—效益分析"，其结果见表 8-4。

表 8-4 成本—效益分析   单位：元

项目	成本金额	效益金额
产品包装费	1	17
广告费	1	15
销售管理人员培训费	1	8

最后，审计委员会对上述费用项目，按其性质和轻重缓急排序，分成 3 个等级。

第一等级，房屋租金、差旅费、办公费，总额为 12 000 元，必须全额保证资金需要。

第二等级，产品包装费、广告费。若企业财力允许，则应按原讨论结果安排预算；若企业财力有限，则可适当削减。

第三等级，销售管理人员培训费。这项费用属于智力方面的投资，在企业财力不允许的情况下，这项预算可做适当调整，如限制培训人员数量，或者减少培训项目等。

假定该企业在下一年度对销售及管理费用可动用的财务资源只有 20 000 元，根据以上等级顺序分配资金，落实预算。

房屋租金、差旅费、办公费必须得到全额保证，资金合计为 12 000 元。

那么，尚可分配的资金为 8 000 元，应按成本、效益的比例在包装费、广告费、销售管理人员培训费之间进行分配。

产品包装费可分配的资金 =8 000×17÷(17+15+8)=3 400(元)

广告费可分配的资金 =8 000×15÷(17+15+8)=3 000(元)

销售管理人员培训费可分配的资金 =8 000×8÷(17+15+8)=1 600(元)

必须指出的是，由于不同企业的生产经营特点不同，管理水平不同，因此，各企业分配资金的具体方法也会有所不同。

8.3.3 定期预算与滚动预算

编制预算的方法按照所选择的预算期的时间特征不同，可分为定期预算和滚动预算。

1. 定期预算

1) 定期预算的含义

定期预算是指在编制预算时以固定的会计期间作为预算期的一种预算编制方法。定期预算的预算期间与会计期间吻合，因而便于考核和评价预算的执行效果。

2) 定期预算的优点

① 预算编制的工作量较小。每个预算期企业只需编制一次预算，大大减轻了预算编制人员的工作量。

② 期间配比恰当。定期预算的预算期间与会计期间一致，便于企业依据会计报告的数据分析、考核和评价预算的执行效果。

3) 定期预算的缺点

① 远期指导性差。定期预算一般是在上一年末的最后一个季度或当年年初编制，因此它对预算年度的生产经营活动难以做出准确的预测，缺乏远期指导性。这给预算的执行带来诸多困难，不利于对企业的生产经营活动进行评价和考核。

② 灵活性差。由于定期预算不能随客观情况变化及时调整，当预算中所规划的经营活动发生重大变化时，就容易造成预算滞后，失去预算的指导作用。

③ 连续性差。由于定期预算是人为划定预算期间的，容易使经营管理者的决策发生时间上的断裂，缺乏前后各期的通盘考虑，不利于企业的长远发展。

2. 滚动预算

1) 滚动预算的含义

滚动预算又称连续预算或永续预算，是指在编制预算时，将预算期间与会计期间脱离，随着预算的执行不断延伸补充预算，逐期向后滚动，使预算期间永远保持为一个固定期间（如12个月）的一种预算编制方法。

滚动预算按其预算编制和滚动的时间单位不同可分为逐月滚动、逐季滚动和混合滚动3种方式。

2) 滚动预算的优缺点

① 透明度高。滚动预算不在预算年度之前编制，而是采取逐期滚动的方式，与企业的日常管理结合紧密，能够帮助企业从动态的角度规划未来，提高预算的透明度。

② 及时性强。滚动预算能根据前期预算的执行情况及时修订本期或近期预算，使预算更贴合实际，从而发挥出预算的指导和控制作用。

定期预算和滚动预算

③ 连续性、完整性和稳定性突出。滚动预算不受日历年度限制，能够连续不断地规划企业未来的经济活动，可以动态地为企业编制未来一年的总体规划和近期目标，确保企业日常工作的完整性和稳定性。

但这种方法也有缺点，那就是预算工作量较大，加大了预算编制人员的工作强度，而且不能保证信息的质量。另外，滚动预算也没有办法防止企业经营管理者调整预算数据以适应计划的需要。

8.4 财务预算的编制程序

财务预算的编制以业务预算和专门决策预算编制为基础，因此，需先编制业务预算和专门决策预算。

8.4.1 业务预算的编制

业务预算又称**经营预算**，是反映企业日常发生的各项具有实质性的基本经济业务活动的预算。制造企业的业务预算涵盖企业的供应、生产、销售等各项经济活动，因而包括销售预算、生产预算、直接材料采购预算、直接人工预算、制造费用预算、产品成本预算、销售及管理费用预算等。

1. 销售预算

在市场经济条件下，企业的生产必须根据市场需求量，即销售量来决定。因此，销售预算就成了全面预算的基础，也是编制全面预算的关键。其他预算均须以销售预算为基础。销售预算编制得适当与否，将直接影响整个预算体系的编制质量。

销售预算通常以产品**销售数量**和**销售金额**表示。编制销售预算时，要先对本企业的销售历史资料进行分析并对未来销售情况进行预测，确定有可能使企业经济效益达到最好的销售量和销售单价，以及货款的回收情况。由于赊销方式的存在，当期所取得的销售收入与同期的现金收入可能不一致。因此，在实际工作中，一般还要附加编制预计现金收入计算表，以此来反映预算期内因销售而发生的现金收入，并作为今后编制现金预算的依据之一。

【例8-3】假定美能达公司在预算年度20×7年只生产和销售一种产品，销售单价为100元/件，每季度销售收入的60%于当季度以现金收讫，40%于下一季度收回。20×7年第一、二、三、四季度的预计销售量分别为12 000件、14 000件、16 000件、20 000件。此外，年初应收账款为560 000元。根据以上资料编制的销售预算见表8-5。

表8-5 销售预算

摘要		第一季度	第二季度	第三季度	第四季度	全年
预计销售量/件		12 000	14 000	16 000	20 000	62 000
销售价格/元		100	100	100	100	100
预计销售收入/元		1 200 000	1 400 000	1 600 000	2 000 000	6 200 000
预计现金收入计算表	期初应收账款/元	560 000				560 000
	第一季度销售收现/元	720 000	480 000			1 200 000
	第二季度销售收现/元		840 000	560 000		1 400 000
	第三季度销售收现/元			960 000	640 000	1 600 000
	第四季度销售收现/元				1 200 000	1 200 000
	现金收入合计/元	1 280 000	1 320 000	1 520 000	1 840 000	5 960 000

2. 生产预算

销售预算编制好以后，可以根据每季度的销售量按产品名称、数量分别编制生产预算。生产预算是用来反映预算期内有关产品的生产数量及其在各生产期间的分布情况的。生产预算中的预计生产量公式为：

预计生产量 = 预计销售量 + 预计期末产品存货量 – 预计期初产品存货量

【例 8-4】承例 8-3，美能达公司各季度期末的产成品存货为下期销售量的 10%，预计年末的存货量为 1 400 件，则生产预算见表 8-6。

表 8-6 生产预算　　　　　　　　　　　　　　　　　　　　　　　　单位：元

项目	第一季度	第二季度	第三季度	第四季度	全年
预计销售量	12 000	14 000	16 000	20 000	62 000
加：期末存货	1 400	1 600	2 000	1 400	1 400
减：期初存货	1 200	1 400	1 600	2 000	1 200
预计生产量	12 200	14 200	16 400	19 400	62 200

从表 8-6 可以看出，由于预算期内各季度的销售量不同，因此各季度的生产量也不相同。期初、期末存货的影响，使得各季度的生产量和销售量不同，生产总量与销售总量也不相同。

年度生产预算编制完毕以后，还应根据企业的实际情况排出生产进度日程表，组织好生产，使企业的生产能力得到充分有效的利用。因此生产预算是编制直接材料采购预算、直接人工预算、制造费用预算的基础。

3. 直接材料采购预算

直接材料采购预算是用来反映预算期内直接材料的采购量、采购成本及预计由此产生的现金支出额的预算。直接材料采购预算编制的主要依据是产品的预计生产量、单位产品材料耗用量（单耗）、预计期初与期末的存货等。

直接材料预计采购量可按下面的公式计算。

直接材料预计采购量 = 预计生产量 × 单位产品材料耗用量 + 预计期末存货 – 预计期初存货

在实际工作中，材料采购预算一般附有预算期间的预计现金支出计算表，其中包括前期应付购料款的偿还以及本期材料款的支付。

【例 8-5】假设例 8-1 中美能达公司单位产品的材料消耗定额为 5 千克，计划单价为 10 元/千克。每季度的购料款当季支付 60%，其余在下一季度付讫。每季度材料期末存货按下一季度生产需要量的 20% 计算，年初预计库存材料为 12 200 千克，年末预计库存材料为 13 900 千克。假设应付购料款年初余额为 328 000 元。根据以上资料编制的直接材料采购预算见表 8-7。

表 8-7 直接材料采购预算

	摘要	第一季度	第二季度	第三季度	第四季度	全年
直接材料采购预算	预计生产量/件	12 200	14 200	16 400	19 400	62 200
	单耗/(千克/件)	5	5	5	5	5
	材料耗用量/千克	61 000	71 000	82 000	97 000	311 000
	加:期末存货/千克	14 200	16 400	19 400	13 900	13 900
	减:期初存货/千克	12 200	14 200	16 400	19 400	12 200
	预计材料采购量/千克	63 000	73 200	85 000	91 500	312 700
	单位采购成本/(元/千克)	10	10	10	10	10
	预计材料采购金额/元	630 000	732 000	850 000	915 000	3 127 000
预计现金支出计算表	期初应付账款/元	328 000				328 000
	第一季度购料付现数/元	378 000	252 000			630 000
	第二季度购料付现数/元		439 200	292 800		732 000
	第三季度购料付现数/元			510 000	340 000	850 000
	第四季度购料付现数/元				549 000	549 000
	现金支出合计/元	706 000	691 200	802 800	889 000	3 089 000

4. 直接人工预算

直接人工预算的编制与直接材料采购预算的编制类似,也是在生产预算的基础上编制的,主要用来确定预算期内生产车间人工工时的消耗水平、人工成本水平及相关现金支出额。

直接人工预算的编制包括以下步骤。

① 确定直接人工总工时。根据生产预算中的预计生产量和单位产品直接人工工时,计算出预计直接人工总工时。

② 确定直接人工成本。用计算出的直接人工总工时乘以小时工资,计算出预计直接人工成本。

另外,如果产品的生产需要多个工种,则必须先按工种类别分别计算,然后加以汇总。

【例 8-6】承前例,假设美能达公司生产单位产品需用直接人工 1.5 小时,每小时直接人工成本 12 元。根据以上资料编制的直接人工预算见表 8-8。

表 8-8 直接人工预算

项目	第一季度	第二季度	第三季度	第四季度	全年
预计生产量/件	12 200	14 200	16 400	19 400	62 200
单位产品直接人工工时/小时	1.5	1.5	1.5	1.5	1.5
直接人工总工时/小时	18 300	21 300	24 600	29 100	93 300
直接人工小时工资/元	12	12	12	12	12
直接人工成本总额/元	219 600	255 600	295 200	349 200	1 119 600

5. 制造费用预算

制造费用预算是用来反映直接材料和直接人工预算以外的其他一切生产费用的预算。为编制预算,需要先将制造费用按成本习性分为**变动性制造费用**和**固定性制造费用**两部分,然后分别编制变动性制造费用预算和固定性制造费用预算。

为了给编制现金预算提供必要的资料,在制造费用预算中也附有费用方面的现金支出预算表。众所周知,由于固定资产折旧不涉及现金支出,因此,在编制预计现金支出表时,**应将折旧项目从中扣除**。

【例 8-7】承前例,美能达公司变动性制造费用和固定性制造费用的明细项目及相应的制造费用预算见表 8-9。

表 8-9 制造费用预算　　　　　　单位:元

项目	第一季度	第二季度	第三季度	第四季度	全年
变动性制造费用					
间接人工	6 588	7 668	8 856	10 476	33 588
间接材料	6 588	7 668	8 856	10 476	33 588
维修费	17 568	20 448	23 616	27 936	89 568
水电费	13 176	15 336	17 712	20 952	67 176
小计	43 920	51 120	59 040	69 840	223 920
固定性制造费用					
管理人员工资	22 600	22 600	22 600	22 600	90 400
折旧	36 775	36 775	36 775	36 775	147 100
维修费	4 000	4 000	4 000	4 000	16 000
保险费	3 000	3 000	3 000	3 000	12 000
财产税	3 600	3 600	3 600	3 600	14 400
小计	69 975	69 975	69 975	69 975	279 900
合计	113 895	121 095	129 015	139 815	503 820
减:折旧	36 775	36 775	36 775	36 775	147 100
预计现金支付的制造费用	77 120	84 320	92 240	103 040	356 720

6. 产品成本预算

产品成本预算主要反映产品的单位成本和总成本的构成情况。单位成本的数据主要来自直接材料采购预算、直接人工预算、制造费用预算。生产量、期末存货数据主要来自生产预算。销售量数据主要来自销售预算。

值得注意的是,库存商品的计价方法有很多,有先进先出法、加权平均法、个别计价法等,编制预算时可根据企业实际情况选择其中一种加以运用。

【例 8-8】 为方便起见，本例假定库存商品的期初和期末存货的单位成本一致，根据例 8-3 至例 8-7 的资料，编制的产品成本预算见表 8-10。

表 8-10 产品成本预算

项目	数量	单价	金额/元	生产成本/元（63 400 件）	期末存货/元（1 400 件）	销售成本/元（62 000 件）
直接材料	5 千克	10 元/千克	50	3 170 000	70 000	3 100 000
直接人工	1.5 小时	12 元/小时	18	1 141 200	25 200	1 116 000
变动性制造费用	1.5 小时	2.4 元/小时	3.6	228 240	5 040	223 200
固定性制造费用	1.5 小时	3 元/小时	4.5	285 300	6 300	279 000
合计			76.1	4 824 740	106 540	4 718 200

7. 销售及管理费用预算

销售及管理费用预算是指制造业务以外的产品销售及管理费用的预算。编制方法类似于制造费用预算，按变动性费用和固定性费用分别列示。

在编制销售及管理费用预算时，往往还附加预计现金支付的销售及管理费用表，以便为编制现金预算提供资料。大部分销售及管理费用属于现金支出，如果包括非付现项目（如折旧和无形资产摊销），则需要从预算中加以扣除。

业务预算（二）

【例 8-9】 承前例，假定美能达公司预算年度的销售及管理费用情况如下：变动性销售及管理费用为销售收入的 6%；固定性销售及管理费用为 334 000 元，其中管理人员薪金 220 000 元，广告费 80 000 元，保险费 10 000 元，计入管理费用的各项税费 10 400 元，折旧 8 000 元，各项杂费 5 600 元。

根据上述资料编制的销售及管理费用预算见表 8-11。

表 8-11 销售及管理费用预算　　　　　　　　　　　　　　　　单位：元

项目	第一季度	第二季度	第三季度	第四季度	全年
预计销售量	1 200 000	1 400 000	1 600 000	2 000 000	6 200 000
变动性销售及管理费用	72 000	84 000	96 000	120 000	372 000
固定性销售及管理费用					
管理人员薪金	55 000	55 000	55 000	55 000	220 000
广告费	20 000	20 000	20 000	20 000	80 000
保险费	2 500	2 500	2 500	2 500	10 000
税费	2 600	2 600	2 600	2 600	10 400
折旧	2 000	2 000	2 000	2 000	8 000
杂费	1 400	1 400	1 400	1 400	5 600
小计	83 500	83 500	83 500	83 500	334 000

(单位：元)　续表

项目	第一季度	第二季度	第三季度	第四季度	全年
合计	155 500	167 500	179 500	203 500	706 000
减：折旧	2 000	2 000	2 000	2 000	8 000
预计现金支付的销售及管理费用	153 500	165 500	177 500	201 500	698 000

8.4.2 专门决策预算的编制

专门决策预算是指企业为不经常发生的长期投资决策项目或一次性专门业务所编制的预算，一般分为**资本支出预算**和**一次性专门业务预算**两类。由于专门决策预算所涉及的决策事项不尽相同，因此没有统一的预算表格，企业可根据需要自行设计。

1. 资本支出预算

1) 资本支出预算的概念

资本支出预算又称**资本预算**，主要反映的是企业在预算年度发生的长期投资项目的预算情况，该预算需详细列出项目在寿命周期内各年度的现金流入和流出情况。

2) 资本支出预算的特点

(1) **资金量大**

资本预算涉及固定资产投资、新产品投产和研发等项目，这些项目往往需要企业投入大量的资金。

(2) **周期长**

资本性支出的受益期间往往涉及多个会计期间，投资正确与否，直接影响企业战略目标能否实现。

(3) **风险大**

资金量大、周期长，导致投资的风险大，因此，在编制资本支出预算时，**需充分考虑各种不确定的因素及资金时间价值**。

3) 资本支出预算的编制

【例 8-10】承前例，假定美能达公司经董事会批准，在预算年度 20×7 年 1 月，以自有资金购置机器设备一台，价值 400 000 元，该设备预计可使用 5 年，按直线法计提折旧，使用期满预计残值为 4 000 元。采用新设备每年可为公司带来 45 800 元的净利润，根据上述资料编制的该公司的资本支出预算见表 8-12。

表 8-12　资本支出预算

资本支出项目	购置日期	投资总额/元	使用年限/年	残值/元	资金来源	资金成本	现金净流量/元	回收期/年
购置设备	20×7 年 1 月	400 000	5	4 000	自有	10%	125 000	3.2

$$现金净流量 = \frac{400\,000 - 4\,000}{5} + 45\,800 = 125\,000(元)$$

回收期 = 400 000 ÷ 125 000 = 3.2（年）

2. 一次性专门决策预算

一次性专门决策预算是指企业在预算期内对支付股利、缴纳税金等一次性专门业务所编制的预算。

【例 8-11】承前例，假定美能达公司财务部门做出以下预测：根据税法规定，预算期内每季度末支付所得税 45 000 元；根据董事会决定，预算期内每季度末支付股东股利 20 000 元。根据上述资料编制的该公司的其他现金支出预算见表 8-13。

专门决策预算

表 8-13　其他现金支出预算　　　　　　　　　　　　　　　　　单位：元

专门业务名称	支付对象	第一季度	第二季度	第三季度	第四季度	全年
预付所得税	国家税务总局	45 000	45 000	45 000	45 000	180 000
预付股利	股东	20 000	20 000	20 000	20 000	80 000

8.4.3　财务预算的编制

由于企业的各项业务预算和专门决策预算的资料均可以反映在财务预算中，所以财务预算又称"**总预算**"，而其他各种预算则称"**分预算**"。企业在完成各项业务预算和专门决策预算后，便需要进一步汇总编制财务预算。

1. 现金预算

现金预算是用来反映预算期内企业现金流转状况的预算。这里所说的现金包括现金和银行存款等一切货币资金。编制现金预算的目的是合理安排企业的现金收入和支出，并由此计算现金的盈余或不足，进而确定资金运用或筹措的方式、时间及金额，保证企业财务的正常运转。

1) 现金预算的内容

现金预算主要包括以下 4 个部分。

① **现金收入**。它包括期初的现金余额和预算期内可获得的现金收入，如现销收入、收回的应收账款、应收票据到期兑现和票据贴现等，数据可从销售预算的预计现金收入表中获取。

② **现金支出**。它是指预算期内的全部现金支出，主要有材料采购、工资、制造费用、销售及管理费用、税金、利润、固定资产投资支出等。

③ **现金盈余或不足**。它是指现金收入和现金支出相抵以后的余额。若余额为正数，则表示现金有盈余；若余额为负数，则表示现金不足。

④ **资金的筹措与运用**。当企业预算期内现金不足时，需向银行借款或发放短期商业票据来筹措资金；当企业预算期内现金有盈余时，可通过偿还借款、借款利息或进行短期

投资来运用资金。

现金预算可以按年、季、月、旬编制，甚至可以按周或逐日编制，但由于工作量的关系，一般情况下是按年或季进行编制的。

2) 现金预算的编制

现金预算的基本计算方式如下。

$$\begin{array}{r} \text{期初现金余额} \\ +\quad \text{本期现金收入总额} \\ \hline \text{本期可动用现金总额} \\ -\quad \text{本期现金支出总额} \\ \hline \text{本期现金盈余（或不足）} \\ -(+)\text{本期资金的运用（或筹集）} \\ \hline \text{期末现金余额} \end{array}$$

【例 8-12】承前例，假定美能达公司按年度分季编制现金预算，该公司预算年度各季度末现金余额的最低限额为 100 000 元，最高限额为 200 000 元。假设从银行取得的借款必须为 1 000 元的整数倍。根据本章例题中的各种预算的有关资料编制的现金预算见表 8-14。

表 8-14 现金预算　　　　　　　　　　　　　　　　　　　　　　　单位：元

项目	第一季度	第二季度	第三季度	第四季度	全年
期初现金余额	110 000	118 780	103 660	104 920	110 000
现金收入总额（见表 8-5）	1 280 000	1 320 000	1 520 000	1 840 000	5 960 000
本期可动用现金合计	1 390 000	1 438 780	1 623 660	1 944 920	6 070 000
现金支出					
直接材料采购（见表 8-7）	706 000	691 200	802 800	889 000	3 089 000
直接人工（见表 8-8）	219 600	255 600	295 200	349 200	1 119 600
制造费用（见表 8-9）	77 120	84 320	92 240	103 040	356 720
销售及管理费用（见表 8-11）	153 500	165 500	177 500	201 500	698 000
购置设备（见表 8-12）	400 000				400 000
支付所得税（见表 8-13）	45 000	45 000	45 000	45 000	180 000
支付股利（见表 8-13）	20 000	20 000	20 000	20 000	80 000
现金支出合计	1 621 220	1 261 620	1 432 740	1 607 740	5 923 320
现金盈余（或不足）	−231 220	177 160	190 920	337 180	146 680
资金的筹集与运用：					

（单位：元） 续表

项目	第一季度	第二季度	第三季度	第四季度	全年
从银行取得借款（期初）	350 000				350 000
偿还借款（期末）		70 000	80 000	200 000	350 000
支付利息（年利率10%）		3 500	6 000	20 000	29 500
期末现金余额	118 780	103 660	104 920	117 180	117 180

注：①第二季度支付利息 70 000×10%×6/12=3 500（元）。
②第三季度支付利息 80 000×10%×9/12=6 000（元）。
③第四季度支付利息 200 000×10%=20 000（元）。

2. 预计损益表

预计损益表是按照损益表的内容和格式编制的，综合反映企业在预算期间利润目标的预算报表。**预计损益表是财务预算中的一个重要环节，是编制预计资产负债表的基础。**

预计损益表通常按照**变动成本法**进行编制，相关数据主要来源于销售预算、直接材料采购预算、直接人工预算、制造费用预算、产品成本预算、销售及管理费用预算、专门决策预算等。

【例 8-13】承前例，假定美能达公司 20×7 年度预计损益表见表 8-15（按变动成本法编制）。

表 8-15　20×7 年度预计损益表　　　　　　　　　　　　　　　单位：元

项目	全年
销售收入（见表 8-5）	6 200 000
变动成本	
变动生产成本（见表 8-10）	4 439 200
变动性销售及管理费用（见表 8-11）	372 000
变动成本小计	4 811 200
边际贡献	1 388 800
固定成本	
固定性制造费用（见表 8-10）	279 000
固定性销售及管理费用（见表 8-11）	334 000
固定成本小计	613 000
息税前利润	775 800
减：利息支出（见表 8-14）	29 500
税前利润	746 300
减：所得税（见表 8-13）	180 000
税后利润	566 300

另外，需要说明的是，预计损益表中的"所得税"是利润规划时的估计数，来源于其他现金支出预算，该数据不是根据利润和所得税税率计算出来的，它没有考虑纳税调整等事项。

3. 预计资产负债表

预计资产负债表是按照资产负债表的内容和格式编制的，综合反映企业在预算期期末的财务状况的预算报表。预计资产负债表是在上期期末资产负债表的基础上，根据前述诸预算提供的有关资料加以调整编制而成的。

编制预计资产负债表的目的是判断预算所反映的财务状况的稳定性和流动性。如果通过预计资产负债表分析发现企业的某些财务比率不理想，可科学地修改有关预算，以改善企业的财务状况。

【例 8-14】承前例，假定美能达公司 20×6 年度资产负债表见表 8-16，试以其为基期资产负债表编制 20×7 年度的预计资产负债表。

美能达公司 20×7 年度预计资产负债表见表 8-17。

表 8-16　美能达公司 20×6 年度资产负债表　　　　　　　　　　　单位：元

资产		负债及所有者权益	
项目	金额	项目	金额
流动资产：		流动负债：	
现金	110 000	应付账款	328 000
应收账款	560 000	流动负债合计	328 000
存货：		负债合计	328 000
原材料	122 000		
库存商品	91 320	所有者权益：	
存货总计	213 320	普通股股本	1 000 000
流动资产合计	883 320	未分配利润	1 255 320
固定资产：		所有者权益合计	2 255 320
建筑物	1 200 000		
设备	1 000 000		
减：累计折旧	500 000		
固定资产合计	1 700 000		
资产合计	2 583 320	负债及所有者权益合计	2 583 320

表 8-17　美能达公司 20×7 年度预计资产负债表　　　　　单位：元

资产		负债及所有者权益	
项目	金额	项目	金额
流动资产：		流动负债：	
现金（见表 8-14）	117 180	应付账款（由表 8-7 计算所得）	366 000④
应收账款（见表 8-5）	800 000①	流动负债合计	366 000
存货：		负债合计	366 000
原材料（见表 8-7）	139 000		
库存商品（见表 8-10）	106 540		
存货总计	245 540	所有者权益：	
流动资产合计	1 162 720	普通股股本	1 000 000
固定资产：		未分配利润	1 741 620⑤
建筑物	1 200 000	所有者权益合计	2 741 620
设备	1 400 000②		
减：累计折旧	655 100③		
固定资产合计	1 944 900		
资产合计	3 107 620	负债及所有者权益合计	3 107 620

注：①由第四季度销售收入 2 000 000 元减去当季收回的 60%（1 200 000 元）形成。
　　②由年初数 1 000 000 元加上预计购入设备 400 000 元（见表 8-12）形成。
　　③由年初数 500 000 元加上预计全年折旧额 155 100（147 100+8 000）元（见表 8-9、表 8-11）形成。
　　④由第四季度预计材料采购金额 915 000 元减去当季支付的 60%（549 000 元）形成。
　　⑤由年初数 1 255 320 元加上本期利润 566 300 元（见表 8-15）减去本期支付股利 80 000 元（见表 8-13）形成。

财务预算

习　题

1. 单项选择题

(1) 某企业按百分比法编制弹性利润预算表，预算销售收入为 100 万元，变动成本为 60 万元，固定成本为 30 万元，利润总额为 10 万元。如果预算销售收入达到 110 万元，则预算利润总额为（　　）万元。

　　A. 14　　　　　　B. 11　　　　　　C. 4　　　　　　D. 1

(2) 某企业编制第四季度的直接材料采购预算，预计季初材料存货量为 500 千克，季度生产需耗用 2 500 千克，预计期末存货量为 300 千克，材料采购单价为 10 元，若材料采购货款有 40% 当期付清，另外 60% 在下季度付清，则该企业预计资产负债表年末"应付账款"项目为（　　）元。

　　A. 10 800　　　　B. 13 800　　　　C. 23 000　　　　D. 16 200

(3) 星光公司预计 20×6 年第三、四季度销售产品分别为 280 件、350 件，单价分别为 3 元、3.5 元，各季度销售收现率为 60%，其余部分下个季度收回，则星光公司第四季度现金收入为（　　）元。

A. 826　　　　　B. 1 071　　　　　C. 1 239　　　　　D. 994

(4) 在成本习性分析的基础上，分别按一系列可能达到的预计业务量水平编制的能适应多种情况的预算，是（　　）。

A. 定期预算　　B. 弹性预算　　C. 零基预算　　D. 固定预算

(5) 在下列各项中，能够同时以实物量指标和价值量指标反映企业经营收入和相关现金收支的预算是（　　）。

A. 现金预算　　B. 销售预算　　C. 生产预算　　D. 产品成本预算

(6) 某公司预计计划年度期初应付账款余额为200万元，1—3月采购金额分别为500万元、600万元和800万元，每月采购款当月支付70%，次月支付30%，则预计第一季度现金支出额是（　　）万元。

A. 2 100　　　　B. 1 900　　　　C. 1 860　　　　D. 1 660

(7) 光明公司机床维修费为半变动成本，机床运行100小时的维修费为280元，运行150小时的维修费为360元，机床运行120小时的维修费为（　　）元。

A. 336　　　　　B. 312　　　　　C. 288　　　　　D. 368

(8) ABC公司10月初存货为200件，月末存货为400件，当月预计销售量为3 500件，则该公司10月的预计生产量为（　　）件。

A. 3 500　　　　B. 3 600　　　　C. 3 700　　　　D. 3 900

(9) 以下有关预算工作组织的表述中，属于财务部门负责的工作是（　　）。

A. 财务部门是企业预算的基本单位
B. 财务部门负责人参与企业预算委员会的工作，并对各部门预算执行结果承担责任
C. 财务部门对企业的预算管理工作负总责
D. 财务部门负责企业预算的跟踪管理，监督预算的执行情况

(10) 下列各项费用预算项目中，最适宜采用零基预算编制方法的是（　　）。

A. 人工费　　B. 培训费　　C. 材料费　　D. 折旧费

2. 多项选择题

(1) 滚动预算的特点在于（　　）。

A. 能使预算与实际情况更适应　　　　B. 预算期始终保持为一个固定长度
C. 便于考核预算的执行结果　　　　　D. 能够使预算期间与会计期间相配合

(2) 下列各项中，属于增量预算前提条件的有（　　）。

A. 原有的各项业务都是合理的
B. 现有的各项业务活动为企业必需的
C. 预算费用标准必须进行调整
D. 考虑到企业未来发展的需要，能对预算项目进行适当的删减和增加

(3) 下列表述中，不正确的有（　　）。

A. 销售及管理费用预算编制方法大体类似于制造费用预算，按变动性费用和固定性费用分别列示
B. 变动制造费用和固定制造费用均以生产预算为基础来编制
C. 预计损益表中的"所得税"项目的金额是根据预算的"利润总额"和预计所得税税率计算出来的，一般无须考虑纳税调整事项
D. 生产预算是在销售预算的基础上编制的，因此生产预算中的各季度预计生产量等于各季度的预计销售量

(4) 与零基预算相比，增量预算的主要缺点有（　　）。

A. 预算结果欠准确

B. 不利于调动各部门完成预算目标的积极性
C. 增加了预算编制的工作量，容易顾此失彼
D. 可能不加分析地保留或接受原有成本支出
(5) 下列关于全面预算的表述中，正确的有（　　）。
A. 预计损益表、预计资产负债表属于财务预算
B. 业务预算与业务各环节紧密相关，因此属于总预算
C. 财务预算是关于资金筹措和使用的预算，主要是指短期的现金收支预算和信贷预算
D. 在全面预算中，生产预算是唯一没有按货币计量的预算
(6) 下列关于全面预算管理的说法正确的有（　　）。
A. 全面预算管理应该覆盖整个公司
B. 全面预算管理涉及生产经营的所有活动
C. 全面预算不局限于事前控制和事后控制，也不局限于财务部门
D. 全面预算是一种管理制度和控制方略
(7) 预算编制的方法包括（　　）。
A. 固定预算与弹性预算　　　　　　B. 零基预算与增量预算
C. 财务预算与资本预算　　　　　　D. 滚动预算与定期预算
(8) 与生产预算有直接联系的预算有（　　）。
A. 直接材料采购预算　　　　　　　B. 变动性制造费用预算
C. 销售及管理费用预算　　　　　　D. 直接人工预算
(9) 在编制生产预算时，计算某种产品预计生产量应考虑的因素包括（　　）。
A. 预计材料采购量　　　　　　　　B. 预计产品销售量
C. 预计期初产品存货　　　　　　　D. 预计期末产品存货
(10) 下列关于预计资产负债表编制的说法中，正确的有（　　）。
A. 预计资产负债表期末数额面向未来，通常不需要以预期期初的资产负债表数据为基础
B. 企业应先编制预计损益表再编制预计资产负债表
C. 编制预计资产负债表的目的是判断预算反映的财务状况的稳定性和流动性
D. 预计资产负债表中的期末"应付账款"数据由直接材料采购预算中的相关数据计算而得

3. 判断题

(1) 企业实行预算的目的是限制花钱。（　　）
(2) 预算编制涉及企业每一个部门、每一个岗位，它需要企业每一个部门和每一位员工的参与和支持。（　　）
(3) 预算编制是预算管理循环的一个重要环节，预算编制质量的高低直接影响预算执行结果，也影响对预算执行者的业绩评价。（　　）
(4) 编制生产预算的目的是保证有充足的现金可以满足企业的需要，而且对多余现金可以有效利用。（　　）
(5) 预算编制是一种事前控制，预算分析与考评是一种事中控制，预算执行是一种事后控制。（　　）
(6) 专门决策预算主要反映项目投资与筹资计划，是编制现金预算和资产负债表预算的依据之一。（　　）
(7) 企业财务管理部门是企业预算的基本单位。（　　）
(8) 企业在编制零基预算时，需要以现有的费用项目为依据，但不以现有的费用水平为基础。（　　）
(9) 采用弹性预算法编制成本费用预算时，业务量计量单位的选择非常关键，自动化生产车间

适合用机器工时作为业务量的计量单位。   (   )

(10) 企业正式下达预算后，执行部门一般不得调整，但是，当市场环境、政策法规等发生重大变化导致预算执行结果产生重大偏差时，可经逐级审批后调整。   (   )

4. 计算题

(1) 光明公司只生产一种产品。相关预算资料如下。

资料一：预计每个季度实现的销售收入（含增值税）均以赊销方式售出，其中60%在本季度内收到现金，其余40%要到下个季度收讫，不考虑坏账因素。部分与销售有关的数据资料如表8-18所示。

表8-18 部分与销售有关的数据资料   单位：元

项目	第一季度	第二季度	第三季度	第四季度
预计销售收入	234 000	234 000	257 400	257 400
期初应收账款	41 600			
第一季度销售当期收现额	A			
第二季度销售当期收现额		B		
第三季度销售当期收现额				
第四季度销售当期收现额				C
经营现金收现合计		234 000	248 040	257 400

资料二：预计每个季度所需要的直接材料均以赊购方式采购，其中50%于本季度内支付现金，其余50%将于下个季度付讫。假定不存在应付账款到期支付能力不足的情况。部分与直接材料采购预算有关的数据资料如表8-19所示。

表8-19 部分与直接材料采购预算有关的数据资料   单位：元

项目	第一季度	第二季度	第三季度	第四季度
预计材料采购成本	140 400	140 400	152 100	154 440
期初应付账款	10 000	70 200	E	F
第一季度采购当期支出额				
第二季度采购当期支出额				
第三季度采购当期支出额			76 050	G
第四季度采购当期支出额				H
材料采购现金支出合计	D			257 400

要求：① 根据资料一确定表8-18中用字母表示的数值；

② 根据资料二确定表8-19中用字母表示的数值；

③ 根据资料一和资料二，计算预算年度应收账款和应付账款的年末余额。

(2) 东方公司计划生产和销售甲产品，预计每件甲产品的材料消耗定额为20千克，计划单价10元/件。为了保证生产的顺利进行，要求材料每季度初的存货量至少达到当季用量的25%。该公司20×6年1月1日的材料库存正好与要求相符，预计20×6年各季度甲产品的销售量分别为12 000件、13 000件、11 000件和1 500件。假设该公司无在产品存货，其产成品存货各季度末结存量应为下季度销售量的30%，其年初产成品存货为3 600件，年末预计产成品存货为4 200件，年末预计库存材料的数量为70 000千克。

要求：①编制东方公司20×6年甲产品的生产预算；
②编制东方公司20×6年甲产品的直接材料采购预算。

(3) 东方公司着手编制20×6年10月的现金预算。预计20×6年10月初现金余额为18 000元；月初应收账款为10 000元，预计月内可收回60%；当月销货250 000元，预计月内收款比例为50%。

要求：编制东方公司20×6年10月的现金预算。

(4) 光明公司正在编制20×6年12月的预算，有关资料如下。

① 预计11月30日的资产负债表如表8-20所示。

表8-20　资产负债表　　　　　　　　　　　　　单位：万元

资产	金额	负债及所有者权益	金额
现金	30	应付账款	210
应收账款	84	应付利息	15
存货	180	银行借款	150
固定资产	906	实收资本	800
		未分配利润	25
资产总计	1 200	负债及所有者权益总计	1 200

② 销售收入预计：11月300万元，12月350万元；下一年1月360万元。

③ 销售收现预计：销售收入当月收回70%，次月收回28%，其余2%无法收回（坏账），假设公司按月计提坏账准备。

④ 采购付现预计：销售商品的65%在上月购入，销售商品的35%在当月购入；所购商品的进货款项，在购买的次月支付；预计采购成本占销售收入的60%。

⑤ 预计12月购置固定资产需支付100万元；全年折旧费240万元；除折旧外的其他管理费用均需用现金支付，预计12月付现管理费用为32万元；12月末归还一年前借入的到期借款150万元。

⑥ 预计银行借款年利率10%，还款时支付利息。

⑦ 光明公司最低现金余额为6万元；预计现金余额不足6万元时，在每月月初从银行借入，借款金额是1万元的整数倍，假设公司按月计提应计利息。

要求计算12月下列各项预算金额：
① 销售收回的现金、进货支付的现金、当月资金的筹措；
② 预计资产负债表中的现金、应收账款、应付账款。

5. 思考题

(1) 财务预算、业务预算与专门决策预算有什么区别？
(2) 分别比较弹性预算与固定预算、增量预算与零基预算、定期预算与滚动预算的差异。

6. 案例分析

大亚湾核电站预算管理案例分析

大亚湾核电站作为国家的第一座大型商用核电站，从开工建设以来就非常重视预算管理的运用。在基建期设立投资预算管理机构进行专门预算管理，1994年进入商业运营期以后在核电站推行预算管理，1997年开始在整个大亚湾核电运营管理有限责任公司推行全面预算管理，至今已建立起一整套行之有效的以成本为中心的全面预算管理体制。推行预算管理使公司取得了巨大的经济效益。

1. 采用的预算管理方法

针对核电站运行管理的特点，公司采用了零基预算的管理方法。这样做的优点是成本中心每年在预算申报时都需对以往的工作进行进一步的检查、讨论，可有效消除、减少"今年存在或开支的费用支出在下一年度就一定存在"的成本费用开支习惯性心理，所有项目均需重新审视其支出的合理性。采用零基预算管理方法的难点是所有项目均须重新审视，工作量极大，而且效率低，时效性差，投入成本巨大。为了避免上述问题，充分发挥公司预算计划的作用，在设计公司预算运作模式时，采取了"折中"模式，即对新的项目、重要的项目（5万美元以上）全部采用零基预算管理，对其他项目采用滚动预算管理，同时采取年度预算编制、年中预算调整、预算变更等具体的工作方式来使预算与实际工作相匹配，真正达到通过工作计划来编制预算，又通过预算来衡量指导工作计划的作用。

2. 预算管理的组织建设

预算管理功能是通过设立各级成本中心来实现的。成本中心责任管理体系是按照统一领导，分级管理原则，根据技术上的特点和管理上的要求设置的。在公司机构划分为决策、管理和执行三个层次的基础上，又将执行层划分为三级成本中心，即部级成本中心、处级成本中心和科级成本中心。各级成本中心负责人分别是部长、处长和科长，对各自成本中心的预算、成本及其他资源进行规划、申报、执行、控制和考核。成本中心一般以处为基本单位来划分，但业务较多的处可以以科为单位设置；对于临时性的较大项目或跨处的工程项目，可设置单独的、临时的成本中心，项目经理为该成本中心的负责人。每个成本中心应指定一个专人为兼职预算员，协助成本中心负责人的日常预算管理或其他经济管理工作。预算管理的决策层是董事会、执委会，管理层是总经理部，执行层是各级职能部门。总经理部委托财务部实施公司预算归口管理。

3. 预算管理的制度建设

按照预算管理的要求，公司制定了各种程序、制度，从各个方面对预算管理做出了明确规定。按照经济业务不同，分别制定了《生产预算编制与执行程序》《资本性预算编制与执行程序》《材料采购预算编制与执行程序》等专门规定来执行具体的预算管理，同时还颁布了《成本中心运作管理规定》来规范成本中心的职责、权力。

4. 预算管理循环

公司的预算管理遵循"工作计划—预算编制—立项—承诺—支付—反馈—工作计划"的管理循环。

① 工作计划。这是一切预算形成的基础，离开工作计划编制出来的预算不是真正的预算，是无法执行的预算。

② 预算编制。每年8月，财务部向公司各级成本中心负责人下达下年度《预算编制计划大纲》并开展相关的在岗业务培训，各级成本中心负责人及预算协调员在接受在岗业务培训和理解该大纲的基础上，开展年度预算的编制与申报工作；整个公司年度预算的编制工作是以各级预算成本中心为单位开展实施的，科级成本中心负责向处级成本中心申报，处级成本中心负责向部级成本中心或预算归口管理部门申报；各部级成本中心在对下级成本中心所报预算进行综合审议后正式报送财务

部；凡有归口管理的项目，应首先报送归口管理部门所在的科或处级预算成本中心，然后由归口管理部门所在的部级预算成本中心统一向财务部申报；在预算编制过程中，财务部成本处及各部预算归口单位预算人员将按预算大纲中的协调计划进行预算编制的协调工作，而各级成本中心在预算编制过程中也可与财务部成本处随时保持联络与沟通，以便财务部成本处能够掌握充足的信息，随时进行必要的协助。

③ 立项。所有项目实施前均应按《合同采购手册》等公司章程中的规定进行立项申请。在这一过程中，各级成本中心在填制立项申请单前先由本成本中心预算协调员运用财务系统中的预算管理系统对其预算与立项情况进行检查，在保证确有预算后，对立项单进行编码并签字认可，然后送有关授权成本中心负责人批准。有归口管理的项目还须经归口管理部门审批，无归口管理部门的批准任何部门不得动用属于归口管理资源的预算。对于无预算的项目，各级成本中心预算协调员应先进行"预算变更申请单"的填制报批工作。各级成本中心预算协调员应对有关立项予以记录，并定期与预算管理计算机系统数据或与财务部成本处核对分析。

④ 承诺。在立项申请获得批准之后，公司商务部门将组织对外询价、签订合同的活动。商务部门申请的合同推荐除按程序逐步审批外，还须经过原申请立项的各部预算归口管理单位在"签订合同/订单推荐书"的预算控制栏签字认可。各部预算归口管理单位应对有关合同推荐资料予以记录并定期与预算管理计算机系统数据或与财务部成本处核对分析。

⑤ 支付。商务部门申请的合同支付除按程序逐步审批外，还须经过原申请立项的各部预算归口管理单位在"支付申请单"的预算控制栏签字认可。各部预算归口管理单位应对有关合同支付资料予以记录并定期与预算管理计算机系统数据或与财务部成本处核对分析。

⑥ 反馈。预算反馈包括对预算执行情况实行定期分析、报告与考核。财务部成本处每月汇总编制《预算执行情况及成本分析月报》，分析预算及成本的执行情况，揭示发展趋势及重大异常现象，汇总公司生产经营、财务状况的重要信息及各成本中心的运作状况，报财务部经理、总经理部审核批示。每年年终财务部成本处根据预算年度成本执行状况编制《年度预算执行情况分析表》和《预算年度成本与往年同期成本费用对比分析表》，对年度内预算管理工作进行考核，揭示成本控制工作的成绩与不足，并编制《年度预算控制回顾》报告，报财务部经理、总经理部审核批示。财务部成本处每月向各级成本中心提供预算监控报告，以便各级成本中心掌握预算开支情况，了解各申请项目的具体执行情况，促使各项目按原计划日期及时完成并办理支付。

⑦ 公司制度规定，公司采购执行"没有预算不能立项，没有立项不能承诺，没有承诺不能支付"这一不可逆过程，同时通过预算系统的在线监控，保证公司业务按计划开展，促进公司目标的顺利实现。

5. 预算管理计算机系统

为了保证预算管理的顺利进行，必须建立计算机网络管理系统。公司将预算系统作为财务系统的一个管理子模块，将预算系统与财务系统紧密结合的显著优势就是预算系统能随时接受财务系统内的数据支持，通过分级授权控制技术和独立的数据库结构来保证会计数据与预算数据的独立性和安全性。目前预算系统分为三个子系统，即生产预算系统、更新改造预算系统和材料采购预算系统。每个子系统又包括预算书管理、预算编制、预算执行和报告四大模块。财务部于2003—2005年将原有的预算系统整合为全面预算管理系统，内容包括生产预算系统、更新改造预算系统、材料采购预算系统、财务预算系统、人力资源预算系统和管理信息系统。所有成本中心负责人及预算协调员可以通过网络，按财务部成本处预先授予的账号和密码，随时在预算系统中进行本成本中心相关信息的查询与维护。通过预算系统，各级成本中心可以随时了解成本中心的预算、立项、承诺、支付数据，加强预算控制管理。

6. 预算管理发展方向

面对电价上网改革的实行及西电东送工程的加快，三峡电力机组的投产，燃油、燃气发电机组的强势竞争，要保持核电的长远发展，体现核电的相对竞争优势，必须加大成本控制力度，优化现有核电成本，降低发电成本。一般意义上的成本控制方法已经很难在成本控制方面有所突破，为此需要引进新的管理理念与方法。

通过研究、比较国内外电站的预算管理模式，公司决定引入作业预算的预算管理方法，即通过对活动链的控制、分析来加强公司成本控制，实现作业预算管理，为公司最终实现作业管理奠定基础。

资料来源：中国会计网

思考：

本案例给你什么启示？

7. 课程实践

HG公司是一家机械制造企业，常年生产A产品。目前该公司准备编制20×6年的全面预算。全面预算以下列数据为基础进行编制。

(1) 20×5年第四季度的总销售量为3 300台。

(2) 20×6年度预计销售量如下：第一季度3 000台，第二季度3 400台，第三季度3 200台，第四季度3 500台。20×7第一季度的预计销售量为3 100台。预计销售单价为3 500元，所有的销售均为赊销。当季收回60%的赊销款，余下的40%在下个季度收回，没有坏账。

(3) 公司各季度的期末存货均按下一季度销售量的10%计算。

(4) 假设每台产品需要耗甲、乙、丙三种原材料，单位产品甲材料耗用量为25千克，乙材料耗用量为13千克，丙材料耗用量为12千克，每千克甲、乙、丙材料的价格分别是40元、30元、50元。生产每台A产品需花费直接人工20小时，每小时直接人工成本15元。

(5) 该企业通过赊购方式购买原材料，50%的货款当季支付，剩余的50%在下一季度付清。20×6年甲、乙、丙三种原材料的期初库存量分别为22 800千克、11 856千克、7 296千克，期末库存量分别为23 250千克、12 090千克、7 440千克。预算期内每个季度末甲、乙材料的库存量为下一季度所需原材料的30%，丙材料为下一季度所需原材料的20%。

(6) 每季度的固定制造费用总额为996 360元，其中折旧费用为400 000元，除折旧费用以外的其他固定制造费用均以现金支付。固定制造费用分配率等于预计全年制造费用总额除以预计全年生产总量。

(7) 变动制造费用预计为每小时10元，所有的变动制造费用在发生时均以现金支付。

(8) 固定销售管理费用每季度预计为500 000元，其中折旧费用为200 000元；变动销售管理费用预计为每小时18元，所有的变动销售管理费用在发生当季均以现金支付。

(9) 假定HG公司经董事会批准，在预算年度20×6年1月初，以自有资金购置机器设备一台，价值3 500 000元，该设备预计可使用10年，按直线法计提折旧，使用期满预计残值为200 000元。采用新设备每年可为公司带来700 000元的净现金流量，HG公司的资本成本率为10%。

(10) HG公司财务部门预测：根据税法规定，预算期间每季度季末支付所得税500 000元；根据董事会决定，预算期间每季度季末支付股东股利550 000元。

(11) 假设HG公司是按年度分季编制现金预算，该公司各季度末现金余额的最低限额为100 000元，最高限额为200 000元。假设从银行取得的借款为100 000元的整数倍，借款均在季初，归还均在季末，且为连本带利一并归还，借款年利率为10%。

(12) HG公司20×5年年末有关账户余额如下：固定资产账户余额为90 000 000元，已计提的累计折旧总额为22 000 000元，股本账户余额为30 000 000元，未分配利润账户为12 063 830元，期初资产总额为75 210 680元。

要求：请用Excel为HG公司编制全面预算。

第9章 财务控制

学习目标

知识要点	能力要求	关键术语
财务控制概述	(1) 理解财务控制的含义和特征 (2) 掌握财务控制的基本内容和方式	(1) 财务控制 (2) 组织架构控制；授权批准控制；预算控制；资产管理控制；绩效考评控制；会计系统控制；内部审计控制
责任中心财务控制	掌握责任中心的类型	成本中心；利润中心；投资中心
责任预算与业绩考核	(1) 理解责任预算的编制方法 (2) 掌握各责任中心考评指标的应用	(1) 责任预算；责任报告 (2) 责任成本降低率；部门边际贡献；投资报酬率；剩余收益
责任结算	(1) 了解内部转移价格的作用 (2) 理解内部转移价格的类型	市场价格型；协商价格型；双重价格型；变动成本加固定费用价格型；全部成本转移价格型

汉斯公司是总部设在德国的大型包装品供应商，该公司根据客户要求制作各种包装袋、包装盒等，业务遍及西欧各国。出于降低信息和运输成本、占领市场、适应各国不同税收政策等方面的考虑，公司采用了在各国商业中心城市分别设厂，由一个执行部集中管理一国境内各工厂生产经营的组织和管理方式。由于各工厂资产和客户（或收益来源）的地区对应性良好，公司决定将每个工厂都作为一个利润中心，采用"总部—执行部—工厂"分级控制的财务控制方式。

那么，什么是财务控制？财务控制的内容和方式有哪些？为什么要将每个工厂作为一个利润中心？其责任是什么？通过本章学习，你将会初步找到这些问题的答案。

9.1 财务控制概述

9.1.1 财务控制的含义和特征

财务控制是指按照一定的程序与方法,对企业资金的投入及收益过程和结果进行衡量与校正,确保企业及其内部机构和人员全面落实和实现财务预算的过程。财务控制是内部控制的一个重要组成部分,是内部控制的核心,是内部控制在资金和价值方面的体现。

财务控制具有以下特征。

① **以价值控制为手段**。财务控制以实现财务预算为目标。财务预算所包括的现金预算、预计损益表、预计资产负债表等,都是以价值形式来体现的,财务控制也必须借助价值手段进行。

② **以综合经济业务为控制对象**。财务控制以价值为手段,可以将不同岗位、不同部门、不同层次的业务活动综合起来。

③ **以控制日常现金流量为主要内容**。加强现金流量控制是企业生存的基本要求,它能够保证企业健康、稳定地发展,有效地提高企业的竞争力。

9.1.2 财务控制的基本内容

1. 合理划分责任中心,明确权责范围

为实行责任会计,应先根据企业的行政管理体制和内部管理的实际需要,把企业所属各部门、各单位划分为若干个分工明确、权责范围清晰的责任中心。在责任中心内,规定中心的负责人在企业授予的权力范围内独立、自主地履行职责,并对上一级中心承担相应的经济责任。在授予责任中心负责人权责的同时,要注意将其经济利益与业绩直接挂钩。

2. 编制责任预算,确定考核标准

先将企业生产经营的总目标进行指标分解,明确各责任中心的具体目标,然后编制责任预算,并将其作为控制经济活动的主要依据,以及评价各责任中心的标准。

3. 建立跟踪系统,进行反馈控制

责任中心须建立一套完整、严密的关于责任预算的跟踪系统,即责任会计核算系统。该系统以责任中心为核算对象,围绕责任中心的成本、收入、利润、资金进行信息收集、整理、记录、计算,收集有关责任预算的执行情况,并要求各责任中心正确、及时地编制责任报告,以便企业管理层及时了解各责任中心开展生产经营活动的情况和结果,控制其经营活动并督促其及时采取有效措施改进工作。

4. 考评业绩,建立奖惩制度

为了充分调动各责任承担者的工作积极性,企业最高管理层必须制定一套科学合理的奖惩制度,根据各责任中心实际完成情况进行公平、公正、公开的评价考核,奖优罚劣,督促各责任中心及时采取有效措施,扬长避短,降本增效。

5. 合理制定内部转移价格

为了正确评价各责任中心的工作业绩，对于各责任中心之间相互提供产品或劳务的业务活动，必须由企业管理部门制定出适合本企业特点的内部转移价格。制定合适的内部转移价格，既便于分清各责任中心的责任，调动各责任中心生产经营的主动性和积极性，又便于测定各责任中心的资金流量。

9.1.3 财务控制的方式

1. 组织架构控制

单位在确定和完善财务组织架构的过程中，应当明确**不相容职务相分离**的要求，即一个人不能兼任同一部门财务活动中的不同职务。**不相容职务**包括：**授权批准**、**业务经办**、**会计记录**、**财产保管**、**稽核检查**等。比如，有权批准采购的人员不能直接从事采购业务，从事采购业务的人员不得从事入库业务。

李某和文某贪污、挪用公款的机会

【案情简介】

××市××农经站的总账会计李某，负责农经站收支填报审核，并保管农经站负责人印章。本来会计和出纳是不相容职务，但是在金钱面前，会计李某和出纳文某走到了一起，共谋将农经站的资金借给林某，以获取高额的利息回报，这是典型的串通舞弊。该农经站的财务管理极度混乱：私设小金库，财务凭证残缺不全，银行对账单和拆迁合同不论是纸张还是签名都漏洞百出；印章管理混乱，出纳印章和会计印章放在同一人手上；日常检查流于形式，年底对账竟连电话都不打。2016 年 12 月 23 日，××中级人民法院就李某和文某贪污、挪用公款案做出一审判决，认定被告人李某、文某共同贪污 4 850 万元；李某和文某受林某指使，挪用公款 4 280 万元给林某经营使用，扣除已归还的钱款，尚有 2 000 余万元未退还。

【案情点评】

这个案例告诉我们，财务印章不能由同一人保管，财务人员要定期或不定期轮岗，财务负责人要监督复核财务工作，财务流程必须规范化、合规化，审计部或中介应参与财务审计等。

2. 授权批准控制

授权批准控制主要是规定各级员工的职责范围和业务处理权限。企业内部各级员工必须获得相应的授权，才能实施决策或执行业务，严禁越权办理。按照授权对象和形式的不同，授权分为**常规授权**和**特别授权**。常规授权一般针对企业日常经营管理过程中发生的程序性和重复性工作，可以在由企业正式颁布的岗（职）位说明书中予以明确，或通过制定专门的权限指引予以明确。特别授权一般是由董事会给经理层或经理层给内部机构及其员工授予处理某一突发事件（如法律纠纷）、做出某项重大决策、代替上级处理日常工作的临时性权力。企业的重大决策、重大事项、重要人事任免及大额资金支付业务等，应当按照规定的权限和程序实行集体决策审批或者联签制度。

3. 预算控制

企业预算管理工作机构应当加强与各预算执行单位的沟通，运用财务信息和其他相关资料监控预算执行情况，采用恰当方式及时向决策机构和各预算执行单位报告、反馈预算执行进度、执行差异及其对预算目标的影响，促进企业全面预算目标的实现。

4. 资产管理控制

资产管理控制也就是通常所说的"实物流"管控，它贯穿于企业生产经营的全过程。《企业内部控制应用指引第 8 号——资产管理》要求，企业应全面梳理资产管理流程，及时发现资产管理中的薄弱环节，切实采取有效措施加以改进。企业必须对存货、固定资产和无形资产等资产落实全面风险管理要求，实现在保障资产安全的前提下，提高资产效能。

5. 绩效考评控制

绩效考评是指根据工作目标或绩效标准，采用一定的考评方法，评定员工的工作任务完成情况、员工的工作职责履行程度和员工的发展情况，并将上述评定结果反馈给员工的过程。因此，绩效考评是绩效考核和评价的总称。绩效考评控制要求企业建立和实施绩效考评制度，科学地设置考核指标体系，对企业内部各责任单位和全体员工的业绩进行定期考核和客观评价，将考评结果作为确定员工薪酬以及职务晋升、评优、降级、调岗、辞退等的依据。

财务控制

6. 会计系统控制

会计系统控制要求企业严格执行国家统一的会计准则制度，设置会计机构，配备会计人员，加强会计凭证填制、会计账簿登记和财务会计报告编制等基础工作，明确会计凭证、会计账簿和财务会计报告的处理程序，保证会计资料真实、完整。

企业应当依法设置会计机构，配备会计从业人员。会计人员应当具备从事会计工作的专业能力。会计机构负责人应当具备会计师以上专业技术职务资格或从事会计工作三年以上。

大中型企业应当设置总会计师，以加强对财务与会计工作的领导。

7. 内部审计控制

内部审计控制是确认、评价企业内部控制有效性的过程，包括确认和评价企业控制设计和控制运行缺陷和缺陷等级，分析缺陷形成原因，提出改进内部控制建议。内部审计控制不仅是财务控制的有效手段，也是保证会计资料真实、完整的重要措施。

9.2 责任中心财务控制

责任中心

责任中心是指由特定人员承担经营管理责任，并行使相应职权的企业内部单位，其**基本特征**是责、权、利、效相统一。责任中心必须具备 4 个条件：一要有责任者，即承担经济责任的主体；二要有资金运动，即确定经济责任的客观对象；三要有经营绩效指标，即考核经济责任的基本标准；四要有一定的职责与权利，即承担经济责任的基本条件。不具备上述条件的单位不能称为责任中心。

根据企业内部各责任中心的权限范围及业务活动特点不同，责任中心通常分为成本（费用）中心、利润中心与投资中心3类。

9.2.1 成本中心

1. 成本中心的概念

成本中心是指没有或者有少量收入且不作为主要考核内容，**仅考核所发生的成本或费用**的责任单位。这类责任中心主要指产品生产部门、劳务提供部门，以及给予一定费用指标的企业管理科室等。

2. 成本中心的类型

成本中心包括**标准成本中心**和**费用中心**两种类型。

标准成本中心是指企业中那些产品品种稳定、产品成本发生数额经过技术分析可以相对可靠地计算出来的责任中心，其投入量与产出量之间存在密切关系。比如，产品生产过程中所发生的直接材料、直接人工、制造费用等，可以通过标准成本或弹性预算加以控制。**标准成本中心主要适用于制造业的工厂、车间班组**等。其考核指标是既定产品质量和数量条件下的标准成本，不对生产能力利用程度负责。

费用中心是指企业中那些由部门经理决定其数额的成本项目，其投入量与产出量之间没有直接关系，是以控制经营管理费用为主要责任的责任中心。这里的成本项目主要包括各种管理费用和某些间接成本项目，如研究开发费、职工培训费等，对其控制应放在预算编制时的审批上。费用中心主要适用于企业的行政管理、工艺技术、财务、后勤等部门。**通常采用费用预算来评价费用中心的成本控制情况，但要结合费用中心的工作质量和服务水平做出有根据的评价**。

应用案例9-2

苹果成本控制调查：代工厂一根灯管用电也要省

【案情简介】

富可敌国——当2011年苹果披露其现金及有价证券达762亿美元，超过美国财政部账户余额时，人们这样感叹。大量的现金储备当然要归功于iPad和iPhone的畅销，同时，苹果的成本控制亦功不可没。调研机构iSuppli的报告显示，iPad的设备硬件零部件成本控制在业界远超其他竞争对手。

成本低，价格却不便宜，这让业界对苹果的"暴利"产生了疑问。一位记者在对苹果的一家代工厂调查时发现，苹果对生产成本的控制的确有过人之处，甚至对一根灯管的用电成本也"不放过"。该工厂专门针对苹果设计的一份成本节约方案中，有一条是通过关闭工作桌上的灯管来节约成本。方案称，每个工作桌上原本有两根灯管，关闭一根后，每条生产线每个月可以节约101.46美元。

不难发现，给苹果代工似乎并不是一个好差事。但该工厂管理人员表示，"给苹果代工的部门效益最好，主要是因为量大。"

（资料来源：根据网络资料整理。）

【案例点评】

这个案例告诉我们，成本控制必须着眼于产品的料、工、费三个方面，且必须与责任中心紧密结合，从小处做起。

3. 责任成本

责任成本是以具体的**责任中心**（如单位、部门或个人）为对象，以其承担的责任为范围所归集的成本。责任中心发生的成本包含**可控成本**和**不可控成本**两部分。可控成本是指在特定时期内，特定责任中心能够直接控制的成本；反之，则为不可控成本。成本的可控性是相对的，有时间和范围的限制，**不同层次的责任中心的可控范围不同**，对上层责任中心来说是可控成本的项目，对下层责任中心来说，就有可能是不可控成本项目。**同一成本费用，在不同的时间段，其可控性也不同**。

可控成本应同时具备以下3个条件。

① 成本能够直接计入某一责任中心，如直接材料、直接人工和生产单位零用的低值易耗品、机物料等。

② 责任中心能够对所发生的成本进行准确计量。

③ 责任中心在发现成本偏差时，能够通过自己的行为对成本加以调节和控制。

凡不同时具备上述3个条件的成本，通常为不可控成本，不可控成本一般不包括在成本中心的责任范围之内。因此，属于某个责任中心的**各项可控成本之和**，就构成该中心的责任成本。

9.2.2 利润中心

1. 利润中心的概念

利润中心是指在发生费用的同时产生收入，既对成本负责，又对收入和利润负责的责任中心。利润中心的概念隐含以下3个基本假设。

① **利润中心责任人的决策能够影响该中心的利润**。

② **利润中心的利润或边际贡献的增长对整个企业是有利的**。

③ **利润中心的各项经济活动不受其他部门制约，具有相对的自主权和独立性**。

由此可见，**并不是所有可以计算利润的责任部门都是利润中心**，只有那些有权决定供货来源、有权选择市场的责任部门才能称为利润中心。利润中心一般是企业中较高层次的责任中心，如企业的分公司、分厂或事业部等。

2. 利润中心的类型

利润中心可以分为**自然的利润中心**和**人为的利润中心**。

自然的利润中心是指直接向企业外部出售产品或提供劳务，给企业带来利润的责任中心。例如，实行事业部制的企业，其事业部具有一定的独立性，各个事业部均有采购、生产、销售职能，这样的事业部就是自然的利润中心。

人为的利润中心是指在企业内部按内部转移价格向企业内部其他责任中心出售产品的责任中心。例如，大型企业内部分成若干个工序前后相关联的生产部门，这些生产部门的产品主要在企业内部转移,很少出现各部门直接对外销售的情况,即使需要大规模对外销售也由企业专设的销售机构完成,这样的生产部门就是人为的利润中心。

9.2.3 投资中心

1. 投资中心的概念

投资中心是指不但要对成本、收入、利润等有关短期经营决策负责,而且要对投资规模、投资类型等长期投资决策负责的责任中心。投资中心的责任人不仅能控制除企业分摊管理费用以外的本中心的全部成本与收入,而且能控制其所占用的资产。

2. 投资中心、利润中心、成本中心之间的关系

从决策范围来看,成本中心、利润中心、投资中心的决策范围依次扩大。其中投资中心是企业内部最高层次的责任中心,投资中心的负责人直接向企业的最高管理层负责。企业最高管理层一般不过多干涉投资中心的日常活动,因而投资中心享有较为充分的决策权。

从组织形式来看,成本中心一般不是独立的法人,利润中心则可能是独立的法人,而投资中心一般都是一个独立的法人。

三者之间的关系是:成本中心就其可控成本向利润中心负责;利润中心就其利润向投资中心负责;投资中心就其占用资产和投资收益向企业最高管理层负责。

9.3 责任预算、责任报告与业绩考核

9.3.1 责任预算

1. 责任预算的概念

责任预算是指以责任中心为对象,以其可以控制的成本、费用、收入和利润等为内容编制的预算。责任预算是对企业内部各责任中心应承担的实际责任的价值说明,它既是责任中心努力的目标和控制的依据,又是考核各责任中心业绩的标准。编制责任预算的过程实际上就是把全面预算所确定的企业总体目标分解落实到各责任中心的过程。对实行责任会计的企业来说,责任预算是企业总预算的落实和具体化。

2. 责任预算的编制

编制责任预算的方法一般有两种。第一种是在企业总预算的基础上,从责任中心的角度对总预算进行层层分解,形成各责任中心的预算。这种自上而下、指标层层分解的方式是常用的责任预算的编制方法。其优点是使整个企业浑然一体,便于统一指挥和调度;其缺点是可能会遏制责任中心的工作积极性和创造性。第二种是采取自下而上的方式,即先由各责任中心自行列示各自的预算指标,层层汇总,最后再由预算委员会等机构汇总、调整,编制成企业总预算。其优点是有利于发挥各责任中心的积极性;其缺点是容易出现各责任中心只顾及本中心的情况,导致彼此之间协调差、支持少。最终总预算很可能与企业

的总体目标不相符。另外，这种层层汇总，工作量也很大。因此，第二种预算编制方法在实际工作中应用较少。

1) 成本预算的编制

成本中心编制的预算为成本预算，各责任中心应根据可控成本的详细项目，按照成本标准，定期地分产品、分项目编制各自的成本预算。

【例 9-1】利奥公司南林分厂下设的生产部门共有一车间和二车间两个生产车间，生产部门及其下属的两个车间均为成本中心。它们预算年度的成本预算见表 9-1。

表 9-1　南林分厂生产部门及其下属两个车间成本预算 (20×5 年)　　　　单位：元

责任中心类型	责任单位	项目	责任预算	负责人
成本中心	一车间	变动生产成本：		一车间主任
		直接材料	600 000	
		直接人工	560 000	
		变动性制造费用	120 000	
		变动生产成本小计	1 280 000	
		固定生产成本：		
		固定性制造费用	365 000	
		固定生产成本小计	365 000	
		合计	1 645 000	
成本中心	二车间	变动生产成本：		二车间主任
		直接材料	280 000	
		直接人工	706 400	
		变动性制造费用	138 000	
		变动生产成本小计	1 124 400	
		固定生产成本：		
		固定性制造费用	297 000	
		固定生产成本小计	297 000	
		合计	1 421 400	
成本中心	生产部门	责任成本总计	3 066 400	生产部经理

注：①车间发生的变动成本为本车间的可控成本，固定成本为不可控成本。
　　②各车间发生的各项变动成本和固定成本为生产部门的可控成本。

2) 利润预算的编制

对于既要控制成本，又要控制收益的利润中心，应编制利润预算。编制利润预算时，可以按照企业的内部转移价格与对内部销售的产品数量或提供的劳务数量的乘积，确定该责任中心的销售收入，并将此收入与产品成本或劳务成本进行比较，计算出预计的内部目标利润，据此编制该责任中心的预计损益表，从而控制和考核实际利润的完成情况。

【例 9-2】 利奥公司的南林分厂为利润中心。该中心预算年度 (20×5 年) 预计完成甲产品 60 000 件，内部结算价格为每件 65 元。该中心已编制预算年度成本预算：单位变动生产成本为 40 元，单位变动管理费用为 5 元，固定生产成本为 662 000 元，固定管理费用为 152 000 元。该中心编制的预算年度利润预算见表 9-2。

表 9-2　南林分厂的利润预算 (20×5 年)　　　　　　　　　　单位：元

项目	预算额
销售收入	3 900 000
变动成本：	
变动生产成本	2 400 000
变动管理费用	300 000
变动成本小计	2 700 000
边际贡献	1 200 000
固定成本：	
固定生产成本	662 000
固定管理费用	152 000
固定成本小计	814 000
税前净利	386 000

3) 投资预算的编制

对于既要对成本、收入和利润负责，又要对资金使用情况负责的投资中心，应编制**投资预算**。比如企业内部独立核算的分厂、分公司等，除应编制成本预算、利润预算等财务预算外，还应计算各种资金占用额、销售利润率、投资报酬率，编制预计资产负债表等。投资预算实际上类似于企业的全面预算，只是以责任中心为单位进行编制，其目的是对该责任中心进行全面的规划、控制和考核，使该责任中心的成本、利润和资金等指标能够全面完成，保证企业全面预算的实现。

【例 9-3】 利奥公司为长江集团的一个投资中心，下设南林、北林两分厂。该投资中心资产平均占用额为 10 800 000 元。该投资中心除编制成本预算、利润预算之外，还应编制投资预算，预算年度投资预算见表 9-3。

表 9-3　投资预算 (20×5 年)

项目	预算额
销售收入 / 元	8 200 000
变动成本：	
变动生产成本 / 元	5 100 000
变动销售管理费用 / 元	590 000
变动成本小计 / 元	5 690 000

续表

项目	预算额
边际贡献 / 元	2 510 000
固定成本:	
固定生产成本 / 元	865 000
固定销售管理费用 / 元	317 000
固定成本小计 / 元	1 182 000
经营净收益 / 元	1 328 000
资产平均占用额 / 元	10 800 000
销售利润率 / (%)	16.2
投资报酬率 / (%)	12.3
剩余收益 / 元	248 000

注：假设该企业设定的最低投资报酬率为10%。

9.3.2 责任报告

责任报告又称业绩报告或绩效报告，它是根据责任会计记录编制的，反映责任预算实际执行情况的会计报告。企业内部各责任中心都要编制责任报告向上级管理部门汇报其责任预算的执行情况。

责任报告按其反映的经济业务内容，可分为成本报告与财务报告；按编制的时间，可分为日报、周报、旬报、季报和年报；按报告的形式，可分为书面报告、图表报告和口头报告。责任报告应根据责任会计记录，分栏列示各个项目的预算额、实际数和差异额3种金额。

由于责任报告是反映各责任中心履职情况的专门报告，因此，在揭示差异的同时，必须对重大差异进行分析，并提出改进建议，以供各责任中心和企业高层管理层加强控制。

以下分别列示了成本中心、利润中心和投资中心的责任报告的一般格式，见表9-4至表9-7。

表9-4　南林分厂生产部门一车间责任报告 (20×5年)　　　　　　　　单位：元

项目	预算额	实际数	差异额
变动生产成本：			
直接材料	600 000	597 000	−3 000
直接人工	560 000	561 000	1 000
变动性制造费用	120 000	113 000	−7 000
变动生产成本小计	1 280 000	1 271 000	−9 000

（单位：元） 续表

项目	预算额	实际数	差异额
固定生产成本：			
固定性制造费用	365 000		
固定生产成本小计	365 000		
合计	1 645 000		

注：差异额中的正数为不利差异，负数为有利差异。

表 9-5　南林分厂生产部门责任报告 (20×5 年)　　　　　　　　　　　　　单位：元

项目	预算额	实际数	差异额
变动生产成本：			
直接材料	880 000	891 000	11 000
直接人工	1 266 400	1 262 100	−4 300
变动性制造费用	258 000	256 500	−1 500
变动生产成本小计	2 404 400	2 409 600	5 200
固定生产成本：			
固定性制造费用	662 000	656 000	−6 000
固定生产成本小计	662 000	656 000	−6 000
合计	3 066 400	3 065 600	−800

表 9-6　南林分厂利润中心责任报告 (20×5 年)　　　　　　　　　　　　　单位：元

项目	预算额	实际数	差异额
销售收入	3 900 000	4 250 000	350 000
变动成本：			
变动生产成本	2 400 000	2 640 000	240 000
变动管理费用	300 000	330 000	30 000
变动成本小计	2 700 000	2 970 000	270 000
边际贡献	1 200 000	1 280 000	80 000
固定成本：			
固定生产成本	662 000	670 000	8 000
固定管理费用	152 000	150 000	−2 000
固定成本小计	814 000	820 000	6 000
税前净利	386 000	460 000	74 000

表 9-7　利奥公司投资中心责任报告 (20×5 年)

项目	预算额	实际数	差异额
销售收入 / 元	8 200 000	8 640 000	440 000
变动成本：			
变动生产成本 / 元	5 100 000	5 350 000	250 000
变动销售管理费用 / 元	590 000	610 000	20 000
变动成本小计 / 元	5 690 000	5 960 000	270 000
边际贡献 / 元	2 510 000	2 680 000	170 000
固定成本：			
固定生产成本 / 元	865 000	839 000	−26 000
固定销售管理费用 / 元	317 000	320 000	3 000
固定成本小计 / 元	1 182 000	1 159 000	−23 000
经营净收益 / 元	1 328 000	1 521 000	193 000
资产平均占用额 / 元	10 800 000	10 980 000	180 000
销售利润率 / (%)	16.2	17.6	1.4
投资报酬率 / (%)	12.3	13.9	1.6
剩余收益 / 元	248 000	423 000	175 000

9.3.3　业绩考核

1. 成本中心的业绩评价与考核

成本中心只负责控制和报告责任成本，并按照这一要求来确定自己的组织结构和任务。由于成本中心仅对所报告的责任成本或责任费用承担责任，因此成本中心业绩评价与考核的指标主要包括**责任成本降低额**和**责任成本降低率**两个责任成本降低指标。责任成本降低指标反映了责任成本预算数与责任成本实际数的差异，反映了责任成本预算执行的好坏。当责任成本降低指标值为正数时，为有利差异；反之，为不利差异。

$$责任成本降低额 = 责任成本预算数 - 责任成本实际数$$

$$责任成本降低率 = \frac{责任成本降低额}{责任成本预算数} \times 100\%$$

【例 9-4】承例 9-1，利奥公司的南林分厂下设的一车间和二车间为责任成本中心，其责任成本预算分别为 1 280 000 元和 1 124 400 元，可控成本实际发生额分别为 1 271 000 元和 1 138 600 元。根据以上资料对南林分厂的两个责任成本中心的业绩进行考核，见表 9-8。

表 9-8　责任成本预算完成情况统计表　　　　　　　　　　单位：元

成本中心	预算数 / 元	实际数 / 元	降低额 / 元	降低率
一车间	1 280 000	1 271 000	9 000	0.7%
二车间	1 124 400	1 138 600	−14 200	−1.3%

根据表 9-8 的计算，一车间完成预算任务，责任成本降低额为 9 000 元，责任成本降低率为 0.7%；二车间未完成预算任务，责任成本降低额为 −14 200 元，责任成本降低率为 −1.3%，显然，一车间的预算执行效果优于二车间。

在对成本中心的预算完成情况进行考核时，如果实际产量与预算产量不一致，需要按照弹性预算的编制方法调整预算指标，再进行上述计算、分析和比较。企业管理层通过责任成本降低指标考核各成本中心的责任成本预算执行情况时，既要考核责任成本预算数与实际数的差异，以揭示各项成本支出水平，评价各成本中心降低成本支出的绩效，又要考核责任成本的产量差异，以揭示各成本中心通过增加产量形成的成本相对节约额，促使成本中心寻求降低成本的途径。

2. 利润中心的业绩评价与考核

利润中心的业绩评价与考核主要是通过成本目标、销售目标同实际销售成本和实际销售收入的对比，分析实际实现的利润与预算（或目标）利润的差异，并对差异形成的原因和责任进行剖析，借以对利润中心经营上的得失和有关人员的功过做出全面、正确的评价。因此，对利润中心的考评重点是边际贡献、可控边际贡献、部门边际贡献、部门税前利润，计算公式为：

$$边际贡献 = 收入总额 - 变动成本总额$$
$$可控边际贡献 = 边际贡献 - 可控固定成本$$
$$部门边际贡献 = 可控边际贡献 - 不可控固定成本$$
$$部门税前利润 = 部门边际贡献 - 分配转入的公司管理费用$$

以边际贡献作为利润中心业绩评价依据不够全面，以部门税前利润评价利润中心业绩显然是不恰当的，以可控边际贡献作为利润中心业绩评价依据应当是最好的衡量部门经理业绩的方式，部门边际贡献不适合作为对部门经理的评价依据，更适合评价该部门对企业利润和管理费用的贡献。

3. 投资中心的业绩评价与考核

投资中心是较高层的责任中心，业绩考评时除了考核有关责任中心的成本、收入和利润，还要重点考核投资报酬率和剩余收益两项反映投资利用效果的评价指标。

1) 投资报酬率

投资报酬率是指部门边际贡献与部门资产平均占用额的比率，其计算公式为：

$$投资报酬率 = \frac{部门边际贡献}{部门资产平均占用额} \times 100\%$$

【例 9-5】假设利奥公司（投资中心）预算期的部门边际贡献为 1 458 000 元，部门资产平均占用额为 10 800 000 元，试计算该投资中心的投资报酬率。

$$投资报酬率 = \frac{1\,458\,000}{10\,800\,000} \times 100\% = 13.5\%$$

投资报酬率反映了投资中心的投资效率，它是一个相对数指标，可用于企业内部不同规模投资中心之间的比较。但是该指标也存在缺陷，如部门经理会放弃高于资本成本率而低于目前部门投资报酬率的机会，或者减少现有的投资报酬率较低但高于资本成本率的某些资产，使部门业绩获得较好评价，即投资中心会为了自己的局部利益而放弃企业的整体发展目标。

2) 剩余收益

剩余收益是指部门边际贡献与部门资产平均占用额的机会成本的差额，计算公式为：

剩余收益 = 部门边际贡献 − 部门平均资产应计成本

　　　　 = 部门边际贡献 − 部门平均资产 × 资本成本率

【例 9-6】承例 9-5，假设利奥公司的资本成本率为 10%，试计算该投资中心的剩余收益。

剩余收益 = 1 458 000 − 10 800 000 × 10% = 378 000(元)

责任预算与业绩考核

剩余收益反映了投资中心的投资效果，以该指标作为投资中心的考核指标可使投资中心的目标与企业的整体目标保持一致，引导部门经理采纳高于企业资本成本率的投资决策，并使用不同风险的资本的组合来调整资本成本率，从而弥补投资报酬率的不足。但剩余收益是绝对数指标，不便于不同部门之间的比较，只有和投资报酬率结合使用，才能对投资中心进行较为全面、客观的评价。

9.4　责任结算

责任结算

9.4.1　内部转移价格的作用

内部转移价格是企业内部各责任中心之间相互提供产品或劳务时所选用的一种计价标准。以内部转移价格进行结算有利于正确评价和考核各责任中心的经营业绩，制定内部转移价格是企业建立责任会计制度后必须配备的一种机制。内部转移价格的作用如下。

1. 有助于明确各责任中心的经济责任

制定合理的内部转移价格，是划分经济责任不可缺少的手段之一。要划清各责任中心的经济责任，首先要确定有关的责任中心之间发生业务联系、进行经济往来时所使用的结算价格。只有这样，才能较好地维护彼此间的经济权益，明确经济责任。

2. 有助于企业管理者客观、公正地对各责任中心的业绩进行评价和考核

内部转移价格不但为各责任中心的奖惩提供了一个公正且易于计量的基础，而且提供了反映各责任中心的生产经营业绩的内部利润，使各责任中心的业绩考评工作能够顺利地进行。

3. 有助于保证各责任中心的经营目标与企业的经营目标保持一致

由于现代化企业经营规模的扩大化与经营权力的分散化同时存在，企业最高管理层不

能及时、有效地集中处理各种各样、千变万化的信息，因此不得不把经营决策权力适当地分散到各部门，而各部门在进行经营决策时又理所当然地要追求自身利益最大化。内部转移价格使企业能根据各责任中心提供的相关信息资料，结合企业的最优生产经营计划，使企业的资源得到有效利用，从而达到整个企业经济利益的最大化。

9.4.2 内部转移价格的类型

1. 市场价格型

以市场价格为基础的内部转移价格（市场价格型）是指将外部市场价格扣除必要的对外销售费用（如广告费、包装费和运输费）后作为企业的内部转移价格。党的二十大报告指出，要充分发挥市场在资源配置中的决定性作用。市场价格是制定内部转移价格的最好依据，只有通过市场竞争所确定的价格才是被社会所承认的价格。企业以市场价格作为内部转移价格，有利于在企业内部创造竞争性的经营环境，从而使各责任中心成为真正意义上的独立经营者。采用这种结算价格的责任中心，应该是独立核算的利润中心，其有权决定产品的产销数量、购销对象及相应的价格。

但以市场价格为基础的内部转移价格适用于**完全竞争市场条件**，即企业的中间产品存在正常市场价格的情况。实际上，企业内部很难存在真正意义上的完全竞争市场，因此，这也限制了以市场价格为基础的内部转移价格的运用。

2. 协商价格型

协商价格型是指有关责任中心以市场价格为基础，协商确定一个双方均愿意接受的价格作为内部转移价格。协商价格一般是在以市场价格扣除必要的对外销售费用后的价格为上限、以单位变动成本为下限的范围内，通过协商共同确定的。它**适用于企业中间产品存在非完全竞争市场的情况**。虽然这种方法在协商过程中会牵扯双方大量的时间和精力，但由于其价格有一定的弹性，因此在实际工作中运用较广。

【例 9-7】假设某企业生产的自制半成品（中间产品）的市场价格为 75 元，该自制半成品的单位变动成本为 38 元，单位固定成本为 12 元，应分摊的对外销售费用为 8 元，试确定该自制半成品协商价格的范围。

分析：协商价格的上限 =75-8=67（元）
协商价格的下限 = 单位变动成本 =38（元）

分析可知：该自制半成品协商价格应在 38～67 元之间，由双方协商确定。

3. 双重价格型

双重价格型就是对买方责任中心和卖方责任中心分别采用不同的转移价格作为计价基础的内部转移价格。例如，对于存在内部交易的两个责任中心，卖方按市场价格计价，而买方按卖方的单位变动成本计价，两者之间的差额由会计部门调整。这种双重定价，有利于自制半成品买方正确地进行经营决策，防止其因内部定价过高而从外部进货，进而使内部卖方的生产能力发生闲置，影响卖方从事生产经营活动的积极性和主动性。

这种以双重价格作为企业内部转移价格的结算方法**适用于中间产品有外部市场，存在**

内部交易的责任中心生产能力不受限制,且变动成本低于市场价格的情况。

4. 变动成本加固定费用价格型

变动成本加固定费用价格由单位变动成本和固定费用两部分组成,卖方除向买方收取变动成本部分的价款外,还向买方收取一定的固定费用作为长期低价供应产品的补偿。在这种定价方式下,无论买方进货量如何变动,卖方固定费用均保持不变,因此买方承担了较大的市场风险。

5. 全部成本转移价格型

全部成本转移价格型是指以全部成本(单位变动成本、分摊的固定成本)或全部成本加上一定比例的利润作为内部转移价格。这种价格的确定方法与财务会计观点相符,计量方便。但是这种定价方法既不能提供业绩评价的良好尺度,也不能引导责任中心负责人做出有利于企业的决策,是上述几种定价方法中最不宜采用的一种。通常只有在其他形式的内部转移价格无法采用时,才考虑使用全部成本转移价格。

1. 单项选择题

(1) 属于某成本中心的各项( )之和,成为该成本中心的责任成本。
　A. 可控成本　　B. 不可控成本　　C. 变动成本　　D. 固定成本

(2) 对成本中心而言,下列各项中,不属于该类中心特点的是( )。
　A. 只考核本中心的责任成本　　B. 只对本中心的可控成本负责
　C. 只对责任成本进行控制　　D. 只对直接成本进行控制

(3) 若企业的生产部门、采购部门都是成本中心,由于材料质量不合格给生产车间造成的成本超过消耗定额成本的部分应由( )负责。
　A. 生产车间　　B. 采购部门　　C. 企业总部管理部门　　D. 生产车间和采购部门

(4) 某生产车间是一个标准成本中心。为了对该车间进行业绩评价,应确认的责任成本范围是( )。
　A. 该车间的全部可控成本
　B. 该车间的直接材料、直接人工、变动性制造费用和固定性制造费用
　C. 该车间的直接材料、直接人工、变动性制造费用
　D. 该车间的直接材料、直接人工、固定性制造费用

(5) ( )具有全面的产品销售权、价格制定权、材料采购权及生产决策权。
　A. 成本中心　　B. 投资中心　　C. 人为利润中心　　D. 自然利润中心

(6) M 部门是一个利润中心。下列财务指标中,( )是最适合用来评价该部门经理业绩的。
　A. 边际贡献　　B. 可控边际贡献　　C. 部门边际贡献　　D. 部门税前利润

(7) 下列关于制定企业内部转移价格的表述中,错误的是( )。
　A. 按全部成本加成制定转移价格,适用于无法采用其他形式确定内部转移价格的情况
　B. 协商价格一般是在以市场价格扣除必要的对销售费用后的价格为上限、以单位变动成本为下限的范围内,通过协商确定的。它适用于企业中间产品存在非完全竞争市场的情况
　C. 如果中间产品存在非完全竞争市场,应基于市场价格制定协商转移价格
　D. 如果中间产品存在完全竞争市场,理想的内部转移价格是市场价格

(8) ( )是指允许有关责任中心以市场价格为基础,协商一个双方均愿意接受的价格作为内

部转移价格。

A. 市场价格型　　　　　　　　B. 双重价格型
C. 全部成本转移价格型　　　　D. 协商价格型

(9) 企业某部门本月销售收入为 1 000 000 元，销售产品的变动成本为 400 000 元，部门可控固定间接费用为 200 000 元，不可控固定间接费用为 150 000 元，分配给该部门的企业管理费用为 30 000 元，最能反映该部门真实贡献的金额是（　　）元。

A. 600 000　　B. 400 000　　C. 250 000　　D. 220 000

(10) 某投资中心的投资额为 20 万元，最低投资报酬率为 15%，剩余收益为 3 万元，则该中心的投资利润率为（　　）。

A. 15%　　　B. 20%　　　C. 25%　　　D. 30%

2. 多项选择题

(1) 下列有关成本责任中心的说法中，正确的有（　　）。
A. 成本责任中心具有生产设备购置决策权
B. 成本中心是指没有或者有少量收入且不作为主要考核内容，仅考核所发生的成本或费用的责任单位
C. 成本责任中心应严格执行产量计划，不应超产或减产
D. 成本责任中心不对固定成本负责

(2) 下列有关可控成本表述正确的有（　　）。
A. 成本的可控与否是相对的，而不是绝对的
B. 如果某责任中心有权决定是否使用某种资产，该责任中心就应对这种资产的成本负责
C. 不直接决定某项成本的人员，若对该项成本的支出施加了重要影响，也应对该项成本承担责任
D. 低层次责任中心的不可控成本，对较高层次责任中心来说，有可能是可控的

(3) 下列成本中，属于生产车间可控成本的有（　　）。
A. 由于管理不善导致的废品损失
B. 生产车间发生的间接材料成本
C. 按照资产比例分配给生产车间的管理费用
D. 按直线法提取的机器设备折旧费

(4) 从组织形式上看，（　　）一般都不是独立的法人。
A. 成本中心　　B. 收入中心　　C. 利润中心　　D. 投资中心

(5) 下列各项中，适合作为费用中心的有（　　）。
A. 行政管理部门　　B. 医院检验放射科　　C. 企业研究开发部门　　D. 企业广告宣传部门

(6) 完全的自然的利润中心应具有（　　）。
A. 材料采购权　　B. 生产决策权　　C. 产品销售权　　D. 人事任免权

(7) （　　）是业绩考评系统的两个核心要素。
A. 评价主体的选择　　　　　　B. 评价客体的选择
C. 评价指标体系的构建　　　　D. 激励机制的选择

(8) 费用中心的业绩，可以通过（　　）来考核。
A. 剩余收益指标　　B. 标准成本指标　　C. 费用预算　　D. 零基预算

(9) 剩余收益是评价投资中心业绩的重要指标。下列有关剩余收益的说法中，正确的有（　　）。
A. 剩余收益可以引导部门经理采取符合企业总体利益的决策
B. 计算剩余收益时，对不同部门可以使用不同的资本成本率
C. 剩余收益指标可以直接用于不同部门之间的业绩比较

D. 剩余收益可以根据现有财务报表资料直接计算

(10) 以下关于内部转移价格的表述中，正确的有（　　）。
A. 当中间产品存在完全竞争市场时，市场价格是理想的内部转移价格
B. 如果中间产品没有外部市场，则不宜采用协商价格
C. 采用变动成本加固定费用作为内部转移价格时，供应部门和购买部门承担的市场风险是不同的
D. 采用全部成本加上一定利润作为内部转移价格，可能会使部门经理做出不利于企业整体的决策

3. 判断题

(1) 财务控制的特征是以价值控制为手段，以综合经济业务为对象，以日常现金流量控制为主要内容。（　　）

(2) 要实行责任会计，首先应根据企业的行政管理体制和内部管理的实际需要，把企业所属各部门、各单位划分为若干个分工明确、权责范围清晰的责任中心。（　　）

(3) 企业职工个人不能构成责任实体，因而不能成为责任控制体系中的责任中心。（　　）

(4) 对一家企业或一个成本中心而言，变动成本和直接成本大多是可控成本，而固定成本和间接成本大多是不可控成本。（　　）

(5) 一项对较高层次的责任中心来说属于可控的成本，对其下属的较低层次的责任中心来说，可能就是不可控成本；同样，较低层次责任中心的可控成本，则也有可能是其所属的较高层次责任中心的不可控成本。（　　）

(6) 责任中心的业绩报告必须按年、季、月编制。（　　）

(7) 利润中心是指既对成本负责又对收入和利润负责的责任中心，它不但要绝对地降低成本，而且要寻求收入的增长，并使之超过成本的增长。（　　）

(8) 在其他因素不变的条件下，一个投资中心的剩余收益的大小与企业投资人要求的最低报酬率呈反向变动。（　　）

(9) 由于要对企业内部各责任中心的业绩进行考评，因此企业内部各部门之间相互提供产品或劳务时所采用的内部转移价格必须一致。（　　）

(10) 剩余收益指标弥补了以投资报酬率作为考核标准导致局部目标和整体目标不一致的缺陷，并且该指标具有横向可比性。（　　）

4. 计算题

(1) 假设HG公司下设的某投资中心，20×5年的有关资料如下：该投资中心的资产总额为20 000万元，部门边际贡献为6 000万元。现有一个投资项目，投资报酬率为15%，投资额为8 000万元，每年部门边际贡献为1 200万元，假设该企业的资本成本率为10%。

要求：①计算该投资中心当前的投资报酬率；
②说明该投资中心是否应该接受该项投资。

(2) 20×6年光明有限责任公司的有关资料如表9-9所示。

表9-9　光明有限责任公司的有关资料　　　　　　　　　　单位：万元

项目	预算数	实际数		
		A投资中心	B投资中心	C投资中心
销售收入	2 000	1 800	2 200	2 000
营业利润	180	190	200	180
营业资产	1 000	900	1 000	1 000

20×6 年年末业绩考核时，公司董事会对 A、B、C 3 个投资中心的评价产生了分歧。有人认为 C 投资中心全面完成了预算，业绩最好；有人认为 B 投资中心销售收入和销售利润都超出预算，业绩最好；有人认为 A 投资中心销售利润超出预算并节约了资金，业绩最好。

要求：假设该公司资本成本率是 15%，对 3 个公司进行评价。

(3) 盐工公司下设甲、乙两个投资中心，甲投资中心的投资额为 200 万元，投资报酬率为 15%；乙投资中心的投资报酬率为 17%，剩余收益为 20 万元，盐工公司要求的最低投资报酬率为 10%。盐工公司决定追加投资 100 万元，若投向甲投资中心，每年可增加利润 20 万元；若投向乙投资中心，每年可增加利润 15 万元。

要求：① 计算追加投资前甲投资中心的剩余收益；
② 计算追加投资前乙投资中心的投资额；
③ 计算追加投资前盐工公司的投资报酬率；
④ 若甲投资中心接受追加投资，计算其剩余收益；
⑤ 若乙投资中心接受追加投资，计算其投资报酬率。

(4) 假设某企业下设甲、乙两个分部，甲分部生产的半成品可以对外销售，也可以对内销售给乙分部继续加工。假设甲分部在不影响对外销售的基础上，还有剩余生产能力对内销售，有关资料见表 9-10。

表 9-10　甲、乙分部有关资料

项目	甲分部	乙分部
完工半成品或产成品单位市场售价/元	50	90
单位变动成本		
直接材料/元	18	
加工费用/元	16	16
销售费用/元	4	6
固定费用/元	60 000	15 000
预计产量/件	10 000	1 000

要求：计算确定甲、乙分部均认为合理的内部转移价格，并说明理由。

5. 思考题

(1) 财务控制的方式有哪些？
(2) 成本中心、利润中心和投资中心之间的关系是什么？
(3) 什么是责任预算？为什么要编制责任预算？
(4) 成本中心、利润中心和投资中心的业绩评价与考核方法有什么不同？
(5) 内部转移价格有几种类型？它们的使用范围分别是什么？

6. 案例分析

汉斯公司的财务控制制度

[基本案情]

汉斯公司是总部设在德国的大型包装品供应商，它按照客户要求制作各种包装袋、包装盒等，其业务遍及西欧各国。公司采用在各国商业中心城市分别设厂，由一个执行部集中管理一国境内各工厂生产经营的组织和管理方式，并将每个工厂都作为一个利润中心，采用"总部—执行部—工厂"

分级控制的财务控制方式。

各工厂作为利润中心,独立地进行生产、销售及相关活动。公司对它们的控制主要体现在预算审批、内部报告管理和协调会3个方面。

预算审批是指各工厂的各项预算由执行部审批,执行部汇总地区预算后交总部审批。审批意见要依据历史数据及市场预测,在尊重工厂意见的基础上体现公司的战略意图。

内部报告管理是公司实施财务控制最主要的手段。内部报告包括损益表、费用报告、现金流量报告和顾客利润分析报告。前3个每月呈报一次,而顾客利润分析报告每季度呈报一次。公司通过内部报告能够全面了解各工厂的业务情况,并对照预算做出相应的例外管理。其中,费用报告按制造费用、管理费用、销售费用等项目进行核算。偏离分析及相应措施视偏高额的大小而由不同层级决定,偏高额度较小的由工厂作出决定、执行部提出相应意见,偏高额较大的由执行部作出决定、总部提出相应意见;偏高额度的大小标准依费用项目的不同而有所差别。顾客利润分析报告列出了各工厂所拥有的最大的10位客户的情况,其排列次序以工厂经营所获得的利润为准。

根据以上内部报告,公司执行部每月召开一次工厂经理协调会,处理部分预算偏差,交换市场信息和成本降低经验,发现并解决本执行部存在的主要问题。公司每季度召开一次执行部总经理会议,处理重大预算偏离或做出相应的预算修改,对近期市场进行预测,考察重大投资项目的执行情况,调剂内部资源。同时,公司要对各执行部业绩按营业利润的大小作出排序,并将其与营业利润的预算值和上年同期值排序做比较。

汉斯公司的财务控制制度具有以下2个特点。

第一,实现了集权与分权的巧妙结合。各工厂直接面对顾客,能够迅速地根据当地市场变化进行经营调整;作为利润中心,其决策权相对独立,避免了集权形式下信息在企业内部传递可能给企业带来的决策延误,具有反应的适时性和灵活性。公司通过预算审批、内部报告管理和协调会,使各工厂的经营处于公司总部的控制之下,各工厂相互间可以共享资源、协调行动,从而发挥企业的整体竞争优势。其中,执行部起到了承上启下的作用,它处理了一国境内各工厂的大部分相关事务,加快了问题的解决速度,减轻了公司总部的工作负担;同时,相对于公司总部来说,它对于各工厂的情况更了解,又只需掌握一国的市场情况与政策法规,因而决策更有针对性,实施更快捷。另外,协调会对防止预算的僵化、提高公司的反应灵活性也起到了关键性作用。

第二,内部报告的内容突破了传统财务会计数据的范围,将财务指标和业务指标有机地结合起来。在顾客利润分析报告中,引入了产品类型、按时交货率、产品质量评级等反映顾客需要及满意程度的非财务指标;在费用报告中也加入了偏离分析、改进措施及相应意见等内部程序和业务测评要素。这使得各工厂在追求利润目标的同时要兼顾顾客需要(服务的时效、质量)和内部组织运行等业务目标,既防止了各工厂的短期行为,又提高了企业的综合竞争力。财务指标如果离开了业务基础就只是抽象的数字,并且可能对工厂行为产生误导,只有将二者有机结合起来,才能真正发挥财务指标应有的作用。

实践证明,汉斯公司的财务控制制度是切实有效的。其下属工厂在各自所处的商业中心城市的包装品市场上均占有较大的份额,公司的销售收入和利润呈现稳定增长的态势。公司总部也从烦琐的日常管理中解脱出来,而主要从事战略决策、公共关系、内部资源协调、重大筹资投资等工作,公司内部的资源在科学的调配下发挥了最大的潜能。

思考:

汉斯公司的财务控制制度给了我们什么启示?

7. 课程实践

胜利石油机械有限责任公司有1个阀门分部,专门制造和销售铝合金阀门。该阀门分部年生产能力为1 000 000只,对外售价为200元/只,单位变动成本为100元/只,基于生产能力的单位固定成本为20元/只。

胜利石油机械有限责任公司另有一个加油机制造分部，其中有一款加油机要用到阀门分部所生产的阀门。该加油机制造分部以前每年以 185 元/只的价格从国外进口该种阀门 100 000 只。

要求：

① 假设阀门分部有足够的闲置生产能力，可以满足加油机制造分部对阀门的需求。两部门之间的内部转移价格的合理范围是什么？

② 假设阀门分部能对外销售它所生产的全部阀门。两部门之间的内部转移价格的合理范围是什么？

③ 假设阀门分部能对外销售它所能生产的全部阀门，并且假设在公司内部转移时，由于销售成本的减少，内部转移的阀门可减少 20 元的单位变动成本，则两部门之间的内部转移价格的合理范围是什么？

第 10 章 利润分配管理

学习目标

知识要点	能力要求	关键术语
利润的构成及分配	(1) 理解利润总额的构成 (2) 掌握利润分配的顺序	利润总额；营业利润；税后利润；可供分配利润
股利政策、股利的类型及发放	(1) 了解股利政策的基本理论 (2) 掌握常用的股利政策 (3) 熟悉股利的支付方式 (4) 熟悉股利的发放程序 (5) 理解股票分割、股票回购的财务影响	(1) "在手之鸟"理论；信号传递理论；代理理论；MM 理论；税收效应理论 (2) 剩余股利政策；固定股利政策；固定股利支付率政策；低定额加额外股利政策 (3) 现金股利；股票股利 (4) 股利宣告日；股权登记日；除权除息日；股利支付日 (5) 股票分割；股票回购

格力电器 2016 年年报披露，公司将向全体股东每 10 股派发现金 18 元（含税），共计派发现金 108.28 亿元，占公司 2016 年全年净利润的 70.22%，分红金额创历史新高。当时格力电器掌门人董明珠持有 4 431.85 万股，在不考虑税收因素的情况下，她此次可获得 7 977 万元的分红。

本案例让人们不禁思考如下问题：格力电器的大手笔分红靠什么支撑？其股利政策是什么？股利发放受哪些因素约束？股价上涨与股利政策是否有关？通过本章学习，相信你对这些问题会有一个初步的认识。

10.1 利润分配概述

10.1.1 利润的构成

利润是企业在一定会计期间的经营成果，是企业在一定期间内全部收入扣减全部支出后的余额。收入大于支出，即为利润；反之，则为亏损。利润可以综合衡量企业在一定会计期间的经营业绩和盈利能力,是企业经营工作效益和效率的反映,也是企业利润分配的重要依据。

企业利润一般由三个层次构成:营业利润、利润总额和净利润。

营业利润是企业从事日常生产经营活动所实现的利润,它是企业利润总额的主要构成内容。营业利润是企业日常活动中实现的收入、收益减去费用、损失后的净额,用公式可表示为:

营业利润 = 营业收入 − 营业成本 − 税金及附加 − 销售费用 − 管理费用 − 研发费用 − 财务费用 − 资产减值损失 − 信用减值损失 + 公允价值变动收益 + 投资收益 + 资产处置收益 + 其他收益

利润总额即税前利润,是营业利润加上营业外收入减去营业外支出后的金额,即:

利润总额 = 营业利润 + 营业外收入 − 营业外支出

净利润又称税后利润,是利润总额扣除所得税后的金额,即:

净利润 = 利润总额 − 所得税费用

企业的可供分配利润除包括当年实现的净利润外,还包括以前年度实现的,截至上年年末累计未分配的利润,以及其他转入。这里的其他转入主要者盈余公积转入,当企业本年度没有净利润,年初未分配利润又不足时,为了让股东对企业保持信心,企业会在遵守相关法规的前提下,将盈余公积转入参加利润分配。

即:

可供分配利润 = 净利润 + 年初未分配利润 + 其他转入

10.1.2 利润分配的顺序

利润分配关系着国家、企业及所有者等各方面的利益,是利润分配管理的主要内容。按照我国公司法的有关规定,企业净利润分配应按照以下顺序进行。

1. 弥补以前年度亏损

企业在提取法定公积金之前,应先用当年利润弥补以前年度亏损。企业的年度亏损,可以用下一年度的税前利润弥补,下一年度不足弥补的,可以在 5 年之内用税前利润弥补,连续 5 年未弥补完的亏损则用税后利润弥补。因此,企业应根据本年净利润(或亏损)与年初未分配利润(或亏损)、其他转入(如盈余公积)等项目,先计算可供分配利润,如果可供分配利润为负数(累计亏损),则不能进行后续分配;如果可供分配利润为正数(累计盈利),则可进行后续分配。

2. 提取法定公积金

企业应当按照当年净利润(抵减年初累计亏损后)的 10% 提取法定公积金,提取的法定公积金累计额超过注册资本 50% 时,可以不再提取。法定公积金提取后,根据企业需要,可以弥补亏损或转增资本,但企业用法定公积金转增资本后,法定公积金余额不得低于转增前企业注册资本的 25%。

3. 提取任意公积金

企业从税后利润中提取法定公积金后，经股东会或股东大会决议还可以从税后利润中提取任意公积金，法定公积金和任意公积金都是企业从税后利润中提取的积累资本，是企业防范和抵御风险，提高经营能力的重要资本来源。提取任意公积金的目的是让更多的利润留存于企业，用于企业今后的发展需要，另外它也能起到限制普通股利的分配，平衡各年股利分配的作用。任意公积金的计提比例没有法定要求，可由董事会提出方案，经股东会或股东大会审议通过后实施。

公司的公积金可以用于弥补亏损、扩大生产经营或者增加企业资本。法定公积金转为资本时，所留存的法定公积金不得少于转增前企业注册资本的25%。

4. 向投资者分配利润

企业可供分配利润扣除提取的盈余公积后，形成可供投资者分配的利润，即：

$$可供投资者分配的利润 = 可供分配利润 - 提取的盈余公积$$

企业可根据股利政策向股东分配股利。企业可采用现金股利、股票股利和财产股利等形式向投资者分配利润（或股利）。

10.1.3 利润分配的原则

企业的利润分配一般是指税后利润的分配，涉及职工、债权人、投资者的近期利益和企业的长远利益。这些不同利益主体之间的利益并不一致，甚至可能互相冲突。因此，税后利润的分配应当能够平衡这些利益冲突，保障各方的利益。税后利润分配应遵循以下原则。

1. 依法分配原则

为规范企业的利润分配行为，国家制定了若干法规，这些法规规定了企业利润分配的基本要求、一般程序和分配比例。企业的利润分配必须依法进行，这是正确处理企业各项财务关系的关键。

2. 无盈余不得分配原则

公司法规定，公司弥补亏损和提取公积金后所余利润，有限责任公司按照股东实缴的出资比例分配红利，但股东约定不按出资比例分配红利的除外；股份有限公司股东按照持股比例分配红利，公司章程另有规定的除外。因此，当企业出现亏损，特别是出现连续亏损时，企业不得分配股利或进行投资分红，无盈余不得分配原则的目的是维护公司的财产基础及信用能力。但在特殊条件下，也可用以前年度积累进行分配，但必须有一定的比例限制。例如，某公司的利润在2020—2022年均为亏损，但2020—2022年均提前支付股利给股东，这就违反了公司向股东分配利润应遵循的基本准则——无盈余不得分配原则的规定。

3. 同股同权、同股同利原则

企业在对投资者分红时，必须坚持同股同权、同股同利的原则，在利益的天平上做到不偏不倚，不得以损害其他投资者利益为代价来提高部分投资者的收益，也不得"以权谋私",利润分配方案要提交股东大会讨论并决议,并充分尊重中小股东的意见,利润分配要做到"公平、公正、公开",维护投资者的权益。因此,同股同权、同股同利不仅是企业公开发行股份时应遵循的原则,也是向股东分配股利时应遵守的原则。

4. 分配与积累并重原则

企业进行利润分配时,要正确处理长期利益和近期利益的关系,坚持分配与积累并重。企业除按规定提取法定公积金以外,可适当留存一部分利润作为积累,这部分未分配利润仍归企业所有者所有。这部分积累的利润不仅可以作为企业筹措资金扩大生产的来源,增强企业发展能力和抵抗风险能力,还可以供未来年度进行分配,起到以丰补歉、平抑利润分配数额波动、稳定投资报酬率的作用,但也不能只注重积累,不进行分配,不能忽视中小股东的利益。

利润分配的顺序和原则

A 上市公司分配预案引起不满

【案情简介】

A 上市公司 2000 年度分配预案公布后,许多中小股东对分配预案颇为不满,随后即有投资者委托北京君之创证券投资咨询有限公司代为出席股东大会,行使股东权利,建议公司修改 2000 年度"不进行分配,也不实施公积金转增股本"的预案。

A 上市公司 2001 年 1 月 18 日发布董事会公告:公司 2000 年度的分配预案为不进行分配,也不实施公积金转增股本,并定于 2001 年 2 月 20 日提交股东大会审议。对此分配预案,中小股东为什么纷纷提出异议,我们回顾一下 A 上市公司的情况。

A 上市公司于 1998 年上市,当年每 10 股派 1.25 元(含税),1999 年每 10 股转增 5 股,2000 年为不分配,不转增。公司财务报表显示,公司 2000 年每股净利润为 1.60 元,每股净资产为 6.60 元,净资产收益率为 24.24%,截至 2000 年年底,公司未分配利润为 1 356 607 152.17 元,按 1999 年年底总股本 48 000 万股计算,平均每股未分配利润为 2.83 元,每股公积金为 2.17 元。

投资者的观点主要有:既然积累了如此多的未分配利润,没有道理连续两年不给股东现金回报,而且股东还要以较高的股价配股;公司现金流量充足,用此作为投资足矣,没必要再从股东的口袋中掏钱。

【案例点评】

A 上市公司违背了分配与积累并重的利润分配原则,忽视了中小股东的利益,未能真正把给股东回报这一点放在首位。

5. 持有的本公司股份不得分配原则

公司法规定,公司持有的本公司股份不得分配利润。公司应在利润分配方案中明确说明对公司持有的本公司股份不分配利润,无须对该部分股份计提应付股利。这是公司法修改之后增加的,与公司法中关于公司股份回购的相关规定相配合。

10.1.4 利润分配的影响因素

1. 法律因素

国家有关法规(如公司法)对企业利润分配的限制主要有资本保全约束、资本积累约束、偿债能力约束和超额累积利润约束。

① **资本保全约束**。资本保全是企业财务管理应遵循的一项重要原则，它要求企业所发放的股利或投资分红不得来源于原投资额（或股本），而只能来源于企业的各种保留盈余或当期利润。该约束还要求企业在股利分配政策上，贯彻"无利不分"的原则，即当企业出现年度亏损时，一般不得分配利润。

② **资本积累约束**。资本积累约束要求企业在投资并取得收益时，必须按一定的比例和基数提取各种公积金留存企业。

③ **偿债能力约束**。偿债能力约束要求企业在分配股利时，必须保持充分的偿债能力。企业分配股利不能只看利润表上净利润的数额，还必须考虑企业的现金是否充足。

④ **超额累积利润约束**。由于投资者接受股利交纳的所得税要高于进行股票交易的资本利得税，因此，许多企业就通过积累利润使股价上涨的方式来帮助股东避税。有些国家在法律上明确规定企业不得超额累积利润，一旦企业保留盈余超过法律认可的水平，将被加征额外税款。我国目前尚未有相关规定。

2. 企业因素

企业出于长期发展和短期经营需要，应综合考虑以下因素。

① **现金流量**。企业在分配现金股利时，必须考虑到现金流量，过多地分配现金股利会减少企业的现金持有量，影响未来的支付能力，甚至会出现财务困难。

② **举债能力**。如果企业的举债能力较强，能够较容易地从资本市场上筹集到资金，则可采取宽松的股利政策；反之，则应采取紧缩的股利政策，少发放现金股利。

③ **投资机会**。若企业有良好的投资机会，可以适当考虑少发放现金股利，增加留存用于再投资。反之，若企业没有良好的投资机会，则可以多发放现金股利。

④ **资金成本**。与发行新股和举借债务相比，把税后利润用于再投资，具有成本低、隐蔽性好的优点。

3. 股东因素

① **稳定收入和避税**。企业的股东，有的要求支付稳定的股利，如那些靠企业发放的现金股利维持生活的股东，他们会要求企业定期支付稳定的股利，反对企业留存过多。另外，我国税法规定，股东从企业分得的股息和红利，应按20%的税率缴纳个人所得税，一些高收入的股东出于避税的考虑，往往反对企业发放过多的现金股利，因为对他们而言，股票价格上涨获得的收益比分得股息、红利更具吸引力。

② **控制权的稀释**。企业发放大量的现金股利，会导致未来通过追加投资、发行股票等方式筹资的可能性加大，这意味着企业的控制权有旁落他人的危险。因此，股东宁愿少分现金股利，也不愿看到自己的控制权被稀释。

4. 其他因素

① **债务契约**。一般来说，股利支付水平越高，留存收益越少，企业的破产风险就越大，就越有可能损害债权人的利益。因此，为了保证自己的利益不受侵害，债权人通常会在债务契约（或租赁合同）中加入关于借款公司股利政策的限制条款。

② **通货膨胀**。通货膨胀会导致货币购买力水平下降，固定资产重置资金不足，此时，企业往往不得不考虑留存一定的利润，以便弥补由于购买力下降而造成的固定资产重置缺口。因此，在通货膨胀时期，企业一般会采取偏紧的利润分配政策。

10.2 股利政策

10.2.1 股利政策的基本理论

股利政策是有关公司是否发放股利、发放多少股利、以何种形式发放，以及何时发放等的方针策略。股利政策对公司的股价或公司价值是否有影响，一直是人们探讨的内容。长期探讨的结果，形成了一系列股利政策的基本理论。股利政策的基本理论主要有"在手之鸟"理论、信号传递理论、代理理论、MM 理论、税收效应理论等。

1. "在手之鸟"理论

"在手之鸟"理论认为，用留存收益再投资的收益具有很大的不确定性，并且随着时间的推移，投资风险将不断加大，因此，投资者更喜欢分配利润的公司。该理论认为，公司分配的股利越多，越受投资者欢迎，公司的市场价值也就越大。

2. 信号传递理论

信号传递理论认为，在信息不对称的情况下，公司可以通过股利分配向市场传递有关公司未来前景的信息。一般来说，持续稳定的股利支付会使投资者对公司未来的盈利能力与现金流量抱有较为乐观的预期。不过，以支付现金股利的方式向市场传递信息，通常也要付出较为高昂的代价，包括：①较高的所得税负担；②一旦公司因分派现金股利造成现金流量短缺，就有可能被迫重返资本市场发行新股，摊薄每股收益，对公司的市场价值产生不利影响；③如果公司因分派现金股利造成投资不足而丧失有利的投资机会，还会产生一定的机会成本。

3. 代理理论

代理理论认为，股利政策相当于是协调股东与管理者之间代理关系的一种约束机制。高水平的股利支付政策有助于降低企业的代理成本，但也增加了企业的外部融资成本，因此，最优的股利政策应使两种成本之和最小化。

4. MM 理论

MM 理论认为，在完全资本市场的条件下，股利发放多少完全取决于投资项目留用盈余后的剩余，投资者对于盈利的留存和股利的发放毫无偏好。

5. 税收效应理论

税收效应理论认为，在考虑税赋因素，以及对股利和资本收益征收不同税率的假设下，公司选择不同的股利支付方式，不但会对公司的市场价值产生不同的影响，而且会使公司（及个人）的税收负担出现差异。考虑到纳税的影响，企业一般应采用低股利政策。

10.2.2 股利政策的类型

股利政策的**核心问题**是**确定分配与留存的比例**,即股利支付比率问题。长期以来,股份公司常用的股利政策包括剩余股利政策、固定股利政策、固定股利支付率政策和低定额加额外股利政策等。

1. 剩余股利政策

剩余股利政策是指在公司有良好投资机会时,根据目标资本结构测算出投资所需的权益资本,先从盈余当中留用,然后将剩余的盈余作为股利予以分配。即净利润首先满足公司的资金需求,如果还有剩余,就派发股利;如果没有,就不派发股利。剩余股利政策的**理论依据**是**股利无关理论**,根据股利无关理论,在完全理想的资本市场中,公司的股利政策与普通股每股市价无关,故而股利政策只需随着公司投资、融资方案的制定而自然确定。

【例10-1】某公司20×1年税后利润为1 500万元,20×2年的投资计划需要资金1 200万元,公司的目标资本结构为权益资本占55%,债务资本占45%。按照目标资本结构的要求,20×2年投资方案所需的权益资本额为:

$$1\ 200 \times 55\% = 660(万元)$$

公司当年可用于分派的盈利为1 500万元,除满足上述投资方案所需的权益资本额外,还有剩余可用于发放股利。20×1年,公司可以发放的股利额为:

$$1\ 500 - 660 = 840(万元)$$

剩余股利政策具有以下**优点**:留存收益优先满足再投资的需要,有助于降低再投资的资金成本,保持最佳的资本结构,实现公司价值的长期最大化。剩余股利政策的**缺点**是:股利发放额每年随投资机会和盈利水平的波动而波动,不利于投资者安排收入与支出,也不利于公司树立良好的形象。剩余股利政策**一般适用于公司初创阶段**。

2. 固定股利政策

固定股利政策是将每年派发的股利额固定在某一水平上并在较长的时期内不变,只有当公司认为未来盈余会显著地、不可逆转地增长时,才会提高年度股利发放额。

固定股利政策的主要目的是避免出现因经营不善而削减股利的情况。这种股利政策具有以下**优点**:①稳定的股利向市场传递着公司正常发展的信息,有利于树立公司良好的形象,有利于稳定公司股票价格,增强投资者对公司的信心;②稳定的股利有利于投资者安排收入与支出,特别是那些对股利有很高依赖性的股东更希望采用这种股利政策。其主要**缺点**是:①公司股利支付与公司盈余相脱离,造成投资的风险与投资的收益不对称;②固定的股利支付可能会给公司造成较大的财务压力,甚至可能侵蚀公司留存收益和公司资本。固定股利政策**一般适用于经营比较稳定或正处于成长期、信誉一般的公司**。

3. 固定股利支付率政策

固定股利支付率政策是指公司确定一个股利与盈余的比率,并长期按此比率支付股利的政策。在固定股利支付率政策下,各年度发放的股利额随着经营业绩的变动而上下波动,它更适应公司的财务支付能力。

采用固定股利支付率政策具有以下优点:①股利分配与公司盈余紧密结合,体现多盈多分、少盈少分、不盈不分的原则;②保持股利与利润间的一定比例关系,体现了投资风险与投资收益的对称性。其缺点是:①收益不稳定导致的股利波动及其所传递出的信息,会对公司造成不利影响;②容易使公司面临较大的财务压力;③合适的固定股利支付率的确定难度比较大。固定股利支付率政策只适用于稳定发展的公司和公司财务状况较稳定的阶段。

4. 低定额加额外股利政策

低定额加额外股利政策是指公司在一般年份只支付一个固定的、数额通常低于正常水平的股利,在盈利较多或不需要较多留存收益的年份,向股东增发部分额外的股利。但额外股利并不固定化,它完全视经营的实际情况而定。

这种股利政策的优点是具有较大的灵活性。当公司盈余较少或投资需用较多资金时,可维持设定的较低但正常的股利,股东不会有股利跌落感,而当盈余有较大幅度增加时,则可适度增发股利,使股东增强对公司的信心,有利于稳定股票的价格,同时,这种股利政策可使那些依靠股利度日的股东每年至少可以得到虽然较低,但比较稳定的股利收入,从而吸引住这部分股东。该政策既可以维持股利一定程度上的稳定性,又有利于优化资本结构,使灵活性与稳定性较好地结合。其缺点是:①股利派发缺乏稳定性;②如果公司较长时期一直发放额外股利,股东就会误认为这是"正常股利",一旦取消,容易给投资者造成负面印象,从而导致股价下跌。公司盈利波动较大或者盈利与现金流量很不稳定时,可以采用这一政策。

股利政策

10.2.3 股利的支付方式

股份公司支付股利的方式一般有现金股利、股票股利、财产股利和负债股利等,其中后两种应用较少。

1. 现金股利

现金股利是指股份公司以现金的形式发放给股东的股利。现金股利是股份公司最常用的股利分配方式。发放现金股利的多少主要取决于公司的股利政策和经营业绩。公司发放现金股利主要出于3个原因:投资者偏好、减少代理成本和传递公司的未来信息。现金股利的发放会对股票价格产生直接的影响,一般来说,在股票除息日之后,股票价格会下跌。

公司采用现金股利方式时,必须具备2个基本条件:①公司要有足够的未指明用途的留存收益(未分配利润);②公司要有足够的现金。

2. 股票股利

股票股利是指公司以股票形式发放的股利,通常是按股东所持股份的比例进行发放。发放股票股利不会引起公司资产的流出或负债的增加,不影响公司的资产、负债及所有者权益总额,不直接增加股东的财富,只涉及股东权益内部结构的调整。但发放股票股利会增加市场上流通的股票数量，导致股票价格下降。

对公司来说，发放股票股利不会增加其现金流出量，因此，如果企业现金紧张或者需要大量资金进行投资时，可以考虑采用股票股利方式。但应当注意的是，一直实行稳定股利政策的公司，因发放股票股利而扩张了股本，如果以后继续维持原有的股利水平，势必会增加未来的股利支付，这实际上向投资者暗示本公司的经营业绩在今后将大幅度增长，从而会导致股票价格上扬。但是如果不久后这种业绩增长的预期未能实现，则每股利润会因股本扩张而被摊薄，这样就可能导致股票价格下跌。

对公司来说，发放股票股利的**好处**主要有：①既可节约现金支出，又可将现金留存公司用于追加投资，同时减少筹资费用；②可以降低公司股票的市场价格，既有利于促进股票的交易和流通，又有利于吸收更多的投资者成为公司股东，从而使公司股权更为分散，有效防止被其他公司恶意控制；③可传递公司未来发展前景良好的信号，增强投资者对公司未来的信心。

10.2.4 股利的发放程序

股份公司发放股利必须遵循法定的程序，先由董事会提出分配预案，然后提交股东大会决议，股东大会决议通过分配预案之后，向股东宣布发放股利的方案，并确定股利宣告日、股权登记日、除权除息日和股利支付日等。

1. 股利宣告日

股利宣告日是股东大会决议通过利润分配预案并由董事会宣布发放股利的日期。在宣布分配方案的同时，应明确股利分配的年度、分配的范围、股利分配的形式、分配现金股利的金额或股票股利的数量，并公布股权登记日、除权除息日和股利支付日。

2. 股权登记日

股权登记日是有权取得本期股利的股东资格登记截止日期。股票是经常流动的，股权登记日是确定股东能否领取股利的日期界限。只有在股权登记日及之前在公司股东名册上的股东，才有权分享股利。而在股权登记日之后登记在册的股东，即使在股利发放之前取得股票，也无权领取本次分配的股利。

3. 除权除息日

除权除息日是指股利所有权与股票本身分离的日期，即将股票中含有的股利分配权利予以解除的日期。从除权除息日起购买公司普通股票的股东将不能取得公司上一个宣告日公布的股利。一般来说，除权日是针对转股、配股、送红股而言的，而除息日则是针对现金派息而言的。两者具有相同的内涵，通常统称为除权除息日。除权除息日对股票的价格有明显的影响，在除权除息日之后股票价格不再包含本次股利，所以股票价格会下降。除权除息日是股权登记日的下一个交易日。

4. 股利支付日

股利支付日又称**付息日**，即向股东发放股利的日期。

【例 10-2】 某股份有限公司 2023 年 7 月 10 日公布 2022 年度 A 股分红派息实施公告：本公司董事会及全体董事保证本公告不存在任何虚假记载、误导性陈述或者重大遗漏，并对其内容的真实性、准确性和完整性承担法律责任。

重要内容提示如下。

每股分配比例：A 股每股派发现金股息人民币 0.303 5 元（含税）

股权登记日：2023 年 7 月 14 日

除权（息）日：2023 年 7 月 17 日

现金红利发放日：2023 年 7 月 17 日

本例中，2023 年 7 月 10 日为股利宣告日；2023 年 7 月 14 日为股权登记日；2023 年 7 月 17 日为除权除息日；2023 年 7 月 17 日为股利支付日。

10.3 股票分割与股票回购

10.3.1 股票分割

股票分割又称**拆股**，是将面额较高的股票交换成面额较低的股票，是公司管理当局将其股票分割或拆细的行为。

股票分割会导致发行在外的股票股数增加，使得每股面额降低，每股收益和每股市价下降；但公司价值不变，资本结构不会改变，股东权益总额、权益各项目的金额及其相互间的比例也不会改变。

【例 10-3】 A 公司原发行面额 2 元的股票 100 000 股，若按 1 股换成 2 股的比例进行股票分割，分割前、分割后的股东权益分别见表 10-1 和表 10-2。

表 10-1 股票分割前的股东权益　　　　　　　　　　　　　　　　　　单位：元

项目	金额
普通股（面额 2 元，已发行 100 000 股）	200 000
资本公积	400 000
未分配利润	2 000 000
股东权益合计	2 600 000

表 10-2 股票分割后的股东权益　　　　　　　　　　　　　　　　　　单位：元

项目	金额
普通股（面额 1 元，已发行 200 000 股）	200 000
资本公积	400 000
未分配利润	2 000 000
股东权益合计	2 600 000

分割前、分割后的每股收益计算如下。

假定公司本年净利润为 220 000 元，那么股票分割前的每股收益为 2.2 (220 000 ÷ 100 000) 元。

假定股票分割后公司净利润不变，则分割后的每股收益变为 1.1 元，每股市价也会因此而下降。

股票分割不属于股利分配，但与股票股利在效果上有一些**相似之处**：①公司通过实行股票分割达到增加股票股数，降低每股市价，从而促进股票流通和交易的目的；②股票分割一般是成长中公司的行为，实行股票分割，有利于树立公司形象，有助于公司并购政策的实施，增加对被并购方的吸引力；③股票分割虽会导致每股收益下降，但只要股票分割后每股现金股利的下降幅度小于股票分割幅度，股东仍能多获现金股利，因此股票分割可能增加股东的现金股利，使股东感到满意。

股票分割与发放股票股利都能达到降低公司股价的目的，但一般情况下，只有在公司股价暴涨且预期难以下降时，才会采用股票分割的办法来降低股价；而在公司股价上涨幅度不大时，往往会通过发放股票股利将股价维持在理想的范围之内。

10.3.2 股票回购

1. 股票回购的含义与方式

股票回购是指上市公司出资将其发行的流通在外的股票以一定价格购买回来，予以注销或作为库藏股的一种资本运作方式。库藏股日后可移作他用（如员工福利计划、发行可转换债券等），或在需要资金时将其出售，但库藏股没有投票权和分配股利的权利。

股票回购可以采取集中竞价交易方式或者要约方式。

2. 股票回购的法律规定

我国公司法规定，公司不得收购本公司股份，但有下列情形之一的除外。
① 减少公司注册资本。
② 与持有本公司股份的其他公司合并。
③ 将股份用于员工持股计划或者股权激励。
④ 股东因对股东大会做出的公司合并、分立决议持异议，要求公司收购其股份。
⑤ 将股份用于转换上市公司发行的可转换为股票的公司债券。
⑥ 上市公司为维护公司价值及股东权益所必需。

3. 股票回购的动机

在证券市场上，股票回购的**动机**主要有以下几点。

① **现金股利的替代**。对公司来讲，派发现金股利会对公司产生未来的派现压力，而股票回购属于非正常股利政策，不会对公司产生未来的派现压力。对股东来讲，需要现金的股东可以选择出售股票，不需要现金的股东可以选择继续持有股票。因此，当公司有富余资金，但又不希望通过派现方式进行分配的时候，股票回购可以作为现金股利的一种替代。

② **提高每股收益**。由于财务上的每股收益指标是以流通在外的股份数作为计算基础

的，有些公司出于自身形象、上市需求和投资人渴望高回报等原因，采取股票回购的方式来减少实际支付股利的股份数，从而提高每股收益。

③ **改变公司的资本结构**。股票回购可以改变公司的资本结构，提高财务杠杆水平。

④ **传递公司的信息以稳定或提高公司的股价**。由于信息不对称和预期差异，证券市场上的公司股价可能被低估，而过低的股价将会对公司产生负面影响。因此，如果公司认为公司的股价被低估，就可以进行股票回购，以向市场和投资者传递公司真实的投资价值，稳定或提高公司的股价。

⑤ **巩固既定控制权或转移公司控制权**。许多股份公司的大股东为了保证其所代表股份公司的控制权不被改变，往往采取直接或间接的方式回购股票，从而巩固既有的控制权。

⑥ **防止敌意收购**。股票回购有助于公司管理者避开竞争对手企图收购的威胁，因为它可以使公司流通在外的股份数变少，股价上升，从而使收购方要获得控制公司的法定股份比例变得更为困难。

⑦ **满足认股权的行使**。在公司发行可转换债券、认股权证或实行经理人员股票期权计划及员工持股计划的情况下，采取股票回购的方式既不会稀释每股收益，又能满足认股权的行使。

⑧ **满足公司兼并与收购的需要**。在进行兼并与收购时，产权交换的实现方式包括现金购买及换股两种。如果公司有库藏股，则可以用公司的库藏股来交换被并购公司的股权，这样可以减少公司的现金支出。

4. 股票回购的影响

1) 股票回购对**上市公司**的影响

① 股票回购需要支付大量资金，容易导致资金紧张，资产流动性降低，从而影响公司的后续发展。

② 公司进行股票回购，无异于股东退股和公司资本减少，这在一定程度上削弱了对债权人的利益保障。

③ 股票回购可能使公司的发起人、股东更注重短期利润的兑现，而忽视公司长远的发展，损害公司的根本利益。

④ 股票回购容易导致公司操纵股价。公司回购自己的股票时，可能会利用内幕消息进行炒作，或操纵财务信息，加剧公司行为的非规范化，使投资者蒙受损失。

申能股份资本运作

【案情简介】

1999年12月，申能股份利用溢余的现金向母公司申能集团定向协议回购10亿股国有法人股，回购股数占申能股份总股本的37.98%，回购单价为每股净资产2.51元，共计25亿元的回购资金全部来自公司自有资金。企业利用溢余的现金进行股份回购有什么意义？我们通过表10-3所示的存量现金状况和表10-4所示的股本及每股收益对比就可以得到答案。

表 10-3　1998—1999 年回购前后申能股份存量现金状况

	1998 年中报/百万元	占总资产比重	1998 年年报/百万元	占总资产比重	1999 年中报/百万元	占总资产比重	1999 年年报/百万元	占总资产比重
货币资金	596	6%	1 478	14%	1 404	13%	924	7%
短期投资	1 829	18%	2 106	20%	2 416	22%	887	7%
合计	2 425	24%	3 584	34%	3 820	36%	1 811	14%

表 10-4　申能股份回购前后股本及每股收益对比

	总股本/亿元	国有法人股比重/(%)	社会法人股比重/(%)	社会公众股比重/(%)	1999 年每股收益/元
回购前	26.33	80.25	10.22	9.53	0.31
回购后	16.33	68.16	16.47	15.37	0.51

【案例点评】

通过对比回购前后的每股收益可以发现，每股收益增加 50% 以上，股东价值提高了。并且，由于货币资金占比下降，资产结构得到优化，总资产收益率也有较大提高。

2) 股票回购对股东的影响

对投资者来说，与现金股利相比，股票回购不但可以节约个人税收，而且具有更大的灵活性。因为股东对公司派发的现金股利没有是否接受的可选择性，而对股票回购则具有可选择性，需要现金的股东可选择卖出股票，而不需要现金的股东则可继续持有股票。如果公司急于回购相当数量的股票，而对股票回购的出价太高，以至于偏离均衡价格，那么结果将会不利于选择继续持有股票的股东，因为回购行动过后，股票价格会出现回归性下跌。

股票分割与股票回购

习　题

1. 单项选择题

(1) 在确定企业的利润分配政策时，应当考虑相关因素的影响，其中"资本保全约束"属于(　　)。

A. 股东因素　　B. 公司因素　　C. 法律因素　　D. 债务契约因素

(2) 企业在分配利润时，必须按一定的比例和基数提取各种公积金，这一要求体现的是(　　)。

A. 资本保全约束　　　　　　B. 资本积累约束
C. 偿债能力约束　　　　　　D. 超额累积利润约束

(3) 股利的支付可减少管理层可支配的自由现金流量，在一定程度上可抑制管理层的过度投资或在职消费行为，这种观点体现的股利理论是(　　)。

A. 股利无关理论　　B. 信号传递理论　　C. "在手之鸟"理论　　D. 代理理论

(4) 下列各项政策中,最能体现"多盈多分、少盈少分、不盈不分"股利分配原则的是(　　)。
A. 剩余股利政策　　　　　　　　B. 低定额加额外股利政策
C. 固定股利支付率政策　　　　　D. 固定股利政策
(5) 下列股利政策中,有利于保持公司最佳资本结构,实现企业价值长期最大化的是(　　)。
A. 剩余股利政策　　　　　　　　B. 固定股利政策
C. 固定股利支付率政策　　　　　D. 低定额加额外股利政策
(6) 相对于其他股利政策而言,既可以维持股利的稳定性,又有利于优化资本结构的股利政策是(　　)。
A. 剩余股利政策　　　　　　　　B. 固定股利政策
C. 固定股利支付率政策　　　　　D. 低定额加额外股利政策
(7) 下列股利政策中,根据股利无关理论制定的是(　　)。
A. 剩余股利政策　　　　　　　　B. 固定股利支付率政策
C. 稳定增长股利政策　　　　　　D. 低定额加额外股利政策
(8) 上市公司发放股票股利的优点是(　　)。
A. 促进上市公司股票交易和流通　B. 可提高公司股票的市场价格
C. 使公司每股收益上升　　　　　D. 可以增加所有者权益总额
(9) 下列各项中,会受公司股票分割影响的是(　　)。
A. 每股股票价值　　B. 股东权益总额　　C. 企业资本结构　　D. 股东持股比例
(10) 确定股东是否有权领取本期股利的截止日期是(　　)。
A. 除权除息日　　B. 股权登记日　　C. 股利宣告日　　D. 股利支付日

2. 多项选择题
(1) 影响股利政策的法律因素包括(　　)。
A. 资本保全约束　　B. 资本确定约束　　C. 资本积累约束　　D. 偿债能力约束
(2) 股利支付方式主要包括(　　)。
A. 现金股利　　B. 财产股利　　C. 负债股利　　D. 股票股利
(3) 下列各项中,属于上市公司股票回购动机的有(　　)。
A. 替代现金股利　　　　　　　　B. 改变公司的资本结构
C. 传递公司信息　　　　　　　　D. 规避经营风险
(4) 下列各项中,属于发放股票股利导致的结果的是(　　)。
A. 股东权益内部结构发生变化　　B. 股东权益总额发生变化
C. 每股利润下降　　　　　　　　D. 股份总额发生变化
(5) 股票分割的作用主要包括(　　)。
A. 降低股票价格
B. 巩固现有股东控制权
C. 促进股票的流通和交易
D. 只要股票分割后每股现金股利的下降幅度小于股票分割幅度,股东仍能多获现金股利
(6) 下列各项中,属于剩余股利政策优点的有(　　)。
A. 保持目标资本结构　　　　　　B. 降低再投资资本成本
C. 使股利与企业盈余紧密结合　　D. 实现企业价值的长期最大化
(7) 下列各项中,属于盈余公积金用途的有(　　)。
A. 弥补亏损　　B. 转增股本　　C. 分配股利　　D. 偿还债务
(8) 下列关于发放股票股利的表述中,正确的有(　　)。
A. 不会导致公司现金流出　　　　B. 会增加公司流通在外的股票数量

C. 会改变公司股东权益的内部结构　　　　D. 会对公司股东权益总额产生影响
(9) 股东在决定公司利润分配政策时,通常考虑的因素有(　　)。
A. 筹资成本　　　　　　　　　　B. 偿债能力约束
C. 防止公司控制权旁落　　　　　D. 避税
(10) 假设某股份公司按照1∶2的比例进行股票分割,下列选项中正确的有(　　)。
A. 股本总额增加1倍　　　　　　B. 每股净资产保持不变
C. 股东权益总额保持不变　　　　D. 股东权益内部结构保持不变

3. 判断题

(1) 代理理论认为,股利政策有助于缓解管理者与股东之间的代理冲突。高水平的股利政策降低了企业的代理成本,但同时增加了外部融资成本,理想的股利政策应当使这两种成本之和最小。(　　)

(2) 固定股利支付率政策的理论依据是 MM 股利无关理论。(　　)

(3) 固定股利政策的一个缺点是当企业盈余较少甚至亏损时,仍须支付固定的股利,这可能导致企业财务状况恶化。(　　)

(4) 剩余股利政策不利于投资者安排收入与支出,也不利于公司树立良好的形象,一般适用于公司成熟阶段。(　　)

(5) 根据"在手之鸟"理论,公司向股东分配的股利越多,公司的市场价值越大。(　　)

(6) 处于衰退期的企业在制定利润分配政策时,应当优先考虑企业积累。(　　)

(7) 在股利支付程序中,除息日是指领取股利的权利与股票分离的日期,在除息日购买股票的股东有权参与当次股利的分配。(　　)

(8) 在除息日之前,股利权利从属于股票;从除息日开始,新购入股票的投资者不能分享本次已宣告发放的股利。(　　)

(9) 在其他条件不变的情况下,股票分割会使发行在外的股票总数增加,进而降低公司资产负债率。(　　)

(10) 股票回购会改变公司的资本结构,而股票分割后股东权益总额及其内部结构都不会发生任何变化。(　　)

4. 计算题

(1) 某公司20×2年税后净利润为1 000万元,20×3年的投资计划需要资金1 200万元,公司的目标资本结构为权益资本占60%,债务资本占40%。

要求:

① 采用剩余股利政策,公司20×2年将要支付的股利为多少?

② 假设该公司20×2年流通在外的普通股为1 000万股,那么每股股利是多少?

(2) 某上市公司在20×6年年末资产负债表上的股东权益账户情况如表10-5所示。

表10-5　某上市公司20×6年年末股东权益账户情况　　　　　　　　单位:万元

项目	金额
普通股(面值10元,发行在外1 000万股)	10 000
资本公积	10 000
盈余公积	5 000
未分配利润	8 000
股东权益合计	33 000

要求:

① 假设股票市价为 20 元,该公司宣布发放 10% 的股票股利,即现有股东每持有 10 股即可获赠 1 股普通股。发放股票股利后,股东权益有何变化?每股净资产是多少?

② 假设该公司按照 1∶2 的比例进行股票分割。股票分割后,股东权益有何变化?每股净资产是多少?

(3) 某公司成立于 20×0 年 1 月 1 日。20×0 年度实现的净利润为 1 000 万元,分配现金股利 550 万元,提取盈余公积 450 万元(所提盈余公积均已指定用途)。20×1 年度实现的净利润为 900 万元(不考虑计提法定盈余公积的因素)。20×2 年计划增加投资,所需资金为 700 万元。假定公司目标资本结构为自有资金占 60%,借入资金占 40%。

要求:

① 在保持目标资本结构的前提下,计算 20×2 年投资方案所需的自有资金金额和需要从外部借入的资金金额;

② 在保持目标资本结构的前提下,如果公司执行剩余股利政策,计算 20×1 年度应分配的现金股利;

③ 在不考虑目标资本结构的前提下,如果公司执行固定股利政策,计算 20×1 年应分配的现金股利、可用于 20×2 年投资的利润留存和需要额外筹集的资金额。

5. 思考题

(1) 比较不同股利政策的特征,并分析各种股利政策的优点和缺点。

(2) 现金股利与股票股利对企业财务有什么影响?

(3) 股票分割与股票回购有哪些异同?

6. 案例分析

××特钢缘何高额派现

【基本案情】

××特殊钢铁股份有限公司(以下简称××特钢)是经营特殊钢冶炼及压延加工、机械设备制造和来料加工的 A 股上市公司。20×3 年 2 月 18 日,该公司公布 20×2 年年报,其中的股利分配方案(每 10 股派现 5.2 元)作为重大利好迅速推动××特钢股价上涨。但是这一超常派现额度大大超过了该公司当年的每股收益,因此也引起了较多的猜测和质疑。

(1) 公司 20×0—20×2 年的主要财务指标见表 10-6。

表 10-6　公司 20×0—20×2 年的主要财务指标

项目	20×2 年	20×1 年	20×0 年
加权平均每股收益/元	0.195 3	0.153 4	0.143 5
扣除非经常性损益的每股收益/元	0.188 1	0.136 8	0.103 5
加权平均净资产收益率/(%)	7.80	6.59	6.88
扣除非经常性损益的加权平均净资产收益率/(%)	7.52	5.88	5.13

(2) 报告期内公司财务状况及经营成果分析见表 10-7。

表 10-7　报告期内公司财务状况及经营成果分析　　　　　　　　　　单位：元

项目	20×2年度	20×1年度
总资产	2 952 283 129.79	2 724 555 950.97
长期负债	30 000 000.00	200 000 000.00
股东权益	1 210 822 317.53	1 399 886 334.77
净利润	113 690 382.76	89 332 106.54

说明：

① 本期期末总资产较上期期末增长8.36%，主要原因：一是本期负债增加；二是本期实现的净利润增加。

② 本期期末长期负债较上期期末减少85%，主要原因系本期归还到期债券，以及部分长期借款将于一年内到期。

③ 本期期末股东权益较上期期末减少13.51%，主要原因系本期拟向股东分配现金红利。

(3) 利润分配事项及说明。

① 公司20×2年度利润分配预案。

经审计，公司20×2年度共实现净利润11 369.04万元，按10%提取法定公积金1 136.90万元，按5%提取法定公益金568.45万元，未分配利润为9 663.68万元。加上以前年度未分配利润21 184.81万元，总计可供分配的利润为30 848.49万元。公司董事会决定以20×2年12月31日公司股本总数58 222万股为基数，向全体股东每10股派送现金红利5.2元（含税），共分配302 754 400.00元，剩余5 730 485.31元结转20×3年度。

② 利润分配政策差异的说明。

公司在20×1年年度报告中预计本年度不进行利润分配，但同时董事会保留调整利润分配政策的权利，主要是考虑公司20×2年度在连续式轧机工程上有资金投入的要求，资金来源不能完全确定。20×2年度进行利润分配，主要是因为市场供需及价格发生较大变化，公司的经营业绩取得了较大幅度增长，并且公司连续式轧机工程的前期资金投入问题得到了解决。同时，进行利润分配，既是对广大股东的回报，也有利于增强广大股东对公司的信心。

(4) 公司20×2年度现金流量表见表10-8。

表 10-8　20×2年度现金流量表（摘要）　　　　　　　　　　单位：元

一、经营活动产生的现金流量：	
经营活动产生的现金流量净额	121 623 834.10
二、投资活动产生的现金流量：	
投资活动产生的现金流量净额	(219 312 204.28)
三、筹资活动产生的现金流量：	
借款所收到的现金	551 850 000.00
偿还债务所支付的现金	374 850 000.00
分配股利、利润或偿付利息所支付的现金	43 515 708.85
筹资活动产生的现金流量净额	133 484 291.15
四、汇率变动对现金的影响额	—
五、现金及现金等价物净增加额	35 795 920.97

(5) 公司 20×3 年度现金流量表见表 10-9。

表 10-9　20×3 年度现金流量表（摘要）　　　　　　　　单位：元

一、经营活动产生的现金流量：	
经营活动产生的现金流量净额	164 902 419.88
二、投资活动产生的现金流量：	
投资活动产生的现金流量净额	(307 348 988.60)
三、筹资活动产生的现金流量：	
发行债券所收到的现金	490 000 000.00
借款所收到的现金	871 800 000.00
偿还债务所支付的现金	751 850 000.00
分配股利、利润或偿付利息所支付的现金	346 971 318.27
支付的其他与筹资活动有关的现金	20 187 017.97
筹资活动产生的现金流量净额	242 791 663.76
四、汇率变动对现金的影响额	—

(6) 20×3 年公司发行可转换公司债券公告。

经中国证监会批准，本公司于 20×3 年 8 月 11 日发行了 4.9 亿元可转换公司债券，并于 20×3 年 8 月 26 日在上海证券交易所上市。证券简称：××转债。××转债每张面值 100 元，共 490 万张，期限为 5 年，即 20×3 年 8 月 11 日至 20×8 年 8 月 10 日，其中 20×4 年 2 月 11 日至 20×8 年 8 月 10 日为转股期。

思考：

(1) 试分析××特钢的现金流是否能够支撑 2002 年度股利分配方案，并从遵守法律规范、兼顾股东利益与企业未来发展等方面评价该分配方案。

(2) 该分配预案影响××特钢哪些主要财务指标，结合××特钢 20×3 年的经营情况，试分析管理层提出该方案的深层次动机，并进一步分析我国上市公司股利分配存在的问题。

7. 课程实践

选择一家上市公司，假定你是该公司 CFO，请根据该公司上年度会计报告及其他相关资料，设计利润分配预案，以便提交股东大会批准（假定该公司本年度没有新的固定资产项目投资）。

参考文献

财政部会计资格评价中心，2023.财务管理[M].北京：经济科学出版社.

陈雨露，2014.公司理财[M].3版.北京：高等教育出版社.

陈玉菁，宋良荣，2022.财务管理[M].北京：清华大学出版社.

蒂特曼，基翁，马丁，2019.财务管理：原理与应用：第13版[M].北京：清华大学出版社.

韩慧博，汤谷良，祝继高，2021.财务管理案例[M].4版.北京：北京大学出版社.

韩良智，2022.Excel在财务管理中的应用[M].5版.北京：清华大学出版社.

刘淑莲，2022.财务管理[M].6版.大连：东北财经大学出版社.

罗斯，等，2017.公司理财：第11版[M].吴世农，译.北京：机械工业出版社.

马忠，2015.公司财务管理[M].2版.北京：机械工业出版社.

马忠，2015.公司财务管理案例分析[M].北京：机械工业出版社.

秦志敏，牛彦秀，陈克兢，2022.财务管理习题与案例[M].6版.大连：东北财经大学出版社.

孙茂竹，支晓强，戴璐，2020.管理会计学[M].9版.北京：中国人民大学出版社.

王化成，刘俊彦，荆新，2022.财务管理学[M].9版.北京：中国人民大学出版社.

王明虎，2018.财务管理原理[M].3版.北京：机械工业出版社.

吴大军，2021.管理会计[M].6版.大连：东北财经大学出版社.

张蕊，2017.公司财务学[M].3版.北京：高等教育出版社.

张维，2020.证券投资学[M].2版.北京：高等教育出版社.

张先治，陈友邦，2019.财务分析[M].9版.大连：东北财经大学出版社.

中国注册会计师协会，2023.财务成本管理[M].北京：中国财政经济出版社.

中国注册会计师协会，2023.公司战略与风险管理[M].北京：中国财政经济出版社.

附录 A 资金时间价值系数表

附表一 1元复利终值表

期数	1%	2%	3%	4%	5%	6%	7%	8%	9%	10%
1	1.010 0	1.020 0	1.030 0	1.040 0	1.050 0	1.060 0	1.070 0	1.080 0	1.090 0	1.100 0
2	1.020 1	1.040 4	1.060 9	1.081 6	1.102 5	1.123 6	1.144 9	1.166 4	1.188 1	1.210 0
3	1.030 3	1.061 2	1.092 7	1.124 9	1.157 6	1.191 0	1.225 0	1.259 7	1.295 0	1.331 0
4	1.040 6	1.082 4	1.125 5	1.169 9	1.215 5	1.262 5	1.310 8	1.360 5	1.411 6	1.464 1
5	1.051 0	1.104 1	1.159 3	1.216 7	1.276 3	1.338 2	1.402 6	1.469 3	1.538 6	1.610 5
6	1.061 5	1.126 2	1.194 1	1.265 3	1.340 1	1.418 5	1.500 7	1.580 9	1.677 1	1.771 6
7	1.072 1	1.148 7	1.229 9	1.315 9	1.407 1	1.503 6	1.605 8	1.713 8	1.828 0	1.948 7
8	1.082 9	1.171 7	1.266 8	1.368 6	1.477 5	1.593 8	1.718 2	1.850 9	1.992 6	2.143 6
9	1.093 7	1.195 1	1.304 8	1.423 3	1.551 3	1.689 5	1.838 5	1.999 0	2.171 9	2.357 9
10	1.104 6	1.219 0	1.343 9	1.480 2	1.628 9	1.790 8	1.967 2	2.158 9	2.367 4	2.593 7
11	1.115 7	1.243 4	1.384 2	1.539 5	1.710 3	1.898 3	2.104 9	2.331 6	2.580 4	2.853 1
12	1.126 8	1.268 2	1.425 8	1.601 0	1.795 9	2.012 2	2.252 2	2.518 2	2.812 7	3.138 4
13	1.138 1	1.293 6	1.468 5	1.665 1	1.885 6	2.132 9	2.409 8	2.719 6	3.065 8	3.452 3
14	1.149 5	1.319 5	1.512 6	1.731 7	1.979 9	2.260 9	2.578 5	2.937 2	3.341 7	3.797 5
15	1.161 0	1.345 9	1.558 0	1.800 9	2.078 9	2.396 6	2.759 0	3.172 2	3.642 5	4.177 2
16	1.172 6	1.372 8	1.604 7	1.873 0	2.182 9	2.540 4	2.952 2	3.425 9	3.970 3	4.595 0
17	1.184 3	1.400 2	1.652 8	1.947 9	2.292 0	2.692 8	3.158 8	3.700 0	4.327 6	5.054 5
18	1.196 1	1.428 2	1.702 4	2.025 8	2.406 6	2.854 3	3.379 9	3.996 0	4.717 1	5.559 9
19	1.208 1	1.456 8	1.753 5	2.106 8	2.527 0	3.025 6	3.616 5	4.315 7	5.141 7	6.115 9
20	1.220 2	1.485 9	1.806 1	2.191 1	2.653 3	3.207 1	3.869 7	4.661 0	5.604 4	6.727 5
21	1.232 4	1.515 7	1.860 3	2.278 8	2.786 0	3.399 6	4.140 6	5.033 8	6.108 8	7.400 2
22	1.244 7	1.546 0	1.916 1	2.369 9	2.925 3	3.603 5	4.430 4	5.436 5	6.658 6	8.140 3
23	1.257 2	1.576 9	1.973 6	2.464 7	3.071 5	3.819 7	4.740 5	5.871 5	7.257 9	8.254 3
24	1.269 7	1.608 4	2.032 8	2.563 3	3.225 1	4.048 9	5.072 4	6.341 2	7.911 1	9.849 7
25	1.282 4	1.640 6	2.093 8	2.665 8	3.386 4	4.291 9	5.427 4	6.848 5	8.623 1	10.835
26	1.295 3	1.673 4	2.156 6	2.772 5	3.555 7	4.549 4	5.807 4	7.396 4	9.399 2	11.918
27	1.308 2	1.706 9	2.221 3	2.883 4	3.733 5	4.882 3	6.213 9	7.988 1	10.245	13.110
28	1.321 3	1.741 0	2.287 9	2.998 7	3.920 1	5.111 7	6.648 8	8.627 1	11.167	14.421
29	1.334 5	1.775 8	2.356 6	3.118 7	4.116 1	5.418 4	7.114 3	9.317 3	12.172	15.863
30	1.347 8	1.811 4	2.427 3	3.243 4	4.321 9	5.743 5	7.612 3	10.063	13.268	17.449
40	1.488 9	2.208 0	3.262 0	4.801 0	7.040 0	10.286	14.794	21.725	31.408	45.259
50	1.644 6	2.691 6	4.383 9	7.106 7	11.467	18.420	29.457	46.902	74.358	117.39
60	1.816 7	3.281 0	5.891 6	10.520	18.679	32.988	57.946	101.26	176.03	304.48

续表

期数	12%	14%	15%	16%	18%	20%	24%	28%	32%	36%
1	1.120 0	1.140 0	1.150 0	1.160 0	1.180 0	1.200 0	1.240 0	1.280 0	1.320 0	1.360 0
2	1.254 4	1.299 6	1.322 5	1.345 6	1.392 4	1.440 0	1.537 6	1.638 4	1.742 4	1.849 6
3	1.404 9	1.481 5	1.520 9	1.560 9	1.643 0	1.728 0	1.906 6	2.087 2	2.300 0	2.515 5
4	1.573 5	1.689 0	1..749 0	1.810 6	1.938 8	2.073 6	2.364 2	2.684 4	3.036 0	3.421 0
5	1.762 3	1.925 4	2.011 4	2.100 3	2.287 8	2.488 3	2.931 6	3.436 0	4.007 5	4.652 6
6	1.973 8	2.195 0	2.313 1	2.436 4	2.699 6	2.986 0	3.635 2	4.398 0	5.289 9	6.327 5
7	2.210 7	2.502 3	2.660 0	2.826 2	3.185 5	3.583 2	4.507 7	5.629 5	6.982 6	8.605 4
8	2.476 0	2.852 6	3.059 0	3.278 4	3.758 9	4.299 8	5.589 5	7.205 8	9.217 0	11.703
9	2.773 1	3.251 9	3.517 9	3.803 0	4.435 5	5.159 8	6.931 0	9.223 4	12.166	15.917
10	3.105 8	3.707 2	4.045 6	4.411 4	5.233 8	6.191 7	8.594 4	11.806	16.060	21.647
11	3.478 5	4.226 2	4.652 4	5.117 3	6.175 9	7.430 1	10.657	15.112	21.199	29.439
12	3.896 0	4.817 9	5.350 3	5.936 0	7.287 6	8.916 1	13.215	19.343	27.983	40.037
13	4.363 5	5.492 4	6.152 8	6.885 8	8.599 4	10.699	16.386	24.759	36.937	54.451
14	4.887 1	6.261 3	7.075 7	7.987 5	10.147	12.839	20.319	31.691	48.757	74.053
15	5.473 6	7.137 9	8.137 1	9.265 5	11.974	15.407	25.196	40.565	64.359	100.71
16	6.130 4	8.137 2	9.357 6	10.748	14.129	18.488	31.243	51.923	84.954	136.97
17	6.866 0	9.276 5	10.761	12.468	16.672	22.186	38.741	66.461	112.14	186.28
18	7.690 0	10.575	12.375	14.463	19.673	26.623	48.039	86.071	148.02	253.34
19	8.612 8	12.056	14.232	16.777	23.214	31.948	59.568	108.89	195.39	344.54
20	9.646 3	13.743	16.367	19.461	27.393	38.338	73.864	139.38	257.92	468.57
21	10.804	15.668	18.822	22.574	32.324	46.005	91.592	178.41	340.45	637.26
22	12.100	17.861	21.645	26.186	38.142	55.206	113.57	228.36	449.39	866.67
23	13.552	20.362	24.891	30.376	45.008	66.247	140.83	292.30	593.20	1 178.7
24	15.179	23.212	28.625	35.236	53.109	79.497	174.63	374.14	783.02	1 603.0
25	17.000	26.462	32.919	40.874	62.669	95.396	216.54	478.90	1 033.6	2 180.1
26	19.040	30.167	37.857	47.414	73.949	114.48	268.51	613.00	1 364.3	2 964.9
27	21.325	34.390	43.535	55.000	87.260	137.37	332.95	784.64	1 800.9	4 032.3
28	23.884	39.204	50.066	63.800	102.97	164.84	412.86	1 004.3	2 377.2	5 483.9
29	26.750	44.693	57.575	74.009	121.50	197.81	511.95	1 285.6	3 137.9	7 458.1
30	29.960	50.950	66.212	85.850	143.37	237.38	634.82	1 645.5	4 142.1	10 143
40	93.051	188.83	267.86	378.72	750.38	1 469.8	5 455.9	19 427	66 521	*
50	289.00	700.23	1 083.7	1 670.7	3 927.4	9 100.4	46 890	*	*	*
60	897.60	2 595.9	4 384.0	7 370.2	20 555	56 348	*	*	*	*

*〉99 999

附表二　1元复利现值表

期数	1%	2%	3%	4%	5%	6%	7%	8%	9%	10%
1	.990 1	.980 4	.970 9	.961 5	.952 4	.943 4	.934 6	.925 9	.917 4	.909 1
2	.980 3	.971 2	.942 6	.924 6	.907 0	.890 0	.873 4	.857 3	.841 7	.826 4
3	.970 6	.942 3	.915 1	.889 0	.863 8	.839 6	.816 3	.793 8	.772 2	.751 3
4	.961 0	.923 8	.888 5	.854 8	.822 7	.792 1	.762 9	.735 0	.708 4	.683 0
5	.951 5	.905 7	.862 6	.821 9	.783 5	.747 3	.713 0	.680 6	.649 9	.620 9
6	.942 0	.888 0	.837 5	.790 3	.746 2	.705 0	.666 3	.630 2	.596 3	.564 5
7	.932 7	.860 6	.813 1	.759 9	.710 7	.665 1	.622 7	.583 5	.547 0	.513 2
8	.923 5	.853 5	.787 4	.730 7	.676 8	.627 4	.582 0	.540 3	.501 9	.466 5
9	.914 3	.836 8	.766 4	.702 6	.644 6	.591 9	.543 9	.500 2	.460 4	.424 1
10	.905 3	.820 3	.744 1	.675 6	.613 9	.558 4	.508 3	.463 2	.422 4	.385 5
11	.896 3	.804 3	.722 4	.649 6	.584 7	.526 8	.475 1	.428 9	.387 5	.350 5
12	.887 4	.788 5	.701 4	.624 6	.556 8	.497 0	.444 0	.397 1	.355 5	.318 6
13	.878 7	.773 0	.681 0	.600 6	.530 3	.468 8	.415 0	.367 7	.326 2	.289 7
14	.870 0	.757 9	.661 1	.577 5	.505 1	.442 3	.387 8	.340 5	.299 2	.263 3
15	.861 3	.743 0	.641 9	.555 3	.481 0	.417 3	.362 4	.315 2	.274 5	.239 4
16	.852 8	.728 4	.623 2	.533 9	.458 1	.393 6	.338 7	.291 9	.251 9	.217 6
17	.844 4	.714 2	.605 0	.513 4	.436 3	.371 4	.316 6	.270 3	.231 1	.197 8
18	.836 0	.700 2	.587 4	.493 6	.415 5	.350 3	.295 9	.250 2	.212 0	.179 9
19	.827 7	.686 4	.570 3	.474 6	.395 7	.330 5	.276 5	.231 7	.194 5	.163 5
20	.819 5	.673 0	.553 7	.456 4	.376 9	.311 8	.258 4	.214 5	.178 4	.148 6
21	.811 4	.659 8	.537 5	.438 8	.358 9	.294 2	.241 5	.198 7	.163 7	.135 1
22	.803 4	.646 8	.521 9	.422 0	.341 8	.277 5	.225 7	.183 9	.150 2	.122 8
23	.795 4	.634 2	.506 7	.405 7	.325 6	.261 8	.210 9	.170 3	.137 8	.111 7
24	.787 6	.621 7	.491 9	.390 1	.310 1	.247 0	.197 1	.157 7	.126 4	.101 5
25	.779 8	.609 5	.477 6	.375 1	.295 3	.233 0	.184 2	.146 0	.116 0	.092 3
26	.772 0	.597 6	.463 7	.360 7	.281 2	.219 8	.172 2	.135 2	.106 4	.083 9
27	.764 4	.585 9	.450 2	.346 8	.267 8	.207 4	.160 9	.125 2	.097 6	.076 3
28	.756 8	.574 4	.437 1	.333 5	.255 1	.195 6	.150 4	.115 9	.089 5	.069 3
29	.749 3	.563 1	.424 3	.320 7	.242 9	.184 6	.140 6	.107 3	.082 2	.063 0
30	.741 9	.552 1	.412 0	.308 3	.231 4	.174 1	.131 4	.099 4	.075 4	.057 3
35	.705 9	.500 0	.355 4	.253 4	.181 3	.130 1	.093 7	.067 6	.049 0	.035 6
40	.671 7	.452 9	.306 6	.208 3	.142 0	.097 2	.066 8	.046 0	.031 8	.022 1
45	.649 1	.410 2	.264 4	.171 2	.111 3	.072 7	.047 6	.031 3	.020 7	.013 7
50	.608 0	.371 5	.228 1	.140 7	.087 2	.054 3	.033 9	.021 3	.013 4	.008 5
55	.578 5	.336 5	.196 8	.115 7	.068 3	.040 6	.024 2	.014 5	.008 7	.005 3

续表

期数	12%	14%	15%	16%	18%	20%	24%	28%	32%	36%
1	.892 9	.877 2	.869 6	.862 1	.847 5	.833 3	.806 5	.781 3	.757 6	.735 3
2	.797 2	.769 5	.756 1	.743 2	.718 2	.694 4	.650 4	.610 4	.573 9	.540 7
3	.711 8	.675 0	.657 5	.640 7	.608 6	.578 7	.524 5	.476 8	.434 8	.397 5
4	.635 5	.592 1	.571 8	.552 3	.515 8	.482 3	.423 0	.372 5	.329 4	.292 3
5	.567 4	.519 4	.497 2	.476 2	.437 1	.401 9	.341 1	.291 0	.249 5	.214 9
6	.506 6	.455 6	.432 3	.410 4	.370 4	.334 9	.275 1	.227 4	.189 0	.158 0
7	.452 3	.399 6	.375 9	.353 8	.313 9	.279 1	.221 8	.177 6	.143 2	.116 2
8	.403 9	.350 6	.326 9	.305 0	.266 0	.232 6	.178 9	.138 8	.108 5	.085 4
9	.360 6	.307 5	.284 3	.263 0	.225 5	.193 8	.144 3	.108 4	.082 2	.062 8
10	.322 0	.269 7	.247 2	.226 7	.191 1	.161 5	.116 4	.084 7	.062 3	.046 2
11	.287 5	.236 6	.214 9	.195 4	.161 9	.134 6	.093 8	.066 2	.047 2	.034 0
12	.256 7	.207 6	.186 9	.168 5	.137 3	.112 2	.055 7	.051 7	.035 7	.025 0
13	.229 2	.182 1	.162 5	.145 2	.116 3	.093 5	.061 0	.040 4	.027 1	.018 4
14	.204 6	.159 7	.141 3	.125 2	.098 5	.077 9	.049 2	.031 6	.020 5	.013 5
15	.182 7	.140 1	.122 9	.107 9	.083 5	.064 9	.039 7	.024 7	.015 5	.009 9
16	.163 1	.122 9	.106 9	.098 0	.070 9	.054 1	.032 0	.019 3	.011 8	.007 3
17	.145 6	.107 8	.092 9	.080 2	.060 0	.045 1	.025 9	.015 0	.008 9	.005 4
18	.130 0	.094 6	.080 8	.069 1	.050 8	.037 6	.020 8	.011 8	.006 8	.003 9
19	.116 1	.082 9	.070 3	.059 6	.043 1	.031 3	.016 8	.009 2	.005 1	.002 9
20	.103 7	.072 8	.061 1	.051 4	.036 5	.026 1	.013 5	.007 2	.003 9	.002 1
21	.092 6	.063 8	.053 1	.044 3	.030 9	.021 7	.010 9	.005 6	.002 9	.001 6
22	.082 6	.056 0	.046 2	.038 2	.026 2	.018 1	.008 8	.004 4	.002 2	.001 2
23	.073 8	.049 1	.040 2	.032 9	.022 2	.015 1	.007 1	.003 4	.001 7	.000 8
24	.065 9	.043 1	.034 9	.028 4	.018 8	.012 6	.005 7	.002 7	.001 3	.000 6
25	.058 8	.037 8	.030 4	.024 5	.016 0	.010 5	.004 6	.002 1	.001 0	.000 5
26	.052 5	.033 1	.026 4	.021 1	.013 5	.008 7	.003 7	.001 6	.000 7	.000 3
27	.046 9	.029 1	.023 0	.018 2	.011 5	.007 3	.003 0	.001 3	.000 6	.000 2
28	.041 9	.025 5	.020 0	.015 7	.009 7	.006 1	.002 4	.001 0	.000 4	.000 2
29	.037 4	.022 4	.017 4	.013 5	.008 2	.005 1	.002 0	.000 8	.000 3	.000 1
30	.033 4	.019 6	.015 1	.011 6	.007 0	.004 2	.001 6	.000 6	.000 2	.000 1
35	.018 9	.010 2	.007 5	.005 5	.003 0	.001 7	.000 5	.000 2	.000 1	*
40	.010 7	.005 3	.003 7	.002 6	.001 3	.000 7	.000 2	.000 1	*	*
45	.006 1	.002 7	.001 9	.001 3	.000 6	.000 3	.000 1	*	*	*
50	.003 5	.001 4	.000 9	.000 6	.000 3	.000 1	*	*	*	*
55	.002 0	.000 7	.000 5	.000 3	.000 1	*	*	*	*	*
	*〈.000 1									

附表三　1元年金终值表

期数	1%	2%	3%	4%	5%	6%	7%	8%	9%	10%
1	1.000 0	1.000 0	1.000 0	1.000 0	1.000 0	1.000 0	1.000 0	1.000 0	1.000 0	1.000 0
2	2.010 0	2.020 0	2.030 0	2.040 0	2.050 0	2.060 0	2.070 0	2.080 0	2.090 0	2.100 0
3	3.030 1	3.060 4	3.090 9	3.121 6	3.152 5	3.183 6	3.214 9	3.246 4	3.278 1	3.310 0
4	4.060 4	4.121 6	4.183 6	4.246 5	4.310 1	4.374 6	4.439 9	4.506 1	4.573 1	4.641 0
5	5.101 0	5.204 0	5.309 1	5.416 3	5.525 6	5.637 1	5.750 7	5.866 6	5.984 7	6.105 1
6	6.152 0	6.308 1	6.468 4	6.633 0	6.801 9	6.975 3	7.153 3	7.335 9	7.523 3	7.715 6
7	7.213 5	7.434 3	7.662 5	7.898 3	8.142 0	8.393 8	8.654 0	8.922 8	9.200 4	9.487 2
8	8.285 7	8.583 0	8.892 3	9.214 2	9.549 1	9.897 5	10.260	10.637	11.028	11.436
9	9.368 5	9.754 6	10.159	10.583	11.027	11.491	11.978	12.488	13.021	13.579
10	10.462	10.950	11.464	12.006	12.578	13.181	13.816	14.487	15.193	15.937
11	11.567	12.169	12.808	13.486	14.207	14.972	15.784	16.645	17.560	18.531
12	12.683	13.412	14.192	15.026	15.917	16.870	17.888	18.977	20.141	21.384
13	13.809	14.680	15.618	16.627	17.713	18.882	20.141	21.495	22.953	24.523
14	14.947	15.974	17.086	18.292	19.599	21.015	22.550	24.214	26.019	27.975
15	16.097	17.293	18.599	20.024	21.579	23.276	25.129	27.152	29.361	31.772
16	17.258	18.639	20.157	21.825	23.657	25.673	27.888	30.324	33.003	35.950
17	18.430	20.012	21.762	23.698	25.840	28.213	30.840	33.750	36.974	40.545
18	19.615	21.412	23.414	25.645	28.132	30.906	33.999	37.450	41.301	45.599
19	20.811	22.841	25.117	27.671	30.539	33.760	37.379	41.446	46.018	51.159
20	22.019	24.297	26.870	29.778	33.066	36.786	40.995	45.752	51.160	57.275
21	23.239	25.783	28.676	31.969	35.719	39.993	44.865	50.423	56.765	64.002
22	24.472	27.299	30.537	34.248	38.505	43.392	49.006	55.457	62.873	71.403
23	25.716	28.845	32.453	36.618	41.430	46.996	53.436	60.883	69.532	79.543
24	26.973	30.422	34.426	39.083	44.502	50.816	58.177	66.765	76.790	88.497
25	28.243	32.030	36.459	41.646	47.727	54.863	63.249	73.106	84.701	98.347
26	29.526	33.671	38.553	44.312	51.113	59.156	68.676	79.954	93.324	109.18
27	30.821	35.344	40.710	47.084	54.669	63.706	74.484	87.351	102.72	121.10
28	32.129	37.051	42.931	49.968	58.403	68.528	80.698	95.339	112.97	134.21
29	33.450	38.792	45.219	52.966	62.323	73.640	87.347	103.97	124.14	148.63
30	34.785	40.568	47.575	56.085	66.439	79.058	94.461	113.28	136.31	164.49
40	48.886	60.402	75.401	95.026	120.80	154.76	199.64	259.06	337.88	442.59
50	64.463	84.579	112.80	152.67	209.35	290.34	406.53	573.77	815.08	1 163.9
60	81.670	114.05	163.05	237.99	353.58	533.13	813.52	1 253.2	1 944.8	3 034.8

续表

期数	12%	14%	15%	16%	18%	20%	24%	28%	32%	36%
1	1.000 0	1.000 0	1.000 0	1.000 0	1.000 0	1.000 0	1.000 0	1.000 0	1.000 0	1.000 0
2	2.120 0	2.140 0	2.150 0	2.160 0	2.180 0	2.200 0	2.240 0	2.280 0	2.320 0	2.360 0
3	3.374 4	3.439 6	3.472 5	3.505 6	3.572 4	3.640 0	3.777 6	3.918 4	3.062 4	3.209 6
4	4.779 3	4.921 1	4.993 4	5.066 5	5.215 4	5.368 0	5.684 2	6.015 6	6.362 4	6.725 1
5	6.352 8	6.610 1	6.742 4	6.877 1	7.154 2	7.441 6	8.048 4	8.699 9	9.398 3	10.146
6	8.115 2	8.535 5	8.753 7	8.977 5	9.442 0	9.929 9	10.980	12.136	13.406	14.799
7	10.089	10.730	11.067	11.414	12.142	12.916	14.615	16.534	18.696	21.126
8	12.300	13.233	13.727	14.240	15.327	16.499	19.123	22.163	25.678	29.732
9	14.776	16.085	16.786	17.519	19.086	20.799	24.712	29.369	34.895	41.435
10	17.549	19.337	20.304	21.321	23.521	25.959	31.643	38.593	47.062	57.352
11	20.655	23.045	24.349	25.733	28.755	32.150	40.238	50.398	63.122	78.998
12	24.133	27.271	29.002	30.850	34.931	39.581	50.895	65.510	84.320	108.44
13	28.029	32.089	34.352	36.786	42.219	48.497	64.110	84.853	112.30	148.47
14	32.393	37.581	40.505	43.672	50.818	59.196	80.496	109.61	149.24	202.93
15	37.280	43.842	47.580	51.660	60.965	72.035	100.82	141.30	198.00	276.98
16	42.753	50.980	55.717	60.925	72.939	87.442	126.01	181.87	262.36	377.69
17	48.884	59.118	65.075	71.673	87.068	105.93	157.25	233.79	347.31	514.66
18	55.750	68.394	75.836	84.141	103.74	128.12	195.99	300.25	459.45	770.94
19	63.440	78.969	88.212	98.603	123.41	154.74	244.03	385.32	607.47	954.28
20	72.052	91.025	102.44	115.38	146.63	186.69	303.60	494.21	802.86	1 298.8
21	81.699	104.77	118.81	134.84	174.02	225.03	377.46	633.59	1 060.8	1 767.4
22	92.503	120.44	137.63	157.41	206.34	271.03	469.06	812.00	1 401.2	2 404.7
23	104.60	138.30	159.28	183.60	244.49	326.24	582.63	1 040.4	1 850.6	3 271.3
24	118.16	158.66	184.17	213.98	289.49	392.48	723.46	1 332.7	2 443.8	4 450.0
25	133.33	181.87	212.79	249.21	342.60	471.98	898.09	1 706.8	3 226.8	6 053.0
26	150.33	208.33	245.71	290.09	405.27	567.38	1 114.6	2 185.7	4 260.4	8 233.1
27	169.37	238.50	283.57	337.50	479.22	681.85	1 383.1	2 798.7	5 624.8	11 198.0
28	190.70	272.89	327.10	392.50	566.48	819.22	1 716.1	3 583.3	7 425.7	15 230.3
29	214.58	312.09	377.17	456.30	669.45	984.07	2 129.0	4 587.7	9 802.9	20 714.2
30	241.33	356.79	434.75	530.31	790.95	1 181.9	2 640.9	5 873.2	12 941	28 172.3
40	767.09	1 342.0	1 779.1	2 360.8	4 163.2	7 343.2	22 729	69 377	*	*
50	2 400.0	4 994.5	7 217.7	10 436	21 813	45 497	*	*	*	*
60	7 471.6	18 535	29 220	46 058	*	*	*	*	*	*
	*＞99 999									

附表四　1元年金现值表

期数	1%	2%	3%	4%	5%	6%	7%	8%	9%
1	0.990 1	0.980 4	0.970 9	0.961 5	0.952 4	0.943 4	0.934 6	0.925 9	0.917 4
2	1.970 4	1.941 6	1.913 5	1.886 1	1.859 4	1.833 4	1.808 0	1.783 3	1.759 1
3	2.941 0	2.883 9	2.828 6	2.775 1	2.723 2	2.673 0	2.624 3	2.577 1	2.531 3
4	3.902 0	3.807 7	3.717 1	3.629 9	3.546 0	3.465 1	3.387 2	3.312 1	3.239 7
5	4.853 4	4.713 5	4.579 7	4.451 8	4.329 5	4.212 4	4.100 2	3.992 7	3.889 7
6	5.795 5	5.601 4	5.417 2	5.242 1	5.075 7	4.917 3	4.766 5	4.622 9	4.485 9
7	6.728 2	6.472 0	6.230 3	6.002 1	5.786 4	5.582 4	5.389 3	5.206 4	5.033 0
8	7.651 7	7.325 5	7.019 7	6.732 7	6.463 2	6.209 8	5.971 3	5.746 6	5.534 8
9	8.566 0	8.162 2	7.786 1	7.435 3	7.107 8	6.801 7	6.515 2	6.246 9	5.995 2
10	9.471 3	8.982 6	8.530 2	8.110 9	7.721 7	7.360 1	7.023 6	6.710 1	6.417 7
11	10.367 6	9.786 8	9.252 6	8.760 5	8.306 4	7.886 9	7.498 7	7.139 0	6.805 2
12	11.255 1	10.575 3	9.954 0	9.385 1	8.863 3	8.383 8	7.942 7	7.536 1	7.160 7
13	12.133 7	11.348 4	10.635 0	9.985 6	9.393 6	8.852 7	8.357 7	7.903 8	7.486 9
14	13.003 7	12.106 2	11.296 1	10.563 1	9.898 6	9.295 0	8.745 5	8.244 2	7.786 2
15	13.865 1	12.849 3	11.937 9	11.118 4	10.379 7	9.712 2	9.107 9	8.559 5	8..060 7
16	14.717 9	13.577 7	12.561 1	11.652 3	10.837 8	10.105 9	9.446 6	8.851 4	8.312 6
17	15.562 3	14.291 9	13.166 1	12.165 7	11.274 1	10.477 3	9.763 2	9.121 6	8.543 6
18	16.398 3	14.992 0	13.753 5	12.689 6	11.689 6	10.827 6	10.059 1	9.371 9	8.755 6
19	17.226 0	15.678 5	14.323 8	13.133 9	12.085 3	11.158 1	10.335 6	9.603 6	8.960 1
20	18.045 6	16.351 4	14.877 5	13.590 3	12.462 2	11.469 9	10.594 0	9.818 1	9.128 5
21	18.857 0	17.011 2	15.415 0	14.029 2	12.821 2	11.764 1	10.835 5	10.016 8	9.029 22
22	19.660 4	17.658 0	15.936 9	14.451 1	13.488 6	12.303 4	11.061 2	10.200 7	9.442 4
23	20.455 8	18.292 2	16.443 6	14.856 8	13.488 6	12.303 4	11.272 2	10.371 1	9.580 2
24	21.243 4	18.913 9	16.935 5	15.247 0	13.798 6	12.550 4	11.469 3	10.528 8	9.706 6
25	22.023 2	19.523 5	17.413 1	15.622 1	14.093 9	12.783 4	11.653 6	10.674 8	9.822 6
26	22.795 2	20.121 0	17.876 8	15.982 8	14.375 2	13.003 2	11.825 8	10.810 0	9.929 0
27	23.559 6	20.705 9	18.327 0	16.329 6	14.643 0	13.210 5	11.986 7	10.935 2	10.026 6
28	24.316 4	21.281 3	18.764 1	16.663 1	14.898 1	13.406 2	12.137 1	11.051 1	10.116 1
29	25.065 8	21.844 4	19.188 5	16.983 7	15.141 1	13.590 7	12.277 7	11.158 4	10.198 3
30	25.807 7	22.396 5	19.600 4	17.292 0	15.372 5	13.764 8	12.409 0	11.257 8	10.273 7
35	29.408 6	24.998 6	21.487 2	18.664 6	16.374 2	14.498 2	12.947 7	11.654 6	10.566 8
40	32.834 7	27.355 5	23.114 8	19.792 8	17.159 1	15.046 3	13.331 7	11.924 6	10.757 4
45	36.094 5	29.490 2	24.518 7	20.720 0	17.774 1	15.455 8	13.605 5	12.108 4	10.881 2
50	39.196 1	31.423 6	25.729 8	21.482 2	18.255 9	15.761 9	13.800 7	12.233 5	10.961 7
55	42.147 2	33.174 8	26.774 4	22.108 6	18.633 5	15.990 5	13.939 9	12.318 6	11.014 0

续表

期数	10%	12%	14%	15%	16%	18%	20%	24%	28%	32%
1	0.909 1	0.892 9	0.877 2	0.869 6	0.862 1	0.847 5	0.833 3	0.806 5	0.781 3	0.757 6
2	1.735 5	1.690 1	1.646 7	1.625 7	1.605 2	1.565 6	1.527 8	1.456 8	1.391 6	1.331 5
3	2.486 9	2.401 8	2.321 6	2.283 2	2.245 9	2.174 3	2.106 5	1.981 3	1.868 4	1.766 3
4	3.169 9	3.037 3	2.917 3	2.855 0	2.798 2	2.690 1	2.588 7	2.404 3	2.241 0	2.095 7
5	3.790 8	3.604 8	3.433 1	3.352 2	3.274 3	3.127 2	2.990 6	2.745 4	2.532 0	2.345 2
6	4.355 3	4.111 4	3.888 7	3.784 5	3.684 7	3.497 6	3.325 5	3.020 5	2.759 4	2.534 2
7	4.868 4	4.563 8	4.288 2	4.160 4	4.038 6	3.811 5	3.604 6	3.242 3	2.937 0	2.677 5
8	5.334 9	4.967 6	4.638 9	4.487 3	4.343 6	4.077 6	3.837 2	3.421 2	3.075 8	2.786 0
9	5.759 0	5.328 2	4.916 4	4.771 6	4.606 5	4.303 0	4.031 0	3.565 5	3.184 2	2.868 1
10	6.144 6	5.650 2	5.216 1	5.018 8	4.833 2	4.494 1	4.192 5	3.681 9	3.268 9	2.930 4
11	6.495 1	5.937 7	5.452 7	5.233 7	5.028 6	4.656 0	4.327 1	3.775 7	3.335 1	2.977 6
12	6.813 7	6.194 4	5.660 3	5.420 6	5.197 1	4.793 2	4.439 2	3.851 4	3.386 8	3.013 3
13	7.103 4	6.423 5	5.842 4	5.583 1	5.342 3	4.909 5	4.532 7	3.912 4	3.427 2	3.040 4
14	7.366 7	6.628 2	6.002 1	5.724 5	5.467 5	5.008 1	4.610 6	3.961 6	3.458 7	3.060 9
15	7.606 1	6.810 9	6.142 2	5.847 4	5.575 5	5.091 6	4.675 5	4.001 3	3.483 4	3.076 4
16	7.823 7	6.974 0	6.265 1	5.954 2	5.668 5	5.162 4	4.729 6	4.033 3	3.502 6	3.088 2
17	8.021 6	7.119 6	6.372 9	6.047 2	5.748 7	5.222 3	4.774 6	4.059 1	3.517 7	3.097 1
18	8.021 6	7.249 7	6.467 4	6.128 0	5.817 8	5.273 2	4.812 2	4.079 9	3.529 4	3.103 9
19	8.364 9	7.365 8	6.550 4	6.198 2	5.877 5	5.316 2	4.843 5	4.096 7	3.538 6	3.109 0
20	8.513 6	7.469 4	6.623 1	6.259 3	5.928 8	5.352 7	4.869 6	4.110 3	3.545 8	3.112 9
21	8.648 7	7.562 0	6.687 0	6.312 5	5.973 1	5.383 7	4.891 3	4.121 2	3.551 4	3.115 8
22	8.771 5	7.644 6	6.742 9	6.358 7	6.011 3	5.409 9	4.909 4	4.130 0	3.555 8	3.118 0
23	8.883 2	7.718 4	6.792 1	6.398 8	6.044 2	5.342 1	4.924 5	4.137 1	3.559 2	3.119 7
24	8.984 7	7.784 3	6.835 1	6.433 8	6.072 6	5.450 9	4.937 1	4.142 8	3.561 9	3.121 0
25	9.077 0	7.843 1	6.872 9	6.464 1	6.097 1	5.466 9	4.947 6	4.147 4	3.564 0	3.122 0
26	9.160 9	7.895 7	6.906 1	6.490 6	6.118 2	5.480 4	4.956 3	4.151 1	3.565 6	3.122 7
27	9.237 2	7.942 6	6.935 2	6.513 5	6.136 4	5.491 9	4.963 6	4.154 2	3.566 9	3.123 3
28	9.306 6	7.984 4	6.960 7	6.533 5	6.152 0	5.501 6	4.969 7	4.156 6	3.567 9	3.123 7
29	9.369 6	8.021 8	6.983 0	6.550 9	6.165 6	5.509 8	4.974 7	4.158 5	3.568 7	3.124 0
30	9.426 9	8.055 2	7.002 7	6.566 0	6.177 2	5.516 8	4.978 9	4.160 1	3.569 3	3.124 2
35	9.644 2	8.175 5	7.070 0	6.616 6	6.215 3	5.538 6	4.991 5	4.164 4	3.570 8	3.124 8
40	9.779 1	8.243 8	7.105 0	6.641 8	6.233 5	5.548 2	4.996 6	4.165 9	3.571 2	3.125 0
45	9.862 8	8.282 5	7.123 2	6.654 3	6.242 1	5.552 3	4.998 6	4.166 4	3.571 4	3.125 0
50	9.914 8	8.304 5	7.132 7	6.660 5	6.246 3	5.554 1	4.999 5	4.166 5	3.571 4	3.125 0
55	9.947 1	8.317 0	7.137 6	6.663 6	6.248 2	5.554 9	4.999 8	4.166 6	3.571 4	3.125 0

附录 B AI 伴学内容及提示词

AI 伴学工具：生成式人工智能工具，如 Deepseek、Kimi、豆包、腾讯元宝、文心一言等

序号	AI 伴学内容	AI 提示词
1	第1章 总论	分析利益相关者理论对财务管理的影响
2		举例说明，如何协调所有者与经营者的矛盾？
3		所有者和债权人之间有矛盾吗？如何协调？
4		财务管理的基本目标有哪些？
5		你是如何理解企业价值最大化目标和企业社会责任的？
6		我国常见的企业组织形式有哪些？
7		比较不同的财务管理体制
8		结合实际分析影响财务管理的环境有哪些？
9		出一套关于财务管理对象、目标、体制、环节以及财务管理环节的自测题
10	第2章 财务管理基础	决定利率高低的因素有哪些？
11		钱真能"生钱"吗？你是如何理解资金的时间价值的？
12		财务管理中是如何定义风险的？
13		如何理解风险和收益的关系？
14		举例说明投资者对待风险的态度类型
15		出一套关于货币时间价值、风险与风险报酬的自测题
16	第3章 财务分析	财务报表分析的方法有哪些？
17		财务报表分析的局限性有哪些？
18		如果你是银行的信贷部门经理，在给企业发放贷款时，应当考虑哪些因素？
19		资产负债率指标是越低越好吗？
20		长期偿债能力比率分为哪几个指标？
21		衡量企业资产利用效率的指标有哪些？
22		作为投资者，在分析公司盈利质量时应注意哪些？
23		为什么说净资产报酬率是杜邦分析的核心？
24		企业偿债能力、营运能力、盈利能力和发展能力四者之间存在什么关系？
25		杜邦分析和帕利普财务分析的关系
26		出一套关于财务分析的自测题

续表

序号	AI 伴学内容	AI 提示词
27	第 4 章 筹资方式	你了解的企业筹集方式有哪些？
28		股权性筹资和债权性筹资有什么区别？
29		经营租赁和融资租赁有什么区别？
30		优先股筹资与普通股筹资有什么区别？
31		分析股票上市对公司的利弊
32		分析债券筹资的优缺点
33		分析融资租赁筹资的优缺点
34		分析优先股筹资的优缺点
35		分析可转换债券筹资的优缺点
36		出一套筹资方式的自测题
37	第 5 章 筹资决策	分析资本成本中筹资费和用资费的不同特征
38		分析资本成本对企业财务管理的作用
39		什么是经营杠杆、财务杠杆、总杠杆？假设你是某家上市公司的 CFO，你会如何利用这些杠杆知识？
40		经营杠杆和财务杠杆对企业净利润的影响路径分别是什么？
41		影响企业资本结构的因素有哪些？
42		出一套筹资决策的自测题
43	第 6 章 投资管理	项目投资有哪些特点？
44		为什么说项目投资决策中使用现金流量指标更合理？
45		什么是投资项目的机会成本？机会成本会对项目的预期现金流产生什么影响？
46		投资项目的现金流量估算时需考虑哪些因素？
47		在投资项目评价中，净现值决策规则由于其他规则，为什么还要使用获利指数和内部收益率？
48		分析债券价值的影响因素
49		债券投资和股票投资有什么异同？
50		贴现现金流量模型评估债券、股票价值的前提条件是什么？
51		出一套投资管理（含项目投资和证券投资）的自测题
52	第 7 章 营运资金管理	营运资金有何特点？强化营运资金管理对企业有何作用？
53		不同的资产组合策略对企业有何影响？
54		如果一家企业的净营运资金存量呈现负的趋势，是否意味着其营运资金管理效率低？
55		企业为什么要确定最佳现金持有量？有哪些方法？有何局限性？

续表

序号	AI 伴学内容	AI 提示词
56	第 7 章 营运资金管理	信用政策、应收账款成本与企业利润存在什么关系？
57		你是如何理解零存货管理思想的？
58		你是如何理解"商业信用是免费的融资方式"的？
59		比较短期借款、商业信用和短期融资券的特征和优缺点
60		出一套营运资金管理的自测题
61	第 8 章 财务预算	你了解全面预算吗？全面预算有什么作用？
62		财务预算、业务预算与专门决策预算有什么区别？
63		比较弹性预算和固定预算
64		比较增量预算和零基预算
65		比较定基预算和滚动预算
66		出一套财务预算管理的自测题
67	第 9 章 财务控制	与生产控制、质量控制等相比，财务控制有何特征？
68		财务控制的方式有哪些？
69		成本中心、利润中心和投资中心的关系是什么？
70		为什么要编制责任预算？
71		不同的责任中心业绩评价与考核方法有何区别？
72		如何你是 CFO，你会如何使用不同类型的内部转移价格进行财务控制？
73		出一套财务控制的自测题
74	第 10 章 利润分配管理	企业利润分配的原则有哪些？
75		你认为，影响企业利润分配的因素有哪些？
76		你认为股利政策是否必须保持稳定？如何评价股利政策是否合理？
77		结合我国资本市场实际，分析我国上市公司股利分配政策的特点
78		现金股利和股票股利对企业财务有什么影响？
79		股票分割与股票回购有何异同？
80		出一套利润分配管理的自测题